"十三五"江苏省高等学校重点教材(编号2018-2-088)

高等学校"十三五"学前教育专业规划教材

幼儿园
班级管理

陶金玲 著

南京大学出版社

图书在版编目(CIP)数据

幼儿园班级管理 / 陶金玲著. —— 南京：南京大学出版社，2019.9(2023.5重印)
高等学校"十三五"学前教育专业规划教材
ISBN 978-7-305-22599-4

Ⅰ. ①幼… Ⅱ. ①陶… Ⅲ. ①幼儿园－班级－学校管理 Ⅳ. ①G617

中国版本图书馆 CIP 数据核字(2019)第 173946 号

出版发行	南京大学出版社
社　　址	南京市汉口路 22 号　　邮　编　210093
出 版 人	金鑫荣
书　　名	**幼儿园班级管理**
著　　者	陶金玲
责任编辑	丁　群　蔡文彬　　编辑热线　025-83597482
照　　排	南京南琳图文制作有限公司
印　　刷	南京京新印刷有限公司
开　　本	787×1092　1/16　印张 20　字数 438 千
版　　次	2019 年 9 月第 1 版　2023 年 5 月第 3 次印刷
	ISBN 978-7-305-22599-4
定　　价	50.00 元

网址：http://www.njupco.com
官方微博：http://weibo.com/njupco
微信服务号：NJUyuexue
销售咨询热线：(025) 83594756

* 版权所有，侵权必究
* 凡购买南大版图书，如有印装质量问题，请与所购
　图书销售部门联系调换

前　言

> 管理是由心智驱使的唯一无处不在的人类活动。①
> ——戴维·B·赫尔茨

自从有了人，便有了管理活动。不管从事何种职业，过何种生活，人人都在参与管理，小到管理自己的时间、空间、情绪、行为以及财富和事业，大到管理家庭、单位乃至管理国家，可以说管理无时不在、无处不在。但管理是否得当，却是成败的关键。在人类漫长的历史长河中，曾有过惊心动魄的重大事件，也曾有过不可思议的卓越发明，更有令人惊叹不已的宏伟工程，这些曾在一定时空中改变人类命运和历史轨迹的壮举都有一个最基本的成功要素，那就是必须要有精心的策划和有效的管理。

作为个体，我们都生活和工作于家庭、机构、团体之中。所有这些组织都有其存在的目的，都得使用资源，都得满足社会中个体的需求。所有组织都需要一个联合各方面力量以达成目标、有效配置资源和满足个体需求的活动或过程，这个活动或过程就被称作管理。尽管管理实践的例子可以在几千年的实践里找到，包括亚述人、埃及人、罗马人以及其他一些早期文明人类建造大型基础设施的项目中；尽管古代中国的儒家学派提出"以德治国"思想，法家提出"依法治国"思想，道家提出"无为而治"思想，《孙子兵法》中也阐述了各种管理策略，但是管理学作为一个知识领域发展只是最近一二百年的事。注重于提高工人工作效率研究的泰罗被称为"科学管理之父"，成为管理学的开拓者，与被称为"一般管理之父"的法国管理学家法约尔和专门研究官僚体制的马克斯·韦伯奠定了管理学发展的基础，此后管理学发展迅速，百家争鸣，进入"管理丛林"时代，许多学者试图对管理进行定义。例如，法约尔认为：管理是一种分配于领导人与整个组织成员之间的职能；管理就是实行计划、组织、指挥、协调和控制。行为科学管理学派代表赫西·布莱查尔特认为：管理是个人与群体共事，以达

---

① 周三多，陈传明，鲁明泓. 管理学——原理与方法[M]. 上海：复旦大学出版社，2009：1.

到组织的目标。综合前人的研究,并吸取管理学理论和实践发展的最新成果,对"管理"做如下定义可能较为完整:管理是为了"多快好省"地达成组织目标,通过组织、计划、实施、调整等环节,充分利用人、财、物、时间、空间、信息等资源的过程。因此,幼儿园班级管理就是班级教师为了实现班级目标,通过组织、计划、实施、调整等环节,而充分利用幼儿园的人、财、物、时间、空间、信息等资源的过程。

为了能以最少的时间、能源和金钱达成最终的目标,每个有效的组织都需要管理。无论这个组织是一个机构、厂矿企业、学校、幼儿园、商店还是家庭,也无论这个组织是营利的还是非营利的,都需要管理。"在人类历史上,还很少有什么事比管理的出现和发展更为迅猛,对人类具有更为重大和更为激烈的影响。"[1]任何事情成也管理,败也管理。管理是一个具有挑战性的过程。但遗憾的是,绝大多数人都是从实践中学会管理的,当然在学习过程中免不了要付出代价,要走一些弯路。一个成功的管理者可能在管理实践的茫茫黑夜中,要经历无数不眠之夜,迷茫、探索,苦思冥想,绞尽脑汁,甚至是在一次又一次的惩罚和打击中,才一点一滴领悟了管理的真谛。幼儿园教师也不例外,不少教师认为:"管理是领导的事。"管理学是人类智慧的结晶。根据《教师教育课程标准(试行)》,"幼儿园班级管理"是幼儿园教师教育课程设置中重要的课程模块。幼儿园班级管理工作是幼儿园保教质量的保障。因此,所有幼儿园教师都应当重视学习这门课程。该课程的教学目标在于培养学习者从事班级管理工作的基本素养,包括幼儿园班级管理的基本理念与态度、基本知识、基本能力等。

笔者编写本书的动因就是试图在作者多年从事幼儿园管理教学和研究的基础上,从当代幼儿园班级管理的实际背景出发,结合我国幼儿园班级管理的具体案例,借鉴一些幼儿园和教师的班级管理经验和教训,为学前教育专业的本科生、研究生和其他一切有志于学习幼儿园班级管理的人们提供一本系统、全面、内容丰富的教材。同时,也为一线教师和各种不同层次的幼教管理者,提供一本自学和研究管理的实用参考书。因此,笔者进行了广泛的调研,针对高校任课教师、幼儿教师、园长和在读学生(本科生、专科生、研究生)进行了《幼儿园班级管理》用书调查,通过电话访谈、面谈、网络访谈、调查问卷等方式,收集用书反馈。基于高校任课教师、幼儿教师、园长和在读学生的用书需求,笔者努力优化、改变教学内容的呈现方式,尽量呈现丰富的背景知识,以叙事的方式娓娓道来,以便帮助那些在校学生、初入职的新手教师和那些正面临棘手难题的教师,使他们能够进行有效的班级管理。

该教材的编写体现了以下六大特色:

1. 理论联系实际,突出实践性。基于广泛的调研和学情分析以及学生未来职业

---

[1] 周三多,陈传明,鲁明泓.管理学——原理与方法[M].上海:复旦大学出版社,2009:1.

要求,将教材定位于理论与实践相结合,重视案例教学,更适合目前本科学生的学习需求,也可为一线幼儿园教师等相关人员提供参考。除了保障教材章节上的逻辑体系,同时辅以众多典型案例的展现及分析,将理论模块有机融合在案例之中。同时,依据《幼儿园工作规程》中的教师工作职责,按照班级管理工作模块,在全面介绍幼儿园发展历程的基础上,从幼儿园的设置与规划到班级的生活管理、环境管理、课程管理、安全管理以及家园共育等几大模块进行了具体阐述。每一章节除理论讲述外,还以案例分析的形式进行详细介绍。

2. **可操作性**。从教师的班级日常管理出发,制定科学实用的班级管理流程,提供翔实、实用的班务参考资料;教材内容系统完整,并突出重点。理论板块与实践板块紧密联系,内容涉及幼儿园班级管理理论与实践的方方面面,并突出幼儿园班级管理的实践性内容,突出实用性、可操作性。教材的内容力图切合幼儿园教育教学工作的实际需要,以提高学生实际操作水平、工作能力为宗旨,以必要且适度的理论知识为支撑,指导实践,强化实践技能训练,在章节安排上,严谨的逻辑知识体系,众多典型案例的展现及分析,并配有相关材料便于练习。

3. **实效性**。紧跟学科及政策发展前沿,充分反映了幼儿园班级管理研究以及发展的新动态、新成果。同时,也包含了作者自己的新观点。针对班级管理模块编写,并设计了反思与完善记录处,进行适当的"留白"。高校任课教师、在校学生和幼儿园一线教师可以以此书为参照,对已做的、正在做的和将要做的进行一番评估,及时更新、完善,与时俱进。

4. **简约性**。注重以清晰的逻辑、简明的方式呈现内容;在每一章的体例上,均设有"章节导入、要点回顾、思考练习、拓展阅读、完善与建议"等部分,使学习者能够在学习前有兴趣,学习后能准确把握学习要点,并进行研讨和反思,借助进一步阅读的文献和班务材料进行深入学习与实践完善。

5. **丰富性**。重视教学内容的丰富性、综合性、完整性,强调知识、能力、情感三级层次目标的全面实现,关注学习者管理素养的整体提升。本书对幼儿园班级管理的整体框架进行了独到的设计,并力图实现理论性、实践性、指导性的统一,注重呈现相关信息,以便教师和学生知其然也知其所以然。为拓展学生视野,增加了"拓展阅读"板块,学习者可以根据自己的实际需要自由选取,希望能对拓宽学术视野、加强幼儿园班级管理工作提供有效帮助。

6. **工具性**。内容更加系统完整,凸显促进学生可持续发展的理念,使该教材成为学生继续深入学习、拓展综合应用能力的得力辅助工具。除课堂教学使用外,还可以在以后的学习工作中查阅参考,继续拓展综合应用能力。本书可以作为高校学前教育专业学生的学习用书，也可以作为幼儿园教师培训和幼儿园教研活动的指导用书，书中的每一章都可以成为教师培训或教研活动的基础内容。希望本书能够成为现任和未来的幼儿园教师进行班级管理的"指导者"和"支持者"，不断促进教师的专业发展。

笔者所能提供的仅是一种"启发"，只是一家之言，意在抛砖引玉，提供一个可以沿着这一主题深入研究的基石。若其中一些观念和成果能经受住实践的检验，能为儿童发展做出些许贡献，本书的目的也就实现了。如果你是一个在校生，一个新手教师或初上任的幼教管理者，可以从中得到启迪、拓宽思路。如果你是一个经验丰富的教师或幼教管理者，可以把自己的经验与作者的论述进行比较分析，也许会得到有趣的发现和结论，从而使自己的经验更为丰富和完善。完善本书需要你我共同的努力，我提供了班级管理基本的、当前有用的内容，你的责任是让本书内容不断更新、完善、与时俱进。如果你们幼儿园通过了一项新的、能够使班级管理变得更为有效的规章制度，或是你掌握了一种处理某一特定班级管理问题的方法，请把它添加到本书中。这样，本书将成为你有效管理班级的指南，好好使用这本书吧。

笔者在编写过程中，参考了许多专家、学者的相关论文、著作，并尽量对书中所引用的资料说明出处，如有疏漏，敬请原谅，并向原作者致以谢意：你们的智慧支持，极大地丰富了本书的内涵！感谢我的研究团队，尤其感谢我的研究生们为本研究做出的巨大贡献，从访谈的记录、整理、编码以及问卷数据的统计和书稿的校对，无不渗透着他们的聪明、智慧、辛勤和汗水。感谢参与调研的在校学生、高校教师、幼儿园教师和园长们对问卷的认真填写、案例的全面收集、访谈的真诚交流。特别感谢海门市海南幼儿园对本研究所提供的无私帮助和资料支持。感谢南京大学出版社的领导老师们对本书的悉心审阅和宝贵建议，特别感谢丁群老师对本书的出版所付出的辛勤劳动——本书是集体智慧的结晶！

我们有机会一起研究和学习管理将是人生的幸运，因为管理伴随我们一生。

陶金玲

2019 年 6 月 29 日

扫描二维码，
进入读者交流群

目 录

第一章 儿童的花园 ………………………………………………… 1
    第一节 儿童的花园——幼儿园的由来 ……………………… 1
    第二节 中外幼儿教育机构 …………………………………… 6

第二章 幼儿园的设置与规划 ……………………………………… 18
    第一节 幼儿园的设置运作流程 ……………………………… 18
    第二节 幼儿园发展规划 ……………………………………… 25
    第三节 幼儿园特色创建 ……………………………………… 31
    第四节 幼儿园形象设计 ……………………………………… 33

第三章 班 级 ……………………………………………………… 45
    第一节 班级的由来 …………………………………………… 45
    第二节 招生入园与编班 ……………………………………… 48
    第三节 班级中的儿童 ………………………………………… 51
    第四节 班级中的教师 ………………………………………… 67

第四章 班级生活管理 ……………………………………………… 83
    第一节 班级生活 ……………………………………………… 83
    第二节 一日活动流程 ………………………………………… 96

第五章 环境管理 …………………………………………………… 120
    第一节 环境是第三位老师 …………………………………… 120
    第二节 幼儿园环境创设 ……………………………………… 127
    第三节 班级环境创设 ………………………………………… 144

第六章 课程管理 …………………………………………………… 154
    第一节 幼儿园课程管理 ……………………………………… 154
    第二节 班级课程档案管理 …………………………………… 158

第三节　幼儿园教育"以游戏为基本活动" ………………………… 163
　　第四节　幼儿园课程游戏化 …………………………………………… 171
　　第五节　区域活动优化策略 …………………………………………… 180

第七章　儿童安全管理与教育 ……………………………………………… 190
　　第一节　儿童安全事故 ………………………………………………… 190
　　第二节　儿童安全管理制度 …………………………………………… 194
　　第三节　儿童安全教育 ………………………………………………… 207

第八章　安全事故应急管理 ………………………………………………… 223
　　第一节　安全应急管理体系 …………………………………………… 223
　　第二节　幼儿园应急预案 ……………………………………………… 227
　　第三节　安全事故处理 ………………………………………………… 243

第九章　家园共育 …………………………………………………………… 269
　　第一节　幼儿家庭生活 ………………………………………………… 269
　　第二节　家园共育 ……………………………………………………… 276
　　第三节　家庭生活指导 ………………………………………………… 284
　　第四节　家庭亲子游戏指导 …………………………………………… 288
　　第五节　幼儿园亲子游戏的开展 ……………………………………… 296

参考文献 ……………………………………………………………………… 306

第一章　儿童的花园

"幼儿园"的具体和完整的思想在它的名称上体现出来,那就是"儿童的花园"。①

——福禄倍尔

第一节　儿童的花园——幼儿园的由来

古希腊哲学家柏拉图是西方教育史上第一个提出学前教育思想的人,他认为应尽早对儿童进行教育,甚至提出了优生、胎教的问题。"凡事开头最重要,特别是生物。在幼小柔嫩的阶段,最容易接受陶冶,你要把他塑成什么型式,就能塑成什么型式。"②"先入为主,早年接受的见解总是根深蒂固不容易更改的。"③在其著作《理想国》一书中,柏拉图提出了实行儿童公育的制度,主张儿童教育应由国家负责,把0~6岁划为学前教育期,0~3岁儿童应交给国家特设的养育院由乳母养育,3~6岁儿童应到附设在神庙里的儿童场由保姆监护。柏拉图的学生亚里士多德将人受教育的年龄按每7年一个自然阶段,共划分为3个时期:0~7岁为第一个时期,7~14岁为第二个时期,14~21岁为第三个时期。和柏拉图相比,亚里士多德更多地注意到儿童身心发展的阶段性,并根据这种心理学的考察来安排教育工作。他把第一个时期(0~7岁)又细分为两个阶段:0~5岁为前期,5~7岁为后期。亚里士多德认为,在前一个阶段,应顺应自然,以儿童的身体养护为主;在第二个阶段,即5~7岁的教育中,应以习惯的培养为主。在西方,"习惯成自然"这句谚语即渊源于亚里士多德。④亚里士多德的教育遵循自然的思想影响了后世的许多教育家,最著名的当属夸美纽斯和卢梭。

继亚里士多德之后,捷克教育家夸美纽斯——被尊称为教育史上的"哥白尼"——提出了教育的自然适应性法则。夸美纽斯依据儿童年龄特点,把人从出生到成年接受教育的过程分为4个时期,每期6年,各有相应的学校进行教育,分别是母

---

① B. von Marenholz-Bülow, *Reminiscences of Froebel*, Boston, Lee and Shepard, 1877, p. 295.
② [古希腊]柏拉图. 理想国[M]. 郭斌和、张竹明译. 北京:商务印书馆,1986:71.
③ [古希腊]柏拉图. 理想国[M]. 郭斌和、张竹明译. 北京:商务印书馆,1986:73.
④ 杨汉麟,周采. 外国幼儿教育史[M]. 南宁:广西教育出版社,2005:36.

育学校、国语学校、拉丁语学校和大学。他认为,每一个发展阶段及相应教育机构都有自己专门的教育任务,同时各阶段又存在着联系;每前一阶段都是为后一阶段打基础的,每后一阶段又是前一阶段的合乎逻辑的发展,最终实现教育所要达到的目的。夸美纽斯热情地描绘了学校的模样:"学校本身应是一个愉快的场所,不管从外表和内部来看都具有吸引力。从内部看,教室应当明亮整洁,墙上应装饰有图画。这些图画既有名人画像、地图、历史进程表,又有其他装饰。从外部看,应当有一片开阔的场地供散步和游戏,还应当有附属的花园,不时允许学生到花园中去,在那里饱览树木、花卉和各种植物。"① "探索一种教导的方法,使教员可以少教,学生可以多学,使学校成为更少喧闹、更少令人厌恶的事、更少无效的劳作,而更多闲逸、更多乐趣和扎实进步的场所。"② 夸美纽斯还把学校比作花园③:"若把整个学校比作一座花园,最低年级的课本可以叫作紫罗兰花坛,二年级的课本叫玫瑰花坛,三年级的称为绿茵角,等等。"④ 夸美纽斯拟定了西方教育史上第一个从学前教育到大学教育的单轨学制,后来更发展为一个系统的终身教育体系,成为近现代单轨学制及终身教育的先驱。在夸美纽斯看来,每一个家庭便是一所母育学校,孩子的母亲是最主要的教师。0～6岁为婴幼儿期,在母育学校接受家庭教育。母育学校包括儿童生活的头六年,是为儿童以后所要学习的一切奠定基础,是前后衔接的统一学制系统的第一个必不可少的阶段。夸美纽斯强调人的最有成效的教育是在幼年时期,他撰写了历史上第一部学前教育专著《母育学校》,详细列举了儿童"百科全书"式启蒙教育的学习科目,在教育史上第一次从普及教育的角度和儿童心理发展的连续性、阶段性的角度,提出学前阶段教育的重要性,认为在母育学校里,应当把一个人在人生旅途中所应当具备的一切知识的种子播植到他的身上。"任何人在幼年时代播下什么样的种子,那他老年就要收获那样的果实。"⑤ 值得注意的是,夸美纽斯的母育学校还不是现代意义上的幼儿教育机构,而是家庭条件下的学前教育,但《母育学校》一书勾画了幼儿教育机构的雏形。

法国启蒙思想家卢梭是西方教育史上具有划时代意义的人物,他在接受前人思想的基础上,把重视儿童、遵循自然以及感官教育推上了一个新的境界,完成了教育中儿童观的革命,使教育发展方向发生了根本的转变,为幼儿教育的发展和完善起到了奠基性的作用。继夸美纽斯之后,卢梭再次提出并强调了教育中的自然适应性原则,主张教育应该回归自然、适应自然,乃至建立在自然的基础上。也就是说,儿童在生长发展过程中,有其节律性、阶段性,教育应遵循儿童发展的自然进程,考虑其年龄

---

① [捷]夸美纽斯. 大教学论[M]. 任钟印译. 北京:人民教育出版社,2006:6.
② [捷]夸美纽斯. 大教学论[M]. 任钟印译. 北京:人民教育出版社,2006:122.
③ 夸美纽斯把学校比作花园,也许就是福禄倍尔"幼儿园"名称的直接灵感来源。由此可见,福禄倍尔创建幼儿园不仅仅内容、形式上借鉴了夸美纽斯的母育学校,连同命名也是源于夸美纽斯教育思想的启发。
④ [捷]夸美纽斯. 大教学论[M]. 任钟印译. 北京:人民教育出版社,2006:246-247.
⑤ [捷]夸美纽斯. 夸美纽斯教育论著选[M]. 任钟印选编. 北京:人民教育出版社,2005:22.

特点,适应其本性。在其著作《爱弥儿》一书中,卢梭根据他对儿童发展的自然进程的理解,将儿童的发展和教育划分为四个阶段:第一个阶段婴儿期(0~5岁),着重进行身体养护;第二个阶段儿童期(5岁~12岁),着重进行感官教育;第三个阶段少年期(12~15岁),着重进行智育和劳动教育;第四个阶段青年期(15岁~成年),着重进行道德、宗教、情感教育。① 在教育史上,卢梭有关儿童感官教育的思想起了承上(如夸美纽斯)启下(如蒙台梭利)的作用,他第一次明确提出了有目的的、详细的感官训练主张,认为儿童教育的主要任务是锻炼身体和训练感官,并主张将儿童送到农村去生活,让儿童在大自然中发展儿童的自然本性。卢梭所构想的儿童教育也是基于儿童个体的家庭教育,而非公共教育机构的幼儿教育。法国的学前教育因受卢梭的教育思想的影响而发展得很快,1776年奥柏林创建的"编织学校"成为法国最早在历史上有记录的幼儿教育机构("一般的幼儿教育史都把它看作近代幼儿教育设施历史开端的象征"②),主要招收2~6岁无人照顾的儿童。

受卢梭的影响,瑞士著名的教育家裴斯泰洛齐也提出了自然适应性原则,并力图使教育心理学化,倡导要素教育,主张采用直观教学法进行教学。作为提倡爱的教育的典范,裴斯泰洛齐热爱和尊重儿童,以无私的精神和满腔的热情从事儿童教育工作,正如德国哲学家、教育家费希特所说:"裴斯泰洛齐生活的灵魂是爱。"③"教育的主要原则是爱。"④"我一切为了孩子。从早到晚,我一个人和他们在一起,用我的双手,供给他们身体和心灵的一切需要。他们都是直接从我这里得到必要的帮助、安慰和教学。"⑤"我的方法是教人以所有爱的方式去思考和以所有的思考去爱。"⑥"如果不能爱孩子,我不懂得还能谈到有什么规则、方法和技能。"⑦裴斯泰洛齐始终认为,教育者的热情将如春天的太阳使冰冻的大地苏醒那样迅速地改变儿童的状况,强调教师应该像母亲一样对儿童实施爱的教育,去开启儿童的心灵,引发儿童的悟性,否则就会使儿童的发展过程受到危害。裴斯泰洛齐主持过新庄孤儿院(1774—1780)、斯坦兹孤儿院(1798)和布格多夫学校(1799—1804,1805年迁往伊佛东后改为伊佛东学院)的教育实验活动,他的伊佛东学院在国际上享有很高的声誉,成为当时儿童教育运动的中心,参观学习者络绎不绝。德国著名教育家赫尔巴特、福禄倍尔、第斯

---

① 刘晓东,卢乐珍等.学前教育学[M].南京:江苏教育出版社,2004:4.关于爱弥儿生长的第一阶段的分期,卢梭并未说得具体,只指出第一阶段是"幼儿期"。学者们据此见仁见智,有的定为0~5岁(如美国学者S.E.弗罗斯特、格莱夫斯),有的定为0~2岁(如苏联学者及美国学者W.C.格莱茵),本书采用后一分期。
② 日本世界教育史研究会.世界幼儿教育史(上)[M].刘翠荣等译.长春:吉林人民出版社,1986:65.
③ 吴志尧.裴斯泰洛齐[M].上海:商务印书馆,1948:"序".
④ R. H. Ouick, *Essays on Educational Reformers*, New York: Macmillan, 1924, p.358.
⑤ 张焕庭.西方资产阶级教育论著选[M].北京:人民教育出版社,1979:198.
⑥ 张焕庭.西方资产阶级教育论著选[M].北京:人民教育出版社,1979:198.
⑦ 张焕庭.西方资产阶级教育论著选[M].北京:人民教育出版社,1979:198.

多惠以及哲学家费希特、英国教育家欧文等人都曾来此参观,裴氏教法遂传至德国、英国、美国等国家,对各国教育的发展产生了重要影响。1816年,欧文在新拉纳克为1～6岁儿童创办了公共幼儿教育机构"幼儿学校"(有学者称其为欧洲最早的幼儿教育机构①)。不论是奥柏林的"编织学校"还是欧文的"幼儿学校",都没有建立一套幼儿教育理论体系,实质上不过是具有慈善性质的社会福利机构而已。

自幼丧母的德国教育家福禄倍尔度过了一个没有幸福和快乐的童年,但也正因童年失去母爱,使得福禄倍尔后来产生了要把欢乐给予其他儿童的想法。他希望所有儿童都能有一个幸福和快乐的童年,并为这个理想而奋斗终生。福禄倍尔曾研究过夸美纽斯的《母育学校》,还曾用两年时间跟随裴斯泰洛齐,致力于儿童游戏、歌曲与各种玩具的研究(福禄倍尔的"恩物"即渊源于裴斯泰洛齐的要素教育和直观教学法)。福禄倍尔把人的教育所涉及的年龄范围划分为幼儿期和少年期两大阶段,幼儿期又进一步划分为婴儿期和幼儿期两个阶段。福禄倍尔强调幼儿期生活的重要性,认为幼儿期是整个人类发展的自然和神圣的起点。如果忽视了这个起点,便如建立空中楼阁。"人的整个未来生活,直到他将要离开人间的时刻,其根源全在于这一生命阶段,……主要取决于他在这一年龄阶段的生活方式……"②

受夸美纽斯和裴斯泰洛齐的影响,福禄倍尔于1837年在德国的勃兰根堡建立了一所教育机构,专收3～7岁的儿童。当时,这个幼儿教育机构只有一个房间,但布置得绚丽多彩,摆有小桌子和小椅子,从窗口能看到外面的花园,天气好的时候幼儿能在那里做游戏。福禄倍尔高兴地把这个幼儿教育机构称为"我的最幼小的果实"。③ "福禄倍尔一直为他的新机构缺乏一个合适的名称而感到烦恼。有一天,米登多夫、我和福禄倍尔一起步行去勃兰根堡。在越过泰格山口时,福禄倍尔不停地重复说:'但愿我能为我最幼小的果实想出一个合适的名称!'勃兰根堡就在前面,他忧郁地向那里走去。突然,他停了下来……眼睛闪烁出一种惊讶的、明亮的和灿烂的目光。然后,他对着高山大声呼喊以致发出很大的回声:'啊!我想出来了!幼儿园——将是新的教育机构的名称!'"④福禄倍尔并没有马上把"幼儿园"这个名称向世人公布,直到1840年6月28日,他才正式把自己创办的幼儿教育机构命名为"幼儿园",这标志着世界上第一所幼儿园的诞生。

福禄倍尔之所以用"幼儿园"来命名幼儿教育机构,那是因为他把幼儿的教育活动场所比作花园,把幼儿比作花草树木,把幼儿教师比作园丁,把幼儿的发展比作培植花草树木的过程。福禄倍尔曾这样说:"正如在一个花园中,……在一个有技能和

---

① 刘晓东,卢乐珍等. 学前教育学[M]. 南京:江苏教育出版社,2004:2.
② [德]福禄倍尔. 人的教育[M]. 孙祖复译. 北京:人民教育出版社,2001:39.
③ Barbara Denny, *The Playmaster of Blankenburg: the Friedrich Froebel*, London: Autolycus Publications, 1982, p.179.
④ Emile Michaels, *Autobiography of Friedrich Froebel*, New York: C. W. Bardeen Publisher, 1915, p.137.

有智慧的园丁照料下,根据自然法则而栽培的幼苗正在生长一样,在我们的花园里,我们的幼儿园里,人是所有正在生长的东西中最崇高的,将根据他们自己的生存法则以及上帝和自然的法则而得到培养。"①"称之为'幼儿园',与通常称为'幼儿学校'的类似机构是不同的。幼儿园并不是一所学校,在其中的儿童不是受教育者,而是发展者。"②因此,在福禄倍尔想出"幼儿园"这一名称之前,曾有人建议他采用"幼儿学校"或"保育所"等名称,但都被他拒绝了。

"'幼儿园'的具体和完整的思想在它的名称上体现出来,那就是'儿童的花园'。因此,幼儿园的基本思想要求它应该是儿童进入的花园。"③福禄倍尔强调教师要了解、关爱儿童,希望在快乐的"儿童的花园"里,教师用慈爱之心呵护稚嫩的生命,儿童自由地幸福成长——这便是幼儿园的宗旨。福禄倍尔怀着对儿童幸福的虔敬之心提出了幼儿园的主要任务:通过活动和游戏的方式来培养学龄前儿童;发展他们的体格,锻炼他们的外部感官,使他们认识人和自然;使儿童在游戏、娱乐和天真活泼的活动中,去做好升入小学的准备。④——这也是今天全世界幼儿园的主要任务。"我们所做的努力以及所有真正的教育的目的,就是要使一个人有可能作为一个整体的人从幼儿期起就得到自由和独立的发展,同时作为一个个体与整体生活协调一致。"⑤因此,在福禄倍尔看来,幼儿园就是"儿童的花园",就是儿童快乐幸福的标志。人们称赞"福禄倍尔不愧是一位真正的预言家",甚至认为"现代教育思想的所有的最好的倾向,都在福禄倍尔的言行中达到了顶点"。⑥ 福禄倍尔首创了"没有书本的学校"——幼儿园,把自己的一生献给了幼儿园教育事业。在长期的幼儿教育实践中,他摸索、总结出一套教育幼儿和幼教师资培训的新方法,建立起了较为完备的近代学前教育理论体系,为幼儿教育事业做出了巨大贡献。福禄倍尔积极宣传公共的学前教育思想,广泛扩展幼儿园,其幼儿园教育实践和理论引发了19世纪后半期的幼儿园运动,使得福禄倍尔"幼儿园"模式成为一种主要的幼儿教育机构,并在世界上一直沿用至今。因此,福禄倍尔被世人誉为"幼儿园之父"。

---

① Alexander B. Hanschman, *The Kindergarten System*, London: Swansonneoschein, 1897, p.119.

② H. Courthope Bowen, *Froebel and education through Self-Activity*, New York: Seribner, 1897, p.3.

③ S. S. F. Fletcher and J. Welton(ed.), *Froebel's Chief Writings on Education*, London: Edward Arnold & Co., 1912, p.237.

④ [德]福禄倍尔. 人的教育[M]. 孙祖复译. 北京:人民教育出版社,2001:29.

⑤ M. Lilley, *Friedrich Froebel, a selection from his writings*, Cambridge: Cambridge University Press, 1976, p.94.

⑥ [印度]V. R. 塔尼加,S. 塔尼加. 教育思想家[M]. 新德里:大西洋出版发行公司,1980:45(英文版).

第二节 中外幼儿教育机构

一、国外幼儿教育机构

世界各国幼儿教育机构名称各异,如幼儿园、幼儿学校、保育学校、母育学校、托儿所和日托中心等。一般来说,在实行地方分权教育领导体制的国家,幼儿教育机构的名称差异较大。虽然各国幼儿教育机构名称繁多,但世界各国普遍采用的仍是福禄倍尔所创立的幼儿园模式,"幼儿园"仍是使用最多的名称,尤其是那些公立的、正规的和教育质量比较高的幼儿教育机构。"福禄倍尔幼儿园制度的最大特征是他对儿童的热爱和对童年时期的同情。"[1]"尽管教育和心理学领域的研究成果已使幼儿教育有所改进,但是,福禄倍尔的幼儿园教育观点仍然具有世界性的影响。"[2]"虽然福禄倍尔出生在德国,但他的精神无疑是全世界的。"[3]福禄倍尔对儿童幸福快乐的呵护也是全世界人民共同的追求。

各国对幼儿教育机构的理解有广义和狭义之分。广义的幼儿教育机构包括幼儿在成长的各个阶段涉及的所有机构,除托儿所、日间看护中心和幼儿园等以外,还包括幼儿保健站和妇幼医院等。狭义的幼儿教育机构可分为两种:一是指从出生到入学前的各种保育和教育设施,如托儿所、保育学校、日间看护中心和幼儿园等;二是指为5~6岁儿童设立的为入学做准备的教育机构,如附设在小学的学前班和幼儿班等。一般来说,幼儿园招收3岁以上儿童,侧重教育;保育学校或托儿所的儿童为3岁以下,是幼儿园向下的延伸,更重视儿童的身体健康和生活自理能力的培养。在西方,这两种教育机构曾被认为带有双轨制的倾向。当年,福禄倍尔创办幼儿园时曾受到夸美纽斯《母育学校》一书的影响,认为家庭尤其是母亲在学前儿童的教育中具有不可替代的重要地位,幼儿园必须留出一些时间让儿童与母亲在一起。从上述观点出发,福禄倍尔幼儿园一般都是半日制的,不负责食宿,因此被认为只适合中产阶级家庭的儿童,而不适合那些母亲要外出打工的家庭的儿童。保育学校在其创办初期则主要招收工人和贫民家庭的幼儿,并且多半是免费的,提供食宿,保育时间也比较长,所以更适合就业妇女的需要。在当代,上述两种幼儿教育机构已逐渐消除了双轨制倾向而更加趋同,在服务对象和服务重点方面也不再像以往那样壁垒分明。

各国幼儿教育机构主要分为公立和私立两种,有独立开办的,也有附设在公立小学内的;有为学前教育研究而开办的实验性质的幼儿园,也有附设在大学为培训学前

---

[1] M. Lilley, *Friedrich Froebel, a selection from his writings*, Cambridge:Cambridge University Press, 1976, p.53.

[2] Robert Downs, *Friedrich Froebel*, Boton, Twayne Publishers, 1978, "Preface".

[3] Friedrich Froebel, *Mother-Play and Nursery Songs*, Boston:Lee and Shepard Publishers, 1894, "American Edition Preface".

师资开办的幼儿园;有出于家政和社会服务的目的而设立的幼儿园,还有短期(如在暑期开办)的幼儿园。总体来说,学前教育越来越受到社会各界的关心和支持,办园主体日趋多元,办园形式更加多样,办园要求也日益规范。

(一) 美国

美国的幼儿教育机构有保育学校、前幼儿园、幼儿园、前初级学校、儿童保育中心、日间照顾中心、家庭式日间照顾、起头计划、家长儿童中心、后院团体、实验学校、游乐园等,各机构收托的儿童年龄和收托时间均按父母的需要,有半日制、全日制、计时制,甚至还有夜间照顾中心,专为从事夜间工作的职业妇女服务。美国幼儿教育机构虽然名称繁多,但主要以幼儿园和保育学校为主。保育学校具有托儿所和学校的双重性质,一般以3~4岁儿童为对象,年限为1~2年;幼儿园招收5~6岁儿童,教育计划比较灵活,基本原则是从做中学,为儿童上学做准备。美国的幼儿教育机构多由当地政府的卫生局和教育局等部门监管,卫生局设有专门的托儿部,由专职的卫生官员监督,包括防火、卫生等项目都有明确的标准,教育局则只管5~6岁儿童的教育。卫生局和教育局等部门每年都要对幼儿教育机构进行两次检查,检查幼儿园的安全卫生设施和师资业务水平,但对课程设计不做硬性规定。

(二) 英国

英国学前教育以5岁为界限划分为两段:2~5岁儿童的各种幼儿教育机构的教育属于非义务教育阶段,5~7岁的儿童教育属于义务教育的开始阶段。由于举办部门不同,幼儿教育机构可以分为以下几种类型:(1)由社会福利部门举办的幼儿教育机构,如日托中心、托儿所和社区中心婴儿室等;(2)由教育部门举办的幼儿教育机构,如托儿所、幼儿学校、幼儿班和小学附设托儿所等;(3)由卫生保健部门举办的幼儿教育机构,如日托中心和游戏小组等;(4)由私人或团体举办的幼儿教育机构,如托儿所、幼儿学校、教会托儿所、游戏小组、亲子小组和儿童保育中心等。幼教机构有半日制也有全日制,游戏小组、亲子小组、儿童保育中心、社区中心育儿室则以计时制为主。英国的保育学校和幼儿班是幼儿教育机构的主要类型,大多是公立的、免费的,招收2~5岁儿童。日间托儿所主要招收由社会救济部门送来的或母亲外出工作无人照管的2~5岁儿童,优先招收"高危儿童"(包括非意外伤害所造成的严重障碍儿童等)和"中危儿童"(如单亲家庭儿童、靠祖辈照料儿童、文化不利儿童、有生理缺陷的儿童等),一般属社会服务性质,多数为全日制并全年开放。游戏小组是英国幼儿教育机构中颇有特色的一种类型,最初是为了抚育一战后的孤儿和私生子,后随着城市的发展,儿童失去了游戏空间,家长们自发兴起了"游戏班运动"[①],政府认可并支持了游戏小组的存在价值。游戏小组一般每周活动3~5天,每天大约3个小时,分上午组和下午组,活动内容一般包括自由游戏、自我服务以及室内外活动。

---

① 周采,杨汉麟.外国学前教育史[M].北京:北京师范大学出版社,1999:210-211.

(三) 德国

德国法律规定,抚养和教育儿童是父母的权利和不可推卸的责任。因此,幼儿教育机构只是一种社会福利教育机构,在于弥补家庭教育的不足,归属青少年福利部门管辖。德国的幼儿教育机构具有多元化的特点,机构名目繁多达三十多种,形式各异,大致可分为六种:(1)传统幼儿园。传统幼儿园相对独立,最为普及,是为3~6岁幼儿提供保育和教育的主要机构,主要有接受政府补助的公立幼儿园,接受政府补助但教育与师资不受政府监控的私立幼儿园,不接受政府补助而靠家长缴费的独立幼儿园。幼儿园分全日制和半日制,并多为半日制幼儿园。(2)主要由教会和福利机构开办的幼儿俱乐部或游戏所、儿童店。(3)根据教育家的名字命名的幼儿园。有裴斯泰洛齐和福禄倍尔幼儿园、蒙台梭利幼儿园和瓦尔多夫幼儿园等,以福禄倍尔幼儿园为最多,蒙台梭利幼儿园较少。(4)学校附设的幼儿园和学前班。这类幼儿园数目较少,一般都与小学联为一体,适合于达到6周岁或将达到6周岁但智力与体力均未达到入学标准的儿童,主要进行为期一年的特别训练,为入小学做准备。(5)为各种有残障的儿童提供的特殊幼儿园。(6)其他托幼机构。包括为0~3岁儿童开设的全日制托儿所、"白天的母亲"和父母管理中心。

(四) 法国

法国的学前教育和初等教育都归教育部学校司管辖,"学校"一般指初等教育机构,包括母育学校和小学。法国的幼儿教育机构以母育学校为主,幼儿班和幼儿园占少数,有公立和私立之分,都不属于义务教育。母育学校大部分设在公立的中学和大学内,母育学校和小学幼儿班招收2~6岁儿童,每天开放时间长达10个小时。1975年起,法国实行对人口稀少地区推行学前教育方案,采取教师定点巡回教育的方式,实行流动车接送儿童服务。自1981年开始,法国实行免费学前教育,成为当今世界幼儿教育水平较高的国家之一。

(五) 俄罗斯

俄罗斯学前教育的显著特点是建立在扎实的科学研究基础上。俄罗斯的学前教育界认为,学前时期是儿童生理和心理发展的最重要时期,学前教育的内容和方法必须有科学的依据,否则会给儿童的健康成长带来不利影响。学前教育专家们每隔几年就根据科学研究的最新成果制定新的教学大纲,为各地幼儿教育机构的活动提供统一的标准,从而使全国的学前教育工作者有法可依,有章可循。1990年国家教育委员会发布了《学前教育构想》,强调了幼年期的重要性,指出要根据当代教育科学研究成果来改革学前教育体系,改善办园条件,使幼儿教育机构多元化。1994—1995年,俄联邦教育部制定了学前教育标准,对幼儿教育机构的活动场地、建筑、设备材料等都做出了严格的规定。俄罗斯幼儿教育机构大多数由政府组建,少数由企事业单位兴办,后者比前者的设施要优越得多。俄罗斯的幼儿教育机构主要有四种:托儿所(招收0~3岁儿童)、幼儿园(招收4~6岁儿童)、托儿所与幼儿园联合体、家庭托儿所。

(六) 日本

日本除正规的幼儿园、保育所之外，还有公园幼儿园、游戏场、儿童之家等。母子之家是丧失配偶妇女教育子女的地方，也是一种幼儿教育机构。幼儿园是学校教育体制的一个组成部分，招收3~6岁儿童，由文部省管辖，主要任务是教育。保育所是福利体系的组成部分，以缺乏家庭保育条件的0~6岁婴幼儿为对象，具有补充、完善家庭保育的功能，由厚生省管辖，主要任务是保育。幼儿园有国立、公立和私立之分，国立幼儿园由国家设立，经费由国家承担，主要附设在国立大学或国立大学的教育系。公立幼儿园由地方行政机关(市、镇、村)设立，经费有地方政府支持，多数附设在公立小学。私立幼儿园由私人和各种法人(如学校法人和宗教法人等)开办，经费由开办的团体或个人负责。政府对私立幼儿园经常进行补助，同时对低收入户每年给予补助。

(七) 瑞典

瑞典的幼儿教育机构主要有四种：(1)学前教育学校。招收1~6岁儿童，全年开放。(2)学前班。附设在小学内，自愿入学，主要招收6岁儿童，每年为儿童提供525小时的免费教育，其课程包含在义务教育的课程计划内。(3)家庭日托。主要由父母请保姆在家里教养0~12岁儿童。除此之外，还有农忙托儿所，是在农忙期间为农忙妇女而设立的。育乐中心也是一种幼儿教育机构，大部分是在休闲时间收托年龄较小的幼儿。瑞典的幼儿教育机构服务时间有长有短，完全按家长的要求，可以在任何时间内代替父母照顾儿童，满足职业妇女和非职业妇女对子女的教养需要，同时又有季节性和临时性的幼托机构。这种补充性的类型，既方便了家长，又使孩子在任何时候都能受到成人较好的照顾。

(八) 澳大利亚

澳大利亚的幼儿教育机构可分为公立机构(经费由政府提供)、非政府非营利性机构、私立营利性机构和私立非营利性机构。其中，全天日托中心为私立，其他多属州政府和地方政府创办或为非营利性机构。(1)幼儿教育机构。包括幼儿园和学前班，主要招收3~5岁儿童，实行学期制，分全日制和半日制，为学前儿童提供教育经验。(2)全天日托中心。主要招收0~6岁儿童。(3)家庭日托。由经过注册的保姆在家中照顾0~12岁儿童，政府对获得认可的家庭日托中心提供资助。全天日托中心、家庭日托是政府满足就业父母的需求设立的。此外，还有为家长与儿童提供临时托育服务的临时托育中心等机构。澳大利亚对交通不便、人口稀少地区采用了流动式幼儿园，将大卡车装满玩具，运动器材以及图书等定时定点地送教上门，以达到教育机会均等的目的。

(九) 以色列

以色列的幼儿教育机构富有民族特色，大致有三种形式：托儿所、国立幼儿园、集体农场幼儿园，每一种形式又分为宗教性和非宗教性。特别是集体农场的幼儿教育机构有一特征是共同看管儿童，儿童集体住在儿童之家，只在假期、休假日才和父母在一起。集体农场是一个自愿集体共有社区,以一个社区为一个学区,幼儿就近就读。儿童出生后约六个星期就寄养在婴儿之家,1.5岁时转往乳儿之家,2岁前根据幼儿成长情况再转往幼儿之家,满3岁进入托儿所。当幼儿被视为发展成熟时,则进入幼儿教育组,在幼儿教育组中幼儿从3~7岁不等。近几年来集体农场的新一生代开始较多地参与家庭式抚养幼儿,农场中有许多成员开始让子女晚上与父母睡在同一地区,这种趋势再发展下去,儿童之家的功能将有所改变。

(十) 发展中国家

发展中国家幼儿教育机构往往受社会经济条件的制约,不可能大规模地发展"正规性"幼儿园、托儿所。但他们利用已有的环境和条件,多途径办学,多条腿走路,探索发展"非正规"的教育机构,以提高学前教育的受益面。以印度为例,印度的幼儿教育机构类型为幼儿学校、福禄倍尔学校、蒙台梭利学校、大学附属实验幼儿园,这些均属正规性的托幼机构,经费来源于国家资金。此外,还有面向一般劳动人民子女的平民幼儿园和临时托儿中心,它们的经济主要依靠社区和来自国外的援助,其设施条件十分简陋,办园费用低,适应大部分中底层人民的生活水平和需要,使平民子女的入园率大大提高。

二、中国幼儿教育机构发展历程

中国最早的幼儿教育机构是产生于汉代的蒙学,属于私学体系中的蒙养阶段教育。清末,福禄倍尔幼儿园模式传入中国,近代意义的幼儿教育机构建立并发展起来。1903年清政府颁布的"癸卯学制"将幼儿教育机构定名为"蒙养院";1912—1913年民国教育部颁布的"壬子癸丑学制"将"蒙养院"更名为"蒙养园";1922年公布的"壬戌学制"将"蒙养园"更名为"幼稚园"。1949年新中国建立后,将"幼稚园"更名为"幼儿园",现代幼儿园由单一公办逐渐走向多元化,中国"儿童的花园"迎来了百花争妍的春天。

(一) 古代蒙学

由于官学衰萎,先秦私学勃兴,呈百家争鸣之势。秦建立起统一的中央集权国家之后,统治者发现百家争鸣不利于其集权统治,为维护其统治权威,秦始皇发动了禁私学运动,残酷的"焚书坑儒"使私学遭受无情打击。由于汉初统治者将注重私学作为汉代立国的重要措施,故私学的复苏很快,并开始出现程度较低的蒙学。蒙养阶段教育的出现,使之成为中国古代教育的一个特定的教育形式,弥补了官学教育没有蒙学的缺陷。自汉代开始及至整个中国古代社会,幼儿教育几乎都是由私学来承担的,这是私学的一大功绩,也是中国古代教育的一个显著特点。

蒙学教育主要面向幼小儿童,"使学童识字习字"[①],这是汉及汉以后历代蒙学教育的一大特点。唐代的蒙学所传授的,除了《千字文》等蒙学识字书外,还有儒家经

---

① 王国维.观堂集林·汉魏博士考.

籍。唐代的蒙学教育较为普遍,在客观上为唐代教育的普及化做出了贡献。宋元明清时期,科举制度对蒙学教育的影响越来越大。蒙学教育的一个主要目的,便是为将来士人应科举打下良好的基础。正是在这互相衔接的关系之中,在整个社会的大环境之下,蒙学教育打上了深深的科举的烙印。科举选士这个由最高统治者向人们做出的承诺,明明白白地告诉人们该追求什么,大大激发了蒙学教育的发展。虽然大多数低幼年龄阶段的童蒙私学,其所传授的内容、学生的年龄、自身的条件等,离科举还有一段距离,但其在办学宗旨、教育儿童学习上,则早已将科举纳入其中,科举成为儿童未来发展遥远而又瑰丽的目标。

宋元明清时期,各代政府明令在各地兴办蒙学,并采取了很多的奖励捐资助学措施,因而捐资助学者颇多。明代的社学是较有特色的童蒙阶段的教育,它承元之余续,由政府明令在各地兴办,但经费、师资等均由地方基层组织自筹解决,因而是一种特殊意义的私学。政府对社学没有领导关系,只对"学文有成者①","申复官司照验②"即可。社学在清代也得到统治者的鼓励和倡导,"每乡置社学一区,择其文义通晓、行谊谨厚者,补充社师。免其差役,量给廪饩养赡"③。明清的私学蒙养化越来越明显,蒙学教学社会化,不仅表现在蒙养教材大量出现及其专门化(伦理、识字、常识、《三字经》、《百家姓》、《千字文》、《童蒙训》等),还表现在承担私学初级形态任务的学校在数量上和种类上的大量涌现,除社学外,还有义学、义塾④、家塾、乡馆、乡学、私塾等等,统一称为义学。明清时期由一些热心教育的个人或社会团体捐资、集资兴办的义学得到了政府的表彰和提倡,因为这样既减轻了朝廷的经济负担,又达到了普及教育的目的。

随着各个朝代的兴衰更替,古代蒙学走过了曲折的道路。一般情况下,特别是在统一的国家政权确立和稳定时期,统治者对蒙学就给予鼓励和支持,蒙学就得到较好的发展;相反,统治者对私学加以限制或禁毁,蒙学就难以发展,甚至无法生存。综观古代蒙学,作为古代私学的初级教育形式,在官学只是为培养和选拔官吏服务的情况下,承担了童蒙阶段的普及教育的主要任务,起着官学所不能起到的作用,弥补了官学之不足。政府利用政策导向,监督、控制私学的发展,利用科举制度控制蒙学教育的内容、形式。古代蒙学经历了一条不断充实、不断完善的发展之路,越来越向现代意义的幼儿教育制度靠近,这是蒙学发展的必然趋向,也是蒙学受政府影响越来越大的结果。

(二) 近代幼稚园

近代意义上的幼稚园始于清末,贯穿民国年间,新中国成立后改为幼儿园。近代幼稚园有蒙养院(园)和幼稚园之称,1903年(清光绪二十九年)颁布的癸卯学制规定

---

① 新元史·食货志。
② 新元史·食货志。
③ 大清会典·学校二。
④ 义学、义塾多为私人或社会集团捐资兴办,对学生实行免费教育。

蒙养院招收3～7岁儿童,1912年壬子学制改称"蒙养园",招收6岁以前儿童,1922年新学制始称"幼稚园"。近代幼稚园主要分为三类:(1)政府办园。往往附设在小学内或女子师范学校内,具有实验性质。(2)私人捐资办园。大都是独立的幼稚园,或含有慈善性质,或专为自家儿女所设。(3)教会办园。为外国传教士在中国境内创办的教会幼稚园,除传教外,大都为训练师范生而设。外国教会幼稚园与中国自办(包括中国政府创办和国人出资创办)幼稚园成为近代幼稚园发展的双轨,也是近代中国半殖民地半封建社会的特殊产物。

1. 教会幼稚园

1840年鸦片战争以后,帝国主义凭借不平等条约,取得了在我国传教、办学等特权,肆无忌惮地进行文化侵略。外国传教士以传教为目的,将福禄倍尔幼儿园模式传入我国,在我国先后设立了教会幼稚园。教会幼稚园不是以西方帝国主义国家、政府的名义建立的,而是以民间教会团体或传教士个人的名义建立的,是存在于中国并得到官方和民间认可的、私立性质的幼儿教育机构。中西文化的冲突、妥协,既促进教会幼稚园在华发展,也形成了教会幼稚园的特色。

近代教会幼稚园由于教育目标和发展状况的变化,其发展过程可分为3个阶段:(1)19世纪80—90年代以前,是教会幼稚园的萌芽期。机械模仿西方福禄倍尔幼儿园模式,由于社会文化背景的不同与师资水平的限制,办园质量低,规模小,人数少,多附设于教堂,生源均为贫苦子弟或无家可归的孤儿。(2)19世纪80—90年代至20世纪20年代,是教会幼稚园的发展期。1913年基督教全国大会在大会决议案中明确规定:各地教堂都要附设幼稚园。于是,教会幼稚园增加很快,据中国基督教调查会1921年的调查报告中记载:全国教会所设的幼稚园已达139所,幼儿4324人。① 另据1924年南京一女师附设的幼师科对全国幼稚园调查后的报道:在当时全国190所幼稚园中,教会办的幼稚园竟达156所,占总数的80%以上。② 这一时期的教会幼稚园不但数量上增加很多,办园质量也提高了很多,打破了原来模仿的公式,开始了教学革新,进行中西结合的教学研究和改进,尽量达到融会贯通。教会幼稚园注意调整了宗教教育的方式,幼稚园的课程实施已经出现了本土化趋向,能够结合本地特点与时令进行教学。(3)20世纪20年代收回教育权运动至20世纪50年代教会幼稚园完全收归国有,是教会幼稚园的世俗化、中国化时期。20世纪20年代收回教育权运动蓬勃展开,迫使教育部1925年11月16日颁布16号报告,宣布外人捐资设立学校请求认可办法6条③。1929年8月29日教育部颁布《私立学校规程》(后经3次修订),1939年12月24日公布《幼稚园规程》,1943年教育部将《幼稚园规程》加以修正,经呈奉行政院令改为《幼稚园设置办法》,同年12月20日以部令公布实施,作为设置幼稚园之准则。一系列法律法规的颁布实施,切实收回了教育主权,说明政

---

① 唐淑,钟昭华.中国学前教育史[M].北京:人民教育出版社,1993:83.
② 唐淑,钟昭华.中国学前教育史[M].北京:人民教育出版社,1993:83.
③ 《政府公报》第3459号,1925年11月20日。

府真正认识到基础教育阶段是培养国家公民、塑造国民性的重要阶段,认识到教会在中国办教育的真正企图,这对维护我国教育权有着重要的意义。从此以后,教会幼稚园急剧减少,一直在近代占主体地位的教会幼稚园开始走向衰落。

2. 中国自办幼稚园

清末,两湖总督张之洞倡办新式学堂,湖北巡抚端方于1903年(光绪二十九年)创办了我国第一所近代意义上的、福禄倍尔幼儿园模式的幼儿教育机构——湖北幼稚园,并拟定了《湖北幼稚园开办章程》。1904年元月(光绪三十年),清廷颁布《奏定学堂章程》(癸卯学制),其中《奏定蒙养院章程及家庭教育法章程》确定了蒙养院为教育幼儿的专门机构,明确规定了幼儿教育的地位,提出了蒙养院的设立办法。《奏定蒙养院章程及家庭教育法章程》是我国近代幼儿教育的第一个法规,标志着我国的学前教育已经进入了一个新的发展阶段。《章程》颁布后,湖北幼稚园更名为武昌蒙养院。在财力、人力有限的条件下,政府大力提倡、鼓励私人设立各级各类新式学堂,士绅、商人积极响应,国人自办的蒙养院如雨后春笋,迅速建立起来。1906年,清政府要求各厅州县设立劝学所,颁布《奏定劝学所章程》,劝学员除了劝募适龄儿童入学、监督、审查官立学堂各项教育事务外,劝导私人设学是其重要职责。劝学所的设立,为清末蒙养院的兴建起了推动作用。清政府为了鼓励私人办学,对捐资兴办蒙养院者均予以奖励。政府的鼓励支持,极大地促进了热心幼稚教育的国人捐资兴办蒙养院。"光绪三十三年(1907年),蒙养院428所,在院幼儿4 893人。光绪三十四年(1908年)蒙养院114所,在院幼儿2 610所。宣统元年(1909年),蒙养院92所,在院幼儿2 664人。"①这其中包含很多达官富绅、乡间节妇等私人捐资兴办的私立蒙养院,如上海务本女塾幼稚舍、天津严氏蒙养院、上海私立爱国女社蒙养院、北京曹氏家庭幼稚园、湖南幼幼学堂蒙养院,等等。清政府对幼稚园是鼓励和倡导的,但由于缺乏科学、严格的管理,致使清末的幼稚园发展缓慢,办园质量不高。

五四运动后,我国进入新民主主义时期,人们为了探讨中国教育的出路,把形形色色的西方教育理论、学说、思潮统统介绍进来,出现了一个声势浩大的宣传、介绍西方教育理论、教育学说的热潮。其中,除学习福禄倍尔、蒙台梭利幼教思想外,对中国幼教影响最大的莫过于杜威的实用主义教育思想,并"成为我国新式小学和幼儿园的指导思想"②。但是,完全照搬西方教育模式是不正确的,一些教育家很快便纷纷认识到了这一点,他们针对当时中国的实际情况,潜心研究幼儿教育,特别是经过长期的实践和理论研究,形成了符合中国国情的学前教育理论,开展了轰轰烈烈的幼儿园课程变革运动。中国自办幼稚园在重视幼稚教育、掀起幼稚教育研究实验的社会氛围中,在国家法律法规的保障下,走上了依法办园、规范蓬勃发展的道路,加速了教会幼稚园的衰败进程。但这一时期私人出资兴办的私立幼稚园,不仅在园数、儿童数、教职员数方面绝对多于政府创办的公立幼稚园(见表1-1),并且还出现了众多的由

---

① 唐淑,钟昭华. 中国学前教育史[M]. 北京:人民教育出版社,1993:79.
② 李定开. 中国学前教育[M]. 重庆:西南师范大学出版社,1990:288.

知名人士创办的优秀私立幼稚园,如陈嘉庚的厦门集美幼稚园、熊希龄的北京香山慈幼院、陈鹤琴的南京鼓楼幼稚园、陶行知的南京燕子矶乡村幼稚园,等等。

表 1-1 7 市幼稚园最近之概括比较表①

市名	园数			儿童			教职员		
	公	私	小计	公	私	小计	公	私	小计
上海市	23	96	119	1 449	4 066	5 515	55	201	256
南京市	16	5	21	883	240	1 123	32	11	43
杭州市	5	6	11	251	196	447	10	13	23
天津市	5	9	14	94	285	579	12	12	24
北平市	2	10	12	—	—	—	—	—	—
青岛市	7	1	8	—	—	403	—	—	—
汉口市	3	1	4	202	—	202	6	2	8
总计	61	128	189	3 079	4 787	8 269	115	239	354

(三) 现代幼儿园

新中国一成立,政府就明确了新教育的性质、任务、教育方法以及教育改造的步骤、重点。1949 年 11 月,中央人民政府教育部成立,我国首次在初等教育司下设幼儿教育处。根据《共同纲领》的规定和第一次全国教育工作会议的精神,幼儿教育处着手学前教育的改造和建设工作,废除了幼儿园招生的考试制度,采取报名与审查核实相结合的办法,优先录取家中无人照顾的劳动人民子女,并将一部分私立幼稚园改为公立。1951 年 10 月 1 日,政务院命令公布施行《关于改革学制的决定》,规定实施幼儿教育的组织为幼儿园,招收 3 足岁到 7 足岁的幼儿,并指出幼儿园应在有条件的城市首先建立,然后逐步推广。1952 年教育部颁发试行《幼儿园暂行规程(草案)》,这是在总结了老解放区的学前教育经验,借鉴了苏联学前教育理论的基础上,按照共同纲领和改革学制的决定,由苏联专家指导制定的。《幼儿园暂行规程(草案)》明确了管理学前教育的地方行政机构,标志着有了全国统一的领导管理体系。《幼儿园暂行规程(草案)》共分 8 章 43 条,规定了幼儿园的双重任务、培养目标、教养活动项目和保教并重的方针。同年,《幼儿园暂行教育纲要(草案)》颁布实施,规定了幼儿园教学暂行总则和各科教学纲要。《幼儿园暂行规程(草案)》和《幼儿园暂行教育纲要(草案)》是新中国发展学前教育的具体指导性文件,具有里程碑式的意义,为全面改革旧教育,建立社会主义学前教育新体系奠定了良好的基础。1954 年,全国的私立幼稚园全部由政府接管,改为公立幼儿园。至此,在新中国成立后的短短几年内,近代私立幼稚园便在中国大地上消失。

---

① 张克勤.国内七市幼稚园教育今昔比较观[J].中华教育界,1935(23-1).

在新中国成立初期,百废待兴,国家财政困难,政府就立即采用"一刀切"的办法将全部私立幼稚园改为公立,国家统统包下来,致使国家负担太重,不利幼儿教育事业的发展。1956年2月,教育部、卫生部、内务部发出了《关于托儿所、幼儿园几个问题的联合通知》,明确了托儿所、幼儿园的领导体系,提出了托儿所、幼儿园的发展方针应该按照"全面规划、加强领导"和"多快好省"的方针,根据需要和可能的条件,调动社会各方面的力量举办幼儿园,其中代表国家力量的政府办园属于(教育)部门办园,厂矿企业、机关、团体的出资办园属于其他部门办园,群众集资(集体经济)办园属于民办园,但这些幼儿园的性质都是公办幼儿园。此后在公有经济大一统的二十多年里,私立性质的幼儿园是不存在的。

改革开放之后,中国学前教育开启了法制管理之路。1978年,教育部恢复撤销了近20年的幼儿教育处,加强了对学前教育的规范领导和管理。1979年教育部颁布实施《城市幼儿园工作条例(实行草案)》。1980年卫生部颁布实施《城市托儿所工作条例(试行草案)》,为城市幼儿园、托儿所的规范发展提供了法律保障。1983年9月,教育部印发《关于发展农村学前教育的几点意见》,掀起了农村学前教育发展高潮,附设在小学的学前班成为农村学前教育机构,学前教育由城市普及到了农村,让农村学前儿童也有机会受益学前教育。1986年6月,国家教委发布《关于进一步办好幼儿学前教育的意见》,对规范农村学前班的建立具有重要的意义。1989年,国家教委颁布的《幼儿园工作规程(试行)》和《幼儿园管理条例》规定了国家对幼儿园的基本要求和管理的基本原则,成为幼儿园举办、管理和评估的基本依据,推动了幼教事业的健康发展和管理工作的科学化。此后,中国实行经济体制改革,对生产资料所有制结构进行了重大调整,确立了以公有制经济为主体、多种经济成分共同发展的所有制结构,这使得幼儿园性质趋向多元化,民办幼儿园的含义相应发生了转变,成为私立幼儿园的代名词。由于我国的经济体制是公有制经济为主体的多种经济形式并存的格局,经济多元化决定了利益主体的多元化,我国的公办幼儿园与私立幼儿园犹如一条线段的两极,在完全由政府和私人举办的幼儿园之间,呈现出一个"光谱融合"区域,已经出现例如公办私营、股份制(公私)、股份合作制等一系列办园模式。

20世纪末至21世纪初,中国幼教进入了法制化、规范化的快速发展时期。1996年修订并正式颁布施行的《幼儿园工作规程》和2001年颁布实施的《幼儿园教育指导纲要(试行)》,成为幼儿园科学实施素质教育的指导性文件。2010年11月国务院印发《关于当前发展学前教育的若干意见》,着力解决"入园难"问题和"幼儿教育小学化"问题,启动第一个学前教育"三年行动计划",使得中国的幼教事业发展迈上了快速发展的平台。此后,学前教育政策法规密集出台,2012年颁布实施的《3~6岁儿童学习与发展指南》和《幼儿教师专业标准》进一步细化规范了幼儿园保教工作。2016年再次修订并颁布实施的《幼儿园工作规程》,明确规定了幼儿园的性质和主要任务:"幼儿园是对3周岁以上学龄前幼儿实施保育和教育的机构。幼儿园教育是基础教育的重要组成部分,是学校教育制度的基础阶段。""幼儿园适龄幼儿一般为3周岁至6周岁。""幼儿园一般为三年制。""幼儿园可分为全日制、半日制、定时制、季节制和寄宿制等。上述形式可分别设置,也可混合设置。""幼儿园的任务是:贯彻国家的教育方针,按照保育与教育相结合的原则,遵循幼儿身心发展特点和规律,实施德、智、体、美等方面全面发展的教育,促进幼儿身心和谐发展。幼儿园同时面向幼儿家长提供科学育儿指导。"此外,《幼儿园工作规程》还详细阐释了幼儿园保教目标,明确提出了幼儿园安全、卫生保健、教育、管理等方面的工作原则和要求,成为幼儿园开展保教工作的基本依据和规范,对于幼儿园开展各项工作起着指导作用。随着经济体制、政治体制和教育体制的大变革,在国家政策与幼教法律法规的引导保障下,现代幼儿园得到了较快的发展,中国"儿童的花园"迎来了发展的春天。

要点回顾

柏拉图在其著作《理想国》中,最早提出了儿童公育的思想,倡议实行儿童公育制度,主张儿童教育应由国家负责,0~3岁儿童应交给国家特设的养育院由乳母养育,3~6岁儿童应到附设在神庙里的儿童场由保姆监护。亚里士多德第一次进行了年龄分期,把第一个时期(0~7岁)又细分为两个阶段:0~5岁为前期,5~7岁为后期。亚里士多德认为,在前一个阶段,应顺应自然,以儿童的身体养护为主;在第二个阶段,即5~7岁的教育中,应以习惯的培养为主。夸美纽斯拟定了西方教育史上第一个从学前教育到大学教育的单轨学制,在教育史上第一次从普及教育的角度和儿童心理发展的连续性与阶段性的角度,提出学前阶段教育的重要性,撰写了历史上第一部学前教育专著《母育学校》,勾画了幼儿教育机构的雏形。继奥柏林的"编织学校"和欧文的"幼儿学校"之后,福禄倍尔在裴斯泰洛齐教育思想的影响下,基于夸美纽斯的《母育学校》创办了"幼儿园",阐释了幼儿园的宗旨——"儿童的花园",被誉为"幼儿园之父"。

世界各国的幼儿教育机构以福禄倍尔幼儿园模式为主。中国最早的幼儿教育机构蒙学诞生于汉初,近代出现了国人创办的幼稚园(蒙养院→蒙养园→幼稚园)和外国传教士创办的教会幼稚园,当代中国的幼儿园分为公办幼儿园和民办幼儿园,但其宗旨当秉承福禄倍尔的初心——"儿童的花园"。

思考练习

1. 请谈谈对福禄倍尔幼儿园宗旨的理解和认识。
2. 国外幼儿教育机构设置对我国幼儿教育发展的借鉴与启示有哪些?
3. 我国幼儿园发展历程的启示有哪些?
4. 《幼儿园工作规程》中幼儿园的两大任务是什么?

拓展阅读

1. [捷]夸美纽斯. 夸美纽斯教育论著选[M]. 任钟印译. 北京:人民教育出版社,1990.
2. 单中惠. 让我们与儿童一起生活吧[M]. 上海:华东师范大学出版社,2008.

完善与建议

反思、建议:

_____
_____
_____
_____
_____

工作案例与材料(粘贴):

第二章 幼儿园的设置与规划

> 我知道,人的发展和教育是一项世纪性的工作。当今时代要求通过一种符合它的要求和培养人的尊严的教育为它打下基础。打下这个基础,就是我的幼儿园的目的。①
>
> ——福禄倍尔

第一节 幼儿园的设置运作流程

能否生存发展,能否在教育市场上有自己的立足之地,幼儿园作为社会的一个子系统,取决于幼儿园是否与社会的政治环境、法律环境、经济环境、社会文化环境、科技环境以及自然环境相适应,是否达到一个生态平衡。充分的市场调研、合理的定位是幼儿园创办阶段的首要工作,而依法办园则是幼儿园的生存关键。

一、学习相关法规政策,做到知法懂法

学前教育方针是国家对学前教育培养目标及实现该培养目标的途径、条件或要求等各方面所做出的全局性、战略性兼具前瞻性的规定。学前教育政策是指党和国家为完成一定历史时期的学前教育任务,实现学前教育培养目标,贯彻落实学前教育的基本方针而对相关部门或个人该做什么和不该做什么、该怎么做和不该怎么做等相关行为准则及教育的内外关系所做的战略性兼具现实针对性、操作性的相关规定,是政府为实施和发展学前教育事业而制定的行动准则,是实施学前教育行动的出发点及行动的过程和归宿。学前教育法规是国家教育行政机关所制定的关于学前教育的规范性文件总体,是政府行使行政权力的手段,是规范学前教育活动、调整学前教育行政关系的法律法规的总称,对学前教育管理的科学化、规范化和法制化具有重要的价值和意义。

学前教育法规集中地反映党和国家教育行政机关在学前教育方面的意志和主张,规定学前教育各项工作的行为准则,是学前教育政策的定型化和规范化;学前教育政策指导学前教育法规的运行和实施,是学前教育法规的灵魂;学前教育政策是学前教育法规制定的依据,学前教育法规是学前教育政策得到实施的保证。制定学前

---

① B. von Marenholz-Bülow, *Reminiscences of Froebel*, Boston, Lee and Shepard, 1877, p. 142-143.

教育法规的目的在于依法治教,不仅要求教育行政机关依照法定的职权和程序管理学前教育,依法办事。同时,还要求幼儿园等学前教育机构的教育活动要符合学前教育法律、法规,任何个人和组织的违法行为都要受到法律的追究。2016年3月1日施行的《幼儿园工作规程》共分为11章66条,分别是总则、幼儿入园和编班、幼儿园的安全、幼儿园的卫生保健、幼儿园的教育、幼儿园的园舍设备、幼儿园的教职工、幼儿园的经费、幼儿园与家庭和社区、幼儿园的管理以及附则,具体规定了我国学前教育的基本内容范畴、目标以及基本的实践规范和要求。1989年9月11日发布、1990年2月1日起施行的《幼儿园管理条例》分为6章共32条,包括总则、举办幼儿园的基本条件和审批程序、幼儿园的保育和教育工作、幼儿园的行政事务、奖励和处罚、附则,明确规定了幼儿园的任务、管理体制与原则、举办幼儿园的条件、保教工作的目标和原则以及法律责任和执法、监督等,是中国举办、管理和评估幼儿园的基本依据。2001年9月起试行的《幼儿园教育指导纲要》由四部分组成,即总则、教育内容与要求、组织与实施和教育评价,是深入贯彻落实《幼儿园管理条例》和《幼儿园工作规程》,实施幼儿园素质教育的纲领性文件。2002年12月28日颁布、2003年9月1日正式实施的《民办教育促进法》共10章68条,包括总则、设立、学校的组织与活动、教师与受教育者、学校资产与财务管理、管理与监督、扶持与奖励、变更与终止、法律责任和附则,详细规定了民办幼儿园设置资格、审批机关、设置程序等。这一系列的学前教育法律法规以及相关政策是依法治教的依据,对学前教育活动具有保障作用、指引作用和评价作用。

韩非主张明其法禁。强调是作为管理者必须明白有关的法律法规。办园者首先要认真学习、理解掌握并贯彻执行中央和园所所在地方的有关政策法令,研究《幼儿园工作规程》《幼儿园管理条例》《幼儿园教育指导纲要(试行)》《关于幼儿园教育改革与发展的指导意见》等相关法律法规、政策,从中看到这些政策法令的出台,为园所发展提供了什么机遇,又存在着哪些制约。园所根据国家和地方法律法规,从实际出发,结合当今幼儿教育发展的政策和发展趋向,具体研究到底什么是可以"进",什么是可以"退",什么应"有所为",什么"有所不为",做到知法懂法,使得办园行为符合国家法律法规的精神和原则。幼儿园在严格约束自己遵纪守法、依法办园的同时,还要善于利用法律武器来保护自己,只有这样才能使园所的发展符合国家教育事业发展的大方向。

二、进行市场调研,做到知己知彼

充分的市场调研是园所策划的起点,这种调研在园所的创办期尤为重要。幼儿园在创办期市场调研的主要内容应包括:社会需求现状及其预测;市场现有资源分布;学校资源状况(现有或预计投入获得的)等。建立在一定区域内的幼儿园,必然受一定的自然环境的影响,而一定的适龄幼儿是设置幼儿园的前提和基础。此外,幼儿园还受一定的交通条件、文化传统和社区环境的影响。作为办园者必须认识、了解所在社区环境,做好市场发展可行性调查研究,对社区入住人口的经济状况及消费观念、年龄结构层次、幼儿教育需求状况、附近已有园所状况以及社区发展规划等准确把握，旨在及时、准确、全面、系统地收集各种信息资料，做到知己知彼，为园所的设置准确定位、制定幼儿园可行性发展规划以及日后的教育教学和经营管理提供可行性依据。办园者只有对社会和家长的需求全方位了解，才能抓住幼儿教育的潜在需求，才能制定科学的园所发展战略目标、开拓教育新市场，才能真正掌握经营管理和竞争的主动权。另一方面，任何园所所拥有的与可以运用的资源都是有限的，办园者还要清醒地了解园所自身的各种资源条件，包括师资、设备等，做好园所资源分析，掌握自身的优势在哪里，劣势在哪里；什么是自身的长处，什么是自身的短处。做到准确定位，在发展战略中扬长避短，把自己有限的资源用在最能发挥作用的地方。任何一种产品（教育服务）都不可能占领所预期的所有市场，因此幼儿园要根据自身的资源对市场进行细分，然后从中选准切入点，以合理的规模保持自身的发展。办园者一定要使自己的园所设置适应幼儿的身心发展规律与特点，适应幼儿园自身的发展特点与要求，适应当地自然生态环境与社会生态环境，并与城乡的社会经济发展规划相适应。在综合分析的基础上，准确定位幼儿园的发展目标，形成办园思想和办园理念，并以此为核心建立起一套比较完整的理论体系。围绕这一明确的办园理念，结合实际，开展一系列工作，寻找能够有效实现办园目标的策略和具体方法。

三、遵循设置规范，做到依法办园

（一）了解幼儿园设置要求，依法筹建

《幼儿园管理条例》《幼儿园工作规程》都详细规定了举办幼儿园的基本条件，各地政府也依据上述法规，结合当地实际情况出台了具有地方特色的有关幼儿园设置的基本条件规定，除要求有符合国家教育方针的办学宗旨、办学指导思想端正、不以营利为目的外，还必须具备以下条件：

1. 选址要求

举办幼儿园必须符合城镇幼儿教育发展规划，将幼儿园设置在安全区域内，严禁在污染区和危险区内设置幼儿园。

2. 申办资格要求

申请举办托幼园所的单位，应当具有法人资格；申请举办民办托幼园所的公民，应当具有政治权利和完全民事行为能力。民办托幼园所应当成立理事会、董事会等决策机构，其中三分之一以上的理事或董事应当具有5年以上教育教学经验。幼儿园的理事会、董事会由五人以上组成，设理事长或董事长一人，理事长或董事长名单报审批机关备案。不能成立理事会、董事会等决策机构的托幼园所个人举办者，必须具备高中以上文化程度，具有从事教育教学工作三年以上的经验，熟悉教育法律法规。托幼园所必须具有法人资格，有符合园长任职资格的专职园长，有独立的园地、园舍，有独立的账目。

3. 命名要求

托幼园所必须命名规范,不得以行政区域名称命名,新建托幼园所命名不能与已有开办的托幼园所同名。未经教育行政部门批准,任何托幼园所不得冠以"实验""中心"以及"艺术""中英文""双语""外语"等字样。

4. 规模及设置要求

"幼儿园规模应当有利于幼儿身心健康,便于管理,一般不超过 360 人。"①幼儿园规模一般为 3~12 个班,招收 3~6 岁幼儿,小、中、大班平均班额分别为 25、30、35 人,每班最大班额不超过此标准的 25%。托儿所一般为 3~6 个班,招收 0~3 岁婴幼儿,不足 2 周岁班额 15~20 人,最大班额不得超过 25 人,2~3 岁班额不超过 30 人。

5. 环境要求

(1) 托儿所、幼儿园园舍、场地应相对独立,确实不能独立的,必须有独立的出入通道和相应的安全防护设施,按要求领取《消防合格证书》。

(2) 托儿所、幼儿园无危房,周围环境无危险、无污染、无噪音,绿化覆盖率达 20% 以上。幼儿生活和活动用房光线充足,通风透气,整洁卫生。

6. 园舍要求

托儿所、幼儿园必须有幼儿活动室、厕所、盥洗室(或流动水洗手池)、保健室、厨房、教师办公室等基本用房及户外活动场地;寄宿制托幼园所必须有幼儿专用、每人一床的独立寝室、疾病隔离室、浴室、洗衣房、教职工值班室、家长接待室等。租借的园舍、用地必须具有法律效力的契约,租赁期应在五年以上。具体要求如下:

(1) 每班有独立的活动室,活动室之间封顶间隔。幼儿园活动室使用面积:寝室(必须安装防蚊纱窗)独立设置的,活动室面积不低于 50 平方米;与寝室合并设置的活动室面积不低于 80 平方米。托儿所活动室面积:寝室独立设置的活动室面积不少于 40 平方米,与寝室合并设置的活动室面积不低于 60 平方米。

(2) 园所占地及户外活动场地按规模设置:3~6 个班规模的占地面积不少于 500 平方米,7~12 个班规模的占地面积不少于 700 平方米,户外活动场地(包括可利用的阳台、走廊)人均不少于 2 平方米,生均占地面积、建筑面积均不少于 6 平方米。托儿所占地及户外活动面积不低于幼儿园占地及户外活动面积标准的 60%。

(3) 全日制幼儿园、托儿所必须在每层楼房设置专用的卫生间及盥洗室,每个卫生间盥洗室不得多于 3 个班使用,每个卫生间及盥洗室使用面积不少于 10 平方米,卫生间及盥洗室内应设置标准的儿童厕所,设有适合幼儿自由开关的流水设施及盥洗槽,水龙头不少于 6 个。托儿所应在卫生间增设专门盥洗角和热水供应设施及便盆消毒池。寄宿制幼儿园、托儿所的卫生间及盥洗室应与班级活动室、寝室配套设

---

① 幼儿园工作规程.

置,卫生间内还应增设使用面积 5 平方米以上的独立浴室。

(4) 幼儿园必须设立独立的音体活动室(全园共用的不少于 90 平方米)、游戏活动室等两个功能室,有条件的还应设图书室、美术室、电教室、科学活动室等,各室使用面积不少于 50 平方米。

(5) 幼儿园、托儿所必须设独立的卫生保健室,使用面积不少于 10 平方米。

(6) 幼儿园、托儿所必须有行政办公室和教师集体备课、教研的专用室。

(7) 幼儿园、托儿所必须设专用独立厨房,厨房内应设主副食品加工间、配餐间、储物间,且流程顺畅,配餐间必须独立设置。厨房面积按规模设置:3~6 个班规模,厨房总使用面积不少于 40 平方米,其中配餐间使用面积不少于 8 平方米;7~12 个班规模,厨房总使用面积不少于 50 平方米,其中配餐间使用面积不少于 10 平方米,按要求领取《卫生许可证》。

7. 设施设备要求

幼儿园必须具有与保育、教育要求相适应的设施设备,并符合国家的卫生、安全标准。主要要求如下:

(1) 通信设施。园(所)址必须通邮,园(所)内必须有独立电话、一台可上网的电脑。

(2) 日常生活设施。托儿所、幼儿园必须配备足够的适合婴幼儿不同年龄班使用的桌、椅、玩具柜、睡床(板)、毛巾架、茶杯架。每班有供幼儿随时使用并安全设置的开水桶。做到每人一杯、一巾、一被、一枕,寄宿制幼儿园应配备儿童单人床,托儿所必须设每人一便盆。各项具体要求如下:① 每人至少配备一把小椅子。② 每班必须有开放式的可用于间区的玩具柜,柜的总长度不少于 8 米。③ 必须保证每生有 60 cm×130 cm 的睡床(板)。④ 毛巾架一勾一巾,两巾之间间隔 10 cm,毛巾上下间不得有重叠。⑤ 茶杯架必须分隔设置,并配纱门(布)遮挡。

(3) 保教设施。幼儿园(所)必须设置体育活动器械大型的三种以上,小型的玩具至少有 5 种,人均 3 件以上。儿童读物人均 3 本以上(不含教材类读物)。有基本满足教学需求的教具、用具(含自制),要配置录音机、风琴(电子琴)、打击乐等,托儿所必须有足够的发展婴儿动作、语言的教玩具和教养床等。

(4) 卫生保健设施。卫生保健室应配有常用药品保健用具及隔离床,每班设一个药箱,活动室及寝室应有防暑降温、防寒保暖设备,厨房、保健室、活动室应有消毒设施。

(5) 厨房设施。有生熟食分开放置的设施,必须设有 3 个炉灶。4~6 个浸洗池,其中 2~3 个生洗池、2~3 个洗碗池。浸洗池标准 60 cm(长)×45 cm(宽)×30 cm(高)。

(6) 安全设施。幼儿园、托儿所内须按照《托儿所、幼儿园建筑设计规范》的要求,使各类建筑、设施符合安全标准,尤其是要有足够的防火设备。阳台、用作户外活动的屋顶平台、窗台,必须有净高 1.3 米以上的护栏。楼梯栏杆垂直线净距不应大于 0.11 米,当楼梯井中净宽大于 0.2 米时,必须采取安全措施。楼梯通道宽 1.5 米以上,两边设 60 cm 高的扶手,楼梯踏步高度不应大于 0.15 米,宽度不应小于 0.26 米。

活动室、寝室、音体活动室应设双扇平开门,其宽度不应小于1.2米。疏散通道中不应使用转门、弹簧门和推拉门。幼儿经常接触的1.3米以下的室外墙面不应粗糙,室内墙面宜采用光滑易清洁的材料,墙角、窗台、窗口竖边、桌椅、柜等棱角部位必须做成小圆角。

8. 教、职工配备要求

(1) 园(所)长必须具有中华人民共和国国籍,有幼儿园所在地户口(或暂住证和原户籍所在地派出所证明),并在当地居住。具有幼儿师范(包括职业学校幼儿教育专业)毕业及以上学历,或经国家举办(或认可)的教师资格考试及格,任职前连续5年以上担任幼儿园、托儿所教育教学工作,经园(所)长岗位培训,取得园(所)长资格证书。民办园园(所)长的年龄不超过55岁。幼儿园(所)可聘用退休人员任顾问,但年龄不超过65岁。

(2) 托幼园所的董事、园长或主要行政负责人和担任财会职务人员之间,实行亲属回避制度。国家现职工作人员不得在民办园(所)兼职,但有特殊需要,经市教育行政部门批准或委派的除外。

(3) 教师应具有良好品德,须具备幼儿师范学校毕业及其以上学历或经国家举办(或认可)的教师资格考试及格,取得幼儿园教师资格。

(4) 保育员必须具有初中毕业及其以上文化程度,并经保育员职业培训,取得保育员等级证书。

(5) 保健医师应按国家有关规定和程序取得医师资格。保健医(护)士应具有中等医护专业毕业以上学历,保健员应具有高中毕业以上学历,并受过幼儿保健培训,持有卫生部门认可的证书。

(6) 除园(所)长外,其他工作人员年龄男性不超过60岁,女性不超过55岁。幼儿园(所)所有教职员工必须身体健康,并定期进行体检,炊事员须有健康证。慢性传染病、精神病患者,不得在幼儿园(所)工作。

9. 人员编制要求

(1) 托儿所、幼儿园必须配备专职园(所)长,寄宿制和10个班以上的全日制的托儿所、幼儿园必须有2名以上专职园(所)长。

(2) 幼儿园必须每班配备2名教师,托儿所必须每班配备一名教师、一名保育员,有条件的园(所)每班配备二教一保。

(3) 幼儿园(所)的保健人员、炊事员、财务以及其他人员,均应按国家人事部、国家教委劳人编〔1987〕32号文要求配备齐全。

10. 办园经费要求

幼儿园必须有园舍建设、维修、设施设备、配备的经费及保证正常保教活动的经费,经费来源稳定可靠,办学启动资金不少于20万(包括教学设施和教学仪器设备等),注册资金10万元以上,并提供有法律效力的资信证明,且必须与银行、教育局签订资金监管协议。

(二)遵循幼儿园设置程序,依法申报

国家实行幼儿园登记注册制度,未经登记注册,任何单位和个人不得举办幼儿园。城市幼儿园的举办、停办,由所在区、不设区的市的人民政府教育行政部门登记注册。农村幼儿园的举办、停办,由所在乡、镇人民政府登记注册,并报县人民政府教育行政部门备案。

1. 筹设申请

申请人向拟建幼儿园所在街道办事处(或镇政府)提出书面申请,提供相关资料,由街道办事处(或镇政府)对拟办幼儿园(班)进行办园基本条件初审,写出初审意见并盖章。申报材料包括:

(1)申办报告。内容包括:举办者、办园宗旨、培养目标、办园规模、办园层次、办园形式、办园条件、内部管理体制、经费筹措与使用、幼儿园园址、拟用园名称等以及申办人的本人签名。

(2)举办者的身份、资格证明文件:① 申办者姓名、住址、身份证、户口本、学历证书、职称证书、简历。② 国家机构以外的社会组织举办的提供具有法人资格的证明文件(社会团体登记证等),并提供拟任幼儿园法人代表的身份证复印件、个人简历及资格证件。③ 若是两个(含两个)法人联办或两个以上(含两个)公民合办,应有合法的联办或合作协议,并说明主要开办单位或主要举办者。

(3)用作幼儿园园舍的房产证及平面图、房产所有权人的身份证、租赁协议或同意借用的证明及房舍使用性质证明。属捐赠性质的校产须提交捐赠协议,载明捐赠人的姓名、所捐资产的数额、用途和管理方法及相关有效证明文件。在住宅小区内开办的要提供小区的有关规划文件。

(4)递交验资证明,明确注册资金数量和经费来源、性质等及有效证明文件,并载明产权;启动资金和运转资金的来源、数量、使用计划。

2. 正式申报

申请人将签署初审意见后的书面申请和申报材料提交区教育行政部门。需提交的材料有:

(1)申办报告;

(2)举办者的身份、资格证明文件;

(3)幼儿园园舍资料证明文件;

(4)幼儿园资金证明文件;

(5)幼儿园组织机构,拟任园长、主要行政负责人、专任教师、拟聘兼职教师名单及资格证明文件;

(6)经验资机构出具的办园开办费用验资报告、办园经费的来源渠道证明文件;

(7)幼儿园发展规划,幼儿园章程;

(8)办园场地证明文件,包括土地使用、园舍使用有效证明文件,租赁园舍的须提供具有法律效力的租赁协议,且租期不少于5年。

3. 考察

教育行政部门连同卫生局和消防支队等相关部门对申报程序符合规定、申报材料齐备、基本办学条件达到要求的,组织专家审核报批的各种资料,并进行实地考察,写出考察意见提交区教育局局务会议讨论。对符合设置条件的幼儿园,准予办理登记注册;对不符合设置条件的幼儿园,不予登记注册,并说明理由。在受理申请之日起三十日内以书面形式做出是否同意的决定,并送达申请人。筹设期不得超过3年,超过3年的,举办者应当重新申报。

4. 发证

审批同意举办的幼儿园,由当地教育行政部门颁发《中华人民共和国民办教育办学许可证》和《××市幼儿园等级证》,然后到民政局进行法人登记、公安局刻印章、物价局核价、市质量技术监督局办理法人代码证、地方税务局办理税务登记证,领取卫生许可证、消防安全证等一系列幼儿园设置证件。

荀子认为:"人无法,则怅怅然;有法而无志其义,则渠渠然;依乎法而又深其类,然后温温然"。① 如果一个人没有法律约束,行动就狂妄;有法律约束但缺乏见识,心情就会惶窘不安;既有法律约束,又深明事理,就能温和泰然。同时,荀子还认为有了好的法律,还必须靠好的执法者来贯彻执行。如果有法不依,执法不严,再好的制度也会形同虚设,国家就得不到治理,社会秩序就会遭到破坏。因此,首要任务就是要"正法齐官""庆赏信罚",这样才能创造一个人人知法、懂法,有法可依、有法必依的社会环境。办园者有法可依,依法办园,管理者依法办事,公正执法,是实现"道法者治"②"奉法者强"③的基础和关键。上下依法行事,管理者勤政廉政,被管理者安定乐业,即使有人触犯法律而受处罚,伏法者也比较容易认罪自新。严格按照法律规定的程序,有步骤有依据地进行工作,依法治园,依法办园,做到合法、有理、有利、有节,才能消除教育隐患,建立良好的规范有序的教育生态环境,幼儿园才能得以健康、规范地发展。

第二节 幼儿园发展规划

一、幼儿园发展规划

幼儿园发展规划是指幼儿园根据国家有关幼教方面的方针政策法规,对幼儿园未来发展的规模、速度、质量等方面所做的全面的、有目的、有条理的部署和安排。幼儿园发展规划制定了今后一段时期幼儿园发展的总体目标、任务及实施的措施步骤,

---

① 荀况.荀子[M].呼和浩特:远方出版社,2004:12.
② 韩非.韩非子·诡使第四十五.
③ 韩非.韩非子[M].呼和浩特:远方出版社,2004:5.

是对幼儿园未来发展所进行的形象设计,是幼儿园勾画和描绘的发展蓝图,是幼儿园的行动纲领,具有导向性、预见性、系统性的特点。

教育改革与发展的趋势是走内涵发展、自主办园之路。依据社会大环境,结合幼儿园实际确立目标,对幼儿园的发展有一个长远的打算,并有配套的保障予以实施,是幼儿园自主办园、谋求发展的重要基础,也是幼儿园增强生命力和可持续发展的必要保证,是保持幼儿园"增值"的基础。

幼儿园发展规划可分为短期规划、中期规划和长期规划,一般以中期为主,是三年办园的发展规划。幼儿园发展规划是幼儿园根据国家或地方教育发展计划的需要和应对幼儿教育变革与发展的挑战,在系统分析幼儿园现有发展状况的基础上,通过全体教职员工以及家长的努力,确立或完善办园方向与发展目标以及幼儿园优先发展项目与需要解决的问题,并制订出相应行动计划,以达到挖掘幼儿园自身潜在优势、提高办园品质的目的。

发展规划是幼儿园保教活动的起始环节,是衡量幼儿园发展是否规范、高效、具有持续性的重要依据。幼儿园发展规划既要面向未来,又要以客观现实为基础,起到统帅和引领作用;既要重视现实可行性,坚持一切从实际出发的原则,脚踏实地,实事求是,量力而行,体现目标设定的适切性,又要高瞻远瞩。幼儿园发展规划要求重点突出,目标明确,时间节点、达成度、所需资源以及负责人、监控人等均要清晰明了,力求易于检测。一份切实可行的规划,可以增强办园的计划性、科学性,减少盲目性和主观随意性;带动园所管理者站在新的高度,全面、深刻思考办园方向和目标,梳理办园特色,推动幼儿园可持续向前发展。此外,幼儿园发展规划的制定与实施需要全员参与,充分吸收广大教职员工和家长参与幼儿园的发展规划,群策群力,走民主程序,充分体现参与主体的全面性、制定过程的协商性和决策的科学性,使之真正成为幼儿园的"大法",一切工作都要以此为轴心展开。

二、幼儿园发展规划的特性

作为幼儿园发展的一个计划和蓝图,幼儿园发展规划具有系统协同性、持续递进性、前瞻预测性及园本特色性等内在特性。

(一) 系统协同性

幼儿园发展规划是一个系统的工程,它涉及幼儿园发展定位、目标与指导思想,课程与教学,教师专业发展与幼儿发展水平评定,管理与保障以及幼儿园文化建设和特色等。幼儿园发展规划要求协调与整合幼儿园各部门之间的关系,一方面要理顺幼儿园系统内各个部门之间的关系,使之协调起来;另一方面要协调好幼儿园与外部社会环境之间的关系。也就是把幼儿园内外的各种力量聚集在一起,系统地思考和规划幼儿园今后的发展方向,进而勾勒出幼儿园的发展蓝图。

(二) 持续递进性

幼儿园发展规划是一个立足过去、分析现在和指向未来的过程。既有对过去的回顾和总结、对现在的分析与诊断,又有对未来的预测和憧憬。它要求幼儿园不断对自身进行系统的自评,分析自己的优势与不足。幼儿园发展规划作为一个动态的、开放的循环过程,它不是"为规划而规划",它强调的不仅是静态的规划文本的产生,而且关注动态的实施、评价、反馈与修正的过程。

(三) 前瞻预测性

前瞻性是指根据社会发展形势和教育改革的需要,剔除其中一些过时的、不符合发展需要的内容,增加新的符合发展形势与时代精神的内容。幼儿园发展规划就是幼儿园建设的蓝图和未来的努力方向,以幼儿园的发展目标为核心,以一定的发展理念为基础,根据幼儿园自身的状况与发展特色,对幼儿园未来发展进行合理的预测。一般考虑的是"幼儿园的明天",也就是为未来2~5年内设计明确、可行、有效的发展目标和发展过程。

(四) 园本特色性

源于发展历程、所处地源等方面因素的差异,每所幼儿园都有与众不同的特点,所以幼儿园应视自己的不同情况制订规划。一所幼儿园如果没有特色,也就没有个性。追求特色是现代教育改革与发展的内在要求,也是幼儿园进一步发展的动力。对于已经形成自己鲜明特色的幼儿园而言,要进一步丰富和拓展特色的内涵;对于特色不鲜明的幼儿园而言,特色的创建需要幼儿园有新的发展思路。因此,幼儿园在考虑发展目标和优先发展项目时,要尽可能考虑到本园的特色问题。

三、制定幼儿园发展规划的意义

幼儿园发展规划作为幼儿园可持续发展的基本蓝图,对幼儿园办园品质的提升和幼儿园内部各系统的完善以及教师的专业发展都具有重要的意义。

(一) 有助于理顺幼儿园的办园思路,明确发展方向

幼儿园发展规划是面向未来的,旨在为未来的发展提供基本的指示,实现规划制定的项目要求和促进幼儿园的进一步发展。通过全园上下制定规划和贯彻执行规划,有助于明确幼儿园的办园思路和目标定位,统一员工的思想和努力的方向,把全园的力量聚集到目标的达成上,进而在发展方向和思路上达成共识。

(二) 有助于提升办园质量和管理水平

幼儿园发展规划可以建立能够支持幼儿园发展和教学质量的保障系统,使幼儿园内部有明确的管理体制和运行机制,并以评价为手段,促进幼儿园不断自我提高、更新和完善,从而为幼儿的发展提供更加适宜的氛围。幼儿园发展规划为幼儿园管理提供了系统的自我评估机制,为幼儿园工作的各个方面制定了严格的制度,使得幼儿园活动都要在计划日程和有序的管理范围中进行。

幼儿园发展规划可以为幼儿园管理提供新的工作思路、行动准则和管理策略,对幼儿园各方面工作起到综合协调、整体指导、全面推进的作用。幼儿园规划可以看作是全体成员运用系统规划的思想和发展的眼光来筹划幼儿园未来发展的过程。在这

个过程中,坚持以实际情况为基础,制定切实可行、便于操作的实施蓝图,在实施中不断修正、完善,对监督和评估过程中产生的不当部分做出调整或者修正,形成一个动态的完善、提升过程,建立有效的应对新挑战的反应机制,从而有效地提高幼儿园的管理水平和管理效能。

此外,幼儿园发展规划有助于进一步丰富与拓展幼儿园的特色内涵。幼儿园发展规划通过着眼于社会需求,通过系统总结本园发展中积累下来的成功经验,通过把经验与新的机遇和要求结合起来,有助于创建、挖掘本园新的潜力和亮点,将幼儿园办得与众不同,提升幼儿园的生存竞争力。

四、幼儿园发展规划的内容

(一)背景分析

幼儿园的发展是一个连续不断、承上启下的过程。背景分析是制定规划的第一步,是提出总体目标的基础,起铺垫作用。要全面、客观回顾办园历程,明了优势和弱势所在,对于做得好的地方,要总结经验、归纳提炼;做得不够的,原因是什么;要找出制约发展的"瓶颈",明确症结,找准最优发展区。背景分析通常包括园内外的背景分析、前期的历史背景分析、现实背景分析,其中需要对现有资源条件、存在问题及其原因的分析,还要有幼儿园后续发展的前景分析等。通过各种背景性状况的分析,寻求并确立新的发展起点。语言表述要精炼、准确,有详有略,抓住最主要的写。

(二)幼儿园的发展定位、目标与指导思想

幼儿园的发展定位、目标和指导思想是幼儿园一切活动的出发点,它渗透到幼儿园的各个方面,为幼儿园工作提供明确的指导。幼儿园的发展定位、目标和指导思想是全体员工在长期的实践活动中形成的对幼儿园未来发展的共同认识,是幼儿园制定其他方面举措和确定幼儿园优先发展项目的参考依据。办园理念是办园的灵魂,是内化了的理论,办园理念要有前瞻性、超前性,紧跟时代发展步伐。指导思想要求具有连续性、一贯性和发展性。幼儿园发展定位与目标要求具有客观性、可操作性和可达成性,不要给人一种"假、大、空"的感觉。确立了总体目标后,需要做进一步的目标划分,进行目标分解,由先至后,循序渐进。以总目标为主干,依次逐级展开,形成目标体系,通过阶段目标的实现逐步接近总的发展目标的实现,要求标明每一个目标完成所需的时间和大概完成期限。

(三)发展思路

规划在确立发展目标之后,需要理清发展思路,根据预定的目标要求对目标的实施路径进行全面的思考与策划,以明确目标达成的发展步骤,尤其是要明确目标达成的行动方向和发展重点。发展思路的主要任务就是提出目标达成的实施方略,明确目标实施的运行思路,并揭示为实现目标而产生的各种因素之间的逻辑联系,从而理清规划实施过程中的轻重缓急与先后程序,建立规划运行的整体框架,以保证规划的有效实施。

(四) 发展过程

发展过程就是对规划运行进行阶段性的具体布局,是对规划的实施过程的全面部署与策划。发展过程具体表现为对一定时期内的各项工作和相关资源进行具体的协调和配置,使组织成员能够依据规划所设定的工作时间和工作步骤去完成规划所提出的任务,促使幼儿园工作深入、顺利地进行。

发展过程的规划需要根据发展目标,通盘考虑各部门的工作内容,有效整合各自的力量,明确各自的目标、责任、任务,进一步寻找解决问题、实现目标任务的措施、途径,将规划所涉及的工作内容、工作方法和工作阶段进行合理的编排,确保采取的措施具体化,并具有可操作性,使规划真正成为幼儿园的行动纲领。

(五) 课程规划与教育教学改革

幼儿园课程建设是幼儿园工作的核心,幼儿园课程的规划必须符合国家和地方的教育政策与发展需要。课程规划方面一般涉及课程设置、课程计划、课程实施和预期达成目标。课程规划一般需要在回顾幼儿园现有水平的基础上,考虑幼儿园课程的平衡性与连贯性,考虑幼儿园课程建设与开发状况。课程规划主要是确定未来几年课程发展目标,提出幼儿园课程中需要优先解决和发展的项目与课题,以及所面临的困难和所需要的资源。幼儿园教育教学改革主要是在总结幼儿园教育教学成功经验的基础上,根据新的发展要求和目标进一步完善已有成果;同时,根据新的形势和政策,探索和形成新的、具有一定价值的教育教学方式和教学风格。

(六) 教师专业发展与幼儿发展水平评定

教师是幼儿园开展改革和科研的中坚力量。在幼儿园的发展和改革中,教师通常被认为是最重要的力量和因素。因为一所幼儿园的教师水平在很大程度上决定了该园的发展趋向与空间。但是随着幼儿教育改革步伐的加快,以及来自社会、幼儿园发展的挑战和压力,教师不断面临着专业发展的挑战。教师专业发展规划的制定首先要对本园的师资状况进行分析,明确教师的角色、责任和有关教师发展的政策,其中主要进行师资的现状分析、需求预测等。现状分析,就是根据幼儿园的发展目标,对现有教师的学历、专业情况、年龄结构、发展潜力、综合素质等进行分析,以便全面掌握现有教师的状况。需求预测,就是根据发展目标和教师流动情况,确定幼儿园未来对人员的需求,以便进行有针对性的招聘和培养,特别是确定名优教师的培养人选和计划。

幼儿发展水平评定,主要是从幼儿发展的角度来衡量幼儿园的办园状况,一般包括历届幼儿的总体发展状况,幼儿在过去取得的成就与获得的奖项,以及幼儿园组织幼儿参与的一系列活动等情况。

(七) 幼儿园管理与保障

幼儿园管理规划是提高幼儿园管理效率的有力工具。在分析管理现状的基础上,根据幼儿园的发展定位和可利用资源,一方面对幼儿园各个层面管理人员的角色和责任重新明确和定位;另一方面,进一步修订和健全幼儿园的管理制度与管理举措。主要包括:确立管理的目标和制定相关的政策,建立有效的交流和合作机制,调整决策层的结构和组成,明确个人的职责,提高管理结构的效率和改进管理系统等。

幼儿园组织实施发展规划,是确保规划实现的内外部必备的不可缺少的条件。保障就是为幼儿园各项规划和改革举措的贯彻而提供制度、技术、财力、人力等方面的支持和帮助,以确保各项举措得到顺利的贯彻实施。幼儿园应建立相应的监控机构与制度,以及相应的监控措施,进而形成规划有序的监控机制,逐级监控部门、组室和教职员工个人发展规划的实施情况,以保证发展规划目标的实现。

五、幼儿园发展规划的运作流程

幼儿园发展规划的运作一般要经历以下四个步骤:分析、设计、实施和评价。每一个步骤都应围绕相关的主题,提出幼儿园发展规划中需要解决的一系列问题,并为解决这些问题设计具体操作方案。

(一) 分析

分析就是幼儿园全体员工通过召开一些预备性的规划会议,通过一定的途径和运用一定的工具收集相关的规划信息,并进行细致分析。常用的收集信息的工具包括问卷调查、座谈会等。分析包括两个层面:一是对幼儿园现状进行综述,包括幼儿园的历史沿革、发展定位、特色与目标、幼儿发展的状况及已取得的成绩等,以加深全体员工对幼儿园的认识,并增强他们对规划操作的背景意识;二是对幼儿园的目标和定位的可行性以及新的挑战和发展动向进行深入分析,在明确发展需求和可能性、内部优劣势、面临的机遇和挑战的基础上提炼出优先发展项目。值得注意的是,幼儿园的优先发展项目数量不宜多,可选择能体现幼儿园发展特色及对幼儿园发展有关键性影响的项目,并考虑其可行性与价值。对于可行性,主要考虑幼儿园的人力、物力、财力等方面的资源以及教职员工对项目的认同程度。对于重要性,就是要与幼儿园的目标、特色和发展方向相一致,同时兼顾背景因素和当前迫切需要解决的问题。

(二) 设计

设计就是把幼儿园确定的目标进行细化分解,形成具体的行动计划。设计包括幼儿园整体发展规划设计和幼儿园不同工作部门的行动计划设计。对于前者,主要包括拟定整体发展的初步规划,建立反馈机制以及进行部门分工规划;后者要求各个部门和负责人员进行详细而具体的规划工作。部门和负责人的行动计划一般要详细阐述以下几个方面的内容:预期目标(包括整体和部门目标)、具体任务、行动负责人、指导和监督者、行动实施的日程安排等。

(三) 实施

实施就是幼儿园全体员工根据规划中既定的目标与分解开来的内容有序地开展工作,并且园长以及负责人员需要根据规划的目标、内容等进行管理和调控。实施阶段要从明确行动计划中的具体工作开始,通过发动教师和其他资源来支持规划的实施和监控。支持可能包括:员工之间的探讨、鼓励与建议,研究项目的开展,负责人、家长以及研究人员或者专家的支持。此外,在实施过程中可通过不间断的监控和反馈机制来调整规划的各个方面,以提高其实效性。

(四)评价

评价就是通过系统地、不间断地收集与分析规划执行情况的信息,把执行过程中发现的问题告知相关人员和部门,以指导下一轮相关问题的规划,提高规划的针对性和实效性。评价是规划中的一个重要环节,它通过检查各个部门行动的达成度,把结果反馈到下一轮的规划,促进其进一步完善。为了提高规划的有效性,规划实施过程中一般要进行中期评审和终期评审。中期评审主要是为了处理实施过程中发现的问题,提出解决策略,为下一步的工作提供思路。终期评审则是在规划末期,对规划实施进行总结,为新的发展规划奠定基础。

第三节 幼儿园特色创建

幼儿园特色是指在幼儿园的发展历程中,在全体员工的努力下,幼儿园工作的某一方面特别优于其他方面,也优于其他幼儿园的独特品质。也可以将幼儿园特色理解为教育者在教育过程中所表现出来的独特的、优质的、稳定的教育特征。幼儿园特色不是飘忽不定的,必须依附在幼儿园某一方面的发展上。幼儿园特色项目是提高幼儿园声誉的重要举措之一,主要围绕一个突出的方面进行。如果特色项目过多,本身就是没有特色的表现。不同的幼儿园在自身的发展历程中形成了自己鲜明的特色,所以特色具有园本性,不具备复制性。幼儿园进行特色创建,科学地拓展和丰富特色的内涵,可以有效地扩大幼儿园影响力,提升其竞争生存力。

幼儿园特色创建需要从幼儿园背景、办园理念、发展机制、师资建设、特色定位等方面科学规划。

一、幼儿园的背景分析

幼儿园发展背景是创建特色幼儿园的基础,特色幼儿园的形成必须以相应条件、原有基础和存在背景为平台。离开这些要素,盲目地生搬硬套并复制他人特色是不可取的。幼儿园在考虑如何创建及创建什么样的特色时,应该审视本园背景,进行背景分析,深入分析本园资源,做到准确定位,扬长避短,搞好自身建设。这种背景包括:幼儿园所处的社区环境及人们的需求,幼儿园的一般状况和人文基础,幼儿园的发展史,师资结构,幼儿园现有的优势与不足,本园在所在区域幼儿园中的级别和条件,等等。

二、鲜明的办园理念

办园理念是一所幼儿园的灵魂,任何幼儿园特色的形成,都需要有一个适应时代潮流和教育发展方向的先进理念作支撑。幼儿园某种特色的形成,实际上是该园实践某种办园理念的结果。这种理念包括：先进理论的吸取，明确的特色目标，可持续发展的近、中、远期规划，全园教师的认同、接纳程度，特色氛围的创建，等等。需要指出的是，办园理念虽不等于办园理想，但由于办园理想是幼儿园面向美好未来的蓝图，是幼儿园富有理性的办学追求和抱负。因此，办园理想是建立在对幼儿园发展有正确认识和判断基础上的一种理想。办园理想和理念既是抽象的，也是实在的。作为精神层面的理念，存在于全体教师的头脑之中，尤其是园长的办园理念在特色幼儿园创建中起关键作用。更重要的是，一旦一种既定形态的教育理念得以存在，它就会对未来教育的变革产生影响。由此可见，幼儿园在创建特色前，需深入分析国家政策法令和上级的指示要求、幼教理论和改革的动态信息、最新的幼儿教育理念等，周全考虑办园理念并进行严格的考证。

三、特色教师

特色幼儿园的创建不是个体的临时行为，而是幼儿园组织系统的长期行为，需要相应的发展机制作保证。特色幼儿园的创建离不开对特色教师的培养，培养大量的个性突出的教师是创建特色幼儿园的重要前提。特色学校与特色教师之间是一种动态性的关系，两者相互依存，相互促进。特色教师是特色学校建设的中坚力量，特色学校是培育特色教师的摇篮。在创建特色幼儿园时，幼儿园要制定特色教师的培养计划，要为特色教师的成长创造条件，挖掘和总结蕴藏在教师中已有的教育教学经验，并不断加以完善，使本园优良的教育传统得到延续和发展。同时，还应注重特色教师群体队伍的建设，发挥出特色教师群体的力量。

四、特色研究

特色研究作为创办特色幼儿园的基础和必不可少的环节，是创建特色幼儿园的重要途径。改革需要理论的指导，实践需要科研的支持。创办特色幼儿园必然要有"科研先导""科研兴园"的意识和行动，必须努力建设一支专、兼结合的科研队伍，全方位、多视角地开展针对幼儿园自身特色的科研工作。激励所有部门、所有教师都能关心特色园的创办，深入研究幼儿园的历史传统、现实状况和创办特色园的对策，强化科研意识，把创办特色园作为幼儿园的一项重要工作。同时，还要借鉴学习已有园所的特色创建实践经验，向与本园条件相近或有共同点的特色园学习，并着重学习研究特色园的发展历程，力求"效法"而不是"仿效"。幼儿园条件不同，水平不一，情况各异，地域有别，在特色的创建上必须保持区别，体现个性。幼儿园应以理性分析和实践研究为基础，根据家长和社会的教育需求，综合分析园内外各种资源优势，进行科学决策、准确定位，制定适合本园的特色发展目标，谋求特色发展，并由点到面，分类推进，以特色项目带动其他工作，以其他工作促进特色的优化，真正形成特色鲜明、独树一帜的幼儿园，充分体现幼儿园自身的独特价值，并在竞争中立于不败之地。

第四节　幼儿园形象设计

一、幼儿园形象

幼儿园形象是指社会公众按照一定的标准和要求，对幼儿园所表现出来的形象特征所持的整体看法、最终印象和综合评价。幼儿园形象是幼儿园价值观的重要外化表现，其形象不仅来源于公众对幼儿园所表现出来的、看得见的、摸得着的外在事物的观察，而且源于公众对幼儿园内在精神如园风、教师的敬业精神、幼儿的素质状况等的感知和体验。幼儿园形象一方面是客观的具体的，如幼儿园建筑、教学质量等；另一方面，幼儿园形象又是主观的、抽象的，如幼儿园的整体素质、特色，师生的精神面貌以及幼儿园的信誉度、责任感等。良好的幼儿园形象会令人时刻感受到它的存在以及由它透射出来的那种独特的幼儿园感染力、凝聚力和震撼力。良好的形象是一笔无形的财富，它综合体现了幼儿园的声望和信誉，反映了整个社会对幼儿园的信任程度，是幼儿园生存和发展的基础。

幼儿园形象设计是指运用现代教育理念和管理理念决策、规划幼儿园的发展，进行科学合理的设计和创造，使之形成鲜明的特色，并借助宣传媒体向外界充分地展示的过程。幼儿园形象设计是把幼儿园的经营理念、管理特色、社会使命感、教育风格等传达给教职员工和社会公众，以塑造卓越而富有个性的幼儿园形象，使公众对幼儿园产生深刻而独特的印象，从而赢得家长的信赖与肯定。

二、幼儿园形象的功能

（一）内部统合，形成教育合力

幼儿园形象作为社会公众的评价和认定，在某种意义上，代表着一种荣誉，因而具有激励性。幼儿园教职员工（包括幼儿园领导）由于其供职单位形象佳，从而倍感自豪，受到鼓舞。领导需常提醒员工要保住荣誉，再创佳绩，员工也往往会自我提醒。这种提醒，实际上就是受幼儿园形象激励的行为。幼儿园形象建设能建立幼儿园内部教职工共同的思想、理念与价值观，通过塑造幼儿园精神，建立与之对应的行为和视觉传达，从而增强幼儿园管理中教职工的主体性，使各部门及人员协调、团结，形成一种相互配合、相互促动的关系，产生凝聚力，形成教育合力。

（二）外部塑形，追求可持续性发展

形象建设可以为幼儿园"造型"，构建幼儿园理念、幼儿园文化，鼓舞教职员工士气，使幼儿园精神面貌焕然一新，并保持幼儿园的"青春"活力。幼儿园形象的设计不仅仅是对幼儿园现有状况的包装，更是着眼于高品位的幼儿园文化的营造、高质量的幼儿园教育环境的建设，使师幼思想、仪表、言行领社会之先，并独具风范。一流的教育思想，一流的教育环境，一流的教育内容、方法，一流的教育质量，成为幼儿园发展

的目标,成为可以预见的现实。这样完美的幼儿园形象将会得到社会的认同和喜爱,有利于幼儿园与社会、家庭的良好沟通,使幼儿园、家庭、社会协调一致,关系融洽,从而获得社会各方面的广泛支持。形象建设是幼儿园推进公共关系活动必不可少的手段,并可以使幼儿园的人员、各方面工作、外部关系等产生重要变化,从各个方面促进幼儿园的发展。

三、幼儿园形象设计原则

(一)独特性原则

每一所幼儿园总有自己的园情,有自己的个性特点,要从各园的园情和特点出发,选择和确定办学理念和策略,走出一条有自身特色的学校改革与发展之路。如果不能清楚地认识和把握幼儿园自身实际和特点,就无法面对幼儿园现实和未来做出理性的思考和正确的行为选择,就难以科学地设计和确定幼儿园的发展蓝图和策略。如有的幼儿园针对传统课程的弊端,研究和构建园本课程体系,既根据国家提出的课程改革的原则和方案,考虑地方特色和幼儿园特色,又能满足幼儿的实际需要,促进幼儿的发展。这种课程体系正是在对幼儿园和儿童的实际需求进行分析的基础上提出的。坚持独特性原则就是指幼儿园形象的塑造、设计应力求与众不同,以使社会公众能轻而易举地将你和其他类似的形象区别开来。

(二)整体性原则

坚持整体性原则是指幼儿园在建立信誉、塑造设计形象的过程中,把幼儿园作为一个整体、一个系统来看待,坚持多视角、全方位开展工作,实行全员公共关系活动。幼儿园形象的塑造仅靠幼儿园的个别人、个别班级是不行的,必须把幼儿园各部门、各层次教师的全部积极性都调动起来,齐心协力工作才有可能实现。这就要求:(1)建立整体意识。使幼儿园的每一个教师都清楚地记住:幼儿园是作为一个整体出现在社会上的,每一个教师的言行、举动,每一个方面的工作都关系到幼儿园的整体信誉和形象。(2)制定统一活动策略。统筹安排幼儿园树立形象的各项活动,包括制定长远计划和近期活动目标,以协调各个年级、各个班级的活动等。(3)加强沟通与传播,调控各种活动。

(三)形象性原则

坚持形象性原则是指幼儿园塑造形象的过程中,应选择一个吸引公众的形象作为追求的目标。形象性原则要求幼儿园充分运用象征性标记。幼儿园要设计出引人注目、易于识别的象征性标记(园徽、园服、校舍等),并运用各种媒介广为传播,使公众将幼儿园形象与幼儿园的象征性标记联系起来,建立联想。同时,幼儿园内部教师也能从象征性标记中意识到自己的责任,产生荣辱与共的情意。

(四)发展性原则

幼儿园形象策划在考虑具体形象策划目标和活动时,其基本出发点应以发展学前教育事业、提高儿童素质为长远目标,而幼儿园每一项具体的形象策划活动则是达到长远目标的途径和步骤。坚持发展性原则是指幼儿园的形象塑造不是一朝一夕所能完成，必须将其作为一项长期的、持续的战略任务来抓。幼儿园要想给公众留下一个深刻而完整的形象，就必须做到长计划，短安排，注意不断适应社会变化，不断地改进和更新形象。

四、幼儿园形象设计的策略

（一）凸显办园特色

幼儿园形象不是标准化的、整齐划一的，而是具有独特个性，具有鲜明特色的。个性与特色是一所幼儿园的优势所在，是幼儿园发展的强劲生命力，也是幼儿园形象设计的前提和基础。办园特色是在一定教育思想的指导下，教育方针与各园实际相结合的产物，是以园长为核心的全体员工集体智慧和共同实践成果的结晶。它是一种再创造，而不是教育思想和教育方针的照抄照搬、生搬硬套。每一所幼儿园，都要善于把握教育大环境，认清社区环境，根据幼儿园小环境，进行特色研究，准确定位发展战略，讲究策略，选准突破口，形成正确的办学特色。

（二）培育组织精神

幼儿园形象设计不只是基于引进运用科学的管理方式，制定严格的规章制度和采用合理的组织结构，而应该特别关注幼儿园文化的建设，凝聚团队精神，创造一种推动幼儿园前进的组织精神。大量形象良好、特色鲜明的幼儿园之所以能够成功，很大程度上是因为他们塑造了一种生机勃勃而使人不断奋发向上的幼儿园精神。幼儿园精神，从组织文化的角度看，是一所幼儿园在长期的教育实践过程中所创造和积淀下来的并为其师生员工所认同和遵循的文化传统、价值观念和行为习惯等方面的整合和结晶，它是幼儿园文化的内核和灵魂。任何管理方法、规章制度和组织结构都需要融合于一定的文化之中，才能有效地发挥作用。在一所幼儿园行之有效的规章制度、组织结构和管理方法，搬用到另一所幼儿园，却由于文化底蕴的不同，很可能难以贯彻实施。一个具有远见卓识的园长，不能仅仅盯在方法的选择、规章的制定以及职能的运作上，而应该特别关注幼儿园文化的建设，创造一种推动幼儿园前进的组织精神。

幼儿园形象设计应以展现幼儿园优秀文化个性为出发点，以幼儿园人文精神为核心内容，并依据当前教育形式、幼儿园发展历史、幼儿园现状规模、办学特点等，结合时代特征，本着个性化、人文化的原则科学定位幼儿园的发展方向和办园宗旨。把历史形成的共同的文化心理、园所文化个性提炼出来，更加精心地培育，便可形成幼儿园更强的凝聚力。

幼儿园形象的设计要经历提案、调研、现状分析、调查材料的分析与研究、设计思路的确定、理念内容的确定、完成形象设计等程序、步骤。它主要对幼儿园的价值观、教育思想、园训园风、管理、发展等基本模块进行总结、提炼、重塑、提升。将全员的士气凝聚在一起，并对其行为进行规范和引导，打造全新的个性幼儿园理念文化，树立幼儿园新形象。

在幼儿园理念定位和追求的人文价值目标确定后，幼儿园的整体风格应该受到幼儿园理念的支配和定格。比如，幼儿园的建筑风格应该体现幼儿园的品位，使幼儿园面貌具有艺术性、开放性、教育性和可识别性。再如，幼儿园"人"的面貌应该由幼儿园理念构成员工的行为意识，表现出深厚的文化积淀，如有爱心、讲奉献、重教育、重视礼仪、关注细节等。为此，应在员工中广泛进行人生价值观教育，建立新型的人际关系，改变少数人的不良形象，用崇高的道德风尚塑造人、陶冶人，树立起幼儿园员工的良好形象。

（三）打造视觉形象

幼儿园视觉形象指幼儿园的外观形象，是幼儿园理念和行为的外在表现，它包括幼儿园布局、建筑风格、绿地空间、景观标志、小品设施、环境建设与卫生乃至员工、幼儿的穿着举止等可以用眼睛看到的东西。打造视觉形象的目的是使一切到幼儿园的来客，首先在视觉上产生对幼儿园良好的第一印象。

打造视觉形象需要一套完整的宣传体系，是对幼儿园形象的规范化、定向性设计，表达了幼儿园形象以及在各种场合出现时的标准化的视觉传播方法。具体包括：

1. 园徽

园徽是代表园所的徽章，是园所的标志和象征，是幼儿园办园理念、办园特色、人文精神的集中体现，是幼儿园的象征性标识，是园所文化建设的基础性载体，也是幼儿园思想道德教育和精神文明建设的重要内容。园徽设计应通过一定的图案、色调、文字和式样体现幼儿园的办园方向、教育目标、理念精神和鲜明特色。园徽确定后，要反复出现在幼儿园的公共展示物上（见图2-1①）。

图2-1 南通大学附属幼儿园园徽设计

---

① 资料来源于南通大学教育科学学院学前师范182Z班的徐正钰等同学组、183Z班的赵婷等同学组、张如如等同学组、朱书苗等同学组的"幼儿园班级管理"课程作业。特别声明：基于学生深深的母校情结，学生自选南通大学附属幼儿园作为设计对象，希望能为母校未来筹建附属幼儿园贡献自己的智慧。

图 2-2　南通大学附属幼儿园园旗设计图

2. 园旗

园旗也是园所的一种标志,是幼儿园的象征。它通过一定的式样、色彩和图案反映一所幼儿园的办园特色和历史文化传统(见图 2-2①)。园旗可分为桌旗、串旗、持旗和挂旗四种。其中,桌旗主要用于幼儿园各部门在办公室摆放;串旗旗面一般可用不同的颜色,主要用于幼儿园各种重大活动时在园内悬挂;持旗和挂旗主要用于幼儿园重要室内外场所悬挂以及各部门(班级)在外出活动或对外活动中使用。桌旗、串旗、持旗和挂旗应有不同的旗号标准。

3. 园训

园训是一所幼儿园的灵魂。园训体现了一所幼儿园的办园传统,代表着园所文化和教育理念,是人文精神的高度凝练,是幼儿园历史和文化的积淀。一所老牌幼儿园的园训,为我们打开其历史文化之门提供了一把金钥匙,为我们眺望其精神家园打开了一扇窗户。园训,作为一个标尺,激励和劝勉在园的教师和孩子们,即使是离开幼儿园多年的人也会将园训时刻铭记在心。园训也能体现幼儿园的办学原则与目标。同时它也是一种文化,是一种面向社会的精神标志,能为幼儿园起到一定的宣传作用。有些园训还对其本园的创建历史或文化背景有所反映,包含着较多的信息。

4. 园服

园服是园所规定的统一样式的员工服装和幼儿服装(见图 2-3②)。男式园服要阳刚帅气,女式园服应娴静可爱,要能体现出幼儿园师生应有的活泼好动、生气勃勃

---

①　资料来源于南通大学教育科学学院学前师范 183Z 班的张园园等同学组的"幼儿园班级管理"课程作业。园旗设计理念:采用白色为底,两边有卡其色弧度的线条(就像手托状)组成的旗面,将园徽放在旗面的正中间,既简洁明了,又蕴含着幼儿园"童真、童趣、乐善、乐美"的园训精神。

②　资料来源于南通大学教育科学学院学前师范 183Z 班周静等同学组的"幼儿园班级管理"课程作业。设计理念:女生为改良版的小旗袍,颜色为正红,上面带有挂坠,园徽为南通市花玉兰图案。男生:上下装,上衣领口有祥云,园徽、盘扣、挂坠;下装为长裤,裤腿紧身。

的特性。其中,园服还应体现出年龄、性别上的差异,各年龄段在款式结构上应有区别,应能体现不同年龄段孩子的心理和生理特征,且保证质量,从而使日常所穿着的服装也能起到良好的美育作用。

图 2-3　南通大学附属幼儿园园服设计

5. 园所主色调

每所幼儿园都应有自己的主色调。由于色彩具有区别、象征、联想等心理效应,每所幼儿园不同的地域、园舍条件和理念、性格、风俗特征也就与一定的色彩联系到一起。幼儿园的主色调一旦确定后,其园所的建筑、装饰乃至桌椅床铺等都应采用主色调或围绕主色调而变化。除主色调外,还应规定与之相和谐的辅色调及其组合。

6. 园所宣传品

在每一段时期内,要统一对外宣传的口径,制作统一的宣传画册(或礼品书或电视专题片)。园徽和园所主色调必须广泛运用在这些宣传品上。

7. 标志性的文化设施建设

标志性的文化设施是幼儿园形象的最直观的表现,是幼儿园文化发展的物质基础,是幼儿园现代文明的象征。每所幼儿园都有自己的特色和个性,作为标志性的文化设施正是这种特色和个性的集中体现。例如,南京鼓楼幼稚园的陈鹤琴雕像(纪念馆)、上海宋庆龄幼儿园的宋庆龄雕像等,都为各自的园所增添了风采和魅力。标志性的文化设施建设应该既能折射幼儿园历史文化,又有浓厚的时代特征,成为一所幼儿园的象征。

(四)借助媒体拓展

网络、电视、报纸、杂志、广播等传播媒体的宣传可以放大幼儿园形象,提高幼儿园的知名度。因此,要运用多种形式,把握有利时机,做好宣传引导工作,及时告知公众,有效地推广、调控幼儿园形象。任何一所幼儿园要求得生存和发展,首先得把自己的事情"做好",即提高教育质量和办学效益。但是,在竞争不断加剧的形势下,只局限于"做好"还不够,还必须"广而告之"。当幼儿园取得了良好业绩,采取新的重大举措时,幼儿园要注意运用各种传播媒介,将幼儿园的有关信息及时、准确、有效地传播出去,争取公众对幼儿园的了解和理解,提高幼儿园的知名度和美誉度,通过舆论的制造、强化、引导及其控制,达到宣传幼儿园形象、扩大幼儿园影响的目的。此外,幼儿园的形象打造还须开展丰富多彩的幼儿园文化活动与学术交流活动,并营造良好的礼仪环境和语言环境,以塑造幼儿园行为形象。

幼儿园的行为活动反映了幼儿园的行为形象,如对外接待、教育教学、日常起居、文体社交、组织管理、职业培训、公益活动乃至习俗与宗教活动。幼儿园的行为形象是动态的形象塑造,其动力也源于理念。行为形象的形成,体现在各种具体行动之中,如组织、管理、教育、保育、研究以及各种社会公益活动、文娱体育活动等。在众多的幼儿园行为形象中,领导形象尤为重要,因为领导直接经营和管理这所幼儿园,用各种规约规范员工、幼儿、家长的行为,策划和组织这所幼儿园有影响的活动,以带动整个园所的行为活动。领导的一言一行直接左右这所幼儿园的行为活动。因此,领导的形象首先应该是一个高效、廉洁的形象,是尊重幼儿、尊重家长、尊重员工、服务幼儿、服务家长、服务员工的形象。

(五) 分步推进

幼儿园实施形象设计需要具备一定的条件,如财力、物力等,按照一定的计划逐步推进。分步推进策略强调整体规划、设计和分步实施。对幼儿园形象设计实行整体规划,目的是从长远着眼,保持幼儿园形象的统一性、整体性、有序性,使幼儿园形象的确立在规划的导向下一步一步地展开。分步推进策略突出总体规划,强调逐步实施,要求把幼儿园形象设计的长远利益与现实利益有机地统一起来。幼儿园形象建设是一项长期的、复杂的系统工程,任何的躁动不安和急功近利只能把幼儿园的工作推入无序与混乱之中。

要点回顾

充分的市场调研、合理的定位是幼儿园创办阶段的首要工作,而依法办园则是幼儿园的生存关键。了解幼儿园设置要求,明确选址、申办资格、命名、房舍设施、人员配备等设置标准,遵循设置规范,依法进行筹建、申报工作。

幼儿园发展规划可分为短期规划、中期规划和长期规划,制定了今后一段时期幼儿园发展的总体目标、任务及实施的措施步骤,是对幼儿园未来发展所进行的形象设计,是幼儿园勾画和描绘的发展蓝图,是幼儿园的行动纲领,具有系统协同性、持续递进性、前瞻预测性及园本特色性等特性。幼儿园发展规划的内容包括:(1)背景分析;(2)发展定位、目标与指导思想;(3)发展思路;(4)发展过程;(5)课程规划与教育教学改革;(6)教师专业发展与幼儿发展水平评定;(7)管理与保障。幼儿园发展规划的运作流程为:分析→设计→实施→评价。

幼儿园特色是指在幼儿园的发展历程中,在全体员工的努力下,幼儿园工作的某一方面特别优于其他方面,也优于其他幼儿园的独特品质。幼儿园特色创建需要从幼儿园背景、办园理念、发展机制、师资建设、特色定位等方面进行科学规划。幼儿园形象是指社会公众按照一定的标准和要求,对幼儿园所表现出来的形象特征所持的整体看法、最终印象和综合评价。幼儿园形象设计应遵循独特性原则、整体性原则、形象性原则和发展性原则;幼儿园形象设计的策略包括:(1)凸显办园特色;(2)培育组织精神;(3)打造视觉形象;(4)借助媒体拓展;(5)分步推进。良好的幼儿园形象一方面可以内部统合,形成教育合力;另一方面可以外部塑形,追求可持续性发展。

思考练习

1. 调研当地幼儿园的设置要求和申报流程,请虚拟设置申报一小区配套幼儿园。

2. 幼儿园发展规划的特性有哪些?请小组交流分析幼儿园发展规划文本。

3. 幼儿园形象设计应遵循的原则有哪些?请虚拟设计一幼儿园的园训、园徽、园旗、园服和招生宣传册。

拓展阅读

一、幼儿园设置申请书(范本)

为了积极响应国家的教育方针政策,促进中国幼教事业的发展,以解决国家教育经费不足和居民子女入园问题,我们在深入调查、反复论证的基础上,依据国家的相关法律法规,不以营利为目的,坚持正确的办学指导思想和科学的办学宗旨,进行了充分的准备,特申请开办世纪花园幼儿园。

幼儿园名称: 世纪花园幼儿园

详细地址: ××市××区世纪大道××号

幼儿园性质: 民办幼儿园

办园宗旨: 坚持社会主义办园方向,全面贯彻党的教育方针,自觉遵守法律法规和政策文件规定,接受政府各职能部门的管理、监督、督导、评估和审计,依法办园。在办园过程中,一切为了孩子,让孩子成才,让家长放心,让社会满意。

办园目标: 以《幼儿园工作规程》和《幼儿园教育指导纲要(试行)》为指导,以"五大领域"教育内容为主体,对3～6岁幼儿实施全面、和谐的教育,以满足幼儿需求,促进幼儿的身心和谐发展。

办园规模: 招收3～6岁幼儿,小、中、大班平均班额分别为25、30、35人,大班3个,中班3个,小班3个,合计9个班。

办园形式: 全日制

办园能力: 幼儿园主办人具有政治权利和完全民事行为能力,具备法人资格和办学能力。园长具有中华人民共和国国籍,有幼儿园所在地户口,并在当地居住;具有学前教育本科学历和教师资格证,任职前连续5年以上担任幼儿园园长,具有先进的幼儿园办园理念和丰富的园所管理经验,是取得园长资格证书的专职园长。幼儿园教师的从教经验丰富,具备教师资格证,具有良好的职业道德和扎实的教育教学基本能力,完全符合幼儿园教师职业要求。保育员具有初中毕业及其以上文化程度,并经保育员职业培训,取得保育员等级证书。保健教师具有高中毕业以上学历,并受过幼儿保健培训,持有卫生部门认可的证书。

办园条件:有幼儿活动室、厕所、盥洗室(或流动水洗手池)、保健室、厨房、教师办公室等基本用房及户外活动场地;寄宿制托幼园所必须有幼儿专用、每人一床的独立寝室,疾病隔离室、浴室、洗衣房,教职工值班室,家长接待室等。

建筑和环境:幼儿园园舍为三层楼舍,具有独立的场地,周围环境无危险、无污染、无噪音,绿化覆盖率达20%以上。幼儿生活和活动用房光线充足,通风透气,整洁卫生。

教学设备:具有与保育、教育要求相适应的设施设备,并符合国家的卫生、安全标准。

资金保障:幼儿园办园资金来源合法且充足,有园舍建设、维修、设施设备配备的经费及保证正常保教活动的经费,办园启动资金不少于20万元,与银行已签订资金监管协议。

申请人:(签字)
年 月 日

二、世纪花园幼儿园章程(范本)①

第一章 总 则

第一条 依据《中华人民共和国教育法》《关于幼儿教育改革与发展指导意见的通知》(国办发〔2003〕13号)《幼儿园工作规程》(国家教育委员会2号令)《中华人民共和国幼儿园管理条例》《民办教育促进法》及有关法律法规制定本章程。

第二条 本幼儿园定名为世纪花园幼儿园。

第三条 本幼儿园由×××自愿出资举办,经×××市教育局批准注册的从事非营利性社会服务活动的社会幼教组织。所有制性质为私营制。

第四条 办园宗旨:遵守国家宪法、法律、法规和国家政策,认真贯彻落实《幼儿园工作规程》《幼儿园管理条例》《幼儿园教育指导纲要(试行)》遵守社会道德风尚。以"五大领域"教育内容为主体,对3~6岁幼儿实施全面、和谐的教育,以满足幼儿需求,促进幼儿的身心和谐发展。

第五条 本园的业务主管机关是××区教育局。

第六条 本园地址:××省××市××区世纪大道××号。

第七条 本园的办园形式为全日制。

第二章 业务范围

第八条 本园招生对象:3~6岁学龄前儿童。

第九条 本园开展保育、教育的主要任务是实行保育与教育相结合的原则,对幼

---

① 依据相关格式文本制定.

儿实施体、智、德、美诸方面全面发展的教育,促进其身心和谐发展。做好幼儿保育教育工作,培养幼儿养成良好行为习惯和提高幼儿独立生活自理能力保证幼儿体、智、德、美全面发展。做好入园孩子的安全保护工作,让家长省心、放心,为家长参加工作、学习提供便利条件。

第三章 幼儿园内部管理体制

第十条 本园实行园董事会或其他形式决策机构领导下的园长负责制。

第十一条 董事会或其他形式决策机构是本园的权力机构。其成员为5人,首届成员由出资举办单位推选(成员包括:举办者、园长、教职工和家长代表等)。每届任期3年,届满可连选连任。

第十二条 董事会或其他形式决策机构,对本园下列事项行使决定权:

(一)聘任或解聘园长,审议教职工聘任方案;

(二)制定和修改本园章程,审定规章制度;

(三)制定本园发展规划,审议本园年度计划和总结;

(四)筹集办学经费,审核预算、决算;

(五)制定本园内部机构的设置方案;

(六)决定教职工的编制、工资标准和福利待遇;

(七)决定幼儿园的合并、分立、变更;

(八)决定人员奖惩和其他重大事项。

第十三条 董事会或其他形式决策机构,每年至少召开两次会议。董事会或其他形式决策机构,认为有必要或经三分之一以上成员提议,亦可以召开临时会议。会议出席人数须达到2/3以上。对会议讨论事项出现赞成和反对意见相等时,董事长或其他形式决策机构负责人有权做出最后决定。

第十四条 董事会或其他形式决策机构的会议记录由董事长或其他形式决策机构负责人,指定专人负责并实行存档保管。

第十五条 董事会或其他形式决策机构,设正副董事长或正副负责人各1人(须半数以上成员选举产生或更换)。副董事长或副负责人,协助董事长或负责人工作,并可由董事长或负责人指定其代理行使职权。

第十六条 法定代表人:董事长。

第十七条 幼儿园园长负责本园的教育教学和行政管理工作,须行使下列职权:

(一)执行董事会或其他形式决策机构的决定;

(二)实施发展规划,拟订年度工作计划、总结、财务预算和规章制度,审核财务决算;

(三)拟订本园聘任、解聘工作人员以及实施奖惩的方案;

(四)组织教科研活动,不断提高教育教学质量;

(五)负责幼儿园的日常管理工作和园长职责范围内的工作;

(六)执行董事会议或其他形式决策机构的其他授权。

第十八条 建立教职工大会制度或以教师为主体的教职工代表会议制度。加强民主管理与监督。

第四章 财务与人事管理

第十九条 本幼儿园的办学资金由×××提供,启动资金为60万元,运行保障资金为20万元。

第二十条 本园经费必须用于章程规定的业务范围和事业发展,盈余不得分红。

第二十一条 建立严格的财务管理制度,保证会计资料合法、真实、准确、完整。资产管理必须执行国家规定的财务管理制度。

第二十二条 配备具有专业资格的会计人员,会计不得兼任出纳,会计人员必须进行会计核算,实行会计监督。调动工作或离职时,必须与接管人员办清交接手续。

第二十三条 本园资产管理必须执行国家规定的财务管理制度,接受本园投资举办者和其他政府有关部门的监督,接受审计机关的审计。

第二十四条 换届或更换法定代表人之前,必须进行财务审计。

第二十五条 实行人员聘任制度,建立人事管理档案、教师业务管理档案和人员奖惩理制度。

第五章 变 更

第二十六条 本园举办者变更时。须由举办者提出,进行财务清算后,经董事会或其他形式决策机构同意,报注册机关核准。

第二十七条 本园的地址、名称、法定代表人等变更时,由本园董事会或其他形式决策机构报注册机关批准。

第六章 章程的修改程序

第二十八条 修改后的章程,须经董事会议或其他形式决策机构会议通过后,十五日内报业务主管机关备案。

第七章 附 则

第二十九条 本章程××××年×月×日会议表决通过。

第三十条 本章程的解释权属本园董事会议或其他形式决策机构。

第三十一条 本章程自登记管理机关予以登记之日起生效。

完善与建议

反思、建议:
_____
_____
_____
_____
_____
_____

工作案例与材料(粘贴):

第三章 班 级

> 正如在一个花园中,……在一个有技能和有智慧的园丁照料下,根据自然法则而栽培的幼苗正在生长一样,在我们的花园里,我们的幼儿园里,人是所有正在生长的东西中最崇高的,将根据他们自己的生存法则以及上帝和自然的法则而得到培养。①
>
> ——夸美纽斯

第一节 班级的由来

古代教育一般采用个别教学,古罗马教育家、演说家昆体良最早提出了分班教学的初步设想。他认为,个别教育是必需的,但还有更多的学科必须由一个教师同时对很多学生进行教学;同一时间许多人听同一个讲解,不仅可能,而且必要。这样,不但教师一次可以教许多学生,节省时间和精力,而且同学之间可以互相模仿、学习,可以激起竞争,激发心智,并从教师对别人的表扬和批评中受到鼓励或警戒。文艺复兴时期著名教育家埃拉斯莫斯率先使用"班级"一词,他在 1519 年一份书简中描述了伦敦保罗大教堂的学校的情形:在一间圆形的教室里,将学生分成几个部分,分别安排在阶梯式座位上。② 宗教改革时期,由于学校规模的扩大,在耶稣会和路德派等教派学校的教育实践中,已经出现了新的教学组织形式,即分班、分级教学制度,但还不够完善。

到了 17 世纪,捷克教育家夸美纽斯总结了前人和自己的实践经验,在《大教学论》一书中提出了"班级授课制"理论,被誉为"班级授课制"的真正奠基者。在其著作《大教学论》中,夸美纽斯主张基于儿童的年龄和学业将学校划分为四级:"整个时期必须划分为四个明显的阶段:婴儿期、儿童期、少年期和青年期,每期六年,每期有一种专设的学校:婴儿期(母亲的膝上)、儿童期(国语学习)、少年期(拉丁语学校或文科学习)、青年期(大学和旅行)。每个家庭有一所母育学校,每个村庄有一所国语学校,每座城市有一所文科中学,每个王国或每个省有一所大学。"③ 夸美纽斯依据儿童年

---

① Alexander B. Hanschman, *The Kindergarten System*, London:Swansonneoschein, 1897, p. 119.
② 金含芬. 学校教育管理系统分析[M]. 西安:陕西人民出版社,1993:300-301.
③ [捷]夸美纽斯. 大教学论[M]. 任钟印译. 北京:人民教育出版社,2006:234-235.

龄特点,把人从出生到成年接受教育的过程分为 4 个时期,每期 6 年,各有相应的学校进行教育。他认为,每一个发展阶段及相应教育机构都有自己专门的教育任务,同时各阶段又存在着联系:前一阶段都是为后一阶段打基础的,后一阶段又是前一阶段的合乎逻辑的发展,最终实现教育所要达到的目的。夸美纽斯还描绘了他所设计的"国语学校"的教育方式:"学校的一切儿童规定在校度过 6 年,应当分成 6 个班,如有可能,每班有一个教室,以免妨碍其他班次。"①他说:"我认为,一个教师同时教几百个学生不但是可能的,而且也是紧要的;因为,为教师,为学生,这都是一个最有利的方法。教师看到跟前的学生的数目愈多,他对工作的兴趣便愈大(正同一个矿工发现了一线矿苗,惊震得手在发抖一样);教师自己愈是热忱,他对学生便愈会显得热心。同样,在学生方面,大群的伴侣不仅可以产生效用,而且也可以产生愉快(因为人人乐于在劳动的时候得到伴侣);因为他们可以互相激励,互相鼓励。"②夸美纽斯在《泛智学校》中写道:"分班制度通过把学生按年龄和成绩分成班组,在学校中建立起人员的制度。……班不外是把成绩相同的学生结合为一个整体,以便更容易地带领学习内容相同、对学习同样勤勉的学生奔向同一目标。"③他设想给每个班"指派固定的教师","教师应当占据适当的地位,使他能看到所有的人,而且被所有的人所看见……教师应当像全世界的太阳,站在高处,从那里他能同时对所有的人普照教学的光芒,而且同时能发出同样的光,均匀地照亮每个人。"④如果班级人数较多时,夸美纽斯还建议把学生分组,每组设组长,"以便能容易地帮助班主任教师"⑤。在《世界图解》

图 3-1 《世界图解·学校》

---

① [捷]夸美纽斯.大教学论[M].傅任敢译.北京:人民教育出版社,1984:230.
② 张焕庭.西方资产阶级教育论著选[M].北京:人民教育出版社,1979:27.
③ [捷]夸美纽斯.夸美纽斯教育论著选[M].任钟印译.北京:人民教育出版社,1990:246.
④ [捷]夸美纽斯.夸美纽斯教育论著选[M].任钟印译.北京:人民教育出版社,1990:248-249.
⑤ [捷]夸美纽斯.夸美纽斯教育论著选[M].任钟印译.北京:人民教育出版社,1990:248-249.

中,夸美纽斯这样阐释"学校"(见图 3-1):"学校是培育年轻人美德的小型工厂,学校里分设各种班级。教师坐在讲台上,学生坐在长凳上。教师授课,学生学习……"①夸美纽斯要求按学生的年龄和学业成绩把学生分成年级,在每个班内又将学生分成十人小组,各组由年龄较大的学生担任组长,协助教师照管学生。实践证明,这一班级组织管理形式是行之有效的学校管理制度,从而奠定了现代学校的班级授课制。

夸美纽斯强调"根据学生的年龄和他已有的知识将全部教导划分等级"②,"为每个年级提供专门准备的书籍……借助书籍,预期的结果就会切实可靠地得到。"③"若把整个学校比做一座花园,最低年级的课本可以叫作紫罗兰花坛,二年级的课本叫玫瑰花坛,三年级的称为绿茵角,等等。"④他提出"在母育学校中应当锻炼外部感觉,以辨认周围的事物"⑤,并为母育学校编订了《母育学校》和《世界图解》两本教材,详细列举了儿童"百科全书"式的学习科目。夸美纽斯的母育学校虽不是现代意义上的幼儿教育机构,但《母育学校》一书勾画了幼儿教育机构的雏形,成为福禄倍尔创建幼儿园的主要依据。此外,夸美纽斯还编写了世界上第一部图文并茂、生动有趣的儿童教材——《世界图解》——这或许是夸美纽斯最伟大的作品,甚至歌德在少年时期都拜读过此书⑥。《世界图解》描绘了一个"看得见的世界",试图为儿童展示一幅关于世界作为一个有意义的整体的图画,一切呈现的图像和概念都不是介绍事物目前的状态,而是要说明它们之间的联系——一个主题式的关系世界,这也可以说是当今幼儿园主题教学的雏形。

欧文把自己创办的幼儿学校分为两个部分:第一部分以 1~3 岁儿童为对象,人数为 30~50 名,由一名教师负责管理,以习惯养成为主;第二部分以 3~6 岁的儿童为对象。欧文有时又把幼儿学校的第一和第二部分称作"预备班第一级和第二级"。⑦ 福禄倍尔把人的受教育年龄划分为幼儿期和少年期两个大的阶段,幼儿期又进一步划分为婴儿期和幼儿期,少年期则分为少年期(少年早期)和学生期(少年后期)。他认为,人体各部分和各种感官的发展在婴儿期占主要地位,感官教育是本阶段的主要任务,而游戏应是幼儿期的主要活动内容,生活、游戏、身体活动是少年期早期儿童的重要活动内容。受裴斯泰洛齐思想影响,基于夸美纽斯的《母育学校》构想,福禄倍尔开办了"发展幼儿活动本能和自发活动的机构",把该"机构"周围的儿童组成了一个"游戏小组",后又开办了一个"游戏和活动机构",1840 年将"机构"命名为

---

① [捷]夸美纽斯.夸美纽斯教育论著选[M].任钟印译.北京:人民教育出版社,2005:134.
② [捷]夸美纽斯.大教学论[M].任钟印译.北京:人民教育出版社,2006:235.
③ [捷]夸美纽斯.大教学论[M].任钟印译.北京:人民教育出版社,2006:246.
④ [捷]夸美纽斯.大教学论[M].任钟印译.北京:人民教育出版社,2006:246-247.
⑤ [捷]夸美纽斯.大教学论[M].任钟印译.北京:人民教育出版社,2006:235.
⑥ [德]武尔夫.教育人类学[M].张志坤译.北京:教育科学出版社,2009:15.
⑦ [英]欧文.欧文选集(第 1 卷)[M].柯象峰、何光来、秦果显译.北京:商务印书馆,1984:108.

"幼儿园"。他创制了一套游戏玩具——恩物,并开办儿童指导员训练班,编写了《慈母曲及唱歌游戏集》。随着幼儿园的诞生,主要由女性担任的"游戏指导员"亦改成"幼儿园教师",幼儿园里儿童的活动也是以"游戏小组"或班级的形式进行组织划分。此后,福禄倍尔幼儿园如雨后春笋般建立起来,而原有的"幼儿学校"和"看护学校"则按福禄倍尔体系进行了改组,幼儿园按照年龄进行分班活动的模式亦流传至今。

夸美纽斯不愧为"教育史上的哥白尼",几乎所有18及19世纪教育理论的萌芽都可在他的著作中发现。他不仅是"教育科学的真正奠基人",更是世界幼儿教育和班级授课制的真正奠基者,其关于教育的观点植根于他的博识与乐观,代表了一个美好世界的教育梦想,其教育梦想贯穿于整个近代史,直至今日无数的教育工作者仍在沿着他所指引的方向前行。

第二节 招生入园与编班

一、招生入园

幼儿园的招生工作是幼儿园工作的重头戏,一方面需加强内部管理,提高教学质量,打造优质品牌;另一方面也需加大宣传力度,采取全员公关、全员宣传方式,通过广播、电台、电视、报刊、散发招生广告等手段,让公众掌握有关园所简介、办园宗旨、教育理念、课程特色、营养膳食、师资配备等信息,以提高知名度。

(一)招生宣传

招生宣传的主要方式有:媒体广告、家长活动日、家长宣传、走访老生(防止生源流失)、园报宣传、小朋友宣传(代发传单:发送给自己认识但是非本园的小朋友)、小区咨询家长(询问幼儿所在园所、园所的优势以及家长希望的园所标准)、假日小区专题活动等。其中,宣传册页是每所幼儿园都采用的有效宣传工具。宣传册页应该做到信息简练,重点突出,富有品位,具有本园特色。但不能过于花哨,流于华丽、俗气。宣传册页一般包括以下内容:园所的名称、地址、联系电话;园所创办者;收费;招生对象;报名时间;报名程序;入学时间;招生广告语等。此外,还可以印制《家长须知》,除了有关园所介绍、招生信息以外,还可以介绍幼儿入园适应方面的知识,引导家长掌握科学的育儿知识,做好幼儿的入园适应工作。

通过广告手段,实事求是地进行招生宣传,让家长了解幼儿园的基本情况和特色,这是合情合理合法的。然而,也有一小部分幼儿园,法制观念淡薄,法律意识不强,急功近利,进行夸大其词或无中生有地虚假宣传,造成很坏的社会影响,也损害了幼儿园的自身形象。幼儿园进行虚假招生广告宣传应负相应的法律责任。

(二)招生入园工作循环体系

幼儿园的招生工作一般被认为是短期行为,但是科学细致的幼儿园招生工作应该是一个常抓不懈的长期工作,并且不但有招生工作计划、实施,还应该有一个评价

分析的过程,形成一个循环体系:

当年9月—10月:新生入园,入园教育,补录新生。
11月:当年招生工作总结表彰,经验交流。
12月:明年招生工作计划,名额摸底审核。
次年1月—2月:到生源地(小区、街道)了解生源情况,与居委会、小区物业管理部门联系。
3月—4月:园内招生工作安排和全员培训(教师、幼儿)。
5月—6月:到生源地进行全方位的宣传(网络、园刊、报纸、电台、电视台),与家长建立联系,获得幼儿资料。
7月—9月:各生源点进驻人员,接受咨询,入园准备指导与训练,寄送录取通知书(凭通知书入园第一个月管理费适当优惠,并分发园所标志性小物品),新生接待。

(每年如此循环)

幼儿园招生应以就近入园为原则,"企业、事业单位和机关、团体、部队设置的幼儿园,除招收本单位工作人员的子女外,应当积极创造条件向社会开放,招收附近居民子女入园。"[①]《幼儿园工作规程》规定:"幼儿入园前,应当按照卫生部门制定的卫生保健制度进行健康检查,合格者方可入园。幼儿入园除进行健康检查外,禁止任何形式的考试或测查。"[②]幼儿园应关注特殊儿童入园需求,"幼儿园对烈士子女、家中无人照顾的残疾人子女、孤儿、家庭经济困难幼儿、具有接受普通教育能力的残疾儿童等入园,按照国家和地方的有关规定予以照顾。"[③]幼儿园应积极创造条件进行全纳教育,以入园教育、网络同步远程教育或入户指导等多种形式确保残障儿童的受教育权利和机会,让幼儿园真正成为所有儿童的乐园。"只要我们不回避为幼小的、深层的和统一的生命奠定基础所需要的劳动,生命之树就一定为我们绽放鲜艳的花朵。纤细的枝条将缠绕成花环,浓密的叶子将为我们遮挡太阳,繁茂的树枝将为我们奉献硕果。"[④]

二、编班

古今中外对儿童生命发展进行分期的标准各不相同,但通常按年龄进行分期。如:胎儿期(孕期280天,又称"怀胎十月"),新生儿期(出生后~28天或第一个月),

---

① 中华人民共和国教育部.幼儿园工作规程[Z].2016-01-05.
② 中华人民共和国教育部.幼儿园工作规程[Z].2016-01-05.
③ 中华人民共和国教育部.幼儿园工作规程[Z].2016-01-05.
④ Friedrich Froebel, *Pedagogics of the Kindergarten*, by Wichard Lange (ed.), New York: D. Appletonard Company, 1895, p. 142.

婴儿期(第一个月~1岁),幼儿早期(1~3岁),幼儿期(学龄前期3~6、7岁),童年期(学龄初期6、7~10、11岁),少年期(学龄中期11、12~14、15岁),青年初期(学龄后期14、15~16、17岁)。此外,柏曼(L. Berman)以内分泌腺作为分期标准,弗洛伊德(Sigmund Freud)以性本能为分期标准,施太伦(L. W. Stern)以种系进化为分期标准,埃里克森(Erik H. Erikson)以人格特征为划分标准,艾尔康宁(Al Canning)以主导活动为划分标准,科尔伯格(Lawrence Kohlberg)以道德发展为分期标准,皮亚杰以认知发展为分期标准等。尽管古今中外对儿童的发展分期标准各自不同,但却大同小异,呈现出年龄阶段上的一致性,说明儿童生命生成的规律性特点。

儿童的身心发展具有方向性和顺序性特点,每个儿童的身心发展都会沿着相同的发展方向和相同的发展顺序展开,由低到高、由简单到复杂,这要求儿童教育必须循序渐进,不可凌节而施。儿童的身心发展还具有阶段性特点,在发展的各个阶段中形成一般的(具有普遍性)、本质的(表示具有一定的性质)、典型的(具有代表性)年龄特征,每个发展阶段都具有独特的身心发展特点和发展需要,这要求儿童教育必须具有针对性,抓住发展的关键期。同时,儿童的身心发展又具有连续性特点,前一个阶段的发展是后一个阶段的基础,后一个阶段的发展是前一个阶段的自然延伸,这要求儿童教育必须具有连贯性和整体性。依据儿童身心发展的年龄特征,目前世界各国在幼儿教育实践中已形成了按年龄进行编班的班级划分方式,将幼儿园的班级划分为小、中、大三个年龄班。因受地区人口分布等因素制约,也有混龄编班的班级组织形式。根据幼儿的年龄,班级规模以有利于幼儿身心健康、便于管理为原则,不宜过大。一般说来,班级规模各有所不同:年龄越小的班级,班额数越少;城市幼儿园的班额数普遍大于农村幼儿园班额数;寄宿制幼儿园的班额数少于全日制、半日制幼儿园的班额数。按照年龄进行编班,具有一定的管理优势和教育优势:既可以关注到各年龄段儿童的身心发展特点和发展需要,体现各年龄班教育的针对性和梯级性;又利于把握各年龄段儿童身心发展的顺序性和连续性,体现各年龄班教育的整体性和连贯性。

国外幼儿园班级规模多为18人/班,我国人口众多,幼儿园班级规模较大。我国幼儿园的班级规模是:"幼儿园每班幼儿人数一般为:小班(3周岁至4周岁)25人,中班(4周岁至5周岁)30人,大班(5周岁至6周岁)35人,混合班30人。寄宿制幼儿园每班幼儿人数酌减。"[①]中国的幼儿园多按年龄编班,少数幼儿园为混合编班形式。

---

① 中华人民共和国教育部.幼儿园工作规程[Z].2016-01-05.

第三节 班级中的儿童

一、儿童观

儿童观是成人如何看待和对待儿童的观点与态度的总和,它涉及儿童的能力与特点、地位与权利、儿童期的意义、儿童生长发展的形式与成因、教育与儿童发展之间的关系等诸多问题。它是教育的依据,教育者所持有的儿童观直接影响到对儿童的教育理念、教育方式、教育行为等,直接关系到儿童能否获得科学、健康、理想的保护和发展。

(一) 儿童观的历史演变

在人类社会漫长的发展过程中,人们对儿童的认识不尽相同。随着历史的演进,人们的儿童观也相应地演进着。

1. 儿童是"小大人"

远古时期,世人对于儿童的社会存在视而不见。对于原始氏族来说,由于当时生产力水平极端低下,原始人急切地希望儿童加入成人行列,因此他们没有把儿童作为儿童看待,而仅仅当作氏族部落的未来成员,当作缩小的成人,儿童就是"小大人"。他们认为,儿童是"缩小"的大人,儿童是小大人,儿童和大人没有什么区别,即使有的话,那也只是身高和体重的不同而已。用成人的标准去要求儿童,儿童被期待像成人一样去行动,充当童工、充当童农、充当童商等,使之过快地生长发育。儿童的特点、儿童期的意义则被完全忽视。

2. 儿童是"私有财产"

持有这种观点的人认为,儿童是父母婚姻的结晶,产生于母体,归父母所有,是父母的隶属品。父母可以左右儿童的命运,控制儿童的生活,决定儿童的一切事情,要求儿童学习许多并不感兴趣的课程,把儿童培养成为他们认为最理想的人,压服儿童,让儿童唯命是从。儿童特别是男童被认为是家庭的希望、传宗接代的工具,开始重视儿童、关心儿童,但儿童仍然被视为家庭和家族的附属品,父母的私有财产,没有独立自主的人格和地位,与其抚养人之间的关系只是一种依附关系。例如,"老子打儿子"被认为是天经地义的,是家庭的私事,别人无权干涉。

3. 儿童是"有罪的"

5—15世纪的欧洲封建社会年代,西欧迈入中世纪时期,教会变成了维护封建制度的强大精神支柱,僧侣阶级也获得了最高贵的地位,教会认为人生而有罪,自然而然便认为儿童也是具有原罪的。因此,中世纪的儿童观是儿童生而有罪。持有这种观点的人认为,儿童一生下来,就充满罪恶,是有罪的"羔羊",卑贱无知,成人应该对他们严加管束、约制,使儿童能不断地进行赎罪。儿童体内的各种毒素,是儿童犯罪的根源,容易导致儿童的错误行为,而严酷的纪律则会减轻,甚至消除儿童的这种行为,可以责骂、鞭打儿童,对儿童施行体罚是应该的。儿童承受了各种肉体的、精神的折磨,遭受成人的轻视,任何带有创新乃至尝试意识的行为都会受到指责,人格被严重摧残。

4. 儿童是"种子"

16世纪,文艺复兴运动对人权的倡导,使人们从全新的角度来审视儿童,在儿童观上有了一个大的飞跃。伟大的教育思想家伊拉斯谟认为,要研究孩子的自然能力和才智,不要想象他们的兴趣与成人的一样,不要指望他们有像大人一样的举止。他明确指出,对待儿童应首先是爱,渐渐随之以某种自然和温柔的尊严,而不是畏惧,前者比后者更有价值,用恐怖的手段来使儿童弃恶,乃是一种奴性的做法。因此,自由的教育是符合儿童的。用教育手段把本来是自由的儿童奴隶化,是极其荒谬的。同时,这一时期捷克人文主义思想家和教育家夸美纽斯提出了著名的"种子论",认为在人的身上自然地播有知识、道德和虔诚的种子,通过教育便可以把他们发展出来。从中我们发现,文艺复兴时期产生的儿童观是从新人类观(即肯定人的价值、尊严、地位,讴歌人的体魄、智慧、力量)推导出的新儿童观,但是我们却发现,尽管这一时期人们承认了儿童的兴趣与自由,但是人们并未意识到儿童本身便是具有自身独特价值的存在,也未否定儿童对于父母的绝对服从关系。因此,把儿童作为父母的所有物的儿童观依然占统治地位。

5. 儿童是"白板"

17世纪,启蒙思想兴起,英国出现了一种新的儿童观和教育观,认为儿童生来就是没有原罪的纯真无瑕的存在,反对体罚,主张激励和竞争的教育。最有代表性的是渊源于亚里士多德思想的洛克"白板说":儿童刚生下来的时候,其心灵就像一块白板,成人可以任意塑造成各种各样的东西;儿童就像是一张白纸,洁白无瑕,成人可以在上面画最新最美的图画;儿童就像是一个空容器,成人可以任意填塞,把各种知识经验灌输进去,而不考虑儿童的需要。儿童的发展仅仅是周围环境的产生,是消极被动地接受外界刺激的结果,完全忽视了儿童的主观能动性。他的这种儿童观反映了自由资本主义时期儿童在自由、民主、平等、博爱的社会思潮中所处的地位,反映了人性解放的现实。

6. 儿童是"花草树木"

卢梭、裴斯泰洛齐、福禄倍尔等教育家把儿童看作"花草树木",认为儿童的生长发展是按自然法则运行的,儿童期的存在是自然规律,极力反对束缚儿童自由、扼杀儿童天性。他们提出教育者的作用就像是"园丁",活动室就像是儿童的"花园",每个儿童的成熟都有内部的时间表,在恰当的时间学习特别的任务,而不能强迫儿童去学习。要求尊重儿童具有的纯洁美好、独立平等的自然本性,不应用成人的标准去对待儿童,儿童应该像个"儿童",要倍加珍惜童年的生活。"大自然希望儿童在成人以前就要像儿童的样子。如果我们打乱了这个次序,我们就会造成一些早熟的果实,它们长得既不丰满也不甜美,而且很快就会腐烂:我们将造成一些年纪轻轻的博士和老态龙钟的儿童。"①卢梭认为儿童具有不同于成人的精神生活,呼吁成人要尊重儿童,把儿童看作是一个有独立存在价值的实体,并告诫成人:"儿童是有他特有的看法、想法和感情的;如果想用我们的看法、想法和感情去代替他们的看法、想法和感情,那简直是愚蠢的事情。""多给孩子们真正的自由,少让他们养成驾驭他人的思想;让他们自己多动手,少要别人替他们做事。"②

18世纪法国教育家卢梭开创了西方现代儿童观的发展道路,发现了儿童的价值,认为儿童是独立意义上的人,提倡一种自然化的儿童观,使对儿童的尊重和教育发生了前所未有的变革,使教育发展方向发生了根本的转变,对后来儿童教育理论和实践产生了巨大的影响,世人常常将其著作《爱弥儿》作为"儿童的发现"。

7. 儿童是"中心"

继卢梭之后,裴斯泰洛齐首倡"教育心理学化",主张教育应以心理学作为基础。赫尔巴特基于心理学研究成果,建构了科学教育学体系,真正实现了裴斯泰洛齐的"教育心理学化"梦想。19世纪末,尊重儿童的呼声日益高涨,出现了空前的儿童研究盛况。皮亚杰等著名的儿童心理学家以科学方法研究儿童心理,揭示儿童心理发展的规律,创立了各具特色的儿童心理发展理论,为科学地认识儿童丰富的心理世界做出了贡献。受卢梭影响,20世纪美国教育家杜威提出了"儿童中心"论,为西方现代儿童观的发展奠定了理论基础。杜威认为儿童是起点,是中心,而且是目的,要求教师应考虑儿童的个性特征,使每个学生都能发展他们的特长,尊重儿童在教育活动中的主体地位。杜威倡导以"儿童中心"取代"教师中心",认为教师应该是儿童生活、生长和经验改造的启发者和诱导者,应彻底改变压制儿童自由和窒息儿童发展的传统教育。

8. 儿童是"成人之父"

意大利幼儿教育家蒙台梭利认为儿童是"成人之父",成人应从儿童思维、活动、话语等中寻求灵感和启示。蒙台梭利认为童年构成了人的一生中最重要的一部分,儿童时期是人一生发展的最重要的时期。她认为儿童是独立的、不断发展着的完整个体,他们有与生俱来的"内在潜力"。儿童身上这一自然发展的神奇力量,促使他们不断发展,使他们的生命如一幅潜能不断彰显和展开的画卷,其丰富性是未可限量的。儿童在出生之前已经孕育了一种"心理胚胎",也就是一幅心理发展的蓝图,它的发展必须依靠吸收其周围环境中的营养,犹如一颗种子在温暖的阳光照耀下及在充分的水分、肥料灌溉下破土、发芽、生长一样。因而,儿童不是成人和教师灌注的容器,也不是可以任意塑造的蜡和泥,他们是具有生命力的、能动的、发展着的活生生的人。之后,儿童被推崇至极,认为儿童是智者、圣人,具有伟大的奇思妙想、诗性精神

---

① [法]卢梭. 爱弥儿[M]. 李平沤译. 北京:人民教育出版社,2001:88.
② [法]卢梭. 爱弥儿[M]. 李平沤译. 北京:人民教育出版社,2001:57.

和哲学发问,如马修斯、科尔伯格以及中国教育家刘晓东等称赞儿童是"哲学家""思想家"。人们对儿童顶礼膜拜,强调儿童是成人之父,呼吁"以儿童为师""向儿童学习",把对儿童的崇拜推向极致,从根本上奠定了成人从内心对儿童产生尊敬的基础。

上述儿童观具有时代的烙印,既有非理性、不科学的一面,也有较为合理科学的因素,科学理性地进行分析,批判地加以继承和借鉴,将有利于正确地认识儿童。

(二) 科学的儿童观

1. 儿童是一个社会的人,他应该拥有基本的人权。儿童是人,意味着儿童不是物,也不是动物。儿童具有自己的独立人格,具有自己做人的尊严,具有自己作为人的价值,他不同于其他物体可以任人摆布、屈从于人;儿童也生活于社会的现实中,他有自己的生活和经历,他带着自己的经验、价值观念(可能是朦胧的、不确定的)和心理状态进入教育过程,他不是一块任人随意涂抹的白板;儿童是一个活的能动体,具有人所特有的能动性,他不是消极被动地任人塑造和改造。在教育活动中,必须把儿童看作是具有独立人格的人,是生活在社会中的、现实的人,是具有主观能动性的人,必须尊重儿童的人格,维护儿童做人的尊严,促进儿童积极主动地实现自己的人的价值。

2. 儿童是一个正在发展的人,故而不能把他们等同于成人,或把成人的一套标准强加于他们,或放任儿童自然、自由地发展。

3. 儿童期不只是为成人期做准备,它具有自身存在的价值,儿童应当享有快乐的童年。

4. 儿童是具有主体性的人,是在各种丰富的活动中不断建构他的精神世界的。

5. 每个健康的儿童都拥有巨大的发展潜力。

6. 儿童的本质是积极的,他们本能地喜欢和需要探索学习,他们的认识结构和知识宝库是其自身在与客观环境交互作用的过程中自我建构的。

7. 实现全面发展与充分发展是每个儿童的权利,其先天的生理遗传充分赋予了他们实现全面发展的条件,只有全面发展,才能得到充分发展。

8. 儿童的学习形式是多种多样的,如模仿学习、交往学习、游戏学习、探索学习、操作学习、阅读学习。成人应尊重幼儿的各种学习形式,并为他们创造相应的学习条件。

总之,儿童是稚嫩的个体,身心各方面尚不完善,需要成人对其身心进行科学的、合理的保护和教育引导;儿童是完整的个体,除了健全的身体外,还有丰富的精神世界,必须高度重视其在身体、认知、品德、情感、个性等方面的全面发展;儿童是正在发展中的个体,每个儿童都具有巨大的发展潜能,需要成人给予发展的机会;儿童是独特的个体,具有个体差异性和性别差异性,应遵循儿童的身心发展规律,承认个体差异和性别差异,充分发展其潜能,杜绝一切歧视;儿童是成长在一定的自然、社会、文化环境中的个体,应注重给儿童提供安全、温馨的成长环境,引导儿童掌握集体生活技能,为集体所接纳,培养儿童在集体中的归属感和自信心。

二、各年龄班儿童的年龄特征

(一) 小班(3~4岁)幼儿年龄特征

1. 学习按指令行动,生活自理能力增强

3岁儿童的一个显著进步,就是逐渐摆脱自我中心,学习按指令行动。在成人的指导下,儿童逐渐形成了许多日常生活、游戏和学习活动时所必需的生活自理能力,如会自己用勺进餐,会自己穿衣裤、会解会扣较容易操作的扣子,会穿不用系鞋带的鞋子,会自己洗手等,这表明3岁儿童已开始能适应集体生活了。

2. 行为明显受情绪支配

3岁儿童的行为受情绪支配作用大,他们的情绪仍然很不稳定,容易冲动,常会为了一件小事大哭大闹。但与2岁儿童相比,他们已开始产生调节情绪的意识,但在实际行动上尚不能真正控制。3岁儿童仍然十分依恋父母和老师,尤其需要得到亲近成人的微笑、拥抱、拍拍、摸摸等肌肤相亲的爱抚动作。在幼儿园能感受到老师的关怀程度,会说:"××老师喜欢我,××老师不喜欢我。"愿意和喜爱的教师接近,在喜爱的教师身边,往往情绪愉快,行动积极。

3. 对他人的情感反应敏感性增强

3~4岁儿童移情能力有了很大的发展,他们开始能站住他人的立场上感受情境,理解他人的感情。看见生病的同伴、摔跤的弟弟妹妹会表示同情,在老师启发下,能做出安慰、关心、帮助等关切他人的行为。3岁儿童对别人的意见、别人感情的反应敏感性增强,当犯错受到成人批评时,会感到害羞、难为情。在羞耻感的体验和发现上,女孩比男孩更为明显。羞耻感的出现,为儿童遵守集体规则提供了动力基础。

4. 开始认同、接纳同伴与教师

3岁儿童社会交往范围有了很大的拓展,从家庭成员扩大到老师。他们会经常主动地拉拉老师的衣服,以动作引起老师的注意,表达对老师的亲近和与老师交往的意愿。他们开始认同、接纳同伴,但并不太在意同伴间的协作,往往只是各玩各的。只有在宽松的户外活动时,才会相互追逐、奔跑、喊叫,以动作活动的方式开展有联系的交往。3岁后期,孩子与同伴共同玩的意识加强,逐步学会和同伴共同分享玩具。

5. 动作的协调性增强

3岁儿童喜欢跑、跳和踏小轮车等大动作,动作开始协调,逐步学会自然地有节奏地行走,但尚无法控制在一段时间内持续某一动作。3岁初期儿童,在没有扶持的情况下上下楼梯,仍需双脚先后踏同一台阶后再前进。3岁后期,大多数儿童已会双脚交替上下楼梯。3岁儿童手部小肌肉发展相对较迟缓,但双手协调技能有了较大发展,他们会折纸,会用蜡笔画画,会使用剪刀有控制地沿线剪直条,动作逐步精细化。

6. 具有强烈的好奇心

3岁儿童对周围世界充满浓厚的兴趣,对新鲜事物具有强烈的好奇心,喜欢向成人提出各种各样的问题,虽然这些问题十分肤浅、幼稚,但对他们理智感、求知欲的发展具有极大的启迪作用。此时儿童开始能以认真的态度对待成人所教之事,并有动手尝试的愿望。比如,拿到新玩具时,既喜欢操作摆弄,同时也能认真看、听成人讲解,并试着改变玩法。看到新奇的事物会主动接近,探索其中的奥秘。

7. 已形成与生活经验有关的概念

3岁儿童行动自如,认知范围扩大,逐步形成了一些与生活经验相联系的实物概念。但此时儿童的概念很具体,只是特指某项事物,例如"猫"就是专指自己家中的那只猫。在操作摆弄物品时,儿童逐渐认识了一些事物的属性,如大小、长短、多少、简单形状等。会口头唱数,但不能做到口手一致。

8. 认识依赖于行动

3岁儿童的认识活动基本上是在行动过程中进行的,并且易受外部事物及自己情绪的影响,无意性占优势。他们的注意很不稳定,易受外部环境的干扰。由于有意注意水平低下,儿童观察的目的性较差,缺乏顺序性和细致性,不会有意识地识记某些事物,只有那些形象鲜明、具体生动、能引起强烈情绪的事物才易记住。3岁儿童的思维大多由行动引起,一般先做后想,或者边做边想,不会先思考好后再行动。他们的认识具体,只能根据外部特征来认识与区别事物,思维缺乏可逆性与相对性。

9. 模仿性强

3岁儿童爱模仿的特点非常突出,模仿是这一时期儿童的主要学习方式,他们通过模仿掌握别人的经验,习得良好的行为习惯。如喜欢模仿妈妈打电话的样子、烧饭的动作等,还喜欢模仿同伴,游戏时喜欢与同伴担任同样的角色,因此在游戏中常常会出现许多"妈妈"在烧饭的情形,对此他们感到很满足,并未感到不合理。

10. 能用简单语言表达自己的感觉与需要

3岁是儿童语音发展的飞跃期,他们基本掌握本地区语言的全部语音,但在实际说话时发音还不够准确。同时,他们的词汇量增加很快,尤其是实词增长更为迅速。儿童已能用简单的言语与成人、同伴交往,向别人表达自己的感受和需要,并能叙述生活中的事。只是在独白时还不够流畅,带有很大的情景性。这时的儿童特别爱听故事,还喜欢一边听,一边学故事中小动物有趣的动作和叫声。

11. 产生了美术表现的愿望

3岁左右的儿童,美术能力的发展由涂鸦期进入象征期。他们产生了美术表现的意愿,会把线条、图形加以简单地组合来表现事物的大致特征,但是他们能表达的图形很少,所以一形多义是儿童作品的主要特征,相似的图形在儿童不同的作品中可能表现为许多物体。他们作画时,常常边画边用语言来补充画面内容。这一阶段的儿童在绘画、构造活动中,愿意尝试各种新材料,表达熟悉物体的粗略特征。如一条直线旁边加上两根短线就是"一架飞机"。他们偏爱鲜艳、饱和的色彩。

12. 喜欢音乐表现,能唱简单歌曲

3岁儿童喜欢学唱歌,尤其对那些富有戏剧色彩的、情绪热烈的歌曲有很大的兴趣,会跟着反复地唱。他们也会试着用1~2种打击乐器打出不同节奏,虽然节奏并不准确合拍,但是表明他们已开始学着控制自己的动作进行表达。这一时期的儿童一般都能唱几首简单歌曲,有的甚至会即兴哼唱一些自己编的旋律和短句,然而自编的歌曲曲调带有很大的模仿性。

(二) 中班(4~5岁)幼儿年龄特征

1. 有意性行为开始发展

4~5岁儿童在集体中行为的有意性增加了,注意力集中了。集中精力从事某种活动的时间也较以前延长,小班集体活动15分钟,中班为25分钟左右。他们能接受成人的指令,完成一些力所能及的任务。在幼儿园里,可以学当值日生,为班级做力所能及的事情,帮助老师摆放桌椅等。在家里,能够收拾自己的玩具、用具,并能帮助家人收拾碗筷、折叠衣服等,表明此时幼儿已出现了最初的责任感。

2. 学习控制自己的情绪

4~5岁儿童的情绪较3岁儿童更稳定,他们的行为受情绪支配的比例在逐渐下降,开始学着控制自己的情绪。在商场,当他们看到喜爱的玩具,已不像2~3岁时那样吵着要买,能听从成人的要求,并用语言自慰:"家里已有许多玩具了,我不买了。"在幼儿园里,同伴间发生争执时,有时也能控制自己的情绪和行为。当然,他们并非对所有的事都能调节好,对特别感兴趣的事和物仍然受情绪支配,甚至还会出现情绪"失控"现象,遇到不顺心时仍会大发脾气。

3. 规则意识萌芽,是非观念较模糊

在集体生活中,4~5岁儿童不仅开始表现出自信,而且规则意识萌芽,懂得要排队洗手、依次玩玩具等。当他们与人相处时,表现得有礼貌了,会主动说"谢谢""对不起"等,此时儿童的是非观念仍很模糊,只知道受表扬的是好事,受指责的是坏事,并喜欢受表扬,听到批评会不高兴或感到很难为情。

4. 在活动中学会交往

4~5岁的儿童喜欢和同伴一起玩,在活动中他们逐渐学会了交往,会与同伴共同分享快乐,还获得了领导同伴和服从同伴的经验。此时,他们开始有了嫉妒心,能感受到强烈的愤怒与挫折。有时,他们还喜欢炫耀自己所拥有的东西。当然,在集体活动中他们也了解和学会与人交往及合作的方式。

5. 动作发展更加完善,体力明显增强

4~5岁儿童精力充沛,他们的身体更加结实,体力较佳,可以步行一定的路程。基本动作更为灵活,不但可以自如地跑、跳、攀登,而且可以单足站立,会抛接球,能骑小车等。手指动作比较灵巧,可以熟练地穿脱衣服、扣纽扣、拉拉链、系鞋带,也会折纸、穿珠、拼插积木等精细动作。动作质量明显提高,既能灵活操作,又能坚持较长时间。

6. 活泼好动，积极动用感官感知周围事物

随着身心的发展，儿童对周围的生活更熟悉了，他们总是不停地看、听、摸、动，见到了新奇的东西，总爱去拿、去摸，还会放在嘴里咬咬、尝尝，或者放在耳边听听、凑到鼻子前闻闻，他们会积极地运用感官去探索、去了解新鲜事物。还常常喜欢寻根刨底，不但要知道"是什么"，而且还要探究"为什么"，如"为什么鸟会飞？""为什么不这样？"等。

7. 思维具体形象，根据事物的表面属性概括分类

4~5岁儿童的思维具有具体形象的特点，在理解成人语言时，时常凭借自己的具体经验。这时期的儿童在已有感性经验的基础上，开始能对具体事物进行概括分类，但概括的水平还很低。其分类是根据具体事物的表面属性（如颜色、形状）、功能或情景等。如把苹果、桃、梨归为一类，认为这些水果可以吃；把太阳、卷心菜归为一类，认为这些都是圆形的；把玉米、香蕉归为一类，认为这些都是黄色的。

8. 对事物的理解能力逐渐增强

4~5岁儿童对事物的理解能力开始增强，在时间概念上，能分辨什么时间该做什么事情；在空间概念上，能区别前后、中间、最先、最后等位置；在数量上，能自如地数1~10。对物体类别的概念也有初步的认识，会区别轻重、厚薄、粗细等。部分儿童还能分清左右，能把物品从大到小摆成一排。初步理解周围世界中表面的、简单的因果关系，如能够明白种花若不浇水，花就会枯死的道理。

9. 能独立表述生活中的各种事物

4~5岁的儿童已能清晰地谈话，词汇开始丰富，喜欢与家人及同伴交谈。能够独立地讲故事或叙述日常生活中的各种事物，但有时讲话会断断续续，因为儿童还不能记清事物现象和行为动作之间的联系。他们还会根据不同对象的理解水平调整自己的语言，有时也能表述相当复杂的句子。

10. 具有丰富、生动的想象力

4~5岁的儿童活泼、好动，并且富于想象，难以区分假想和现实，他们常常会把看到的内容融入自己的想象。他们还喜欢假装，常和想象中的伙伴一起玩，他们有时会"撒谎"，但并不是真正意义上的撒谎，只是用想象代替现实。

11. 通过手、口、动作、表情进行表现、表达与创造

4岁的儿童喜欢唱歌，会拍打较容易的节奏，他们能说出至少6~8种颜色，喜欢涂涂画画，能用粘土或橡皮泥捏出一些形状和物体，如圆形、方形、西瓜、苹果、香蕉等，有时还会捏出人或动物的形象。这一时期的儿童在表达自己的想法时，经常要用手势、表情一起辅助表达与创造。

（三）大班（5~6岁）幼儿年龄特征

1. 身体与动作发展

幼儿5岁时脑重约为成人的75%，6岁时约为成人的90%。脑的结构已相当成

熟,皮质兴奋和抑制过程进一步加强,但仍不够平衡,兴奋强于抑制。动作的灵活性增强,能较熟练地做大肌肉运动,如单脚跳、多种方法玩球、玩绳等。平衡能力提高,能攀爬、滑行等。精细动作机能得到较大提高,能较自如地控制手腕和手指,灵活地使用一些工具,如剪刀、锤子等;能用泥捏出造型的精细部分。

2. 认知能力

无意注意进一步发展,对感知的活动能集中较长的时间。有意注意有了一定的稳定性和自觉性,集中时间能延长约15分钟左右,有了初步的任务意识。观察的目的性有所提高,能主动观察周围感兴趣的事物,并能掌握一些观察方法。记忆的有意性有了明显的发展,能主动记忆所学的内容或成人布置的任务。抽象逻辑思维开始萌芽,能根据事物的本质属性进行初步的概括、分类,能分析理解事物间的相对关系。求知欲和探索欲强,常常会提出"这是什么""为什么""怎么做"等问题,能够使用一些材料和工具进行操作、做科学实验等,渴望寻求科学的答案。喜欢动脑筋和富有创造性的活动,如猜谜等。

3. 语言发展

5~6岁儿童能条理清楚地独立讲述所看到和听到的事情或故事。随着言语的发展,在幼儿思维中,形象和词语的相互关系也逐渐发生变化,词语使用加强,语言连贯性也增强,逐步摆脱表象、形象的束缚,开始成为思维的工具。内部言语逐渐在自言自语的基础上形成,言语对行为的调节功能逐步发展起来。词汇量迅速增加。言语表达能力明显提高,能较清楚、连续甚至有表情地描述事物,能够讲得生动、形象。能较好地用语言与同伴、成人进行沟通交流,能自信地表达个人的观点和主张。开始对文字符号产生兴趣,会创造自己想象的文字,能较独立地、专业地看图书,理解能力不断增强。

4. 社会性发展

自我评价能力初步发展,当别人的评价与自己的感觉不相符时,会表示反对,并进行争辩。多数幼儿有相对稳定的爱好和朋友。自我控制能力增强,初步能控制自己的外部表现。规则意识增强,逐渐能遵守集体制定的行为规则。合作意识增强,初步能控制自己的外部表现,能与小组或几个同伴共同玩游戏和完成某些任务。自律意识增强,在劳动中表现出一定的责任感和坚持性。

5. 艺术表现

艺术表现欲望增强,喜欢用多种方式表达自己的认识和情感。音乐的感知和表现能力增强,能通过自己的想象,感受和表现几种不同风格的音乐或舞蹈,具有一定的创造能力。能用多种材料和辅助工具进行美术创造,能欣赏不同风格的美术作品。

6. 自我评价能力逐步发展

5岁以后,儿童的个性特征有了较明显的表现,其中最突出的是儿童自我意识的发展。这一时期儿童自我意识的发展主要体现在自我评价的能力上。儿童的自我评价从依从性评价向独立性评价发展,他们不再轻信成人的评价,当成人的评价与儿童的自我评价不一致时,他们会提出申辩。同时,儿童的自我评价开始从个别性评价向多面性评价发展。

7. 情感的稳定性和有意性增长

5~6岁儿童的情感虽然仍会因外界事物的影响而发生变化,但他们情感的稳定性开始增强,大多数儿童在班上有了相对稳定的好朋友。儿童开始能够有意识地控制自己情感的外部表现,例如,摔痛了能忍着不哭。此时,由社会需要而产生的情感也开始发展,如当自己的表现或作品被忽视时会感到不安,而当让他们照顾比自己小的孩子时会表现得很尽职尽责。

8. 自理能力和劳动能力明显提高

这一阶段的儿童在生活自理方面较前更独立了,他们能选择喜欢的、适合自己的衣服,能用筷子吃饭、夹菜,也能不影响别人安静地入睡。学前后期的儿童已能将劳动与游戏分开,对劳动持认真态度,关心劳动结果,也能初步理解一些劳动的社会意义。他们喜欢参与成人的劳动,在家里会扫地、擦桌子、整理自己的用品。在幼儿园里能做一些力所能及的种植、喂养、值日生劳动等,在劳动中表现出一定的责任感。

9. 合作意识逐渐增强

在相互交往中,该年龄段的儿童开始有了合作意识。他们会选择自己喜欢的玩伴,也能与三五个小朋友一起开展合作性游戏。他们逐渐明白公平的原则和需要服从集体约定的意见,也能向其他伙伴介绍、解释游戏规则。比如,在小舞台表演游戏中几个小朋友能一起分配角色、道具,能以语言、动作等进行表现,并有一定的合作水平。

10. 规则意识逐步形成

大班儿童的规则意识逐步形成,他们开始尝试着控制自己的行为,遵守集体的一些共同规则,例如,游戏结束了要把玩具整理好放回原处,上课发言要举手等。大班后期的儿童特别喜欢有规则的游戏,像体育游戏、棋类游戏等。对在活动中违背规则的行为,儿童常常会"群起而攻之",但这一时期的儿童对于规则的认识还没有达到自律。规则对儿童来说还是外在的,因此,儿童在规则的实践方面还会表现出自我中心。

11. 动作灵活、控制能力明显

5岁儿童的走路速度基本与成人相同,平衡能力明显增强,可以用比较复杂的运动技巧进行活动,并且还能伴随音乐进行律动与舞蹈。手指小肌肉动作快速发展,已能自如地控制手腕,运用手指活动,如灵活地使用剪刀,会用橡皮泥等材料捏出各种造型等,还能正确地使用画笔、铅笔进行简单的美工活动。

12. 爱学、好问,有极强的求知欲望

学前后期的儿童对周围世界有着积极的求知探索态度,他们不但爱问"是什么?"

还想知道"怎么来的?""什么做的?"儿童还常常会提出"为什么月亮会跟着我走?""鱼儿为什么能在水里游?""电视机里的人怎么会说话?"等问题。儿童开始对自然现象的起源和机械运动的原理等产生兴趣,渴望得到科学的答案,如有的儿童喜欢把玩具拆开探索其中的奥秘。

13. 初步理解周围世界中比较隐蔽的因果关系

5~6岁的儿童开始能从内在的、隐蔽的原因来理解各种现象的产生。例如,在解释乒乓球从倾斜的积木上滚落时说:"乒乓球是圆的,积木是斜的,球放上去就会滚。"说明儿童已能从客体的形状与客体的位置之间的关系,即"圆"与"斜"的关系中寻找乒乓球滚落的原因。但由于周围现象中的因果关系比较复杂,即使到了五六岁,儿童对不同现象中因果关系的理解水平也不可能一致,而且对日常生活中所不熟悉的复杂的因果关系也还很难理解。

14. 能根据周围事物的属性进行概括和分类

随着抽象逻辑思维的发展,5~6岁儿童开始能根据事物的本质属性进行初步的概括分类,如把人们饲养的身上有皮毛、四条腿的羊、兔、猪归为家畜类。然而,由于受知识、语言、抽象概括水平的制约,这一阶段的儿童对类概念的掌握还是比较初级的、简单的,还不能掌握概念全部的精确含义,缺乏进行高一级抽象概括的能力。因此,儿童在概括归类时难免会出现一些概念外延上的错误,例如,有的儿童只能把家畜、家禽概括为动物,而把昆虫排斥在动物之外。

15. 能生动、有表情地描述事物

5~6岁是儿童语言表达能力明显提高的时期,他们不但能系统地叙述生活中的见闻,而且能生动有感情地描述事物。在与成人和同伴的交谈中,以自我为中心的表达逐步减少,能依据别人的言语调整谈话内容。看图讲述能力也明显提高,儿童在讲述时能根据图片内容想象角色的心理活动。语言表达灵活多样,并力求与别人不同。但是这一阶段的儿童在语言的概括能力、语言表达的逻辑性方面还存在个体差异。

16. 阅读兴趣显著提高

大班儿童不但对图书的阅读兴趣浓厚,能较长时间专心地看书,对内容的理解能力增强。而且开始对文字产生兴趣,当他们在书中或广告招牌中看到自己认识的汉字时会非常兴奋,还常常缠着成人教他们认字,识字的积极性很高,记忆力也很强。他们还常常在自己的绘画作品中写上歪歪扭扭的汉字。到了大班下学期,儿童会聚在一起边看图书边连猜带蒙地念书中的文字,阅读成了他们很大的乐趣。

17. 创造欲望比较强烈

由于小肌肉运动技能的发展,双手灵巧度提高,使儿童操作物体的能力大大加强,他们越来越喜欢能满足想象和创造欲望的、各种多变性的玩具。他们能长时间专注地探索物体的多种操作可能,还会几个人合作搭建熟悉的标志性建筑物,如"飞机场""体育馆"等。5~6岁儿童还对创编儿歌感兴趣,他们会为自己的画、自己的手工制品配上儿歌。在体育活动中他们也常常会别出心裁,想出独特的玩法。

18. 象征性游戏趋于成熟

5~6岁儿童玩角色游戏时,对角色的兴趣比对物的兴趣浓厚,出现了一个主要角色和几个相关关系的其他社会角色。由于儿童的思维正在进一步向抽象化发展,因此在游戏中较多出现用语言和动作来替代物体的行为。幼儿之间对替代物的一致认同程度提高,游戏中发生争执的情况减少。游戏的主题除了来自儿童的生活外,还来自影视作品。在角色游戏中能综合自己所经历过的各种生活内容,概括和创造性地再现一般的生活情景。

19. 表现与表达方式多样化

这一年龄段的儿童表现欲望强烈,他们会用多种方式表达自己的想法。例如,在美工活动中用多种工具进行绘画创作。在音乐活动中会通过歌舞、乐器、语言等方式表达自己对音乐的理解。外出参观后,儿童会用绘画、建构等方式反映自己的所见所闻。此外,大班儿童还热衷于戏剧表演。

三、儿童权利与保护

"儿童比黄金更为珍贵,但比玻璃还脆弱。它是易于被震荡和受伤的甚至成为不可补偿的损伤。"①著名心理学家弗洛伊德认为,儿童早期经验对于人格发展极端重要,在这些经验的作用下会形成一个人长期的人格基本框架与基本特征。因此,早期幼儿生活环境与教育是否适当,直接关系到幼儿良好心理品质的形成。其合作伙伴埃里克森认为,儿童时期既是人的生理、心理发展的关键时期,又是身心脆弱和易受伤害的时期,若此阶段身心受挫,将会对儿童今后的整个成长进程产生重大影响。蒙台梭利在《童年的秘密》一书中强调儿童生活的重要性,认为成人生理方面或心理方面的疾病都能从幼年生活找到根源。儿童身心稚嫩,是社会中最需要帮助、关爱和保护的弱势群体。儿童保护便是对受到和可能受到暴力、忽视、遗弃、虐待和其他形式伤害的儿童提供的一系列旨在救助、保护和服务的措施,旨在使儿童能够在安全的环境中健康成长。

（一）儿童保护立法

在古代,儿童的地位普遍低下,虽然零星地出现了有关保护儿童的立法(如《唐律》《十二铜表法》等),但立法的本身只是人类自身发展的必然产物和本能体现,并非是对儿童的尊重和保护,儿童权利主体的地位并未获得承认。事实上,那时的儿童只是作为被保护的对象和权利客体罢了。即使到了17世纪,经历了文艺复兴洗礼的欧洲国家在立法中确立了人的独立、自由和平等原则,但他们并没有对儿童这一特殊群体给予特别的关照,儿童几乎被埋没在所谓的抽象平等之中。随着经济和社会的发展,直到20世纪左右,儿童的法律地位才有了显著的提升,国际儿童立法进入了前所

---

① [捷]夸美纽斯.夸美纽斯教育论著选[M].任钟印选编.北京:人民教育出版社,2005:35.

未有的迅速发展阶段,国际儿童保护法也得以形成。

1945年《联合国宪章》第一次在多边性国际法律文件中明确了对普通人权的尊重和保护,虽然其中并没有明确说明对国际儿童的保护,但是宪章中规定:鉴于两次世界大战对人类包括儿童带来的严重的损害,国际社会应当努力避免再次发生同样的危害。由此可以推出,对儿童的保护也是宪章有关人权保护的内容之一。另外,《联合国宪章》是一个具有普遍适用效力的国际公约,对联合国会员国甚至非会员国都有着直接的效力和影响力,非会员国的国内立法也会对宪章人权保护内容予以规定,这无疑将推动形成良好的人权保护国际氛围,促进人权保护观念深入人心。同样,人权事业的发展也逐渐孕育出对儿童权利的保护,为儿童至上原则的产生奠定了坚实的理论基础。

1948年的《世界人权宣言》是有关人权保护的一个重要的国际性文件,它第一次明确提出了儿童权利保护的思想,相较于先前的有关人权保护的国际性文件,宣言所确认的人权不仅包含了儿童权利,还包含专门儿童保护的条款。虽然从形式上看,宣言只是联合国大会通过的一项决议,其本身并不具有直接的法律效力,但对联合国制定其他国际性文件、公约起到了重要的指导作用,也对各国宪法和法律的儿童保护规定有着深刻的影响,这使得其在某种程度上具有实质意义的效力,同时也对儿童最大利益原则的确立具有一定的实际意义。

1959年的《儿童权利宣言》是最早在国际法层面上确认儿童最大利益原则为儿童保护的指导性原则,宣言的第2条规定:儿童应当受到特别的保护,通过法律或其他方面取得各种机会,使得其能生存在健康、自由、有尊严的状态中,并且在德、智、体、精神以及社会生活等方面全面发展。并且以此为目的而制定的法律,应当以儿童最大利益为首要的考虑因素。但是儿童工作者指出,宣言不具有法律约束力,不能起到更大的作用。随着人权法的发展,许多国家呼吁制订一项全面规定儿童权利、具有广泛适用意义并具有监督机制的专门法律文书,以促使国际社会在保护儿童权利问题方面能够普遍承担义务。在这种背景下,1978年三十三届联大通过决议,决定成立《儿童权利公约》起草工作组。自1979年至1989年用十年时间完成了起草工作,同年11月20日第四十四届联合国大会第44/25号决议协商一致通过,并向各国开放供签署、批准和加入。

1989年《儿童权利公约》的问世是确立儿童最大利益原则的一次里程碑事件,它为儿童人权保护提供各种保障,被称作是当代的新儿童宪章。公约要求各成员国在国内的立法和司法中,应考虑"儿童至上"精神的贯彻及适用,同时必须采取措施和制定相应的程序,使本国儿童的权利得以真正实现。随着儿童公约的生效,世界各国也开始普遍关注该原则,各国在对儿童监护、抚养等问题上都优先考虑儿童最大利益,儿童至上的理念逐渐深入人心。自此之后,澳大利亚、加拿大、美国、英国、德国,包括我国台湾地区,都在立法中明文确定儿童保护原则,迄今为止已有196个国家批准履行《儿童权利公约》。我国于1990年8月29日签署《儿童权利公约》,1991年12月19日全国人大常委会批准加入该公约,1992年3月1日对我国正式生效。

(二) 儿童权利

鉴于儿童因身心尚未成熟,在其出生以前和以后均需要特殊的保护及照料,包括法律上的适当保护;鉴于人类有责任给儿童以必须给予的最好待遇,《儿童权利宣言》(以下简称《宣言》)于1959年11月20日获得联合国大会通过。《儿童权利宣言》明确了各国儿童应当享有的各项基本权利,规定了儿童应享有健康成长和发展、受教育的权利,指出儿童在任何情况下都应首先受到保护和救济,不应受到任何形式的忽视、虐待和剥削。联合国大会发布这一宣言的目的是希望儿童能够享有《宣言》中说明的各项权利和自由,享有幸福的童年,并号召所有父母和其他个人以及各类组织、各国政府按照《宣言》的准则逐步采取立法和其他措施,以儿童利益最大化为原则,保障儿童的这些权益。

《儿童权利宣言》的实施原则是:

1. 儿童应享有本宣言中所列举的一切权利。一切儿童毫无任何例外均得享有这些权利,不因其本人的或家族的种族、肤色、性别、语言、宗教、政见或其他意见、国籍或社会成分、财产、出身或其他身份而受到差别对待或歧视。

2. 儿童应受到特别保护,并应通过法律和其他方法而获得各种机会与便利,使其能在健康而正常的状态和自由与尊严的条件下,得到身体、心智、道德、精神和社会等方面的发展。在为此目的而制订法律时,应以儿童的最大利益为首要考虑。

3. 儿童应有权自其出生之日起即获得姓名和国籍。

4. 儿童应享受社会安全的各种利益,应有能健康地成长和发展的权利。为此,对儿童及其母亲应给予特别的照料和保护,包括产前和产后的适当照料。儿童应有权得到足够的营养、住宅、娱乐和医疗服务。

5. 身心或所处社会地位不正常的儿童,应根据其特殊情况的需要给予特别的治疗、教育和照料。

6. 儿童为了全面而协调地发展其个性,需要得到慈爱和了解,应当尽可能地在其父母的照料和负责下,无论如何要在慈爱和精神上与物质上有保障的气氛下成长。尚在幼年的儿童除非情况特殊,不应与其母亲分离。社会和公众事务当局应有责任对无家可归和难以维生的儿童给予特殊照顾。采取国家支付或其他援助的办法使家庭人口众多的儿童得以维持生活乃是恰当的。

7. 儿童有受教育之权,其所受之教育至少在初级阶段应是免费的和义务性的。儿童所受的教育应能增进其一般文化知识,并使其能在机会平等的基础上发展其各种才能、个人判断力和道德的与社会的责任感,而成为有用的社会一分子。儿童的最大利益应成为对儿童的教育和指导负有责任的人的指导原则;儿童的父母首先负有责任。儿童应有游戏和娱乐的充分机会,应使游戏和娱乐达到与教育相同的目的;社会和公众事务当局应尽力设法使儿童得享此种权利。

8. 儿童在一切情况下均应属于首先受到保护和救济之列。

9. 儿童应被保护不受一切形式的忽视、虐待和剥削。儿童不应成为任何形式的买卖对象。儿童在达到最低限度的适当年龄以前不应受雇用。绝对不应致使或允许儿童从事可能损害其健康或教育,或者妨碍其身体、心智或品德发展的工作。

10. 儿童应受到保护使其不致沾染可能养成种族、宗教和任何其他方面歧视态度的习惯。应以谅解、宽容、各国人民友好、和平以及四海之内皆兄弟的精神教育儿童,并应使他们充分意识到他们的精力和才能应该奉献于为人类服务。

《儿童权利公约》列出了儿童拥有的最基本的权利:

1. 生存权:所有儿童有存活的权利,以及有权接受可行的最高标准的医疗保健服务。

2. 发展权:包括接受一切形式的教育(正规和非正规的),向儿童提供良好的道德和社会环境,以满足儿童发展过程中的身体、心理、精神的需要。

3. 受保护权:保护儿童免受歧视,免受身体及性虐待和经济剥削,免受战乱、遗弃、照料疏忽;当儿童需要时,随时提供适当的照料或康复服务。

4. 参与权:儿童参与家庭、文化和社会生活的权利。包括儿童有权对影响他的任何事情发表意见。

《儿童权利公约》的四项基本原则是:

1. 尊重儿童的观点与意见的原则:任何事情如果涉及儿童本人,必须认真听取儿童自己的观点和意见。

2. 无歧视原则:每一个儿童都平等地享有公约规定的权利。儿童不应因其本人或父母的种族、肤色、性别、民族、语言、宗教、出身、财产、伤残等原因受到任何歧视,他们所享有的一切权利也不应因其父母、监护人和家庭成员的身份、活动、信仰和观点而受到影响。

3. 儿童最大利益原则:以儿童最大利益为目标是公约中的首要考虑。凡涉及儿童的一切事务和行为,都应首先考虑以儿童最大利益为出发点。

4. 尊重儿童尊严的原则:尊重儿童的人格和尊严,保证儿童生存与发展的质量。

(三) 儿童保护

为了保护儿童的身心健康,保障儿童的合法权益,促进儿童在品德、智力、体质等方面全面发展,根据《宪法》,我国制定了《中华人民共和国未成年人保护法》。1991年9月4日第七届全国人民代表大会常务委员会第21次会议通过,1991年9月4日中华人民共和国主席令第50号公布;2006年12月29日第十届全国人民代表大会常务委员会第25次会议第1次修订通过,2006年12月29日中华人民共和国主席令第60号公布;根据2012年10月26日第十一届全国人民代表大会常务委员会第29次会议通过,2012年10月26日中华人民共和国主席令第65号公布、自2013年1月1日起施行的《全国人民代表大会常务委员会关于修改〈中华人民共和国未成年人保护法〉的决定》第2次修正。我国《宪法》与《未成年人保护法》规定儿童的合法权利包括未成年人享有生存权、发展权、受保护权、参与权等权利。《未成年人保护法》分总则、家庭保护、学校保护、社会保护、司法保护、法律责任、附则7章72条,根据我国的基本国情与文化传统,在儿童保护方面将《儿童权利宣言》《儿童权利公约》中的最大利益原则具体化为"国家根据未成年人身心发展特点给予特殊、优先保护"加以适用,使我国儿童保护进一步有法可依、有章可循。

《未成年人保护法》规定了儿童保护应当遵循的原则:尊重未成年人的人格尊严;适应未成年人身心发展的规律和特点;教育与保护相结合。指出儿童保护"是国家机关、武装力量、政党、社会团体、企业事业组织、城乡基层群众性自治组织、未成年人的监护人和其他成年公民的共同责任"。并对儿童的社会保护、家庭保护、学校保护以及司法保护做了详细的规定,其中学校保护规定如下:

1. 学校应当全面贯彻国家的教育方针,实施素质教育,提高教育质量,注重培养未成年学生独立思考能力、创新能力和实践能力,促进未成年学生全面发展。

2. 学校应当尊重未成年学生受教育的权利,关心、爱护学生,对品行有缺点、学习有困难的学生,应当耐心教育、帮助,不得歧视,不得违反法律和国家规定开除未成年学生。

3. 学校应当根据未成年学生身心发展的特点,对他们进行社会生活指导、心理健康辅导和青春期教育。

4. 学校应当与未成年学生的父母或者其他监护人互相配合,保证未成年学生的睡眠、娱乐和体育锻炼时间,不得加重其学习负担。

5. 学校、幼儿园、托儿所的教职员工应当尊重未成年人的人格尊严,不得对未成年人实施体罚、变相体罚或者其他侮辱人格尊严的行为。

6. 学校、幼儿园、托儿所应当建立安全制度,加强对未成年人的安全教育,采取措施保障未成年人的人身安全。学校、幼儿园、托儿所不得在危及未成年人人身安全、健康的校舍和其他设施、场所中进行教育教学活动。学校、幼儿园安排未成年人参加集会、文化娱乐、社会实践等集体活动,应当有利于未成年人的健康成长,防止发生人身安全事故。

7. 教育行政等部门和学校、幼儿园、托儿所应当根据需要,制定应对各种灾害、传染性疾病、食物中毒、意外伤害等突发事件的预案,配备相应设施并进行必要的演练,增强未成年人的自我保护意识和能力。

8. 学校对未成年学生在校内或者本校组织的校外活动中发生人身伤害事故的,应当及时救护,妥善处理,并及时向有关主管部门报告。

9. 对于在学校接受教育的有严重不良行为的未成年学生,学校和父母或者其他监护人应当互相配合加以管教;无力管教或者管教无效的,可以按照有关规定将其送专门学校继续接受教育。依法设置专门学校的地方人民政府应当保障专门学校的办学条件,教育行政部门应当加强对专门学校的管理和指导,有关部门应当给予协助和配合。专门学校应当对在校就读的未成年学生进行思想教育、文化教育、纪律和法制教育、劳动技术教育和职业教育。专门学校的教职员工应当关心、爱护、尊重学生,不得歧视、厌弃。

10. 幼儿园应当做好保育、教育工作,促进幼儿在体质、智力、品德等方面和谐发展。

明晰儿童安全责任,实施全方位儿童保护应成为社会共识。对儿童的幸福负有责任的社会、家庭、学校、幼儿园,作为护花使者的母亲、父亲、教师以至所有的成人,都应当担负起儿童成长的安全保护责任:儿童保护,人人有责!

第四节　班级中的教师

福禄倍尔认为,在幼儿园里,作为"园丁"角色的幼儿教师具有十分重要的地位。因为在"儿童的花园"里,像幼苗一样的儿童如能得到园丁的悉心照料,就能更加健康和茁壮地成长。

一、教师观

(一) 教师是领导者

现代幼教理论中的教师,一般认为是处于"观察、辅导、监督的地位",意思是说教师处于次要的地位,甚至很多人认为基于"儿童中心"的现代幼儿教育取消了教师的作用。但现代教育代表、美国教育家杜威在《思维与教学》一书中却写道:"在传统的教育中,倾向于把教师看成是独裁之王。而在现代教育中,虽然教师是必需的人物,但有时人们把教师看成是一个微不足道的因素,几乎是一个有害的人物。但实际上,教师应该是一个社会集团(儿童与青年的学问的集团)的明智的领导者。教师作为一个领导者,依靠的不是其职位,而是其广博深刻的知识和成熟的经验。认为自由的原则使学生具有特权,而教师被划在圈外,必须放弃他所有的领导权力,这不过是一种愚蠢的念头。"[1]杜威严厉地批评了削弱教师领导地位的错误观念:"在一些学校中,存在着削弱教师领导地位的趋向,其表现形式是,认为教师提出儿童所应从事的作业,或安排可以提出问题和课题的情境,这就是任意的强制。这一趋向认为,为了尊重受教育者的思想自由,所有的意见均需由儿童自己提出。在幼儿园和小学低年级里,这种观念尤为突出。"[2]"为了减轻教师的领导和责任,有些学校里,不让教师决定儿童的工作,或安排适当的情境,以为这是独断的强制。……不由教师决定,而由儿童决定,等于让偶然的事情,偶然的接触来决定。……你不让教师来决定,不过以儿童的偶然的接触,代替了教师智慧的计划而已。教师有权为教师,正是因为他最懂得团体中每个儿童的需要和可能,从而能够计划他们的工作。"[3]"如果排斥教师,不把教师当作团体中的一个成员,这是荒唐悖理的事情,因为教师是这一团体中的最成熟的成员,他对社会团体生活中的各种相互交往有独特的指导的责任。儿童们的个人自由应当受到尊重,而更成熟的人却不应当有个人的自由——这种观念极为荒谬,是不值一驳的。教师是团体中的一个成员,而却排斥他对团体活动的积极的指导作

---

[1] [美]杜威. 我们怎样思维·经验与教育[M]. 姜文闵译. 北京:人民教育出版社,2005:223.
[2] [美]杜威. 我们怎样思维·经验与教育[M]. 姜文闵译. 北京:人民教育出版社,2005:223.
[3] [美]杜威. 我们怎样思维·经验与教育[M]. 姜文闵译. 北京:人民教育出版社,2005:223.

用——这种趋势是从一个极端倒向另一个极端的又一个事例。……当教育是以经验为基础时……教师失去了外部的监督者或独裁者的地位,而成为团体活动的领导人。"①在《我的教育信条》中,他甚至强调指出:"教师总是真正上帝的代言者,真正天国的引路人。"②杜威认为放任自流就是断送教育,强调教师在教育中的领导作用,从而使教育不致沦为盲目摸索的工作。

由此可见,现代教育不是取消教师在教育中的领导者角色,恰恰相反,应更重视教师的领导作用。当然这种领导作用,不是在传统的课堂教学上,而是在做中学活动中,做中学活动改变了教师的领导作用方式。另一方面,承认儿童的独立性并不等于对儿童放任自流,在教学过程中,教师应当尽指导的责任。现实中无条件地强调尊重儿童的兴趣和天性,强调儿童对知识的自主建构,将师生之间的人格平等泛化为学术平等,剥夺教师的社会经验、学术知识、教育技能和在教育中的领导地位,这种错误的教育行为消解了学校教育的功能,增加了儿童的成长代价。"保存儿童的天性,但是阻止他扰乱、干蠢事和胡闹;保存儿童的天性,并且正是按照它所指出的方向,用知识把儿童天性武装起来。"③事实上,我们一直都反对旧式教学的"独裁之王"或新式教学的"无用之物"这两种极端化的教师观。教师作为继父母之后儿童发展的又一重要他人,构成了儿童成长环境中最重要的组成部分,同时也是推动儿童发展最具动力性的因素。教师要扮演好教育中的领导者角色,真正成为智慧的领导者,教师必须具备渊博而熟练的知识和技巧,必须要有专业训练,必须要充分备课。只有这样,教师才能成为儿童心智的研究者,才能有效地给儿童以正确的指导,不辱教师使命。

(二)教师是解读者

教师应当成为儿童心智的研究者。"教师在讲课时,必须有余力来观察儿童心智的反应和活动。学生的问题在教材中,而教师的问题在于学生对于教材的心理活动内容。如果教师预先不掌握教材,如果不精通教材,可以不需思考而运用教材,那么,他就不能自由地用全部的时间和注意力去观察和解释学生的智力的反应。教师不仅要感受到儿童用文字表达出来的意义,而且要注意到身体所表现出来的各种理智状况,像迷惑、厌倦、精通、观念的醒悟、装作注意、夸耀的倾向,以自我为中心把持讨论,等等,教师不仅要了解这些表现的意义,而且要了解学生思想状态所表现出来的意义,了解学生观察和理解的程度。"④观察儿童的发展状况和差异是为了了解儿童现有水平和不同幼儿在发展水平、速度、技能、能力上的差异,进一步探明幼儿内部需要和最近发展区,为教师制定教育计划、创设教育情境、设计和指导教育活动、及时地应答儿童的需要等提供依据。对于儿童的正确理解是一切教育得以成功的关键因素,

---

① [美]杜威.我们怎样思维·经验与教育[M].姜文闽译.北京:人民教育出版社,2005:273.
② [美]杜威.杜威全集(五)[M].杨小微,罗德红等译.上海:华东师范大学出版社,2010:71.
③ [美]杜威.民主主义与教育[M].王承绪译.北京:人民教育出版社,2001:61.
④ [美]杜威.我们怎样思维·经验与教育[M].姜文闽译.北京:人民教育出版社,2005:224.

"教师应明智地认识到学生的能力、需要和过去的种种经验"①,成为儿童心智的解读者、研究者,对儿童有正确的认识,形成正确的儿童观。首先,我们倡导尊重儿童,认为儿童是一个拥有充分的生存和发展权利的个体。儿童是社会的一分子,是社会与文化的参与者,是他们自己文化的创造者。儿童是拥有独特权利的个体,他们同成人一样需要他人的尊重与理解;同时,儿童是发展中的人,有权利从成人那里得到帮助。这种帮助不仅是要将他们领入成人世界,使之成熟起来,更重要的是在这一过程中让他们体验到人们之间的友爱、关心、合作、沟通、理解和互相帮助等。教师要以"平视"的视角看待儿童,把儿童作为一个独立的人来看。这种"平视"也就是要真正地走进儿童的心灵,从儿童的视角去看待他们眼中的世界。教师身上所负载的社会文化不是以从上至下"倾泻"或灌输的方式传递给儿童,而是一种哺育,一种滋润。

其次,儿童是未成熟的个体,需要教育而适应社会生活。儿童的不成熟性是教育存在的前提,儿童要适应社会生活,必须通过教育而获得成人社会的知识和技能。未成熟状态不是儿童的弱势特征,而是其生长的可能性条件,是实施教育的前提和条件。未成熟性不是儿童的弱点,它预示着儿童具有发展的潜在能力。儿童是不成熟的,但不是软弱而无能的,未成熟状态就是一种积极的势力或能力。儿童不仅有学习的需要,而且有学习的能力。儿童是主动的学习者,对学习有着天然的兴趣,有着内在的生长、求知和理解自己身边事物的欲望,有着自己独特的学习方式。儿童具有巨大的潜能,富有好奇心、创造性,具有可塑性,有着强烈的学习、探索和了解周围世界的愿望,他们在与外部世界的相互作用中主动地建构自己的知识与经验,主动地寻求对这个复杂世界的理解。儿童常常在教师所安排的具有一定挑战性的情境中,在利用自己的各种表征语言表达自己看待事物的独特角度和独特认识时显现出这种能力。他们知道如何去获得理解,会从自己的日常生活经验中创造意义,会对活动过程中令人惊奇的地方满怀发现的期待和喜悦。因此,教师应首先成为儿童的解读者,去研究儿童,认真倾听儿童的语言,观察其行为,理解儿童学习过程中所使用的各种策略,并将所见所闻记录下来,形成观察记录,使之成为教师、家长和儿童共享的资源,成为教师认识、了解儿童并与儿童一起制定活动策略的依据。教师既要重视儿童的未成熟特性,理解和照顾儿童这种不完善的心理,同时也要看到儿童发展的无限可能。只有这样,教学才能以儿童为出发点和基础,根据儿童的兴趣点为其提供学习的情境,为儿童提供多样化的活动、暗示性的观念和支持性的材料等丰富的学习资源,帮助儿童学会如何学习。

(三) 教师是合作者

为了改变传统的单向式灌输教育,杜威最早将"共同体"思想引入教育领域,提出建构多向互动式的"共同体"学习模式,主张联合活动,关注经验分享。"教育的最高目标就是激发主动性,培养独立性。从广义上讲这就是一切教育的最终目的。"②"教

---

① [美]杜威.我们怎样思维·经验与教育[M].姜文闽译.北京:人民教育出版社,2005:282.
② [德]第斯多惠.德国教师指南[M].袁一安译.北京:人民教育出版社,2003:79.

育并不是'告诉'和被告知的事情,而是一个主动的和建设性的过程。"①"共同研究学习"关注的是建构研究型的有益于持续健康成长和发展的联合群体,教师应创造条件激发儿童主动、自主、自由地认识、探索和发展,实行协商式教学,与幼儿一起讨论、思考实践的每一步骤,与幼儿一起计划、设计活动的方向与路径。在这一过程中,教师不仅关注孩子的成长,而且力图使教育过程也成为教师自身的学习和发展过程,师幼一起反省,共建共识,二者构成一种融洽、参与、合作、研究的互动关系。"在这种共同参与的活动中,教师是一个学习者,而学习者,虽然自己不觉得,也是一位教师——总的看来,无论教师或学生愈少意识到自己在那里施教或受教就愈好。"②因此,教师应是学习共同体的建构者,是学习的合作者,应成为儿童活动的伙伴,而不是儿童活动的监督者或旁观者。"在整个情境中,人们共同参与活动,他们是合作者或者是发生交互作用的各个部分。"③在这种教学活动中,教师和儿童共同参与,共同合作,教师和儿童的主体性都得到了充分发挥。这种双主体的教学一改传统的教学过程观,变"特殊认识过程"为"交往活动过程",形成了主体—中介—主体的双主体模式,师生均成为教学活动的主体。

  在活动的过程中,儿童自主活动,教师创造性地激励、引导、指导儿童,教师和儿童共同参与,共同合作,从而形成了学习共同体,构成了教师与儿童的合作性的双主体关系。"一个不称职的教师强迫学生接受知识,一个优秀的教师则教学生主动寻求知识。"④"教师应该为学习者的目的性探究提供广泛的机会,应该保证儿童的学习兴趣不间断地轻易地从一个主题转移到另一个主题,从一个经验转移到另一个经验。"⑤教师通过研究儿童,根据儿童的兴趣点为其提供学习的情境,让教师和儿童的心智在共同感兴趣的问题上汇合,同等地参与到所探索的事物,所使用的材料和方法,所设想的可能性以及活动本身的进程当中。这样的互动包含着智慧的激发与碰撞,经验的交流,情感的共享,每个人都能感受到来自对方的支持。在开展积极的师幼互动的同时,让儿童之间的互动也生动起来。教师应鼓励儿童相互交流,共同活动、共同建构知识;要重视为儿童提供交流与合作的机会,让每个儿童在探索中自由充分地表达,相互倾听、相互启发。教师密切关注儿童的活动,在儿童出现认知冲突时,教师要设法引发儿童的讨论,让儿童通过讨论、检验、比较来发现"真理",共同建构知识。此外,教师要在互动中帮助儿童发现、明确自己的问题和疑问,帮助儿童聚焦于问题的关键点或难点,并形成假设,为儿童提供跨越障碍的策略,以引发、促进更有价值的学习活动。在整个活动过程中,教师以儿童伙伴的角色参与其中,是学习的

---

① [美]杜威.我们怎样思维·经验与教育[M].姜文闵译.北京:人民教育出版社,2005:46.
② [美]杜威.我们怎样思维·经验与教育[M].姜文闵译.北京:人民教育出版社,2005:269.
③ [美]杜威.民主主义与教育[M].王承绪译.北京:人民教育出版社,1990:14.
④ [德]第斯多惠.德国教师指南[M].袁一安译.北京:人民教育出版社,2003:129.
⑤ [爱尔兰]弗兰克·M·弗拉纳根.最伟大的教育家:从苏格拉底到杜威[M].卢立涛、安传达译.上海:华东师范大学出版社,2009:136.

合作者,是"更有能力的他人",师生之间的关系是平等互动的关系。在这样的互动中,学习合作者的教师角色,有利于形成良好的师生关系,能使儿童产生极大的心理安全感和心理自由感,教师所负载的社会文化便会以一种潜移默化的方式传递给儿童,哺育滋润着儿童的心灵。

(四) 教师是反思者

反思实践者的教师角色是教育活动充满活力的关键。教师不但要有教学所必需的知识、技能和技巧,同时还要具有对教育目的、教育行为后果、教育伦理背景以及教育方法、课程原理等更为宏观的问题进行探索及处理的能力。教师对于教学应该提出适当的怀疑而不是毫无批判地从一种教学方法跳到另外一种教学方法,教师应对实践进行反思。反思会使教师成为一名善于思考的实践者,反思能使教师获得教育的智慧,反思能有效地促进教师的专业能力和专业品质的提升,反思能使教育教学更有效。教师在教育教学实践中,批判地考察自我的主体行为表现及其行为之依据,通过回顾、诊断、自我监控等方式,或给予肯定、支持与强化,或给予否定、思索与修正,从而不断提高其教学效能。教师对教学实践进行不断地反思,才能使教育实践始终保持一种动态、开放、持续发展的状态。

教师的教育实践反思具有以下特性:一是实践性,是指教师教学效能的提高是在其具体的实践操作中,具有强烈的"行动研究"(action research)的色彩;二是针对性,是指对教师自我"现行的"行为和观念的解剖分析;三是时效性,是指对"当下"存在的非理性行为、观念的及时觉察、纠偏、矫正和完善,意即可以缩短其成长的周期;四是反省性,是指对于教师自身实践情境和经验,立足于自我以外所做的多视角、多层次的思考,是教师自觉意识和能力的体现,也是教师教学效能提高的内在精神和情感基础的前提条件;五是过程性,一方面指具体的反思是一个过程,要经过意识期、思索期和修正期,另一方面,它指教师的整个职业成长要经过长期不懈的自我修炼。

对实践的反思不仅是某个教师单独进行的,而且也应是教师联合开展的。全体教育者要通力合作研究,将他人视为自己观念表达和思维拓展的合作者、共鸣体与信息源,经常一起研究观察记录(包括儿童的记录和教师在活动中的言行的记录),通过质疑、批判、讨论和探究来剖析教学实践,不断将教育理论与教学实践相结合,以寻求与不断发展的教学实践相一致的哲学框架。反思教育实践是教师发现、分析、研究、解决问题的过程,是教育评价的过程,也是教师的专业学习与全面发展的过程。促进儿童自由全面的发展是教师最伟大的使命,而他们自身的教育意识与能力又在儿童身心特征的巨大影响下,在与儿童双向互动的教学实践的反思中不断地得以提高。教师在一定的教育理论指导下,反思教学实践,对过去教学经验进行回忆、思考、评价。因此,反思教学实践既是对过去经验的反思,同时又是做出新的计划和行动的依据。反思教学实践要求教师在实践中反思实践的内容和结果,分析其背后隐含的背景知识,提出解决问题的假设,并在实践中检验假设,周而复始,循环往复,以达到提高教育教学质量、促进学生进步和提升教师自身素质发展的目的。这一反思过程能帮助教师形成"实践理论",使教师在实践总结的基础上,将专家的理论与自身的实践融为一体,从而使教师拥有一套能适应教学变化的富有个性特色的知识体系,这个知识体系的建构过程就是教师素质提高的过程。在反思中,教师的角色发生了变化,由单纯的教育工作者变为研究型教师,由"传道、授业、解惑"者变为"学习型"教师,实现了教学与研究、教育与学习的一体化。从这个意义上说,反思不只改进教育实践,还可以改变教师自己的生活方式,在这种生活方式中,教师能够体会到自我存在的价值与意义,可以逐步实现教师的专业自主发展。通过这种实践反思研究,教师就成为一个理论工作者、研究者,同时也成为不断提高自身素质的终身学习者。

总之,教师角色丰富而饱满——教学活动的领导者、儿童的解读者、学习的合作者、实践的反思者。在教学过程中,教师所扮演的角色是儿童思维能力的领导者、教学活动的发起者和组织者、学生心智的研究者、师生互动中的交往者。开放性、低结构的幼儿教育,要求教师是一个倾听者、观察者,分析与回应幼儿的疑问与需求,随时准备给予幼儿必要的帮助;又是一个引导者、支持者,启发幼儿进行有意义的探索活动;更是一个合作者、研究者、学习者和欣赏者,使活动成为师幼共同探索新知和相互作用的过程。在这个过程中,教师身上所承载的文化、经验,不是对幼儿居高临下的"倾泻",而是平等的对话;不是灌输,而是与幼儿分享,充满了自然与和谐,充满了创造与快乐。教师若能将这些鲜活的角色融入自己的教育教学生命之中,就一定可以成为一股促进儿童发展的巨大力量。

二、教师职责

"她们必须在那些母亲和儿童所共同的事情上有技能,因为她们扮演了调解者的角色,所以,她们能够替代母亲去关心和教育孩子。她们必须能够亲自引导家庭主妇以母亲的身份去处理突发情况,同样也能够替家庭主妇承担看管、照料和教育她的孩子的责任。"[①]教师是履行教育教学职责的专业人员,承担教书育人,培养社会主义事业建设者和接班人、提高民族素质的使命。教师应当忠诚于人民的教育事业。各级人民政府应当采取措施,加强教师的思想政治教育和业务培训,改善教师的工作条件和生活条件,保障教师的合法权益,提高教师的社会地位。全社会都应当尊重教师。

(一)教师权利与义务

《教师法》规定教师享有下列权利:(1)进行教育教学活动,开展教育教学改革和实验;(2)从事科学研究、学术交流,参加专业的学术团体,在学术活动中充分发表意见;(3)指导学生的学习和发展,评定学生的品行和学业成绩;(4)按时获取工资报酬,享受国家规定的福利待遇以及寒暑假期的带薪休假;(5)对学校教育教学、管理工作和教育行政部门的工作提出意见和建议,通过教职工代表大会或者其他形式,参与学校的民主管理;(6)参加进修或者其他方式的培训。

《教师法》规定教师应当履行下列义务:(1)遵守宪法、法律和职业道德,为人师

[①] cited Jessie White, *The educational Ideas of Friedrich Froebel*, London: University Tutorial Press, 1907, p. 13.

表;(2)贯彻国家的教育方针,遵守规章制度,执行学校的教学计划,履行教师聘约,完成教育教学工作任务;(3)对学生进行宪法所确定的基本原则的教育和爱国主义、民族团结的教育,法制教育以及思想品德、文化、科学技术教育,组织、带领学生开展有益的社会活动;(4)关心、爱护全体学生,尊重学生人格,促进学生在品德、智力、体质等方面全面发展;(5)制止有害于学生的行为或者其他侵犯学生合法权益的行为,批评和抵制有害于学生健康成长的现象;(6)不断提高思想政治觉悟和教育教学业务水平。

《教师法》规定教师有下列情形之一的,由所在学校、其他教育机构或者教育行政部门给予行政处分或者解聘。(1)故意不完成教育教学任务,给教育教学工作造成损失的;(2)体罚学生,经教育不改的;(3)品行不良、侮辱学生,影响恶劣的。教师有前款第(2)项、第(3)项所列情形之一,情节严重,构成犯罪的,依法追究刑事责任。

(二)教师职责

《幼儿园工作规程》规定教师对本班工作全面负责,其主要职责如下:(1)观察了解幼儿,依据国家有关规定,结合本班幼儿的发展水平和兴趣需要,制订和执行教育工作计划,合理安排幼儿一日生活;(2)创设良好的教育环境,合理组织教育内容,提供丰富的玩具和游戏材料,开展适宜的教育活动;(3)严格执行幼儿园安全、卫生保健制度,指导并配合保育员管理本班幼儿生活,做好卫生保健工作;(4)与家长保持经常联系,了解幼儿家庭的教育环境,商讨符合幼儿特点的教育措施,相互配合共同完成教育任务;(5)参加业务学习和保育教育研究活动;(6)定期总结评估保教工作实效,接受园长的指导和检查。

《幼儿园工作规程》规定保育员的主要职责如下:(1)负责本班房舍、设备、环境的清洁卫生和消毒工作;(2)在教师指导下,科学照料和管理幼儿生活,并配合本班教师组织教育活动;(3)在卫生保健人员和本班教师指导下,严格执行幼儿园安全、卫生保健制度;(4)妥善保管幼儿衣物和本班的设备、用具。

(三)教师专业要求

《幼儿园教师专业标准(试行)》要求教师:(1)幼儿为本。尊重幼儿权益,以幼儿为主体,充分调动和发挥幼儿的主动性;遵循幼儿身心发展特点和保教活动规律,提供适合的教育,保障幼儿快乐健康成长。(2)师德为先。热爱学前教育事业,具有职业理想,践行社会主义核心价值体系,履行教师职业道德规范。关爱幼儿,尊重幼儿人格,富有爱心、责任心、耐心和细心;为人师表,教书育人,自尊自律,做幼儿健康成长的启蒙者和引路人。(3)能力为重。把学前教育理论与保教实践相结合,突出保教实践能力;研究幼儿,遵循幼儿成长规律,提升保教工作专业化水平;坚持实践、反思、再实践、再反思,不断提高专业能力。(4)终身学习。学习先进学前教育理论,了解国内外学前教育改革与发展的经验和做法;优化知识结构,提高文化素养;具有终身学习与持续发展的意识和能力,做终身学习的典范。

三、教师职业素养

"教学是一种艺术,而真正的教师就是艺术家。"①"我认为每个教师应当认识到他的职业的尊严;他是社会的公仆,专门从事于维持正常的社会秩序并谋求正确的社会生长的事业。"②"所有其他的改革都取决于从事教师职业者的素质和性格的改革……正因为教育是一切事业中最个人化的、最切己的,它的力量的最后凭借和最终来源便在于个体的训练,品质和智慧。假如能拟订一种计划,使教育这个职业得到有力量、素质好、同情儿童以及对于教学和学术问题有兴趣的人,那么教育改革就不再有一点麻烦,也用不着再去解决其他的教育问题了。"③教师是教育成功与否的关键,应"懂得孩子的本质和发展过程;提高尊重和热爱儿童的思想;熟悉孩子们生存的各种要求和熟悉掌握通过适当保育和教育去满足其需要的本领;引导她们在其工作范围内掌握自然知识和学会照看生命,并由此授予指导孩子和解决问题的能力。"④教师是履行幼儿园教育工作职责的专业人员,需要经过严格的培养与培训,具有良好的职业道德,掌握系统的专业知识和专业技能。

(一)虔诚的事业心

事业心来源于职业感、责任感,是一种坚定的职业信念,是个体对自己所从事事业的热爱和执着追求。教师的事业心包括教师的职业意识与信念、对儿童和教育工作的热爱、认真负责的敬业精神以及开拓、创新的工作精神和自我发展要求等。教师的职业意识和信念是指教师对自己所从事的教育职业的性质、任务、作用、价值以及自身角色与职责的了解、认同和追求。教师的爱心为师魂,是从事教育工作的基础,体现为关心、热爱、尊重儿童和平等地对待儿童。事业心是教师最宝贵和重要的品质,是教师整体素质的核心;事业心既是教师做好本职工作的根本动力,也是自身不断提高和可持续发展的不竭动力,是促进教师其他各方面素质提高的基本保证。有事业心的教师自然具备强烈的职业责任感,能自觉地提高自己各方面的能力和素质,自觉修正自身不适宜的教育观念与行为,积极开拓,创造性地探索教育教学工作,以更好地胜任教师工作。这种职业责任感,是教师献身教育的感情基础。因此,各国都重视教师事业心的培养,重视教师高尚道德品质和良好文明行为的修养,要求教师必须具有热情、坚定、同情、关爱、耐心、自制等品质和献身教育的职业理想。

洛克认为儿童犹如"河源":"我们幼小时所受的影响,哪怕极其微小,乃至无法察觉,都有极重大、极久远的影响,犹如江河的源头,水性异常柔弱,一丁点儿人力便可以影响到河流的流向,乃至使河流的方向根本改变;总之,从源头上加以引导,河流就

---

① [美]杜威.我们怎样思维·经验与教育[M].姜文闵译.北京:人民教育出版社,2005:233.
② [美]杜威.杜威全集(五)[M].杨小微,罗德红等译.上海:华东师范大学出版社,2010:71.
③ 单中惠.现代教育的探索[M].北京:人民教育出版社,2002:400.
④ [日]日本世界教育史研究会.世界幼儿教育史(上)[M].刘翠荣、梁忠义等译.长春:吉林人民出版社,1986:234.

接受了不同的趋向,最后流向十分遥远的地方。我认为,儿童的心智和源头的水性相近,容易引导,决之东则东,决之西则西。"①蒙田指出了儿童教育的艰辛:"在人类,生之者易。但是,既生之后,要把他们教育成人,该有多少悉心的养护,多少辛勤的培育和多少疑惧每天在等待着家长和教师呵!"②夸美纽斯提醒教师:"任何人在幼年时代播下什么样的种子,那他老年就要收获那样的果实。"③儿童教育是奠基性教育,从事"源头"之教的幼教工作者,面对"水性极柔"的孩子,应当以虔诚之心对待自己神圣的职业。儿童是稚嫩的个体,身心各方面尚不完善,需要科学地、合理地照顾和保护;幼儿教育是播种的教育,是一项需要童心、爱心和责任心的工作,是崇高而伟大的事业;教师是儿童健康和安全的保护者,是儿童身心和谐发展的引导者。教师是人类灵魂的工程师,应以慈爱之心承担起呵护儿童生命的历史使命。教师应当树立虔诚坚定的事业心,以强烈的责任感和历史使命感,自觉地把培养教育好下一代当作自己不可推卸的责任和神圣的天职,为儿童的终身可持续发展奠定良好的基础。

(二) 广博的文化知识

"教师需要有丰富的知识。"④"教师具备什么条件才能真正成为社会团体的理智的领导者,……第一个条件需要他对教材具有理智的准备。他应当有超量的丰富的知识。他的知识必须比教科书上的原理,或任何固定的教学计划更为广博。教师必须触类旁通,才能应付意想不到的问题或偶发事件。他还必须对所教的学科具有真正的热诚,并把这种富有感染力地传导给学生。"⑤文化知识是教师教育教学工作的前提条件。一名合格的教师必须具备良好的科学文化素养,具有广博的文化知识。其内容包括科学、哲学的理论修养、精深的专业知识、广博的相关科学知识、基本的教育科学知识等。一般性的科学文化知识是教师知识素养的基础,为其奠定了坚实的科学人文素养。只有以较高的文化素养为基础,才能掌握好专业理论知识,不断提高工作水平。儿童对周围世界有强烈的好奇心,他们对周围世界的认知虽然是肤浅的、表面的,但却是广泛的。同时,儿童教育是启蒙教育,为使儿童对周围世界有一个正确的初步认识,教师应当深入浅出、正确无误地传授知识,解答儿童的问题。因此,教师要对儿童进行全面的和谐教育,必须广泛学习,博采众长,奠定广博的科学文化知识基础。

其次,教师还应具备扎实精深的专业知识,了解儿童身心发展的基本特点和基本规律,掌握儿童教育的理论知识、基本规律和实践方法,以有效地进行教育教学,减少工作的盲目性。教师应当成为心智的研究者,了解关于幼儿生存、发展和保护的有关法律法规及政策规定;掌握不同年龄幼儿身心发展特点、规律和促进幼儿全面发展的

---

① [英]洛克.教育漫话[M].杨汉麟译.北京:人民教育出版社,2006:7.
② 吴元训.中世纪教育文选[M].北京:人民教育出版社,2005:403.
③ [捷]夸美纽斯.夸美纽斯教育论著选[M].任钟印选编.北京:人民教育出版社,2005:24.
④ [美]杜威.我们怎样思维·经验与教育[M].姜文闵译.北京:人民教育出版社,2005:223.
⑤ [美]杜威.我们怎样思维·经验与教育[M].姜文闵译.北京:人民教育出版社,2005:224.

策略与方法;了解幼儿在发展水平、速度与优势领域等方面的个体差异,掌握对应的策略与方法;了解幼儿发展中容易出现的问题与适宜的对策;了解有特殊需要幼儿的身心发展特点及教育策略与方法。教师要有专业知识,熟悉幼儿园教育的目标、任务、内容、要求和基本原则;掌握幼儿园环境创设、一日生活安排、游戏与教育活动、保育和班级管理的知识与方法;熟知幼儿园的安全应急预案,掌握意外事故和危险情况下幼儿安全防护与救助的基本方法;掌握观察、谈话、记录等了解幼儿的基本方法;了解0~3岁婴幼儿保教和幼小衔接的有关知识与基本方法。"他能凭借这类知识观察学生的反应,迅速而准确地解释学生的言行。"①"这些知识是别人用过而又有成效的方法,在需要的时候,他能凭借这些知识给儿童以适当的引导。"②

再次,教师还应具备丰富的安全常识,掌握基本的安全防护技能,并不断学习《宪法》《教育法》《教师法》《未成年人保护法》《中小学幼儿园安全管理办法》《学生伤害事故处理办法》《学校卫生工作条例》《食物中毒事故处理办法》《学校和托幼机构传染病疫情报告规范》《幼儿园管理条例》《幼儿园工作规程》等相关规章制度,以及《民法通则》《刑法》中的有关法律处置条款。通过学习,增强教师的法制观念和工作责任心,加强教师的安全防范意识,掌握卫生保健、疾病护理、突发事故处理、消防等基本的安全常识,提高教师安全管理能力,让教师逐步具有一种高度预见性、敏感性、主动性和警惕性等综合防范安全意识。调查显示,对教师进行安全知识和技能培训是改善教师进行班级安全管理的最有效措施,熟悉班级活动安全操作流程、学习安全管理制度以及进行安全应急演练也是教师改进班级安全管理的主要措施。因此,教师具备积极的安全防范意识和完善的安全应对技能,才能在日常工作中时刻自觉地提醒自己的管理行为和教育行为,防范伤害事故的发生,促进幼儿的身心健康发展,使班级成为温馨、安全的幸福乐园。

最后,教师还应具备一定的教师基本技能和知识,如唱歌、跳舞、弹琴、绘画、讲故事、三笔字等,这些教师基本技能既是教育的手段,又是教育的内容,是教师知识结构中的一个组成部分。但目前国内却一直存在"重教师技能,轻文化素养"的误区,把幼儿教师当作"高级技工"培养,忽视了"人类灵魂工程师"综合素质的养成,一定程度上限制了中国幼教师资队伍的可持续发展。

(三) 科学的教育观念

教育观念是教师对儿童发展和教育的基本观念与看法的总和,是教师进行教育的基础和心理依据。具体地说,教育观念涉及这样几个问题:(1)教育能起什么作用,有多大意义?(2)教育的最终目的是什么?(3)教育的内容以及内容结构是怎么样的?(4)如何实施教育?(5)教育需要什么样的氛围?(6)如何把握和对待教育的结果?对以上问题的回答,涉及这样几个观念:教育价值观、教育目的观、课程观、教学观、教育环境观、教育评价观。教师按照自己对教育的理解,即自身的教育观

---

① [美]杜威.我们怎样思维·经验与教育[M].姜文闵译.北京:人民教育出版社,2005:224.
② [美]杜威.我们怎样思维·经验与教育[M].姜文闵译.北京:人民教育出版社,2005:224.

念来组织教育教学,教师的教育观念决定了其教育策略、态度,进而表现为不同的教育行为。教育观念直接决定了教师工作的实际效果,进而影响儿童的发展。可以说,教育观念是教师从事教育教学工作的心理背景。卢梭曾严厉地批判了错误教育观念而导致的教育后果:"出自造物主之手的东西,都是好的,而一到了人的手里,就全变坏了。他要强使一种土地滋生另一种土地上的东西,强使一种树木结出另一种树木的果实;……他不愿意事物天然的那个样子,甚至对人也是如此,必须把人像练马场的马那样加以训练;必须把人像花园中的树木那样,照他喜爱的样子弄得歪歪扭扭。"①

作为幼儿教师,必须认识到:幼儿教育是有目的、有计划地推进儿童在原有水平上得到更好发展的活动,必须认真地、科学地加以组织;幼儿教育是社会主义教育事业的组成部分,教育的目的是培养健全的人格,必须促进儿童在健康、认知、社会性、情感、个性等方面的全面和谐发展,帮助儿童形成健康的人格和良好的个性品质;幼儿教育是一种追求效率的整体性影响活动,必须注重教育内容的适宜性和联系性,并合理地、有效地和综合地使用各种教育方法和手段;幼儿教育是一门科学,必须充分遵循幼儿身心发展的规律,遵循对儿童进行教育、教学的规律,尊重儿童的兴趣,必须关注每个幼儿的需要、可能和潜力,因势利导,因材施教;幼儿教育是一项社会事业,它需要社会各方面的协调、支持和配合,应充分利用自然、社会、文化中的教育资源;幼儿教育是一种技术,也是一种艺术,它的本质不是灌输,而是创造一种轻松、愉快而富含有效刺激的环境,帮助儿童在与情景中的人、事、物相互作用的过程中主动建构知识,引导儿童在全身心参与的诸多活动中得到发展。

(四) 良好的能力素质

能力素质是教师从事教育教学工作的基本素质,包括教育教学能力、科研能力和自我监控能力。其中,尤为重要的是自我监控能力,这包括教师的反思能力和教育监控能力等。只有当教师具有较高的自我监控能力时,教师才可能自觉反思和调控自己的教育行为和教育过程。教师的能力,特别是教育能力直接影响教育质量的好坏,因而在教师素质中备受关注。日本强调教师要有五种能力:(1)富有成效的教学和学习指导能力;(2)对学生的生活、就业指导能力;(3)理解和把握学生心理的能力;(4)教育管理的能力;(5)独立的自修能力。法国招聘教师注重教师的上课能力、与学生交往的能力、指导学生的能力。美国要求教师应有向学生传授知识的愿望和能力。还有些国家则强调教师应具有对未来的开拓创造能力等。通观各国对教师的基本素质要求,以下基本能力素质备受关注:

1. 观察能力

观察是人们对周围事物有目的、有计划、有准备的直觉活动。观察能力即人们感知周围事物的能力。教师的观察能力主要是指对作为教育对象的儿童由外表到内心

---

① [法]卢梭.爱弥儿[M].李平沤译.北京:人民教育出版社,2005:1.

的认识能力。细心地观察儿童并了解儿童的能力是教师的基本功之一,是教师开展教育活动的前提。理解儿童是教育的基础,观察儿童是理解的基础。教师只有具备相应的观察能力,才能把握儿童的个性特点,掌握教育教学的主动权。蒙台梭利强调,一个不会观察的教师是绝对不称职的,每位教师都要将自己的眼睛训练得如同鹰眼般敏锐,能观察到儿童最细微的动作,能探知到儿童最殷切的需要。教师观察儿童的发展状况和差异是为了了解儿童现有水平和不同幼儿在发展水平、速度、技能、能力上的差异,进一步探明幼儿内部需要和最近发展区,为教师制定教育计划、创设教育环境、设计和指导教育活动、及时地应答儿童的需要等提供依据。教师迅速而准确、细致而深入、全面而客观的观察能力有助于教师贯彻"因材施教"的教学原则;有利于教师根据随机事件及时、有针对性地调节各教学环节,并灵活、及时地调适教学进度、深浅程度和教学方法,能够自觉地因势利导,以促进有效教学。同时,教师敏锐的观察能力也可以使教师能随时发现教育教学实践中的不足,反思教学行为,有利于促进教师的专业发展。

2. 沟通能力

沟通具有相互性,没有沟通就没有相互作用。沟通是一种相互理解、彼此接纳对方的观点、行为,在双向交流中彼此协调的默契。教师的沟通能力被很多国家和地区列为教师的基本功,受到高度重视。教师的沟通能力主要包括教师与幼儿、教师与教师、教师与家长的沟通能力和促进幼儿之间相互沟通的能力。要求教师通过语言、目光、动作、面部表情等方式,以积极主动、平等的态度,进行安全、温馨、可信赖的有效交流,调动所有教育资源,引导儿童全面参与活动。

3. 教育监控能力

教师的教育监控能力是指教师为了达到预定的教育目标,在教育的全过程中将自己所进行的教育活动和行为本身作为意识的对象,不断地对其进行积极、主动、自觉的计划、监察、反馈、反思、调节的能力。它包括计划与准备能力、反馈与评价能力、控制与调节能力、反思与校正能力。计划与准备能力是指教师为教育活动做准备工作的过程中体现出的教育监控能力。即教师在进行具体的教育活动之前,分析所要面临和解决的教育任务及教育情境中的相关因素,如教材、儿童的兴趣和需要、儿童现有的发展水平和潜能等,结合自己的教育教学能力、风格、特点和经验,确立适宜的教育目标,制定教育计划,明确所要进行的活动内容,然后根据这一特定目标和内容安排教育的步骤,选择教育的策略,构想设计出解决各种问题的方法,并预测教育过程中可能出现的问题及可能达到的教育效果等。"教师要成为领导者,必须对个人所教的学科有特殊的准备。否则,他不是无目的地随波逐流,就是呆板地受教科书的束缚。灵活性,处理意想不到的偶然事件和问题的能力,依靠教师对所教学科具有新鲜和充分的兴趣与知识。在讲课之前,教师应当想到种种问题。"[①]反馈与评价能力表

---

① [美]杜威.我们怎样思维·经验与教育[M].姜文闵译.北京:人民教育出版社,2005:225.

现在教师在教育过程中随时监控班级的状况,密切关注儿童的反应和参与活动的程度,不断获取教育活动各要素变化情况的反馈信息,并根据儿童的反馈或是教师根据实际教育活动、教育行为同预定的教育目标相比较所获得的自我反馈等信息,针对预先设定的教育目标客观地认识和评价教育过程、教育方法、教育策略、教育效果、教育行为以及儿童发展和进步的状况。控制与调节能力是指在教育过程中,教师根据反馈信息和新情况有意识地、自觉地发现和分析教育过程中存在的问题及其原因,并据此及时调节教育活动的各个方面和环节,对下一步要进行的教育活动和教育行为进行调整与修正的监控能力。反思与校正能力是指在一次或一阶段的教育活动完成之后,教师对已完成的教育活动的全过程进行深入的总结和反思,并进行校正的能力。

4. 组织管理能力

组织管理能力是指教师组织幼儿一日生活中各项活动的能力,主要表现在善于制定教育工作的计划、备课、组织幼儿日常生活的各项活动与各个环节上。教师必须充分估计各项活动的时间和内容,要充分考虑幼儿的发展水平及各种具体情况,善于规划自己的行动,做到计划性和灵活性相结合,使幼儿的活动充实、有序。教师还要善于组织全体儿童的注意,调动每个儿童的积极性,使他们能够积极参与活动,并在活动中充分发挥每个幼儿的主体作用,既让儿童的积极性和才能得到发挥,又要引导他们相互关心、遵守集体规则。

(五) 合格的身心素质

合格的身心素质是教师从事教育教学工作的基本保证。身体和心理健康是对教师的基本要求,教师的心理、人格状况直接影响其教育教学工作的质量和效果。"对儿童来说,教师人格的影响和课业的影响是完全融合在一起的。"[①]教师必须具备良好的心理素质,以缓冲各种压力与突如其来的变化。同时,教师还要具备健全的体魄与旺盛的精力、坚毅的耐力,以应付艰苦的、长时间的、高强度的脑力劳动和体力劳动。因此,身心健康是教师素质中不容忽视的重要保障和有力支撑部分。在日本,甚至把教师身心健康作为教师素质中的第一要素。

女性占据幼儿园教师队伍的主体,不仅是国内幼儿园存在的现象,也是国外幼儿园存在的现象。尽管福禄倍尔开始提出培训男士成为幼儿园教师,但他后来却强调妇女才适合培训成为幼儿园教师和儿童保育员,这是因为从妇女与儿童的密切关系以及妇女的天性等方面来看,她们更适合于幼儿教育工作。女性担任幼儿教师具有不言而喻的优势,但以年轻女性为主体的幼儿教师队伍,也体现出易受暗示、思想活跃、情感化、喜欢浪漫等群体特征,加之女性的生理性周期反应,在月经期间出现易疲劳、易怒、情绪波动大等现象,这些都会成为幼儿安全事故的隐形导火索。国外已有人关注到女性周期性生理反应对幼儿教育的不良影响,有些国家或地区采取"例假"制度,让女性教师在月经期间带薪休息;有的则是采取心理抚慰措施,以保证女性教

---

① [美]杜威. 我们怎样思维·经验与教育[M]. 姜文闵译. 北京:人民教育出版社,2005:57.

师在月经期间也能保持良好的心理状态工作。作为幼儿教师,也应善于自我调节情绪,随时保持平和心态,维持良好的工作状态。幼儿身心发展的特点决定了幼儿喜欢模仿,情绪易受感染和暗示,所以幼儿教师的心理健康状况不仅关系到其本职工作的完成质量,还会对幼儿的人际交往、个性发展、情绪处理等方面的发展产生潜移默化的影响。因此,教师要衣着整洁得体,语言规范健康,举止文明礼貌,有意识培养自己的自控能力,做到乐观向上、热情开朗,有亲和力,努力以积极愉快的情绪状态感染幼儿,与幼儿和睦相处,使班级集体形成一种乐观活泼、积极向上的良好氛围。同时,教师在工作中应注意妥善处理自己的负面情绪,不在幼儿面前任意表露,避免对幼儿成长产生负面影响。

幼儿教育是奠基性教育,影响着儿童的一生发展。教育是爱的活动,能影响儿童一生的价值定向和爱的方式的生成。然而现实却越来越缺乏爱心,以至于不是以爱的活动。因此,卢梭在其著作《爱弥儿》中警告教师:令人尊敬的教师,你要谋定而后动,才不会盲目从事,轻易出错,所谓欲速则不达就是这个道理。令人尊敬的教师,在你敢于担当这一任务之前,你自己就必须成为一个令人尊敬的模范。同时,你要敞开你的心,牺牲你的时间、你的心血、你的爱,甚至你自己。你要公正而且善良,以仁爱之心待人。令人尊敬的教师,你要保持你的淳朴和热情,做到谨言慎行。你不要在教育孩子分辨善恶的时候,自己却充当了引诱的魔鬼,你的冲动的情绪如果被孩子看到了,会对他产生巨大的影响。作为教师,你要严格约束自己。

要 点 回 顾

古代教育一般采用个别教学,古罗马教育家、演说家昆体良最早提出了分班教学的初步设想。文艺复兴时期著名教育家埃拉斯莫斯率先使用"班级"一词,捷克教育家夸美纽斯在《大教学论》一书中提出了"班级授课制"理论,被誉为"班级授课制"的真正奠基者。依据儿童身心发展的年龄特征,目前世界各国在幼儿教育实践中已形成了按年龄进行编班的班级划分方式,将幼儿园的班级划分为小、中、大三个年龄班。因受地区人口分布等因素制约,也有混龄编班的班级组织形式。

在人类社会漫长的发展过程中,人们对儿童的认识不尽相同。随着历史的演进,人们的儿童观也相应地演进着。科学的儿童观是对儿童的正确认识和理解,是儿童教育的思想基础。小、中、大各年龄班儿童的身心发展具有不同的年龄特征。儿童身心稚嫩,儿童保护旨在使儿童能够在安全的环境中健康成长。《儿童权利宣言》和《儿童权利公约》是儿童保护基本法,规定了儿童的基本权利有生存权、发展权、受保护权、参与权。《儿童权利公约》明确了儿童保护原则是:尊重儿童的观点与意见的原则;无歧视原则;儿童最大利益原则;尊重儿童尊严的原则。

在幼儿园里,作为"园丁"角色的幼儿教师具有十分重要的地位:教学活动的领导者、儿童的解读者、学习的合作者、实践的反思者。教师享有下列权利:教育教学权、教育科研权、获取薪酬权、参与管理权、进修培训权。教师应当履行下列义务:(1)遵守宪法、法律和职业道德,为人师表;(2)贯彻国家的教育方针,遵守规章制度,执行学校的教学计划,履行教师聘约,完成教育教学工作任务;(3)对学生进行宪法所确定的基本原则的教育和爱国主义、民族团结的教育,法制教育以及思想品德、文化、科学技术教育,组织、带领学生开展有益的社会活动;(4)关心、爱护全体学生,尊重学生人格,促进学生在品德、智力、体质等方面全面发展;(5)制止有害于学生的行为或者其他侵犯学生合法权益的行为,批评和抵制有害于学生健康成长的现象;(6)不断提高思想政治觉悟和教育教学业务水平。

幼儿教师的主要职责是:(1)观察了解幼儿,依据国家有关规定,结合本班幼儿的发展水平和兴趣需要,制订和执行教育工作计划,合理安排幼儿一日生活;(2)创设良好的教育环境,合理组织教育内容,提供丰富的玩具和游戏材料,开展适宜的教育活动;(3)严格执行幼儿园安全、卫生保健制度,指导并配合保育员管理本班幼儿生活,做好卫生保健工作;(4)与家长保持经常联系,了解幼儿家庭的教育环境,商讨符合幼儿特点的教育措施,相互配合共同完成教育任务;(5)参加业务学习和保育教育研究活动;(6)定期总结评估保教工作实效,接受园长的指导和检查。教师是履行幼儿园教育工作职责的专业人员,需要经过严格的培养与培训,具有虔诚的事业心、广博的文化知识、科学的教育观念、良好的能力素质和健康的身心。

思考练习

1. 请以××幼儿园为例,设计一份招生方案。
2. 请分组模拟小区招生现场答疑会、幼儿园新生亲子游园会。
3. 请谈谈不同时期儿童观的认识与理解以及如何建立科学的儿童观。
4. 如何理解幼儿教师的角色?教师的职责有哪些?
5. 你认为一个合格的幼儿教师应具备哪些素养?

拓展阅读

1. 儿童权利宣言
2. 儿童权利公约
3. 中华人民共和国未成年人保护法
4. 幼儿教师专业标准
5. 新时代幼儿园教师职业行为十项准则

扫描二维码,
获取拓展阅读资源

完善与建议

反思、建议:

工作案例与材料(粘贴):

第四章 班级生活管理

让我们与儿童一起生活吧！①

——福禄倍尔

"通过生活和从生活中学习要比任何方式的学习更深入和更容易理解。"②福禄倍尔强调教育者要了解儿童的生活和关爱儿童。他把幼儿园看作"儿童的花园",把幼儿和教育者的关系看作是"花草树木"和"园丁"的关系,并希望"花草树木"在"园丁"的精心照料下能在"儿童的花园"里生长得更好。因此,在福禄倍尔看来,幼儿园是教师和儿童一起生活的理想场所,是儿童可以自由游戏和生活的快乐场所。"让我们与儿童一起生活吧！"③福禄倍尔向真心热爱儿童的幼儿园教师们发出了诚挚的邀请。幼儿园生活是依据幼儿的身心发展规律和教育规律为幼儿创设的生活,是真正适合并能引导幼儿充分发展的生活。对幼儿来说,无论是幼儿园生活,还是家庭生活,都是社会生活中较为有序的生活形式。幼儿园作为教育机构,应为幼儿提供健康、丰富的生活,满足他们多方面发展的需要,使他们在快乐的童年生活中获得有益于身心发展的经验。幼儿园的班级既是幼儿生活的集体,也是幼儿生活的环境,是儿童的快乐之家。班级是幼儿人生中参加的第一个正式的社会组织,无论是全日制还是寄宿制幼儿园,幼儿在班级中的生活都是构成其全部生活的重要组成部分。班级生活是帮助幼儿从自然人向社会人转化的重要途径,良好的班级生活能更好地促进幼儿身心的健康发展。

第一节 班级生活

一、班级生活内容

幼儿的班级一日生活包括生活活动、运动活动、游戏活动、区域活动和集体教学活动(见表4-1、表4-2)。

---

① B. von Marenholz-Bülow, *Reminiscences of Froebel*, Boston, Lee and Shepard, 1877, p. 295.
② [德]福禄倍尔. 人的教育[M]. 孙祖复译. 北京:人民教育出版社,1991:24.
③ B. von Marenholz-Bülow, *Reminiscences of Froebel*, Boston, Lee and Shepard, 1877, p. 295.

（一）生活活动

生活活动是指满足幼儿生命基本需要的活动，具有发展幼儿生活自理、与人交往、自我保护等能力，培养规则意识和健康生活习惯的作用。生活活动包括：入园、盥洗、餐点、饮水、如厕、睡眠、离园等环节活动，是从幼儿发展的现实需要出发，从幼儿所处的特定生活背景出发，基于幼儿的生活养成教育而进行合理组织安排的综合性活动。

（二）运动活动

运动活动主要是指在幼儿园一日活动中采用早操、器械运动、自然因素锻炼等形式，培养幼儿对运动活动的兴趣，增强幼儿运动能力、适应环境的能力，提高幼儿身体素质的日常运动活动，包括早操、体育活动等环节的活动。

（三）游戏活动

游戏活动主要指幼儿自发、自主、自由的活动，能促进幼儿的身心发展，能给幼儿快乐，其重要性仅次于母乳喂养和母爱，是幼儿的基本活动，也是童年幸福的基本象征。游戏作为一种主动、自由、有趣的在假想中反映现实的活动，能较好地满足幼儿生理发展、社会性发展、自主创造性发展的需要，并使幼儿的好奇心、兴趣等情感在游戏中得到满足。因此，游戏不仅解决了儿童心理发展问题上的矛盾，而且也能充分调动儿童的积极性和主动性，促进儿童身心的全面适宜的发展，游戏在学前儿童身心发展中的作用是其他任何活动所无法替代的。

（四）区域活动

区域活动也叫"区角活动"，是教师根据教育目标和幼儿发展水平，有目的、有计划地设置各种活动区，投放活动材料，让幼儿按自己的兴趣和意愿选择活动内容和方式，通过操作、摆弄、发现、讨论、拼搭等方式进行自主学习的活动。在活动中，教师有计划地创设适宜的教育环境和条件，通过活动过程中的指导，影响幼儿的行为，激发幼儿对周围环境的兴趣，使幼儿能主动探索、积极实践，从而达到促使每个幼儿在不同程度上获得发展的目的。

（五）集体教学活动

集体教学活动是指根据幼儿园教育目标，教师有目的、有计划地组织幼儿学习特定内容从而促进幼儿发展的一种活动形式。集体教学活动是幼儿园各种教育活动中的一种重要形式，在幼儿园中往往会有不同的名称，如专门的教学活动或经典的教学活动，是由教师针对班级幼儿的发展水平，组织全班幼儿或多数幼儿进行的、以集体的经验和情感等为价值导向的集体性学习活动，一般计划性、学科领域性较强，组织比较严密，活动结构清晰，时间比较固定。

幼儿园的集体教学活动，可以是主要关注某一个学科领域的，如音乐活动、体育活动、科学活动等，也可以是整合某几个学科领域的综合活动；可以是较多关注教师预设和指导的，也可以是较多关注幼儿自发生成的；可以是低结构的，也可以是高结构的。

集体教学具有鲜明的计划性、目标性、系统性、组织性、直接指导性等特点，具体表现在以下几个方面：

(1) 有特定的活动要求和需要全体儿童都要达到的活动目标。
(2) 有具体细致的教学活动计划和设计。
(3) 由教师规定的活动内容和提供统一的活动材料。
(4) 教师为所有儿童提供相同的材料。
(5) 全班或几组儿童在同一时间内进行同一种操作活动。
(6) 教师须为所有儿童的活动提供较大的空间。
(7) 教师的直接指导较多，儿童基本上在教师指导下有步骤地开展活动，强调教师的作用。
(8) 组织形式以集体为主。
(9) 儿童参与活动的时间基本上由教师掌握。各年龄班有相对固定的时间段，一般在上午时段进行，小班为10～20分钟，中班为20～30分钟，大班为30～35分钟。

表4－1　全日制幼儿园一日活动时间表

7:30　入园(桌面游戏、绘本阅读、种养活动等)
8:20　户外运动(早操、体育游戏等)
8:40　晨间谈话
9:00　集体教学活动
9:30　如厕、盥洗、喝水
10:00　区域游戏活动
10:30　活动分享交流
10:50　餐前准备
11:00　午餐
11:40　餐后散步
12:00　午睡
14:20　午睡起床、点心
15:00　区域游戏活动
15:40　活动交流分享
16:00　离园

表4－2　幼儿园一日活动计划①

主题：＿＿＿＿＿　周次：第　　周　日期：＿＿＿＿＿　当班教师：＿＿＿＿＿

活动环节	活动安排	反思
晨间接待		
晨间活动	玩具准备： 集体游戏： 早操： 晨间谈话：	

---

① 资料来源于海门市海南幼儿园。

(续表)

活动环节	活动安排	反思
生活活动		
集体活动		
游戏活动 区域活动		
餐前欣赏		
午餐		
散步		
午睡		
生活活动	起床： 餐点：	
游戏活动		
户外、离园活动		

二、班级生活重点

入园以后，儿童的生活发生了转变。与家庭生活不同的是，班级生活具有集体性和明显的目的性、组织性、协调性。依据各年龄班幼儿的身心发展特点和发展需要，不同年龄班的生活和班级管理也各有所侧重：

（一）小班

小班幼儿离开家庭进入幼儿园，是儿童成长过程中跨出的一大步。儿童从家庭到幼儿园，经历了教育生态环境的变迁，环境和要求都发生了很大的变化，导致幼儿产生不同程度的"分离焦虑"和难以适应班级集体生活现象：依恋亲人，不愿入园，情绪不稳，甚至哭闹不止；任性专横，强占霸道；行为散漫，不会学习，集体生活不习惯。根据弗洛伊德的早期经验理论，成人的发展取决于幼年的早期经验，小班幼儿的入园经验是早期经验中的关键一环。因此，"教妇初来，教儿婴孩"。小班生活的重点应是引导幼儿逐步适应班级环境与集体生活，初步掌握班级集体生活规则，养成良好的集体生活习惯，为日后的学习与生活奠定良好的基础。

（二）中班

中班生活在幼儿园生活中起承上启下的作用。经过小班生活的经验积累，中班幼儿具备了初步的集体生活意识，自我服务能力明显提高，责任意识和任务意识开始萌芽。但由于儿童身心发展的局限性，致使中班存在着一些负向班级特征，如告状行为、攻击性行为较多。根据这些特点，中班生活的重点应是依据幼儿的兴趣、爱好、需要,建立合理必要的行为规则,确保生活有序,帮助幼儿解决同伴冲突,引导幼儿掌握同伴交往技能,以降低告状、攻击性行为的出现频率。

(三) 大班

大班幼儿在前一阶段的发展基础上,各种能力得到进一步发展,具有了强烈的求知欲和好奇心,集体感、责任感增强,并开始出现稳定的性格特征。在大班,要着重培养幼儿自我管理的能力,让幼儿学习管理自己,包括管理自己的行为、自己的生活、自己的物品、自己的语言等。同时,要让幼儿学会正确处理自己与集体之间的关系,意识到自己是集体中的一员,应该遵守集体规则与纪律,增加责任感。在活动时不仅要考虑自己,也要考虑到他人。大班生活的重点是为幼儿入小学做准备,在生活环境布置上、活动形式上、要求上、师生关系上、教学方法上都应做相应的调整,帮助幼儿了解小学生的生活与学习,做好幼小衔接准备。

三、班级日常生活管理

日常生活活动是指幼儿园一日活动中除集体教学、游戏、区域活动以外的一切日常活动,是满足幼儿基本生活需要的活动,它是幼儿园生活的重要组成部分。班级日常生活管理是指为了保证幼儿的身体正常发育,心理健康成长,保教人员围绕幼儿在园内的起居、饮食等生活活动而从事的管理工作。

(一) 日常生活活动内容

日常生活活动包括幼儿入园、进餐、喝水、盥洗、如厕、睡眠、离园等环节的活动,不同的活动具有不同的内容和要求:

1. 入园

入园是幼儿从分散的家庭生活转入幼儿集体生活活动的过渡阶段,是幼儿园生活的开始。幼儿要携带手帕、衣着整洁地来园,接受晨检,将外衣、帽子放在固定地方,向教师、保育员、同伴问好,并进行自由结伴的分散活动或简单的劳动,如整理图书、擦桌椅等。入园活动结束时简短的晨间谈话,可以是主题性谈话,也可以是发散性谈话,便于及时了解幼儿情况,解决活动中出现的问题,交代一日活动安排,激发幼儿参加下一个活动的积极性,保证幼儿积极、愉快地参与到集体生活中。

2. 盥洗与如厕

幼儿的盥洗包括洗手、洗脸、刷牙、漱口、大小便等,关系到幼儿清洁卫生习惯的养成和自我服务能力的提高。要求幼儿能逐渐掌握洗手、洗脸、漱口的方法,盥洗时保持地面干爽、清洁,饭前、便后、手脏时能主动洗手,大小便能基本自理。

3. 餐点、饮水

餐点和饮水是保教人员渗透饮食、营养教育的重要途径,要求幼儿餐前洗手,安静入座进餐;能够正确使用餐具;细嚼慢咽,不挑食,不剩饭菜;注意桌面、地面整洁,注意衣服整洁;餐后擦嘴、漱口;自己取用点心;自己根据需要取水杯喝水,注意不拥挤,不浪费水。

4. 睡眠

睡眠包括睡眠前后的自我整理床铺衣服、独立按时入睡和按需要增减衣服等内容，对幼儿生活自理能力和良好生活习惯养成具有很大的作用。要求幼儿保持寝室安静，自己在床铺前有序穿脱衣裤、鞋袜，整理好自己的东西并放在固定的位置；安静入睡，睡姿正确，不玩物品。

5. 散步

散步是教师组织幼儿在班级周围进行愉快的步行。散步中可以组织幼儿观察、收集等活动，让幼儿自由交谈。要求幼儿在教师带领下，列队走路、守规则、不推挤、不掉队；不随地吐痰，不乱丢垃圾，能够注意安全。

6. 离园

离园活动是幼儿从集体生活转入分散的家庭生活的过渡环节，是幼儿园生活的结束部分。要求幼儿收拾好玩具，整理场地，愿意完成教师交给的简单劳动任务，如养殖角的浇水、喂食或清洁工作，将脱下的衣帽带回家，主动和老师、小朋友说再见。离园前，教师可以组织简短的离园谈话，总结一日活动情况，并提出表扬和鼓励，使幼儿愉快地离开幼儿园。

（二）日常生活活动组织原则

日常生活活动的组织与指导需要教师的教育机智和个人智慧的创造性投入，但也需要遵循基本的原则。

1. 主动性原则

在日常生活活动中，幼儿不是一个被动的接受者，而是一个积极主动的参与者。但目前在幼儿的日常生活组织中，保教人员较少考虑幼儿的主动性，认为幼儿是被动地接受养护，处理好幼儿的吃喝拉撒睡就行了。但幼儿既是教育的主体，也是保育的主体，幼儿是生活的小主人，在日常生活中，幼儿有主动参与的愿望，也具备独立、自主、能动和创造的潜能。幼儿在日常生活中主动参与，才能获得积极的生活体验。教师应注重幼儿的主动性发展，充分调动一切手段途径、利用一切可能性因素和条件，为幼儿提供宽松、温馨的生活环境，尊重、了解不同年龄幼儿的特点、需要，因势利导，以饱满的情绪、真诚的爱心、热情的鼓励，激发幼儿的活动兴趣，使幼儿主动参与活动，充分发挥幼儿的主动性、积极性和创造性，使幼儿真正成为生活的主人，以体验幼儿园生活的乐趣。

2. 针对性原则

针对性原则是指教师的指导必须有明确的定向和目标，善于"对症下药"，教师应能根据幼儿的实际情况和行为表现，在观察分析的基础上，采用灵活有效的方法提供有针对性和重点的指导。在日常生活中，教师面对的是来自不同家庭的幼儿个体，每个幼儿的家庭成长环境不同，生活方式各异，在兴趣爱好、行为习惯、能力水平、个性特征等方面存在着巨大的差异，幼儿园生活又是一种集体生活，需要集体生活的秩序性、和谐性和一致性,更需要教师的针对性指导。教师所组织的日常生活活动多为集体性活动,这种集体性活动中的针对性指导更需要教师的教育智慧。保教人员需要细心观察记录每一个幼儿的日常生活行为表现,并通过发放幼儿家庭生活调查表和家长教养方式调查表以及家访等多种渠道,了解每一个孩子,看到个体差异,承认个体差异,研究个体差异。根据不同的活动和不同的对象,针对性地予以关注和指导,做到因人而异、因环境而异、因事而异,使每个幼儿在原有基础上获得发展。

3. 渗透性原则

渗透性原则是指将各领域教育内容融合在日常生活中,把日常生活作为幼儿园课程中一个不可分割的有机体系来组织指导。幼儿园日常生活内容丰富,富含教育因素,时时处处有教育,涵盖幼儿不同领域、不同层面的学习内容,幼儿生活的过程就是受教育的过程。教师要善于利用幼儿日常生活中存在的偶发事件、情境的可能教育机会,捕捉有效的教育时机,运用灵活的教育机智,进行随机渗透教育,充分发挥其潜在的教育意义。教师应将日常生活与集体教学、区域活动以及游戏进行相互渗透、有机融合,从幼儿的生活出发,以幼儿的生活和经验为起点建构幼儿园课程,以一定的主题活动方式加以整合,使幼儿的生活和学习成为互相联系的完整体系,教育生活化,通过多种形式使幼儿体验生活的乐趣,从生活活动中萌发智慧和情感,使生活活动真正起到促进幼儿发展的价值,让幼儿在生活中学习,在生活中成长。

4. 游戏性原则

游戏性原则是将游戏因素渗透到日常生活活动中,实现日常生活活动游戏化。在幼儿生活活动中,利用游戏因素,借助游戏的角色、情节和情境以及游戏性的语言,以多种简便易行的游戏方式组织幼儿园的日常生活活动,使日常生活游戏化,让幼儿每天都有愉快的情绪体验。但利用游戏因素,保证轻松愉快的一日生活并非要求吃饭、睡觉、洗手、如厕各个环节都要创设游戏情境,重要的是教师可通过诙谐、幽默的言谈举止和以爱、尊重、平等为基础的师幼互动,模拟、营造游戏发生的心理环境。在组织活动时,根据活动的需要以不同的游戏角色,利用生动有趣的游戏情节串联活动的各个环节,减少和消除消极等待现象,增强活动的趣味性,以吸引幼儿参加活动,提高生活活动的教育效果。

5. 一致性原则

一致性原则是指幼儿日常生活教育中,在教师、保育员以及家长的教育要求应保持一致,包括教师自身态度的一致性、保教人员之间的一致性以及家园一致性。教师自身态度的一致性要求,对同一种行为的要求教师应力求前后态度一致,教师的言语信息、行为信息及情感态度信息等也必须一致。园内保教人员之间的一致性要求幼儿园上至园领导,下至各班保教人员以及其他各类工作人员,在对待幼儿的发展上都应持一致的观念、态度和行为。如果不能保持一致,会让幼儿无所适从,正确或适宜的行为得不到应有的强化,消极行为得不到有效的抑制,难以形成自觉、系统的良好生活行为,难以获得积极的生活体验。此外,幼儿的日常生活还受幼儿的家庭环境、家庭生活方式以及父母的教养行为等影响,幼儿的日常生活教育效果一定程度上取决于幼儿园教育和家庭教育的共同一致性。教师应加强与家长交流沟通,发挥更积极、主动的作用,积极地通过家园联系的多种途径(如直接交谈、家长会、家教园地、家园联系本等),了解幼儿的家庭生活方式、生活规律以及生活习惯,了解幼儿的家庭生活表现,以便有针对性地对幼儿进行生活指导。同时,对家长进行积极的影响、引导,取得家长的支持和合作,保持教育上的家园同步性和一致性,促进幼儿的发展。

(三) 日常生活活动指导方法

1. 榜样示范法

榜样示范法就是通过为幼儿提供正确的行为范型,利用榜样的力量,激发引导幼儿模仿学习的方法。为幼儿创设一定的情境,树立一定的榜样,引导儿童进行模仿,可以有效促进儿童良好行为的形成和发展。榜样示范法将规则要求具体化、人格化,以生动具体的典型形象影响儿童心理,使教育有很强的吸引力、说服力和感染力。示范作用之所以能够影响学习,主要是因为它具有传递信息的功能。在观察过程中,示范行为会浓缩成符号性的表征,指引观察者在以后做出适当的行为。儿童的可塑性大,模仿性强,有了生动具体的形象作为榜样,便容易具体地领会活动要求和行为规范,容易受到感染,容易随着学、跟着走。在幼儿的生活里,榜样无处不在,可以是发生在幼儿身边的,也可以是文学作品中的;可以是同伴的,也可以是成人的,但榜样的选择要健康、具体、生动、形象。榜样运用的形式也是多种多样的,可以通过故事讲述或情境表演的形式,也可以是组织幼儿游戏,在游戏的过程中进行模仿学习,还可以创设情境,以游戏的口吻组织日常生活的各个环节,以角色扮演的方式进行行为模仿定型。教师可运用一些幼儿喜闻乐见的方式向幼儿介绍良好生活行为的典型,启发幼儿向榜样学习以养成良好的行为习惯。值得注意的是,教师的榜样示范、以身作则在幼儿的生活指导中起着举足轻重的作用,教师的一言一行都会成为幼儿模仿学习的对象,有助于儿童做出相应的行为。而且,教师榜样的影响还具有长期作用,教师的身教胜过任何形式的说教。

2. 行为练习法

行为练习的目的在于强化幼儿正确的生活行为,使之转化为良好的习惯。行为练习可分为两种:自然生活情境中的行为练习和特设情境中的行为练习。幼儿园的一日生活为幼儿提供了在自然生活环境里进行行为练习的机会,教师可以让幼儿进行反复的练习。特意创设的情境对幼儿来说是新异刺激,会给幼儿留下深刻的印象。教师可以根据幼儿生活实际中出现的问题,有针对性地创设情境,在引导幼儿观察的基础上,为幼儿提供行为练习的机会。此外,教师还可以在区域活动中,为幼儿创设情境,提供丰富的材料,指导幼儿进行生活行为练习。

3. 表扬激励法

表扬激励法是指对幼儿的良好行为表现及时给予肯定和表扬,以激励、巩固其良好生活行为的教育方法。表扬激励法对儿童的符合活动目标的期望行为应给予及时的肯定、表扬,进行奖励,可使幼儿的这种行为更多地出现,提高儿童的积极性,主要表现为对儿童的表扬和奖励等。这种奖励或表扬可以是物质的(小红花、小贺卡),也可以是精神的(微笑、亲抚)。幼儿辨别是非的能力较差,但他们对来自教师的表扬和鼓励是非常重视的。因此,教师应充分利用幼儿的心理需求,及时肯定幼儿的良好行为表现,特别是对能够自觉遵循生活常规的幼儿要及时表扬和鼓励,这样就可以使幼儿因正确的行为而获得正面强化刺激而使其固化下来,逐渐养成行为习惯。此外,还可以通过幼儿的自我服务活动比赛或生活技能大比拼等方式,组织幼儿观赏和评价自我服务的劳动成果,从中感受良好行为的美感和生活的美感,使幼儿对自己的劳动成果产生自豪感,让幼儿体验赞美和成功的愉悦。这种愉悦、美好的心理体验可以成为幼儿良好生活行为的内强化,激励幼儿行为习惯化。

4. 图示图表法

图示图表法包括图示法和图表法。图示法是以简洁、形象、连续的图示替代传统的示范、讲解等指导方式,将抽象的生活要求用直观形象的画面展现出来,并注上简单的文字提示,引导幼儿在反复观察、思考、尝试的过程中,完成对新技能、新方法的掌握。如在如厕环节中,可制作如厕图示:脱裤子→蹲马桶→提裤子→洗手。图表法是用来记录幼儿表现的图表,包括姓名、记录项目和奖励标志。教师可以组织幼儿、家长一起收集漂亮可爱的各式图案作为奖励标志,如小红花、小五星、小樱桃、小白兔等,对幼儿的日常生活行为进行检查和评比,在检查中对生活行为好的幼儿以贴奖励标志的方式进行表扬,使其产生自豪感和荣誉感,以强化其良好行为。同时,也为同伴树立了榜样,激励其他幼儿学习,有力地促进幼儿良好行为习惯的养成。定期检查每日的晨检和每周一次的周检,也可以随时检查评比,即时奖励强化,教师可以根据班级幼儿的特点选择适宜的图示图表以指导幼儿的日常生活。

(四)日常生活活动的优化管理

幼儿的日常生活活动还未得到应有的关注,对幼儿进行生活教育,关注幼儿的在园生活质量,需要进行深入的日常生活研究,探寻有效的日常生活管理以优化幼儿的日常生活,提升幼儿的生活品质,促进幼儿的健康和谐发展。

1. 目标化

目前,幼儿的日常生活还未得到应有的关注,普遍存在目标缺失现象。制定明确的日常生活目标,是优化日常生活的先决条件,对日常生活的实施效果起决定性作用。教师应根据所在班、园的实际,分析幼儿园日常生活情况,确定日常生活的具体目标。目标应着眼于幼儿的发展,既要适应儿童已有的发展水平,符合幼儿的身心发展规律,又要将幼儿的生活教育作为落脚点。目标力求表述明确、具体,有可操作性和可检验性,以指导实际工作,加强对日常生活的质量控制。目标应体现年龄特点,不同年龄班的日常生活目标不同,每个基本生活环节都要有明确的具体培养目标,明确幼儿应达到的要求。在每个环节的具体目标中都应规定保、教两方面的内容,涵盖认知、技能和情感发展目标,体现保中有教,保教结合。

各环节的目标要求(即对幼儿的要求)按小、中、大年龄班体现由低到高的递进性和连续性,在整体上体现三年的连续性、一贯性和一致性(见表 4-3)。目标要切实可行,又具有吸引力,力求使日常生活目标系统符合幼儿发展的特点和规律,适应幼儿的行为能力,适应幼儿的心理接受力,使幼儿循序渐进地得到发展。同时,幼儿由于遗传和家庭影响不同,在体质、能力、习惯、智力、性格、动作速度等方面各不相同,反映在生活活动中差异显著。目标的制定应注重幼儿的个体差异,既规定对一般幼儿的要求,也提出照顾个别幼儿的要求。

表 4-3 幼儿日常生活活动目标

生活环节	活动目标与要求		
	小班	中班	大班
来园	1. 高高兴兴上幼儿园,向老师问早、问好。 2. 带手帕,衣着整洁,能高兴地接受晨检,插放晨检标志。 3. 进班后,在教师的指导下,将脱下的衣服和帽子放在固定的地方。 4. 学习搬小椅子,双手轻拿轻放小椅子。	1. 衣着整齐、主动地接受晨检,插放晨检标记。 2. 进班后,学习将帽子、外衣叠放在固定的地方。 3. 学习擦桌椅,并放整齐。	1. 衣着整洁,愉快入园,有礼貌地和老师、小朋友见面。 2. 会告诉老师自己的身体内外有无不舒服的感觉。 3. 有礼貌地和家长告别。 4. 积极投入晨间活动。
盥洗	1. 逐步养成饭前、便后和手脏时洗手的习惯。 2. 洗手前将衣袖卷起,洗手时能按顺序认真地洗。 3. 洗手时不玩水,学会擦肥皂,洗好后用自己的毛巾擦手。 4. 能主动向老师表示大小便,学会上厕所小便。 5. 逐步学会饭后漱口。	1. 养成饭前、便后及手脏时洗手的习惯,会自己卷衣袖,在教师指导下会擦肥皂并冲洗干净,擦干手挂好毛巾。 2. 大小便基本能自理,小便姿势正确,学会拉好裤子,注意腹部保暖。	1. 掌握洗手、洗脸的一定秩序和方法。 2. 动作迅速,认真,不打架,不玩水,不浸湿衣服和地面。 3. 每天早晚刷牙,刷牙时要上下、前后、左右、里外刷,最后用水漱干净。
餐点、饮水	1. 安静就坐,愉快进餐。 2. 学习使用餐具。 3. 学习文明的进餐行为,细嚼慢咽,不挑食,精神集中地吃饭,保持桌面、地面、衣服整洁。 4. 学会餐后擦嘴,用温水漱口。 5. 能主动表示想喝水。	1. 安静愉快地进餐。坐姿自然。 2. 正确使用餐具,学习用筷子夹菜,用手扶碗。学习收拾碗筷。 3. 逐步养成文明的进餐习惯,细嚼慢咽,吃饭时不发出响声。不用手抓菜,不用汤泡饭,不挑食。不剩饭菜。 4. 咽完最后一口饭菜离开座位。餐后擦嘴,用温水漱口。餐具轻拿轻放。 5. 能自己取杯子喝水。	1. 正确使用筷子吃饭,左手扶住碗,喝汤时两手端碗,培养独立进餐的习惯。 2. 养成细嚼慢咽,不挑食,不浪费,不弄脏桌面和衣服等行为习惯。 3. 用筷子将桌上的饭粒、残渣弄进碗里,放好椅子,送回餐具。 4. 力所能及地帮助保教人员做好餐前准备工作并收拾餐厅。 5. 用自己的水杯按时喝水。 6. 活动后或口渴时随时饮水。 7. 不浪费开水,不喝生水。

(续表)

生活环节	活动目标与要求		
	小班	中班	大班
睡眠	1. 安静就寝,睡姿正确。 2. 在成人的帮助下,能按顺序脱衣裤鞋袜,放在固定的地方。	1. 安静就寝,睡姿正确,不蒙头睡。 2. 睡前若身体不适要及时告诉老师。 3. 学习独立、有序地穿脱衣裤、鞋袜。能将脱下的衣裤、鞋袜放在固定的地方。能认识左右鞋,并穿好鞋,会系鞋带。 4. 学习整理床铺:学会叠小被子,在成人指导下会叠大被子,整齐地拉平床单,将枕头放在叠好的被子上面。	1. 不带小玩物上床,迅速铺好被,不东张西望。闭上眼睛,安静入睡。 2. 养成正确的睡姿。 3. 按时起床,按顺序穿衣服。 4. 学习自己整理床铺。
离园	1. 收拾好玩具,放好桌椅,离开活动室。 2. 将脱下的衣服、帽子穿好回家。	1. 收拾好玩具,整理好场地。 2. 将脱下的衣帽带回家。 3. 主动和老师、小朋友说再见。	

2. 规则化

建立科学合理的生活规则,帮助幼儿内化规则,用规则引导幼儿行为,使其与集体活动的方向和要求保持一致。这是使幼儿学会适应集体生活并具备初步的独立生活能力,形成良好行为习惯和较好的组织纪律性的重要手段,也是班级管理中最直接、最常用的方法。教师应在科学的教育观、儿童观的指导下,立足本班、幼儿实际,制定一系列幼儿能理解、接受和乐意执行的生活规则,并帮助幼儿内化规则,使幼儿能自觉遵守规则,以规则来约束自己的行为。所制定的日常生活规则,应能帮助幼儿适应幼儿园环境,利于帮助幼儿适应集体生活,也有利于形成良好的班级生活秩序。

生活规则是一种约束幼儿行为的准则,是幼儿在幼儿园日常生活中应该遵守的基本行为规范,遵守规则的过程也就是幼儿行为规范的过程。教师要依据幼儿实际,详细制定活动规则,注意规则的内容要明确且简单易行,从而达到用规则约束幼儿行为的实用教学效果。由于幼儿本身理解能力和各方面能力发展的不完全性,教师在提出规则时,要符合幼儿的理解水平,一旦超过这个水平,将不能达到很好的效果。常规要求应从孩子的年龄特点出发,分阶段提出。每一项规则,一点一滴,由少到多,由易到难,由简单到复杂,循序渐进进行。要注意规则的必要性,规则过多会造成对幼儿的不合理约束,会限制幼儿的发展。

同时,要给幼儿提供实践的机会,使幼儿在活动中掌握规则。规则的介绍必须结合实践活动,应在具体的情境中引出规则,让幼儿在活动中了解规则的具体要求,在实践中理解规则的重要性。教师在活动中要进行必要的示范,由边教边帮到逐步学会独立完成。教师在执行过程中一方面要严格要求，注意保持规则的一贯性，不可变化无常，要具有持续性，以利于幼儿的理解和遵守。另一方面也要及时关注规则执行情况，如有问题应及时调整，保证规则的科学性，使其真正成为幼儿行为的指南。

3. 程序化

秩序是完成保教任务的保证，建立良好的日常生活秩序可以优化幼儿的日常生活。日常生活程序化可以保证良好生活秩序的建立，有利于创设和谐有序的环境气氛，可以提升幼儿的生活品质。日常生活程序化是指通过科学的日常生活安排，将幼儿的日常生活进行具体分析，建立相关制度，使日常生活的组织管理秩序化，运行常规化。日常生活程序化要求对日常生活的各个环节进行具体分析，根据当地实际和幼儿园自身实际，考虑所处地理环境和季节变化，依据幼儿的年龄科学安排好各个环节，制定科学的幼儿生活作息制度，科学、合理地安排和组织日常生活，使幼儿生活规律化，形成秩序感。时间安排应有相对的稳定性与灵活性，既有利于形成秩序感，又能满足活动的需要，并尽量减少不必要的集体行动和过渡环节，减少和消除消极等待等浪费时间的现象，提高活动效率。

日常生活程序化要求保教人员工作程序化，将保教人员工作职责与幼儿园生活制度有机结合，针对幼儿的日常生活进行具体的岗位分析，提出工作要求和操作标准，明确教师、保育员的职责要求，将岗位责任制规定的具体工作内容和要求落实到人，落实到时间与地点，并规定出完成程度与工作质量，实现日常生活的组织管理程序化、规范化。保教人员工作程序化有助于班级保教人员在工作中明确各自的职责，教师、保育员既有分工又有合作，提高工作的默契配合度，在工作过程中真正将保教互相联系，结合渗透，更好地发挥日常生活的整体效益。

日常生活程序化不仅是指一日生活运行的程序化，也包括学期日常生活管理的程序化，对整个学期的班级管理也提出明确的工作流程（见图4-1）：

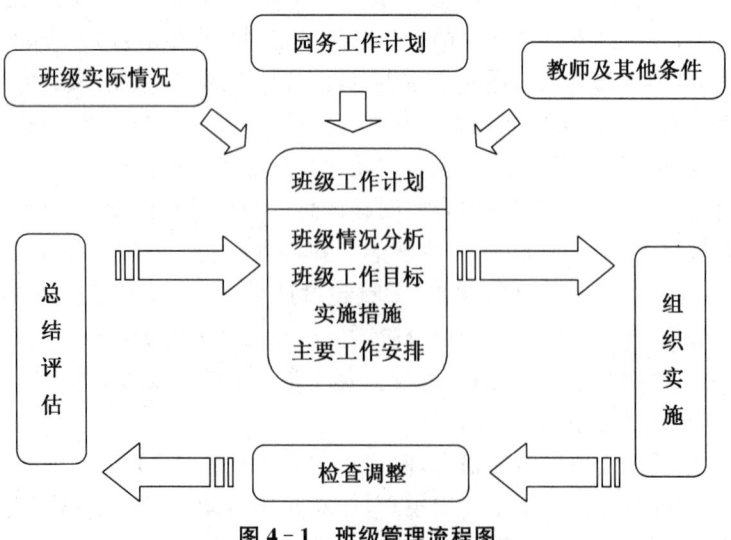

图4-1　班级管理流程图

(1) 学期初工作：填写幼儿家庭情况联系表，明确家园联系方法；调查幼儿家庭教养情况，了解幼儿的生活习惯，做好记录；安排好幼儿个人生活用品并做好标记；初步布置活动室环境，安排室内家什、准备活动设施等；观察幼儿日常生活行为表现，并记录分析；依据幼儿日常生活表现的观察分析与家访调查，制订班级幼儿日常生活管理计划与措施等。

(2) 学期中工作：每日班级保教人员根据幼儿日常生活程序履行生活管理职责；每日做好幼儿的来园、离园的交接记录工作；每日保管好幼儿的生活用品；每日做好班内外幼儿活动场所的清洁卫生工作和各项设备的安全检查；每周对生活用品进行定期消毒或更换；每周检查班级幼儿日常生活管理计划的实施情况；每周初，班级保教人员集中讨论总结上周经验，调整本周幼儿日常生活管理的工作内容与措施，分工负责；观察幼儿日常生活行为表现，并记录分析，及时评价反馈。

(3) 学期末工作：汇总幼儿日常生活行为观察记录，做好幼儿日常生活情况小结；总结班级幼儿生活管理工作；向家长发放幼儿在园生活情况小结，指导家长对幼儿进行假期的生活管理；整理幼儿生活用品，并进行清点登记。

联合国教科文组织出版的《教育——财富蕴藏其中》指出教育在个人发展和社会发展中都起着基础性的重要作用，教育的目的就是使儿童学会学习、学会做事、学会共同生活、学会生存。幼儿教育是终身教育的基础，影响着儿童的一生发展。幼儿园生活是儿童生命历程中的重要组成部分，也是童年生活的主要组成部分，成为儿童由家庭生活走向学校生活的过渡。在幼儿园生活中，儿童除了学习知识、技能，更重要的是在班级集体中掌握集体生活规则，学会做事、生活与生存，并为集体所接纳。中国著名的幼儿教育家陈鹤琴、陶行知、张雪门都认为生活即教育，有什么样的生活，就有什么样的教育。"生活就是教育，五六岁的孩子们在幼稚园生活的实践，就是行为课程。……这份课程包括了工作、游戏、音乐、故事等材料，也和一般的课程一样，然而这份课程，完全根据于生活：它从生活而来，从生活而开展，也从生活而结束。不像一般的完全限于教材的活动。"①杜威说："哪里有生活，哪里就已经有热切的和激动的活动。"②"儿童在参加生活中使经验的数量扩充和用经验指导生活的能力增强，也就受到圆满教育了。""使人们乐于从生活本身学习，并乐于把生活条件造成一种境界，使人人在生活过程中学习，这就是学校教育的最好的产物。"③"如果从儿童现实生活中进行教育，就会叫儿童感觉学习的需要和兴趣，产生学习的自觉性和积极性；由于他们自愿学习和在生活中真正理解事物的意义，这种教育乃是真实的，生动活泼的。"④

---

① 戴自俺.张雪门幼儿教育文集(下卷)[M].北京：北京少年儿童出版社，1994：1088.
② [美]杜威著.民主主义与教育[M].王承绪译.北京：人民教育出版社，1990：51.
③ [美]杜威著.民主主义与教育[M].王承绪译.北京：人民教育出版社，1990：60.
④ [美]杜威.民主主义与教育[M].王承绪译.北京：人民教育出版社，1990：15.

第二节　一日活动流程

　　幼儿园作为教育机构,应为幼儿提供健康、丰富的班级生活,满足他们多方面发展的需要,使他们在快乐的童年生活中获得有益于身心发展的经验。幼儿的身心发展特点决定了幼儿教育必须是保教并重的,必须寓教育于一日活动之中。班级一日活动是实施幼儿园保育教育的主要途径,是保教活动的总和,可以相对划分为生活、运动、游戏、集体教学等活动,是幼儿和保教人员共同经历的、家长参与的活动过程。安全化、科学化、规范化、专业化、人性化,是班级活动组织的发展趋势。"平安成长比成功更重要。"[①]着眼于实际运用,将"安全第一、儿童至上"精神贯穿其中的班级一日活动安全流程,以简明的流程方式详细阐述班级一日活动的安全组织程序,有法可依、有章可循、步骤清晰,为班级一日活动的安全组织提供明确指引,可使活动组织一目了然,能够有效规避安全风险,为儿童保育与教育提供良好的安全保障。

一、生活活动流程

　　生活活动是指满足幼儿生命基本需要的活动,是幼儿班级生活的重要组成部分,具有发展幼儿生活自理、与人交往、自我保护等能力,培养规则意识和健康生活习惯的作用。生活活动包括:入园、盥洗、餐点、饮水、如厕、睡眠、离园等活动。教师应根据幼儿生理和心理发展的需要,建立科学的生活常规,既有利于形成集体生活秩序,又能满足幼儿个别的合理需要,不强求一律、整齐划一;引导、支持和鼓励幼儿,参与生活规则的建立。教师组织和指导幼儿的生活活动时,要进行充分的预设和准备,减少不必要的等待现象,避免隐性和显性的时间浪费;要满足幼儿受保护的需要和独立的需要,避免包办代替。活动前,教师应进行安全教育,确保幼儿生活活动安全,在活动中随时进行安全提醒,并有处理突发事件的应对措施。

(一) 入园

　　入园是幼儿从分散的家庭生活转入幼儿集体生活活动的过渡阶段,是幼儿园生活的开始。入园环节存在的最大安全隐患是晨检不细致,其次是让幼儿独自入园和家长未跟教师进行交接。此外,小班还是入园环节最易发生安全事故的班级。因此,保教工作人员应加强入园的晨检和幼儿交接工作,衣着整洁大方,以饱满的热情站在教室门口或幼儿园门口,礼貌亲切地接待幼儿入园,并与家长做好有关物品的交接与存放工作。幼儿要携带手帕、衣着整洁地来园,接受晨检,将外衣、帽子放在固定地方,向教师、保育员、同伴问好,并进行自由结伴的分散活动或简单的劳动,如整理图书、擦桌椅等。入园活动结束时简短的晨间谈话,可以是主题性谈话,也可以是发散

---

① 王大伟.平安成长比成功更重要[M].北京:中央编译出版社,2009:1.

性谈话,便于及时了解幼儿情况,解决活动中出现的问题,交代一日活动安排,激发幼儿参加下一个活动的积极性,保证幼儿积极、愉快地参与到集体生活中。

1. 保育员

(1) 幼儿入园前将活动室、寝室开窗通风,保持室内空气清新。根据季节提前做好防寒保暖、防暑降温工作。

(2) 做好安全防范工作。用煤炉取暖的幼儿园,煤炉周围要设立安全牢固的防护罩。

(3) 室内外清洁做到"六净":地面、桌椅、门窗、玩具柜、口杯架、毛巾架,保持整洁。

(4) 做好当日餐巾、口杯、洗脸巾的消毒工作,口杯、洗脸巾定位使用。

(5) 准备好当日足量的、温度适宜的、安全的饮用水(每天400~600毫升/人)。

(6) 做好早餐准备。

2. 家长

(1) 按要求帮助幼儿带齐当日所需的生活和学习用品,确保幼儿不带危险物品到园。

(2) 按时护送幼儿入园,主动让幼儿接受保健人员的晨间检查。

(3) 与老师交接接送卡和晨检牌后方可离园。

(4) 若需委托幼儿园喂药,应主动填写好委托服药登记表(服药者姓名、性别、年龄、班级、药品名称、服药剂量、服药方法)交保健人员。

(5) 主动向保健人员和当班教师报告幼儿的特殊情况,尤其是身体的不适。

3. 保健员

(1) 准备晨检记录表,做好晨检。日托早上入园时晨检;全托早上起床盥洗后晨检。

(2) 一摸:摸幼儿额头、颈部和手心有无发热。

(3) 二看:幼儿精神和面色是否正常,有无流涕、流泪、结膜充血、身上有无皮疹、咽部是否充血,体表有无伤痕。

(4) 三问:问幼儿在家的饮食、睡眠、大小便等一般情况及有无传染病接触史。

(5) 四查:查幼儿是否携带有不安全物品。

(6) 五防:传染病流行季节,应重点检查有无传染病接触史及早期症状和体征。晨检中发现幼儿有传染病或其他疾病表现时,通知家长带到医院检查、治疗。

(7) 在晨检基础上,向幼儿发放晨检牌,向健康幼儿、服药幼儿、待观察的幼儿发放不同的晨检牌,由幼儿或家长带回班级。

(8) 检查家长填写的委托服药登记表,并核对药品。药物必须由保健医生妥善保管在保健室内幼儿拿不到的地方。

(9) 做好晨检记录。

4. 教师

(1) 主动、热情、礼貌地迎候幼儿和家长。

(2) 观察幼儿身体、情绪和精神面貌。

(3) 查看幼儿的晨检牌,检查幼儿是否携带不安全物品,是否按要求带齐当日所需用品。

(4) 有针对性地向家长了解幼儿情况。

(5) 组织提前入园的幼儿自愿有序进入活动区活动,观察、了解幼儿活动情况,适时提供材料,创设、调控活动环境;组织幼儿开展观察、劳动、值日、自主活动等,避免消极等待现象。

(6) 清点幼儿出勤情况,并做好记录。及时与未到园幼儿的家长取得联系,了解原因。

5. 幼儿

按要求带齐当日所需的生活和学习用品;着装整洁舒适,便于活动;按时、愉快入园,有礼貌地向老师、同伴问好;愿意接受晨检,身体不适能告诉保健老师;主动参加晨间活动。

(1) 小班幼儿:高高兴兴上幼儿园,向老师问早、问好;带手帕,衣着整洁,能高兴地接受晨检,插放晨检标志;进班后,在教师的指导下,将脱下的衣服和帽子放在固定的地方;学习搬小椅子,双手轻拿轻放小椅子。

(2) 中班幼儿:衣着整齐、主动地接受晨检,插放晨检标记;进班后,学习将帽子、外衣叠放在固定的地方;学习擦桌椅,并放整齐。

(3) 大班幼儿:衣着整洁,愉快入园,有礼貌地和老师、小朋友见面;会告诉老师自己的身体内外有无不舒服的感觉;有礼貌地和家长告别;积极投入晨间活动。

(二) 饮水

1. 保育员

(1) 保证班上随时有饮用水,准确掌握幼儿饮水量,根据幼儿身体状况、活动量大小及天气情况及时调整饮水量,保证饮水充足。

(2) 提醒、帮助幼儿正确取水和取放口杯。

(3) 引导和帮助幼儿按需饮水。提醒有特殊需要的幼儿多饮水。

(4) 保温桶上锁,放在安全适宜位置。

(5) 保温桶每天清洗,幼儿个人专用饮水杯每天清洗并消毒一次。

2. 教师

(1) 组织、指导幼儿有秩序地喝水,帮助新入园幼儿接水,保证水温冷热适宜;组织指导中、大班幼儿安全有序取水,培养良好的饮水习惯。

(2) 运动后、上下午各组织一次集体饮水,提醒并允许幼儿随时喝水,夏季应增加饮水次数。

(3) 观察幼儿饮水量,保证幼儿日饮水量达 400～600 毫升以上。

(4) 指导幼儿根据身体状况适当调整饮水量,喝完后将水杯放回原位。

3. 幼儿

(1) 愿意定时饮水。需要时会主动取水喝。

(2) 不喝生水,喝水时不说笑,不边走边喝水。

(3) 剧烈运动后稍事休息再喝水;饭前、饭后半小时少饮水。

(4) 用个人专用口杯喝水,口杯用后放回固定的地方,杯口朝上。

(5) 正确取水,不浪费水。

(三) 盥洗

幼儿的盥洗包括洗手、洗脸、刷牙、漱口等,关系到幼儿清洁卫生习惯的养成和自我服务能力的提高。盥洗环节最易存在的安全隐患是盥洗组织不当,其次是不良盥洗习惯,且在盥洗活动中最易发生安全事故的是小班幼儿。因此,教师必须规范活动组织行为,要求幼儿能逐渐掌握洗手、洗脸、漱口的方法,盥洗时保持地面干爽、清洁,饭前、便后、手脏时能主动洗手,大小便能基本自理。

1. 保育员

(1) 做好盥洗准备,保证幼儿用肥皂、流动水洗手,用消毒毛巾洗脸。为全托幼儿准备好早晨、晚上的盥洗用具及盥洗用水。

(2) 指导幼儿学会正确的洗手方法:卷衣袖、打开水龙头(让幼儿知道水开多大是适宜的)、使用六步洗手法(湿、搓、冲、捧、甩、擦)将手洗干净,用自己的毛巾擦干。

(3) 保持幼儿衣着的清洁干爽。

(4) 根据季节定期为全托幼儿洗头、洗澡。定期为全托幼儿更换衣、裤、袜。

2. 教师

(1) 教师在饭(点)前、便后及户外活动后,组织幼儿有序盥洗。

(2) 指导幼儿正确盥洗。将正确的盥洗方法及爱清洁、节约用水等教育用图示、图像、简单文字、童谣等简明形象的方式,呈现在幼儿盥洗处,并提醒幼儿遵守。

(3) 检查或指导中、大班值日生检查盥洗结果。

3. 幼儿

(1) 随时保持手、脸清洁。饭前、饭后、便后、手脏时会自觉洗手。

(2) 正确洗手:卷衣袖;双手向下把手淋湿;抹肥皂;搓手心、手背、手指、手缝、手腕;冲洗净肥皂水;关好水龙头,在水槽里把手甩干,用自己的毛巾将手擦干。

(3) 正确洗脸:展开毛巾,先擦眼睛,再擦嘴和鼻,再将毛巾翻面擦额与脸颊,并将毛巾放在固定的地方。

(4) 中大班幼儿学会自己搓拧毛巾。

(5) 会使用水龙头,用小流水洗手,保持地面、服饰干爽。

(6) 正确刷牙:将牙膏挤在牙刷上,按一定顺序刷,上牙从上往下刷,下牙从下往上刷,保证上下、左右、前后、内外及咬合面均刷到,反复多次(3分钟以上)后吐出泡沫,再用清水漱口。洗净牙刷,向上放在漱口杯内。

(四) 如厕

1. 保育员

(1) 准备好肥皂(洗手液),督促幼儿便后流水洗手。

(2) 准备好卫生纸,方便幼儿随时取用。

(3) 帮助有困难的幼儿擦屁股,整理服装。

(4) 及时为遗尿的幼儿更换和清洗衣裤。

(5) 督促幼儿便后用肥皂、流水洗手。

(6) 保持厕所清洁通风,随时清洗、消毒,做到清洁、无异味。提倡幼儿使用蹲式厕所。使用便盆后,立即清洗和用消毒液浸泡消毒。

2. 教师

(1) 组织、指导幼儿有秩序地如厕,避免拥挤和打闹,培养良好的如厕习惯。

(2) 掌握幼儿大小便习惯,及时提醒幼儿如厕,不限制幼儿如厕次数。教育幼儿有便意时大胆告诉教师,不拉尿裤子,不随地大小便。如出现遗尿的幼儿,不得进行批评和嘲笑,要安抚幼儿情绪,及时处理换洗清洁衣服。

(3) 指导幼儿正确使用便纸,提醒或帮助幼儿整理好衣裤,便后洗手。

(4) 观察幼儿大便情况。发现异常,及时与家长联系并做好记录。

(5) 适时帮助个别幼儿,掌握正确如厕方法,大小便入池。指导中、大班幼儿独立如厕,便后冲厕,整理衣裤。提醒容易遗尿的幼儿解便。

3. 幼儿

(1) 逐渐学会自理大小便,解便入坑。

(2) 解便时不弄湿自己和同伴的衣裤,便后会整理服装。

(3) 便后会用手纸自前向后擦屁股,并用肥皂(洗手液)流水洗手。

(4) 不在厕所逗留。

(5) 大、小便有异常情况能主动告诉教师和保育员。

(五) 餐点

餐点是保教人员渗透饮食、营养教育的重要途径,要求幼儿餐前洗手,安静入座进餐;能够正确使用餐具;细嚼慢咽,不挑食,不剩饭菜;注意桌面、地面整洁,注意衣服整洁;餐后擦嘴、漱口,安静活动。调查显示,餐点环节(包括餐前、餐后)最易存在的安全隐患主要是餐食过烫和餐后追逐打闹,且事故多发生在小班。

1. 保育员

(1) 分餐前用肥皂洗手,用消毒水擦桌子。

(2) 指导值日生做好餐前准备工作;餐巾、渣盘上桌;备好漱口的凉开水等。

(3) 提供的食物温度适中,避免食物过烫、过冷,剔出鱼刺或骨渣,严禁进食不卫生食物。避免餐具造成的划、戳伤。

（4）领取和分发餐（点），必须使用食品夹或消毒筷。除冬季外均应做到分盘，做到随到随分、随吃随分。

（5）保证每个幼儿吃饱、吃好、吃足。掌握幼儿进食情况，鼓励食量小的幼儿，控制暴食幼儿。做到不给幼儿汤泡饭。

（6）督促指导幼儿餐后漱口。

（7）所有幼儿进餐结束后及时送回碗筷，收拾餐桌，清扫地面，清洗餐巾和漱口杯并进行消毒。

2. 教师

（1）进餐前摆好桌椅，做好桌面消毒工作，指导值日生分发餐具、餐巾，轻拿轻放，摆放整齐。

（2）指导幼儿有秩序地入座，播放优美舒缓的轻音乐，创造愉快、安静的进餐氛围；由教师或幼儿科学介绍饭菜营养，激发幼儿进餐欲望。

（3）组织幼儿按时进餐，两餐间隔时间不少于3个半小时。

（4）餐前餐后半小时不做剧烈运动，进餐前后15分钟内组织安静活动。

（5）增强幼儿食欲，为幼儿介绍当餐食品。时常变换幼儿就餐座位、餐具等，使进餐形式多样化。

（6）给幼儿适当的选择机会，允许幼儿在一定范围内自由选择进餐座位、食物等。

（7）不批评幼儿，鼓励幼儿独立进餐，提醒幼儿进餐速度及食量适当，幼儿进餐时，教师巡视指导幼儿正确使用餐具，并及时添饭，纠正不良进餐习惯，对特殊幼儿给予个别照顾，及时处理异常情况。鼓励中大班幼儿自己盛饭。

（8）培养幼儿良好的饮食习惯，细嚼慢咽，不高声喧哗，不偏食，注意坐姿，保持桌面、地面和衣服清洁。

（9）提醒幼儿在用餐时间内进餐完毕（中大班不少于30分钟，小班不少于40分钟），不催促幼儿用餐。

（10）引导幼儿餐后擦嘴、漱口，把残渣放到指定位置，餐具分类轻轻放好，接着洗手。摆放好小椅子后，进区角活动或者阅读。

（11）教师组织幼儿饭后散步，不做剧烈运动，引导幼儿观察周围环境的变化，以20分钟为宜，然后组织幼儿午睡。

3. 幼儿

（1）餐点前自觉洗净手、脸。

（2）愉快、认真地进食，不边吃边玩，不大声讲话。

（3）愿意独立进食，不依赖教师。约30～40分钟左右吃完饭菜；15分钟左右吃完点心。

（4）学会正确使用餐具：一手拿勺子（中大班使用筷子），一手扶住碗，喝汤时两手端着碗。

(5) 逐渐养成文明进餐的行为和习惯。

(6) 进食时会细嚼慢咽,会饭菜就着吃,干稀就着吃。

(7) 不挑食、不偏食、不剩饭菜,不过量进食。

(8) 保持桌面、地面和衣服清洁,骨头、残渣放在渣盘里。

(9) 在进食过程中和餐后会正确使用餐巾。餐巾用后翻面叠好,放在自己碗前。

(10) 咽下最后一口饭再站起来,轻放椅子,离开饭桌,将餐具和渣盘放到指定地点。

(11) 进餐后用凉开水漱口。正确的餐后漱口方法:在碗或口杯中倒上凉开水后,喝一口水,闭着嘴咕噜几下,用水冲击牙缝,再吐出水(反复2~3次)。

(六) 睡眠

睡眠包括睡眠前后的自我整理床铺衣服、独立按时入睡和按需要增减衣服等内容,对幼儿自理生活能力和良好生活习惯养成具有很大的作用。根据季节变化,午睡时间一般为每天2~2.5小时。午睡环节最易存在的安全隐患是无人监管,其次是睡前组织不当、午睡检查少和起床秩序混乱,且事故也多发在小班。因此,教师切不可对睡眠活动的组织管理掉以轻心,需全程巡视看护。教师应要求幼儿保持寝室安静,自己在床铺前有序穿脱衣裤、鞋袜,整理好自己的东西并放在固定的位置;安静入睡,睡姿正确,不玩物品。

1. 保育员

(1) 保持睡眠环境通风,根据气候调整好卧具。

(2) 保证幼儿一人一床一被。保持被褥清洁、干燥,被褥、床单冬季每月清洗一次,夏季每月清洗两次,凉席每天擦拭一次。

(3) 随时保持寝室清洁与整洁。每天一小扫、每周一湿性清扫,每周用消毒液擦拭幼儿床一次。

(4) 遮挡过强的光线,保持适宜的室内温度,营造安静、温馨的睡眠环境。

(5) 夏天午睡前组织幼儿洗脚(因幼儿穿凉鞋)。

(6) 照顾入睡困难、有特殊需要的幼儿。

(7) 幼儿起床时,协助教师帮助幼儿穿好自己的衣、裤、鞋、袜。指导、帮助幼儿折叠被子。

(8) 应待所有幼儿仪容仪表检查完毕离开寝室后,才能整理床铺并做好寝室清洁卫生。然后用紫外线消毒30分钟,消毒时注意室内无人,关好门窗,并做好记录。

2. 教师

(1) 睡前谨慎按照服药记录给幼儿服药(给服人签字),注意观察服后情况。

(2) 排除环境中的危险因素(幼儿携带的异物、灭蚊器的安全)。

(3) 组织幼儿睡前大小便,排查口袋、手中有无异物,安静进入寝室。

(4) 指导、帮助幼儿有序地穿、脱、叠衣物,提醒放到指定位置。女孩发辫解开,

头绳、发夹放到指定的盒子里,鞋子摆放整齐。

(5) 为幼儿营造良好的睡眠环境(可适当地放睡眠曲或讲故事),根据室内温度及时增减幼儿被褥。

(6) 巡视观察幼儿的午睡状况,帮助幼儿盖好被褥。纠正不正确睡姿;护理体弱幼儿;照顾入睡困难、情绪和身体有异常的幼儿入睡。

(7) 发现幼儿神色异常应及时报告与处理。

(8) 教师值午睡时动作轻,不大声说话,不能以任何借口离岗、做私活、会客、吃零食、睡觉、玩手机等。

(9) 按时唤醒起床,和睡醒后的幼儿进行亲切而简单的交流、抚摸和问候,询问幼儿的睡眠情况,鼓励幼儿自己整理床铺。

(10) 检查幼儿的仪表服装及鞋袜,及时为幼儿梳头。

(11) 组织幼儿如厕、洗手、喝水,进行午检并做好记录。

3. 幼儿

(1) 能独立或在帮助下按顺序地穿脱衣裤。脱:先脱鞋,再脱裤(冬季先解上衣纽扣),最后脱上衣;并放在固定的地方。穿:先穿上衣,再穿裤子,最后穿鞋子。

(2) 学会分清衣裤前后,会拉拉链,会扣纽扣。

(3) 学会穿鞋:分清左右脚,拉好鞋舌,脚伸进鞋,拨起后跟,系好鞋带或粘好鞋扣。

(4) 起床后,按老师的要求折叠好被盖。

(5) 睡眠时衣着适当,睡姿正确。不蒙头、吮手、咬被角等。

(七) 离园

离园活动是幼儿从集体生活转入分散的家庭生活的过渡环节,是幼儿园生活的结束部分。调查显示,离园环节最易存在的安全隐患是教师与家长对幼儿的交接不到位,其次是离园组织不当和教师间交接不当,且离园安全事故多发在小班。因此,教师必须规范离园组织活动行为,要求幼儿收拾好玩具,整理场地,愿意完成教师交给的简单劳动任务,如养殖角的浇水、喂食或清洁工作,将脱下的衣帽带回家,主动和老师、小朋友说再见。离园前,教师可以组织简短的离园谈话,总结一日活动情况,并提出表扬和鼓励,使幼儿愉快地离开幼儿园。

1. 保育员

(1) 清理幼儿衣物用品,做好幼儿离园的准备工作。

(2) 主动与个别特殊幼儿家长交流当日该幼儿在园的一日生活,汇报护理情况,争取得到家长的理解、支持与配合。

(3) 待所有幼儿离园后,全面打扫卫生,整理物品,做好相关消毒工作。要及时清除垃圾、污物。清洁用具(如扫帚、拖布、抹布等)要专用,拖布、抹布每次用后要及时清洁、消毒,干燥保存。

(4) 坚持每天用紫外线对活动室、寝室消毒一次,消毒时要确定室内无幼儿,关好门窗、水电,并做好记录。

(5)与教师共同做好交接班记录:当日到班幼儿人数;落实未来园幼儿的原因;幼儿健康状况;家长反映的有关情况;其他需要衔接的有关内容并签全名。

(6)协助教师做好次日各项活动准备。

2. 教师

(1)组织幼儿如厕、洗手、喝水。

(2)组织幼儿检查、收拾好自己的生活和学习用品。

(3)检查幼儿服装穿戴是否整洁适宜(小班要特别注意看孩子是否尿裤,鞋子有没有穿反,头发是否凌乱,衣服扣是否系好;中大班还要注意看孩子的内裤和秋衣秋裤是否整理好),逐个摸头部检查是否发烧,指导幼儿整理好自己的物品。

(4)稳定幼儿情绪,安排适宜的离园前活动。或与幼儿进行简短谈话,小结当日活动情况;或交代次日活动准备和要求;或组织幼儿开展小型安静的自选活动等。

(5)提醒幼儿有礼貌地向教师和小朋友告别。

(6)根据需要用小黑板、便条、家园栏等方式向家长介绍幼儿当日在园情况或通知有关事宜。

(7)热情接待家长,查验接送卡。未带卡的家长,要填写安全接送记录方能接走孩子;委托他人持卡接幼儿的,还需电话与父母核实;陌生人和未带接送卡者,一律不得放行。注意观察幼儿是否跟随家长离园。

(8)做好个别特殊幼儿的交接,及时回复家长嘱咐事宜,主动与家长交流幼儿在园情况。如生病的幼儿和当天表现异样的幼儿,应向家长详述幼儿在园的生活及活动情况,提出希望得到家长配合与支持的要求和具体方法。

(9)采取家园栏、信箱、联系本、便条、网站等不同方式与乘坐校车的幼儿家长联系,主动介绍幼儿在园生活及活动情况。

(10)当幼儿在园内发生特殊的突发事件时,教师必须在第一时间内主动与家长联系,客观地汇报幼儿的相关情况,积极主动地争取家长的理解与配合,保留好相关资料,做好相关记录,认真地妥善处理善后事宜。

(11)对于过了离园时间家长还未到的,要安慰好幼儿,不得让幼儿独自坐着等待,更不得对幼儿表现出一些抱怨的言语和情绪。

(12)待所有幼儿离园后,再做好次日各项活动的准备。

(13)检查好水、电、门、窗的安全,做好清园工作。

3. 幼儿

(1)愉快离园,主动使用礼貌用语向老师说再见。

(2)注意安全,不跟陌生人走。

(3)收拾好自己的生活和学习用品。

(4)与家长交流当日在幼儿园的生活及活动情况。

4. 保健老师

(1) 在幼儿离园时,向全日健康观察中有问题的个别幼儿家长,重点、扼要、客观地汇报该幼儿的相关情况,积极主动地争取得到家长的理解与配合,保留好相关资料,做好相关记录。

(2) 做好健康教育知识宣传。

5. 家长

(1) 凭接送卡与老师交接幼儿。

(2) "三看"了解幼儿情况:一看幼儿园和班级有无通知;二看家园栏;三看展示的幼儿活动作品和老师的活动记录。

(3) "三问"与幼儿交谈:一问幼儿在园情绪;二问当日做了什么游戏;三问有什么想告诉家长的事。

(4) 清理幼儿衣物用品。

(5) 若当日有特殊情况的幼儿,应主动与保健医生联系,了解幼儿在园的一日生活及身体情况,询问应协助的事宜。

(6) 每月与班级教师保育员交流沟通一次,了解幼儿在园发展情况,及时反馈幼儿在家情况,并进行教育、行为习惯、心理健康的咨询,针对幼儿存在的问题共同商议有利于幼儿发展的个性化教育措施。

(7) 根据教育活动的需要和幼儿园要求,带领幼儿准备好次日活动的物质材料。

二、运动活动流程

运动活动主要是指在幼儿园一日活动中采用早操、器械运动、自然因素锻炼等形式,培养幼儿对运动活动的兴趣,增强幼儿运动能力、适应环境的能力,提高幼儿身体素质的日常运动活动。幼儿园一日活动中的运动活动包括早操、体育活动、散步等活动。教师应有目的、有计划地以本班幼儿运动的兴趣和态度、动作能力、运动的卫生常识为目标,设计和组织适合本班幼儿的运动活动。组织运动活动时,教师应遵循幼儿的身体机能的变化规律,重视在活动过程中通过幼儿自主、探究、合作式的学习方式等,通过身体动作来学习、体验,获得运动的知识,发展动作能力,培养幼儿对运动活动的兴趣和坚持锻炼的习惯。教师要科学组织幼儿运动活动,掌握幼儿的运动量、时间、强度和密度,循序渐进,确保幼儿运动活动中的安全。城乡各类型幼儿园应根据本园的师资条件和场地、器械条件,尽力收集民间的体育活动和体育游戏,充分利用日光、空气、水等自然因素,以及本地自然地理环境,自制运动活动材料,利用现有自然物和无毒废旧物,积极开展适合幼儿的、丰富多彩的体育活动。运动活动是幼儿安全事故易发活动,教师应在活动前仔细检查活动场地与器械,排除安全隐患,并向幼儿进行安全教育,随时进行安全提醒,以确保幼儿活动安全,应有处理突发事件的应对措施。

(一) 早操活动

调查显示,晨间活动与早操环节最易存在的安全隐患是活动器材不安全,其次是活动场地不安全、活动空间狭小和活动组织不当。在晨间活动与早操环节,安全事故高发班级为小班和大班。因此,教师应在活动前仔细检查活动场地、活动器械的安全性,并组织儿童进行有序活动,防止跌伤、拥挤、踩踏等事故发生。

教师要编制适合幼儿年龄特点、季节特征的操节,应包括准备活动、队列练习、两套操节(徒手操和器械操各一套)、小型器械及分散活动等。做到活动量适中,活动部位全面,背景音乐有童趣。时间适宜,中大班活动时间20分钟,小班15分钟。教师带操镜面示范,且照顾到全体幼儿,不得让小班幼儿一个拉着一个衣服走。

1. 保育员

(1) 熟悉本班早操活动内容,准备早操活动器械。

(2) 检查场地、器械安全,指导值日生在早操前按要求摆放器械。

(3) 观察幼儿的活动量,巡回抚摸幼儿的头、颈、背部,提醒或帮助幼儿增减衣物,特别关注体弱幼儿。

(4) 配合教师指导幼儿规范的早操动作。

(5) 随时观察幼儿活动情况,及时处理幼儿的安全或身体不适等突发事件。

(6) 早操结束后,整理收拾活动器械,检查场地安全。

2. 教师

(1) 早操前进行相关的安全教育,提醒并检查幼儿是否做好早操前准备(冬季需要脱掉外衣,取下围巾、手套等),衣服、鞋子是否穿好。

(2) 精神饱满地组织早操活动,口令规范,示范正确。定期变化带操的站位,面向全体幼儿,也可指导幼儿轮流带操。

(3) 随时观察幼儿早操情况,做到三看(看情绪、看动作质量、看动作力度)、三提示(提示动作、提示增减衣物、提示运动卫生及安全)。

(4) 指导幼儿选择和按规定收拾器械。

(5) 不披发,不穿高跟鞋,不穿裙子,衣服长短适中,服饰应符合早操活动要求。

3. 幼儿

(1) 做好操前服饰准备(冬季需要脱掉外衣、取下围巾、手套等),会检查自己的衣服、鞋子是否穿好。

(2) 值日生会协助保育员准备早操器械。

(3) 能愉快地参加早操活动,认真并有精神。

(4) 做操有节奏,动作到位,协调有力,能充分运动身体的各部分。

(5) 能遵守早操规则,排队有序,会听信号、口令并做动作。

(6) 会选择器械活动,并和同伴合作活动。

(7) 知道身体发热时脱衣服或不适时主动告诉老师。

(8) 会收拾整理活动器械。

(二)体育活动

一周体育活动要保证体育课、体育游戏、器械活动、大型玩具、散步以及户外活动等多种类型体育活动的开展。保证开展走、跑、跳、钻、爬、投掷、平衡等各种发展幼儿基本动作的活动。其中,户外活动环节最易存在的安全隐患是活动秩序混乱,其次是缺乏教师监管和活动器械不安全。大班为户外活动安全事故高发班级,小班次之。因此,户外活动前要检查活动场地、玩具器械、幼儿着装、教师着装,保证活动方便自如,并进行相关的安全教育。做到幼儿按个人意愿和兴趣,自由选择有益的户外活动,自由结伴,自由交谈,教师适时指导。教育活动、午餐后等时间,灵活组织散步活动,引导幼儿观察社会,观察自然,开阔视野,培养其热爱生活的美好情感。每次户外活动结束后,及时清点人数,评析本次活动情况(如幼儿的表现情况、动作技能的学习情况、幼儿经验的分享等),并对活动进行反思(如动作技能的掌握情况、运动量的大小、幼儿遵守规则的情况等)。

1. 保育员

(1) 了解户外活动内容及要求。

(2) 协助教师准备和检查场地、器械的安全。

(3) 活动前检查幼儿服饰和鞋带。

(4) 观察幼儿的活动量,随时提醒或帮助幼儿增减衣物,及时为出汗幼儿隔背,特别关注体弱幼儿。

(5) 活动过程中协助教师指导和帮助幼儿。

(6) 收拾场地,检查器械。

(7) 做好幼儿活动后的护理工作:督促幼儿洗手,用温度适宜的干净毛巾给幼儿擦面,增加衣物,饮水等。

2. 教师

(1) 活动前做好准备活动,对重点部位进行重点预热,同时进行安全教育。活动中随时观察幼儿的动作及行为(面色、呼吸、出汗、动作的协调性等),准确判断练习密度大小、运动量强弱及安全隐患,及时给予帮助指导。活动后做好放松整理工作,提高幼儿的自我保护意识,培养幼儿收拾器械的习惯。禁止训斥、粗暴拉扯幼儿。

(2) 自制或提供各种户外体育活动器具,根据幼儿活动需要保证足够的体育活动材料:小型器械人手一套、较大型器械小组一套。

(3) 合理利用户外体育活动场地,保证幼儿足够的、安全的活动空间。

(4) 保证每天的户外活动时间不少于2小时,其中体育活动不少于1小时,且活动分段进行。

(5) 引导幼儿多通过身体动作参与、体验、探究、合作式的活动,减少过多的示范讲解。

(6) 有目的地观察幼儿参加体育活动的兴趣、动作发展、习惯、安全意识、意志品质等实际情况,做出积极的应对和调整。建立适宜的运动活动常规,督促幼儿遵守

(7) 控制好活动中幼儿运动量,注意动静交替,逐渐增加活动量和活动强度,防止突然运动或剧烈运动造成的拉伤、扭伤或身体不适等。

3. 幼儿

(1) 愉快地参与体育活动,主动活动身体。
(2) 正确使用活动器械,尝试新玩法,并和同伴一起活动。
(3) 有安全意识,不做危险动作,不用器械与同伴打闹等。
(4) 有自我保护意识,知道身体发热时脱衣服或有不适时主动告诉老师,有简单的自我保护方法。
(5) 遵守体育活动规则。
(6) 会收拾整理活动器械。

三、游戏活动流程

游戏活动主要指幼儿自发、自主、自由的活动,包括各种区域活动。游戏活动能满足幼儿个体需要;发展幼儿的想象力、创造力和交往合作能力,促进幼儿情感、个性健康地发展。教师应以游戏为幼儿基本活动,保证幼儿愉快的、有益的游戏和自由活动时间。根据幼儿的年龄特点、实际经验和兴趣,创设游戏环境,选择幼儿游戏内容。因地制宜,就地取材,为幼儿提供安全、卫生、有教育性的游戏材料和自制玩具。游戏材料应强调多功能和可变性。加强游戏过程中的观察,并采用直接指导、交叉指导、平行指导等方式给予适当指导。开展多种类型的游戏活动,保证建构游戏、角色游戏、表演游戏等创造性游戏与娱乐游戏、教学游戏、音乐游戏等规则性游戏间的平衡。调查显示,游戏活动环节最易存在的安全隐患是活动材料不安全,其次是活动空间狭小,再次是活动材料不足和教师组织指导不当。此外,游戏活动中最易发生安全事故的是小班,大班次之。因此,活动前,教师应进行安全教育,要确保幼儿活动安全,在活动中能随时进行安全提醒,并有处理突发事件的应对措施。

1. 保育员

(1) 游戏活动前与教师进行沟通,了解活动目的和要求,做好游戏前材料、场地等准备。
(2) 观察幼儿游戏与场地安全因素,活动中随时给幼儿增减衣物。
(3) 配合教师做好游戏活动对幼儿的指导,协助教师处理游戏过程中出现的问题。
(4) 带领幼儿收拾、整理游戏活动材料。

2. 教师

(1) 制定目标明确、有指导和观察要点的游戏活动计划。
(2) 每日保证幼儿游戏活动时间不少于 1 个半小时,并分段进行。
(3) 保证幼儿每日至少开展一次活动区活动。
(4) 平衡一周内各类游戏活动,保证幼儿主动性游戏活动,

(5) 采用集体游戏、个体游戏、小组游戏、自由游戏形式组织幼儿游戏活动。

(6) 游戏材料投放数量足,种类全;添置和更换及时,每月不少于2次。

(7) 根据游戏活动的要求和幼儿游戏活动的需要,家园共同收集自然物、废旧材料、半成品等作为游戏活动的材料。

(8) 根据需要,保证游戏活动的空间及场所。小班以角色区为主,设置3~5个活动区;中班以结构区为主,设置5~7个活动区;大班以益智区为主,设置6~8个活动区。

(9) 用"扫描观察法""定点观察法""追踪观察法"等观察方法有目的或随机地观察幼儿材料使用、游戏水平、游戏状态,并有目的地做好记录。

(10) 做好区域活动的组织与实施:介绍各个区角的名称、材料等,提出进区规则及注意事项;鼓励幼儿大胆交流自己的进区意愿,自由选择区域开展活动;观察幼儿活动情况,把握时机,适时介入帮助和指导;进行区域活动分享和点评,指导幼儿整理物品,注重幼儿规则意识和秩序感的培养。

3. 幼儿

(1) 与同伴友好玩耍,愿意与同伴分享游戏材料和经验。

(2) 能自主选择游戏内容、材料、同伴、角色、场地等,自主选择进行游戏。

(3) 参与游戏材料的收集与准备。

(4) 爱护和正确使用游戏材料。会轻拿轻放,会物归原处,叠放整齐,会归类整理玩具。

(5) 能遵守游戏的规则。

(6) 学习解决游戏中的问题,能克服困难,坚持游戏。

四、集体教学活动流程

集体教学活动是指以促进幼儿同伴分享交流,提升幼儿经验,强化学习体验,引导幼儿主动探索,促进每个幼儿在不同水平上得到发展为目的;教师有目的、有计划地发起的、采用集体活动形式组织的师幼互动活动,或在教师引导下的同伴互动活动。调查显示,在集体教学活动中,应特别强调活动材料、活动空间的安全性和活动组织的科学性。因此,教师应根据教育目的、幼儿的实际水平和兴趣,以循序渐进为原则,有目的有计划地组织幼儿参与集体教学活动,保证活动内容的平衡性与整体性;积极发挥幼儿多种感官作用,充分利用周围环境的有利条件,提供充足的动手操作材料,保证幼儿充分活动的机会;遵循幼儿学习特点,注重活动的过程,注重幼儿的实践活动,采用合作、交流、探索等活动方式开展活动;灵活地运用集体联合活动、小组合作活动、结伴互动活动等组织形式,为幼儿提供交流和表现能力的机会与条件。集体教学活动时间次数严格执行幼儿园课程规定,小班1次/天,中班1~2次/天,大班2次/天;每次活动小班15~20分钟,中班20~25分钟,大班25~30分钟。活动前,教师应进行安全教育,要确保幼儿活动安全,在活动中能随时进行安全提醒,并有处理突发事件的应对措施。

1. 教师

(1) 根据本班幼儿实际需要和已有经验,结合本园实施课程的要求,修改、补充、调整、制订切实可行的活动计划,符合本班幼儿的发展水平。

(2) 根据活动目标准备必需的教具,实物、图片、模型、小实验器材等活动材料应于前一天准备好,提供满足每个幼儿活动需要的活动材料并在当班前做好分发准备。

(3) 活动前向保育员讲明需配合的事项。

(4) 活动前提醒幼儿收拾玩具、如厕,做好身心准备。

(5) 根据活动类型设置便于幼儿活动与交流的空间位置。

(6) 耐心倾听,理解幼儿的想法与感受,支持鼓励幼儿大胆活动。关注幼儿在活动中的表现与反应,敏感地察觉幼儿的需要,及时应答。

(7) 关注活动中个别幼儿,因人施教,满足不同幼儿的需要。

(8) 以幼儿为活动主体,引导幼儿动脑、动口、动手,启发幼儿活动的积极性、主动性和创造性,注重能力与良好行为习惯的培养。

(9) 以个人、小组、集体相结合的组织方式,以游戏为基本活动方法有效开展活动。

(10) 突出重点,解决难点,注意观察不同层次幼儿的需求,及时启发引导、随机教育,关注活动中幼儿是否在原有水平上有所发展。

(11) 注意培养幼儿正确的坐、立、行姿势和握笔姿势,保护幼儿视力;指导其正确用嗓,避免大声叫喊。

(12) 教态亲切自然,语言清晰、简练、准确、规范、儿童化;尊重、亲近、赏识幼儿,富有童心,师生关系融洽。

(13) 引导幼儿相互分析评价自己的作品和同伴作品,注重作品的展示和保留。

(14) 活动结束后,注重反思,进行幼儿发展评价,认真总结经验,及时改进不足,并收集实证材料。

2. 保育员

(1) 活动前向教师了解需要配合的事项。协助老师做好活动前准备,摆放活动所需材料,安排场地等。

(2) 协助教师指导和帮助个别幼儿参与活动。

(3) 处理活动中的偶发事件时,方法适宜。

(4) 指导或帮助幼儿做好活动结束后的收拾、整理工作。

(5) 活动过程中指导幼儿时走动位置恰当,声音适度,不影响幼儿和教师的交流。

3. 幼儿

(1) 有参与活动的兴趣,能动用各种感官参与活动。

(2) 在老师或保育员的指导下尝试多途径收集信息,并参与做好有关材料的准备。

(3) 乐于交流与分享自己的经验和想法。
(4) 能有目的地按自己的想法参与活动。
(5) 能正确地使用和整理活动材料或用具。
(6) 遵守集体活动规则。
(7) 有良好的倾听习惯、发言习惯,用眼、握笔、坐立姿势正确。

五、大型集体活动流程

班级大型集体活动包括园内外亲子活动、节庆活动、运动会、园外参观游览活动(博物馆、纪念馆、春游、秋游)等,组织幼儿参加大型集体活动,必须采取有效措施,为儿童活动提供安全保障。

(一) 园外参观游览活动流程

园外参观游览活动包括春游、秋游以及参观博物馆、海洋馆、动物园等活动。调查显示,在外出游玩、参观活动中最易存在的安全隐患是游玩、参观过程组织不当,其次是交通工具存在安全隐患,再次是游玩、参观地环境存在安全隐患和途中存在安全隐患。外出游玩、参观活动中最易发生的安全事故是幼儿走失,其次是途中交通事故。外出游玩、参观活动中最易发生安全事故的班级是小班。因此,教师在组织园外参观游览活动时以中、大班为宜,应在活动前,进行细致的安全性考察,并对幼儿进行安全教育,确保幼儿活动安全;在活动中能随时进行安全提醒,并有处理突发事件的应对措施,严防幼儿走失和交通事故的发生。

1. 活动前

(1) 组织园外参观游览活动,必须提前申报幼儿园,经批准后方可进行。
(2) 与即将参观游览的单位或景点管理部门联系,确定游览时间、具体路线等;并请单位或景点管理部门安排专门人员进行导游,进一步了解和确定游览内容等。
(3) 邀请志愿者或家长成立临时安全管理小组,明确所负担的安全职责,制定安全应急预案,配备相应设施,并进行桌面应急演练。
(4) 提前发放通知,向家长说明活动的目的和具体时间,根据幼儿身体状况自愿参加活动,不强制幼儿参加。征得家长同意签字后,请家长做好参观游览前的准备工作。
(5) 有针对性地对儿童进行参观游览安全教育,增强幼儿的自我保护意识。
(6) 加强对教师、家长等参与人员进行安全意识的教育,把安全管理贯穿于本次园外参观游览活动的全过程。
(7) 要求车辆单位选派能自觉遵守交通法规、驾驶经验丰富、技术熟练的驾驶员和车容、车况、安全性能好的车辆为园外参观游览活动服务。
(8) 把园外集体活动委托给有资质的旅行单位,并要旅行单位为此次活动购买保险。
(9) 保健教师随队出行,并配备小药箱等急救物品。

（10）幼儿穿着适宜,服装和鞋应方便运动。

（11）保育员协助教师做好活动的准备工作,如提供擦汗的毛巾、饮水、如厕、妥善保管幼儿的衣物等后勤工作。

（12）出发前清点幼儿的人数、工作人员的配备情况等,准备好照相机、摄像机。

（13）出发之前,教师以简短的谈话激发幼儿的活动愿望,告知幼儿参观的地点内容和注意事项。检查衣袋有无食品、尖利的不安全物品。

2. 活动中

（1）组织幼儿有序上、下车,提醒幼儿在车上不大声喧哗,不将头和手伸出窗外。

（2）到达参观游览地点后,要重新整队清点幼儿人数,让幼儿有一个整齐的面貌。

（3）再次进行安全教育,强调有关的参观要求及注意事项,要求幼儿不擅离集体,做一个讲文明有礼貌的参观者。

（4）组织幼儿有秩序地排队行进（俩俩拉手）,请能力比较强的幼儿带好身边的同伴,走路时不要交头接耳,眼睛看着前面的路,要求不拥挤、不追跑、不打闹。

（5）教师三人带队,头、中、尾各一,防止拥挤、踩踏等不安全因素。

（6）行进途中,组织幼儿安静有序,做到靠右行走,提醒幼儿注意安全。

（7）在参观过程中引导幼儿有秩序地观察,教育幼儿保持安静,鼓励幼儿按自己的方式进行记录。

（8）活动中教师要善于观察幼儿的身体情况和情绪状态,及时调整活动的节奏和速度,给予适当的休息。

（9）配班教师协助主班教师巡视幼儿的活动情况,发现问题及时干预。通信设备保持畅通,随时联系。

（10）提醒幼儿分散活动中不随意奔跑、打闹,注意活动安全。

（11）教师时刻陪伴幼儿,注意观察幼儿,及时解决纠纷,并让每个幼儿时刻处在教师的视野中。

（12）保育员协助教师对幼儿的照料,及时排除不安全因素,保障幼儿安全。负责幼儿的饮水问题,幼儿出汗要及时擦干,根据天气情况增减衣服,照顾到体质较弱的幼儿活动情况。及时提醒幼儿上厕所等,保证活动的顺利和安全。

（13）教师在每一次集合时要清点好幼儿人数,确保幼儿安全。

（14）注意言行文明,爱护公物,自带垃圾袋装垃圾,不随地乱扔垃圾。

（15）尽量不用明火,预防火灾。

（16）要坚决杜绝可能的危险,必要时应立即终止活动。一旦有安全事故发生,及时施救,第一时间上报。

3. 活动后

（1）组织幼儿排队,并清点人数。

（2）再次进行安全教育,强调不擅离集体,提醒幼儿返回途中同样注意安全等。

(3) 返回幼儿园后,再次整队清点人数,检查是否车上遗漏幼儿。

(4) 教师组织幼儿排着整齐的队伍回到教室后,依次进行脱外衣、盥洗、擦汗、饮水等生活活动。

(5) 保育员督促幼儿进行脱外衣、盥洗、擦汗、饮水等生活活动,整理相关物品。

(6) 教师注意观察幼儿参观游览后的精神状态,做好个别幼儿的观察记录。

(二) 节日庆典活动流程

节日庆典活动包括六一儿童节、毕业典礼等活动,一般以园内组织为宜,多为全园性活动。调查显示,在节庆活动中最易存在的安全隐患是活动组织混乱,其次是活动环境存在安全隐患,再次是退场秩序混乱和前期准备工作不足。节庆活动中最易发生的安全事故是踩踏事故,其次是跌伤和幼儿走失。节庆活动中最易发生安全事故的班级是小班。因此,节庆活动组织应特别关注活动秩序的维持,严防踩踏事故发生,做到活动前进行细致的安全性考察,并对幼儿进行安全教育,确保幼儿活动安全;在活动中能随时进行安全提醒,并有处理突发事件的应对措施。

1. 活动前

(1) 组织全园性的节日庆典活动前,幼儿园必须提前申报上级主管部门,经批准后方可进行。

(2) 与相关部门取得密切联系,互相沟通制定详细活动方案,并制定活动应急管理方案,明确活动组织职责,履行相应的安全保护义务。

(3) 活动前,派专人到活动场所,实地察看场地、活动器械(具)、设备、设施是否存在安全隐患,并将场地进行区域划分,制作会场平面图。

(4) 成立临时安全管理小组,明确所负担的安全职责,制定安全应急预案,配备相应设施,并进行桌面应急演练。

(5) 加强对教师进行安全意识的教育,要求教师把严格管理贯穿于本次节庆活动的全过程。

(6) 教师、保育员熟悉场地,现场查看紧急疏散通道。

(7) 提前发放通知,向家长说明活动的目的和具体时间,请家长做好活动前的准备工作。

(8) 有针对性地对儿童进行安全教育,带领幼儿到现场进行疏散演练,增强幼儿的自我保护意识。

(9) 保健教师查看现场,排除现场安全隐患,并配备小药箱等急救物品。

(10) 幼儿穿着适宜。

(11) 保育员协助教师做好活动的准备工作,将活动用物品、道具等提前带到现场的指定地点。为幼儿提供擦汗的毛巾,妥善保管幼儿的衣物等后勤工作。准备好照相机、摄像机。

(12) 出发前提醒幼儿饮水、如厕。

(13) 清点幼儿的人数,进行安全教育,强调有关的活动要求及注意事项,要求幼儿不擅离集体，做一个讲文明有礼貌的小朋友。

（14）出发之前，教师以简短的谈话激发幼儿的活动愿望，告知幼儿节庆活动的地点内容和注意事项。检查衣袋有无食品、尖利的不安全物品。

（15）组织家长在等候区等候，不可擅自将幼儿带离集体。

2. 活动中

（1）组织幼儿有秩序地排队行进（俩俩拉手），请能力比较强的幼儿带好身边的同伴，走路时不要交头接耳，眼睛看着前面的路，要求不拥挤、不追跑、不打闹。

（2）教师三人带队，头、中、尾各一，防止拥挤、踩踏等不安全因素。

（3）行进途中，组织幼儿安静有序，做到靠右行走，提醒幼儿注意安全。

（4）到达活动现场后，要重新整队清点幼儿人数，让幼儿有一个整齐的面貌。

（5）再次进行安全教育，强调相关要求及注意事项，要求幼儿不擅离集体，防止儿童走失。

（6）提醒幼儿不随意奔跑、打闹，注意活动安全。

（7）在活动过程中引导幼儿有秩序地参与活动，教育幼儿保持安静，鼓励幼儿文明参与活动。

（8）活动中教师要善于观察幼儿的身体情况和情绪状态，及时关注意外情况的发生。

（9）配班教师协助主班教师巡视幼儿的活动情况，发现问题及时干预。通信设备保持畅通，随时联系。

（10）教师时刻陪伴幼儿，注意观察幼儿，及时解决纠纷，并让每个幼儿时刻处在教师的视野中。

（11）保育员协助教师对幼儿的照料，及时排除不安全因素，保障幼儿安全。负责幼儿的饮水问题，幼儿出汗要及时擦干，根据天气情况增减衣服，照顾到体质较弱的幼儿活动情况。及时提醒幼儿上厕所等，保证活动的顺利和安全。

（12）注意言行文明，爱护公物，自带垃圾袋装垃圾，不随地乱扔垃圾。

（13）教师在每一次集合时要清点好幼儿人数，确保幼儿安全。

（14）要坚决杜绝可能的危险，必要时应立即终止活动。一旦有安全事故发生，及时施救，第一时间上报。

（15）尽量不用明火，预防火灾。

（16）教师应全程关注现场秩序，严防拥挤、踩踏事故发生。

3. 活动后

（1）严格遵守退出秩序，按活动预案退场。组织幼儿排队，并清点人数。

（2）再次进行安全教育，强调不擅离集体，提醒幼儿返回途中同样注意安全等。

（3）返回班级后，再次整队清点人数，防止幼儿走失。

（4）保育员协助教师组织幼儿进行脱外衣、盥洗、擦汗、饮水等生活活动，整理相关物品。

(5) 组织家长进行有序交接,与家长进行简短交流,家长不可擅自将幼儿带离。

"因为教育上的错误比别的错误更不可轻犯。教育上的错误正和错配了药一样,第一次弄错了,决不能借第二次、第三次去补救,它们的影响是终身洗刷不掉的。"①对幼儿来说,无论是幼儿园生活,还是家庭生活,都是社会生活中较为有序的生活形式。班级一日活动是从幼儿发展的现实需要出发,从幼儿所处的特定生活背景出发,基于幼儿的生活养成教育而进行合理组织安排的综合性活动,是幼儿园课程的重要组成部分,是幼儿教育的重要途径。教师应明确工作职责,尊重幼儿身心发展规律,关注幼儿的生命安全与需要,重视安全教育,遵循一日活动安全流程,为幼儿提供安全、丰富的生活和活动环境。

要点回顾

幼儿的班级一日生活包括生活活动、运动活动、游戏活动、区域活动和集体教学活动。与家庭生活不同的是,班级生活具有集体性和明显的目的性、组织性、协调性。依据各年龄班幼儿的身心发展特点和发展需要,不同年龄班的生活和班级管理也各有所侧重:小班生活的重点应是引导幼儿逐步适应班级环境与集体生活,初步掌握班级集体生活规则,养成良好的集体生活习惯,为日后的学习与生活奠定良好的基础。中班生活的重点应是依据幼儿的兴趣、爱好、需要,建立合理必要的行为规则,确保生活有序,促进幼儿的社会性发展。大班生活的重点是为幼儿入小学做准备,帮助幼儿了解小学生的生活与学习,做好幼小衔接准备。班级日常生活活动包括幼儿入园、进餐、喝水、盥洗、如厕、睡眠、离园等环节的活动,组织日常生活活动应遵循的原则是:主动性原则、针对性原则、渗透性原则、游戏性原则、一致性原则。日常生活活动指导方法有:榜样示范法、行为练习法、表扬激励法、图示图表法。日常生活活动的优化管理策略包括:目标化、规则化、程序化。

安全化、科学化、规范化、专业化、人性化,是班级一日活动组织的发展趋势。教师应明确工作职责,尊重幼儿身心发展规律,关注幼儿的生命安全与需要,重视安全教育,规范一日活动组织行为,为幼儿提供安全、丰富的生活和活动环境。教师应根据幼儿生理和心理发展的需要,建立科学的生活常规,既有利于形成集体生活秩序,又能满足幼儿个别的合理需要,寓教育于一日生活之中。着眼于实际运用,将"安全第一、儿童至上"精神贯穿其中的班级一日活动安全流程,以简明的流程方式详细阐述班级一日活动的安全组织程序,有法可依、有章可循、步骤清晰,为班级一日活动的安全组织提供明确指引,可使活动组织一目了然,能够有效规避安全风险,为儿童保育与教育提供了良好的安全保障。班级一日活动安全流程包括:生活活动流程、运动活动流程、游戏活动流程、集体教学活动流程和大型集体活动流程。

---

① [英]洛克.教育漫话[M].杨汉麟译.北京:人民教育出版社,2006:7.

思考练习

1. 小、中、大各年龄班的生活重点是什么？
2. 班级日常生活活动的组织原则和指导方法有哪些？
3. 请为见习班级制订一份班务工作计划。
4. 分角色模拟演练一日活动安全组织流程，明晰各活动安全组织要点。

拓展阅读

大六班第一学期班务计划（2018年9月）[①]

郁蘩花　陆　美　张礼花

孩子的成长总会让人感觉有些猝不及防，总是期望着与最美好的宝贝们相遇。转眼，我所带的班级已经成为大班的哥哥姐姐。猝不及防地与这最重要的学年相遇，我们三位老师与家长、孩子都有着满心的期许。于是，我将更加认真、仔细地绘制孩子们的成长蓝图，希望能与孩子们共同邂逅精彩世界、捕捉成长瞬间，与最美的教育相遇。

一、班级情况分析

进入大班，我们班又转来了两位孩子。班级一共34名学生，女孩15名，男孩19名。有3名幼儿需要特殊照顾，经过两年的幼儿园生活，我班幼儿都有了一定的发展与提高，如养成了良好的生活、卫生习惯；建立了与他人友好交往、合作的意识；喜欢动手动脑探究问题等。但在倾听习惯上，幼儿在学习活动中随意讲话、插嘴的现象还是比较多。在学习活动中，幼儿爱学好问，有极强的求知欲望；能生动、有表情地描述事物；阅读兴趣显著提高，表现与表达方式多样化。但是幼儿在学习能力方面还是有差距的。所以在本学期，我们还将继续培养幼儿良好的学习习惯。幼儿的规则意识逐步形成，他们能学着控制自己的行为，遵守班级的共同规则。

本学期我们将针对以上不足，依据园务计划、教科研计划等，制定出适宜本班的各个目标和措施，取长补短，为他们更好地适应小学生活打下良好的基础。

二、工作目标及重点

（一）工作目标：

（1）培养幼儿良好的生活、学习常规，继续营造平等、愉悦、积极向上、充满爱的班级合作氛围。

（2）进一步依据孩子的参与程度不断改善班级课程游戏化实施方案，通过实施"每周小老师"进一步促进班级管理民主化，让孩子成为班级的主人。

（3）班级管理细致化，特别注重幼儿安全，帮助幼儿树立最简单的安全防卫常

[①] 资料来源于海门市海南幼儿园。

识,加强幼儿的自我保护意识,把安全、卫生、保健贯穿于一日活动中。

(4) 以灵动、可变的方式,积极开展主题教学活动。"班级管理"细微化、细致化,力求形成严谨有序而又活泼自信的班风。

(5) 积极开展班级节日活动,提高幼儿园一日活动的有效性,促进每个孩子富有个性的发展,为孩子找出不足,与孩子共同完善,共同进步。

(6) 努力营造家园合力的教育环境,提高亲子关系、师生关系、家园关系的亲密度和融合度。

(7) 结合足球文化节积极开展足球游戏,从小培养孩子对足球的兴趣,增强体质,提高孩子动作的协调性、灵敏性和大胆、自信、勇敢等良好心理品质。

(二)工作难点:

(1) 注重幼儿个人能力的培养,以班级个性化常规制定为切入口,逐渐结合幼儿在实践过程中遇到的困难。不断引导幼儿学会独立、学会坚强、学会做人,养成良好的生活和学习习惯。

(2) 以亲子阅读为切入点创设班本课程,家园互动促进孩子言语表达、合作交往能力的发展。

三、本学期重点工作

1. 强化合作训练,共同建立班级集体规则

(略)

2. 精细化常规管理,减少过渡时间的浪费

(略)

3. 基于幼儿立场的灵活教学,在环境中捕获教育契机

(略)

4. 时刻关注幼儿安全,注重保健工作的随时随地性

(略)

5. 增强家园互动,助力家长达成共育

(略)

6. 推进亲子共度,书香伴成长

(略)

7. 足球游戏

(略)

五、逐月工作安排

八、九月份:

1. 创设班级主题环境。
2. 做好开学报名注册、缴费工作。
3. 开学第一课:快乐童年,幸福绽放。
4. 开展主题活动"新闻坊"。
5. 开展"世界清洁地球日"环保活动。

6. 开展"迎中秋、迎国庆"系列节日活动。
7. 班级活动"我爱足球"。

十月份：

1. 开展重阳节节日活动。
2. 了解世界骨质疏松日活动"爱护骨骼"。
3. 开展主题活动"我是中国娃"。
4. 宝贝故事秀。
5. 开展班级节日活动。
6. 跨班活动"三人足球对抗赛"。

十一月份：

1. 家长开放日。
2. 开展感恩节节日活动。
3. 开展主题活动"农家乐"。
4. 推进混龄游戏，优化幼儿游戏材料。
5. 亲子阅读进课堂之——妈咪讲故事。
6. 足球游戏"互助足球乐"。

十二月份：

1. 节日活动"快乐冬至"。
2. 体验圣诞节的氛围。
3. 开展主题活动"蔬菜朋友"。
4. 故事宝贝。
5. 跨版活动"我是小球迷"。

一月份：

1. 迎新年全园庆祝活动。
2. 开展主题活动"我爱运动"。
3. 开展班级绘本节。
4. 跨班活动"足球小将GO,GO,GO"。

新学期新希望，我们三位老师将以最积极的状态迎接每一位幼儿，希望在新的学年中我们班三位老师能助力幼儿不断成长。

完善与建议

反思、建议：

_____

_____

_____

工作案例与材料(粘贴):

第五章　环境管理

　　学校本身应是一个愉快的场所,不管从外表和内部来看都具有吸引力。从内部看,教室应当明亮整洁,墙上应装饰有图画。这些图画既有名人画像、地图、历史进程表,又有其他装饰。从外部看,应当有一片开阔的场地供散步和游戏(这对于儿童是绝对必要的),还应当有附属的花园,不时允许学生到花园中去,在那里饱览树木、花卉和各种植物。①

——夸美纽斯

　　环境是一个有生命且持续变化的体系,它不仅属于硬体层次的一个空间,也包括了时间运用的方式以及我们期望扮演的角色。它训练幼儿的感受、思考和行为,而且也深深影响着幼儿生活的品质。环境作为一种隐性课程,具有重要的教育功能,犹如"春风化雨"般地影响着幼儿的身心健康。

第一节　环境是第三位老师

一、有准备的环境

　　环境是人类赖以生存和发展的摇篮和襁褓,包含了自然环境和社会环境两大环境系统。自然界中各种环境因素与生物之间以及各种环境因素本身之间处于互相依赖、互相制约之中,并进行着物质、能量和信息的交换。人类和一切生物都不可能脱离环境而生存,必须从环境中获得其赖以生存的一切,其间也以一定的方式作用于环境。自然环境是人类生存和发展的基本条件,又是人类认识、利用和开发的对象。社会环境包含社会政治、经济环境、聚落环境、规范环境以及社会心理环境,它们之间存在着多种联系,从而构成一个对人类产生影响的社会环境系统。幼儿园作为一个既开放、又相对封闭的教育机构,是受多因素影响的环境系统。自然环境有利于净化、美化儿童的生活和学习环境,有利于陶冶幼儿的性情,有利于丰富儿童的感性经验,有利于激发儿童对自然的热爱。社会政治、经济环境一定程度上影响教育的性质和发展水平;聚落环境影响教育机构的布局、教育形式和组织等方面;规范环境影响教育的价值取向以及教育的目标和内容等;社会心理环境直接影响到对儿童进行教育

---

　　① [捷]夸美纽斯.大教学论[M].任钟印译.北京:人民教育出版社,2006:122.

的人际互动。美国教育家杜威认为,环境是由一个生物实行其特殊活动时有关的全部条件组成,包括促成或抑制生物特有的活动的各种条件。人生活在一个社会环境里,受到其周围环境(包括自然的和社会的条件)的限定。因此,学校作为一个教育环境,应是一个特殊的环境,是一个有准备的环境:简化和安排所要发展的倾向的许多因素;净化现有的社会习惯并使其概念化;创造一个更加广阔和更加平衡的环境,使儿童不受原来环境的限制。杜威主张把学校安排成适合于儿童生活、生长的环境,让儿童生活、生长于其中,借以扩充经验的数量和提高经验的效用。

近年来,随着社会生态学、教育生态学、人类发展生态学等领域的研究成果的引入,对影响儿童发展的环境研究不断深入,生态学为我们提供了一个新的研究视角,可以多层次、多角度地把握幼儿教育理论中的环境观,为幼儿教育环境观赋予了新的内涵。在生态学视野中,环境具有四个层次:微观系统、中间系统、外系统和宏观系统。微观系统是发展中的个体在特定的环境中对活动、角色以及人际关系的体验范型。这里的环境主要是人们可以有准备地参与其中面对面地发生相互作用的地方,如家庭、幼儿园等。中间系统是指两个或更多的直接环境(微观系统)之间的相互联系,它是随着人进入新的生活环境而形成和扩展的。外系统是指本人没有参与其中的一个或更多的环境,这些环境中所发生的事件同直接影响发展中个体的直接环境(微观系统)中发生的事件产生相互影响。宏观系统是指微观系统、中间系统和外系统中的共同的因素,表现所在社会的信念和思想体系,如某一社会、某一文化区域、某一国家的思想观念体系等。环境的这四个层次在不同程度上影响着个体的发展,并彼此相互关联,相互影响,处于动态平衡中。随着社会的发展与人类的进步,学校、幼儿园愈来愈像是人生的"特区",像是连接个人生活与社会生活的纽带或桥梁。它既是人生旅程的"出发点"或"始发站",更是人生历程的"加油站"或"中转站"。因此,幼儿园须是经过组织而条理化的;幼儿园须是经过滤清和优选的;幼儿园须是在多种影响中求取平衡的,教育者应为儿童提供有准备的环境,提供适宜儿童发展的教育环境。

环境是教育的一个重要因子,"间接地通过环境对儿童进行教育[①]"。杜威强调,"有意识的教育就是一种特别选择的环境。这种选择所根据的材料和方法都特别能朝着令人满意的方向来促进生长"[②]。意大利著名的教育家蒙台梭利根据儿童6岁以前的敏感期与吸收性心智,也提出了为儿童提供"有准备的环境"的教育思想,主张创设一个以儿童为本位的环境,让儿童生活于其中。蒙台梭利认为"有准备的环境"其意义并不仅只是环境,而是儿童不久将要面临未来世界及一切文化的方法与手段。她要求有准备的环境应是:能提供美观、实用、对幼儿有吸引力的生活设备和用具;能丰富儿童的生活印象;能为幼儿提供感官训练的教材或教具,促进儿童智力的发展;可让儿童独立地活动,自然地表现,并意识到自己的力量;能引导儿童形成一定的行

---

① [美]杜威. 民主主义与教育[M]. 王承绪译. 北京:人民教育出版社,1990:25.
② [美]杜威. 民主主义与教育[M]. 王承绪译. 北京:人民教育出版社,1990:45.

为规范;必须是有规律、有秩序的生活环境。在瑞吉欧教育体系中,把"环境当成第三位教师",认为环境是一个可以支持儿童探索与学习的容器。《幼儿园教育指导纲要(试行)》中也明确提出:"环境是重要的教育资源,应通过环境的创设和利用,有效促进幼儿的发展。"教师要充分认识到环境创设在幼儿教育中的重要作用,认识到环境包含着丰富的教育信息和资源,对幼儿的学习起着促进、激发作用,是许多互动得以实现的关键因素。为使幼儿园教育更加积极有效,教师不仅要充分地利用环境,更要科学地创设环境。

二、教师的环境调控作用

(一) 准备环境

准备一个与教育相适宜的环境是教师的职责。教师在准备环境时的作用主要表现在:

1. 让环境蕴含目标

引导、支持、促进幼儿发展是环境创设的意义核心,让幼儿处于一个理想的学习环境应成为教师创设环境时努力追求的境界和尽力实现的目标。拥有一个理想的学习环境就意味着拥有了经历高质量学习过程的可能。教师必须带着明确的目标准备环境,将周围的人际因素和物质条件精心地加以组织,让环境中的一切负载教育信息,让环境引导幼儿的行为。

2. 激发幼儿兴趣

环境要体现教育目标,也必须符合幼儿的需要和兴趣,但幼儿的兴趣无论广度和深度都很有限,对自己的需要也往往难以自我意识到。因此,环境创设必须充分考虑学前儿童的认知特点和认知发展水平,只要是幼儿发展所必需的东西,都应当将其纳入环境中,并引导和发展幼儿的兴趣。教师在准备环境时应遵循从儿童需要出发,坚持儿童发展优先的原则,充分关注幼儿的学习兴趣与态度,尊重幼儿的学习需要与方式并重视幼儿的学习过程与成效,使幼儿能够根据自己的兴趣、能力主动寻找他们需要的东西和想做的事情,能有足够的时间和空间去探索并有机会展现自己的才能,以有效地促进幼儿的成长,更好地引发幼儿的活动兴趣,从而增加环境创设的价值。

3. 引导幼儿参与环境准备

环境毕竟是用来供幼儿活动的,因此,贯彻幼儿参与原则是教师准备环境时最重要的内容之一,也是教师发挥作用的最重要的一个方面。教师应当为幼儿提供机会,在轻松的讨论中,以集体、小组、个别等多种形式让幼儿各抒己见,引导幼儿发表意见,让幼儿自己思考、自己设计、自己布置,亲历收集材料、布置环境的过程,发展其动手操作能力、审美能力,培养幼儿的合作学习能力,体验参与布置、协同准备环境的乐趣。实践证明,幼儿积极参与准备和创设的环境,最受幼儿喜欢,也最能引发幼儿的关注和互动。

（二）控制环境

教师控制环境的作用是指教师能利用环境来激发和保持幼儿的活动积极性,帮助幼儿利用环境的条件来发展自己。教师控制环境的环节有:诱导幼儿进入活动;帮助幼儿展开活动;指导幼儿解决纷争、困难或情绪问题;帮助幼儿结束活动。在每个环节中,教师都使用"直接"和"间接"的教育方式,通过灵活地变换角色,促进幼儿与环境中的人际因素和物质材料有效地相互作用。

（三）调整环境

环境不是凝固的、僵化的、一成不变的,它必须随着幼儿的兴趣、需要、能力的变化以及教育目标、客观条件的变化而不断变化。经常调整环境,使环境保持适合幼儿发展的最佳状态,是教师的重要作用。教师要对环境与幼儿的相互作用保持高度的敏感,最好每一天甚至每次活动后都重新审视一下环境,及时地通过调整来保持环境的发展性、教育性。这样,环境才不会静止在一个水平上,才能与幼儿的发展保持动态的平衡。

准备环境、控制环境、调整环境,这就是教师在幼儿园环境创设中的重要作用。教师是环境的命脉,环境中的物质材料、人际因素以及与幼儿的关系和相互作用都是由教师来调控的,幼儿在环境中的活动也是由教师直接或间接引导的,没有教师的主导作用,幼儿在环境中的发展是不可能实现的。

三、幼儿园环境

环境是人类赖以生存和发展的社会和物质条件的综合体。幼儿园环境是指在幼儿园内对幼儿身心发展产生影响的物质与精神要素的总和。它是由幼儿园的园舍建筑、设施设备、教职员工、幼儿以及各种信息要素,通过一定的教育观念、文化习俗所组织、综合起来的一种教育空间、范围和场所。这种空间、范围和场所既是物质的,又是人文的;既是开放的,又是相对封闭的;既是保育的,又是教育的。

幼儿园环境按其性质可分为物质环境和精神环境两大类。幼儿园物质环境是指幼儿园内对幼儿身心发展有影响作用的各种物质要素的总和,包括园舍建筑、园内装饰、场所布置、设备条件、物理空间的设计与利用、各种材料的选择与搭配等。幼儿园精神环境指幼儿园内对幼儿身心发展产生影响的一切精神要素的总和,主要包括教育观念与行为、幼儿园文化氛围等。幼儿园物质环境是以教育目标为出发点,根据不同年龄幼儿的生理心理特点,结合教育内容、教育重点,有目的、有计划、有步骤地进行统筹安排、合理布置的。因此,幼儿园物质环境是幼儿园精神环境的载体,幼儿园精神环境是融于幼儿园物质环境之中的,是通过物质环境的物质化、具象化而呈现出来的。

（一）幼儿园环境的特点

1. 环境的教育性

幼儿园作为专门的幼儿教育机构,其环境创设与其他非教育机构有着显著区别。

它是根据幼儿园教育目标以及幼儿的身心发展特点,有目的、有计划、有组织地精心创设的。在幼儿园教育中,环境创设不仅是美化的需要,更是教育者实现教育意图的重要中介,教育者根据不同年龄幼儿的生理心理特点,结合教育内容、教育重点,统筹安排、合理布置,将教育意图隐含其中,让环境说话,让环境引发幼儿的行为。环境是课程的载体,是师幼对话的媒介,是教育交往的底板。教育在环境中进行,幼儿在环境中互动,幼儿在观察、操作中探索和思考,增进了对环境的认知,培养了发现问题、分析问题和解决问题的能力,发展了运用感官认知和运用语言交往的能力。

2. 环境的可控性

幼儿园环境与外界环境相比具有可控性,即幼儿园环境的构成处于教育者的控制之下。具体表现在两个方面:一方面,社会上的精神和文化产品、各种儿童用品等在进入幼儿园时经过了精心地筛选甄别,取其精华,去其糟粕,以有利于幼儿发展为选择标准。另一方面,教师根据教育的要求及幼儿的特点,有效地调控幼儿园环境中的各种要素,维护环境的动态平衡,使之始终保持在最适合幼儿发展的状态。教师通过对环境的调控,为幼儿的发展创造了条件。

幼儿园环境的教育性与可控性之间是相互联系的,环境的教育性决定了环境的可控性,使可控性有了明确的标准和方向,而可控性又保证了教育性的实现,二者具有相互依存、相互制约的关系。

(二) 幼儿园环境的影响因素

1. 物质条件

物质条件包括幼儿园的场地、园舍设备、材料、空间结构等,是幼儿园环境的重要组成部分,也是教师与幼儿在园活动的物质基础。物质条件与幼儿园教育的关系十分密切,影响与制约着幼儿园教育的质量。幼儿园是幼儿重要的生活环境与学习环境,具备基本的物质条件是幼儿园环境创设的基础,也是幼儿发展的基本需求。幼儿园环境的创设,必须考虑满足幼儿身心发展的基本需要,拥有保证幼儿在园进行满足各种基本需要的设备、设施与条件,结合幼儿园的各级教育目标,科学合理地选择材料与安排空间。

2. 教师的教育观念和行为

幼儿教师是幼儿园中对幼儿发展影响最大的因素。在一定的物质条件具备后,教师的观念和行为是影响幼儿园环境质量的决定因素。首先,教师的思想、态度、情感和行为本身就是构成幼儿园环境的要素之一。其次,由于幼儿园的各种环境都是教师根据教育的要求及幼儿的特点精心创设与控制的。因此,如果教师具有正确的观念与行为,就可以敏锐地发现幼儿的各种需要,协调各方面的因素,创设一个良好的发展环境,促进幼儿的发展;如果教师不具有正确的观念与行为,则会对幼儿的需要视而不见,对环境中各种有利的因素不能加以充分利用,对不利因素不能进行有效控制,就不能保证环境的整体质量。

3. 幼儿园文化

相对于人与物等可见的因素而言,幼儿园文化比较抽象,但对幼儿园环境质量的影响却是巨大的。我国社会的改革开放、经济的飞速发展,呈现出文化的多元性,有外来的、本土的、现代的、传统的,它们互相交织,渗透到社会每一个领域,使得人们的生活方式、生活习惯等发生了很大的变化,这一变化也影响到幼儿园的教育生活。浓郁的幼儿园文化是精神环境的重要内容,选择和追求不同,会使幼儿园的文化品位和格调出现高低之分、文野之分、雅俗之分,其教育意义也随之迥然不同。幼儿园文化对于幼儿园整体环境具有十分重要的影响作用,它影响着幼儿园的精神风貌,对全园的教职员工和幼儿都有着潜移默化的作用。因此,在围绕教育目标选择教育内容时,教师需要考虑正确的价值观导向,确保幼儿园的教育质量。

(三) 幼儿园环境与幼儿发展

《幼儿园教育指导纲要(试行)》中指出:"环境是重要的教育资源,应通过环境的创设和利用,有效地促进幼儿的发展。"儿童的发展是在与环境相互作用的过程中实现的,幼儿的认知、情感和社会化发展始终来自与环境的相互作用。良好的幼儿园环境可以有利于净化、美化幼儿的生活和学习环境,有利于陶冶师幼的性情,有利于丰富师幼交往的内容,有利于激发幼儿对环境的探索和热爱,起到了树德、增智、强体、溢美、创新的作用,全面促进了幼儿的身心健康发展。

1. 促进幼儿的认知发展

幼儿园环境是一个特殊的教育环境,是教师根据既定的教育目的与要求,有目的、有计划地运用环境中的各种要素,为幼儿创造出来的具有教育功能的环境。《儿童的一百种语言》中写道:"让每个孩子的智力、情感、社会性和道德潜力都得到精心的培育和引导,学校的主要教育手段和工具吸引着孩子们在一些诱人的长期方案中流连忘返,而这些方案都是在优美、健康和充满爱意的环境中进行的。"[1]环境是课程设计和实施的要素,教师依据教育目标和幼儿身心发展特点,对环境进行规划、设计和营造,规划幼儿的生活、学习及游戏空间,赋予幼儿园环境以教育功能,使幼儿园成为内容丰富、生动形象、富有生命力的活教材,成为幼儿的知识宝库。在教师的精心设计、创设以及合理调控下,幼儿园环境具备了认知激发性和认知指导性,使幼儿处于积极的探究状态。教师精心创设的环境,首先具有各种不确定的因素,这有助于引发儿童主动探究的欲望。大多数材料是低结构、多功能的,这为儿童提供了发展以多种方式作用于同一材料和以同一方式作用于多种材料的机会。而且,设施具有挑战性,儿童能以较小的步调在自己原有的基础上主动发展。这样的环境可以启发幼儿的智力和调动其思维,产生新的想法。其次,环境具有相关性。它能把引起幼儿相互作用的各种因素结合在一起,构筑新知识。再次,环境还具有弹性。它根据幼儿的需

---

[1] [美]爱德华兹等.儿童的一百种语言[M].罗雅芬等译.南京:南京师范大学出版社,2006:157.

要不断变化,也就是让幼儿与环境"对话"。教师通过引发、支持幼儿与周围环境的积极互动来引导幼儿发现问题和解决问题,培养幼儿有效地与环境互动的能力,让幼儿在与环境的互动中学习知识,发展认知,获得学习和探索的方法。

2. 促进幼儿技能的发展

任何实践活动都是在环境中进行的,幼儿园环境为幼儿提供了参与、表现和实践的机会和条件。幼儿与环境的互动是培养幼儿关键能力的典型,它融合了语言、动作、表征等关键能力发展。在互动中,幼儿通过对周围环境中大量玩具和材料的操作,体验各种材料的特性,在操作、转换和组合各种材料中,发现事物之间的关系,发展自身的关键能力。室内环境的布置与美化,使环境、教育与幼儿技能发展结合在一起,幼儿通过参与设计、操作实践,激发了好奇心和求知欲以及探索、观察、发现周围事物的兴趣和能力。在这种环境实践中,幼儿掌握了动脑动手、独立思考的基本素养和实践能力,促进了语言能力、动手操作能力的提高,培养了创造意识、创造能力和创新精神。同时也培养了感受美、欣赏美、表现美和创造美的情趣和能力。此外,教师通过角色、情节的创设等适时的指导,还可使不同的区域环境发生彼此的联系,促进环境间的互动、交流,丰富幼儿的多方面经验,并感受这些经验之间的密切联系,利于幼儿关键能力的培养和发展,让幼儿体验交流的乐趣,感受合作的快乐和成功的喜悦。

3. 促进幼儿情感的发展

幼儿园是幼儿学习、生活和游戏的重要场所。研究表明,优美的幼儿园环境也是进行美育,促进幼儿良好品德行为习惯的有效途径。优美活泼的园所环境表现出了艺术、审美的集合,是内容和形式的完美统一,处处给人美的享受,可以陶冶情操,起到潜移默化的积极作用,利于幼儿良好品德行为习惯的养成。良好的幼儿园环境可以动之以情,激发幼儿的兴趣,愉快地接受教育,帮助幼儿明是非、知善恶、识丑美、言行文明、举止大方;另一方面,优美的环境本身就是一种规范,具有很强的约束力和导向功能,使幼儿最终能够调节心理平衡,达到情感共鸣和理性认同,使自己在身心发展的内在需要上和周围环境融为一体。同时,还可以增强幼儿对环境的了解,培养幼儿热爱自然、美化环境、保护环境、热爱环境的良好情感。此外,优美的幼儿园环境还利于师幼的身心健康:

(1) 当幼儿进入优美的幼儿园环境,就会显现出一种心理上的满足感,自己能在这样的环境里生活、学习、游戏,还会激发出自豪感。

(2) 使幼儿有一种安逸感。幼儿园优美的自然环境或较多的绿色植物对人的心理有奇妙的安静功能,它使中枢神经轻松,并通过中枢神经系统对人的全身起良好的调节作用,使幼儿从喧闹的环境进入安静优雅的环境时,脑神经系统即可从刺激的压抑中解放出来,心理上感到安逸愉快。

(3) 使幼儿有一种活力感。园内自然环境中的绿色能促使人体分泌出一种有益于健康的生理活性物质,给师幼以生机勃勃之感。长期在优美的、具有较大活动空间的环境中生活、学习、游戏,还能培养幼儿宽容、豁达的心理素质。

(4) 使幼儿有一种舒适感。幼儿园绚丽多彩的颜色与释放出的芳香物,对大脑皮层有一种良好的刺激,它可以消除焦虑,稳定情绪,使人感到舒适。研究表明,绿色在人的视野中占 25% 时,能消除眼的疲劳,使人的精神最舒畅。

第二节　幼儿园环境创设

一、幼儿园环境创设误区

《幼儿园工作规程》明确指出,要创设与教育相适应的良好环境,为幼儿提供活动和表现能力的机会与条件,促进每个幼儿在原有的水平上得到不同的发展。然而,幼儿园的环境创设还存在着许多误区。

(一) 片面化

幼儿园环境内容都比较简单、零散,缺乏整体布局意识,给人一种不平衡、不系统的感觉,环境创设内容片面化。同时,环境创设的空间利用不够充分。表现在幼儿园的环境创设只重视室内和墙壁的布置,忽视幼儿园内其他空间对幼儿教育所隐藏的作用,使幼儿园环境的教育功能大打折扣。此外,只注意环境创设的单向作用,幼儿园环境创设的指导思想与创设方法不是从教育幼儿的角度出发,较多的是停留在幼儿园环境整洁、有序、美观上,为了装饰,完成布置任务,只追求外在的形式,而不注意发挥环境在教育教学中的作用。

环境是重要的教育资源,能够体现教育目的和要求的环境才是适宜的。教师要在《纲要》指导下追随幼儿的需要、能力的发展和学习的进程,调整、创设幼儿园环境,发挥其教育功能。并且,幼儿园环境应该是不断发展变化的,即环境中的材料、内容要随着幼儿的发展进步而变化,依据幼儿的学习与成长需要而变化和调整。幼儿的学习内容包含了不同的领域,幼儿的生活环境经历了四季的交替,幼儿的学习方式富有强烈的个性色彩,幼儿的生活经验在不断积累增长。因此,幼儿园环境应遵循教育规律,伴随儿童的发展需求和儿童生活经验的更新而变化。幼儿园环境的变化不是跳跃的、摇摆的、无序的,而是遵循着幼儿的学习特点、成长规律和教育内容发展变化的。教师应依据对儿童的观察和了解,对教育环境中所涉及的资源、材料、工具、物品等元素进行调整和改变,引导幼儿对环境资源进行有效利用以达到发展的目的。

(二) 成人化

环境创设只注重成人的提供,忽略幼儿的介入。为了环境布置的精致性,往往由成人"自编、自导、自演",很少让幼儿参与,只是让幼儿充当教师布置环境的观赏者,机械地接受成人的安排,这样的环境布置不利于幼儿思维的发展以及个性和创造力的培养。环境创设在内容上过多重视作品的精致、美观、完整,以成人的审美为取向,缺乏对环境创设的研究和创新,教师根据自我需要和审美考虑环境创设,而没有关注幼儿的感受和课程需求，没有从幼儿的兴趣需要出发，忽略环境创设的整体性、教育性和参与性，对幼儿园教育和环境的理解过于片面和狭隘，致使环境成人化，环境创设成为教师的独角戏。

环境成为资源的过程也应该是师生互动的过程。幼儿园环境中教师、幼儿、环境、材料等因素要相辅相成、相互作用、相互结合，既不是成人的高控，也不是幼儿的自然随性。仅靠一方的独自活动只能使环境变成暂时的兴趣，而不是持久的资源。教师参与环境的方式有时是显性的、直接的、有声的，有时是隐性的、间接的、无声的，但无论何种形式都必须渗透教师理性的思考，反映教师的专业化水平。一般来说，教师的作用主要表现在结合教育目标设计内容，提供必要的环境保证，收集、整理教育资源和材料，组织幼儿讨论和交流，对幼儿的活动能力进行分析、评估、指导等。幼儿参与环境创设主要体现在能够及时关注环境中的变化，愿意操作、摆弄、运用环境中的各种资源，能够按照教师的要求完成任务，如选择小组、确定合作伙伴、收集资料、记录自己的意见等，遵守集体活动秩序和自主活动规则，用自己的方式展示经验与发现。

幼儿园是儿童生活、学习、接受教育的场所。因此，幼儿园环境是否适宜应首先看环境中的元素及其蕴含的要素是否具有儿童性，即是否符合儿童的学习特点和规律，是否符合儿童的审美标准，是否有利于促进儿童发展。首先，环境中的物品和材料要被幼儿喜欢和接受，能吸引幼儿的关注，激发其探索和学习的欲望。这些物品和材料颜色要亮丽，搭配要艺术，操作要方便，适合创造，位置适宜。其次，环境空间作品内容要尽可能来源于儿童生活，反映儿童世界。无论是对生活和学习经验的梳理、对身边事物的观察，还是绘画、手工、艺术等作品，都应首先选择那些由幼儿原创、充满稚嫩但又纯真的作品。儿童性特点要求幼儿教师创设的环境要以幼儿的需要为核心，为幼儿发展服务，为幼儿所熟悉和喜欢。这是创设环境中首先要思考和做到的。

（三）奢华化

幼儿园兴起"包装之风"，过分关注幼儿园的物质条件，追求奢华，各式逼真的人造玩具，豪华软包墙，造价昂贵的塑胶跑道和人造草坪，甚至连桌椅都用高档的进口材料制成。为幼儿创设舒适、温馨的环境无可厚非，但过分追求精美、奢华，让幼儿远离了自然，无法亲近自然，违背了教育的本源。

美好的环境可以陶冶幼儿的性情，培养幼儿的审美能力和审美情趣，能激发幼儿的学习兴趣和对美的创造力。环境中的美的因素也能唤起幼儿对生活的积极反应，促进幼儿感官的发展。因此，幼儿园环境创设注重美感与审美价值是无可厚非的，但过分追求色彩的刺激和精致的装饰效果是不可取的。班级是幼儿学习的地方，班级环境的创设不需要固定的模式和风格，但必须符合生活美学的原理，在展现简洁明朗的格调、呈现协调柔和的色彩、体现稚气可爱的趣味的前提下，依据人、事、物、季节、节日、民族等因素的特质加以变化，以彰显班级环境的个性。一般而言，经常变化、不拘一格的班级环境，将极大地丰富幼儿的审美体验，潜移默化地对幼儿产生积极的审美影响。

幼儿园的环境应朴素而自然,园内有大片活动场地,草坪沙池、水沟以及花草树木,保持原生态。户外玩具如秋千、独木桥、摇马、跷跷板等都由原木做成,木屑地、草地和沙地都是真实自然的。活动场地上放置了任由幼儿搬动的废旧材料和自然物,如旧轮胎、木板、梯子等。在这里,幼儿显得自由、放松、充满探究欲望,即使玩得浑身沙泥,也不会受到教师的训斥和限制。幼儿从中获得的不仅仅是知识,更多的是与自然亲近的感受与体验。室内有淳朴自然的清新感,简简单单的原木家具,由绿色植物、树根、干草编织而成的艺术造型……活动室墙上贴的、挂的都是幼儿的作品,幼儿园里每一个角落都体现了幼儿独具匠心的构思与设计,落叶、枯枝、坚果、贝壳等成为他们进行艺术想象与创造的素材。通过自然、朴素的幼儿园环境,引导幼儿感知周围环境的和谐之美、温馨之美以及自然之美,激发幼儿对大自然的热爱之情,使他们在玩耍、活动的过程中,增加体验、感受、认识自然的机会,在潜移默化中感受到美的熏陶。

二、环境与课程

环境是教育的一个组成部分,环境具有教育的内涵。幼儿园环境首先应当是有利于幼儿学习与发展的环境,反映本阶段教育的任务与内容,向幼儿与家长提供丰富的教育信息;同时,幼儿园环境还应当适宜于社区文化背景与经济发展条件,反映当地和社区文化背景与特色,使幼儿园成为幼儿认识家乡、了解民族文化传统的场所。环境作为一种"隐性课程",可以映照出思想、价值、态度以及身处其中的人们的文化,在开发幼儿智力、促进幼儿个性方面,越来越受到人们的重视。

(一) 环境生成课程

课程生成的内容如儿童的兴趣、儿童的活动、环境中的人和事物以及生活事件等,这些都来源于幼儿身边的环境,环境为课程生成提供了内容来源。环境创设与材料提供对课程的生成与发展起着重大影响。环境是课程设计与实施的要素,环境是不设时间表的"课程"。环境既是教育的背景,也是教育的手段,同时又是教育自身。有目的、有计划地创设并利用良好的教育环境,可较好地达成教育目标。因此,从课程设计的总体观念到具体课程的实施,环境一直是教育者所考虑的因素。教育者时刻关注幼儿对周围环境的兴趣,以便寻找课程的生成点。环境生成课程,课程主题来源于幼儿与环境的互动。幼儿通过对环境的观察和材料的操作,不仅能发现许多有趣的现象,更能产生出许多有价值的探索点。幼儿在情境中随意性的发挥,往往容易引发课程的生成。教师要善于发现和捕捉这些有价值的点点滴滴,并及时地转化到课程之中,使之在群体中发扬、扩大。同时,幼儿在教师的指引下又会生成更多的教师意想不到的课程,这是一个循环往复的过程。幼儿处于丰富多彩的环境中,必然会对各种各样的新鲜事物产生疑问,有利于教师捕捉教育契机,生成课程。

(二) 课程创生环境

幼儿的感知觉和思维都是建立在具体客观事物的基础上,只有在特定的环境中,幼儿才能理解一些抽象概念,并进一步去探索和生成课程。环境是为主题而创设的,主题与环境是密不可分的。它的主题选择是来源于幼儿与周围环境的互动中,它的进行需要特定环境的支持,只有依靠环境才能更深入、更具体地开展。在课程进行中需要不断更新环境,让环境课程化,以利于课程的不断延伸。适宜的环境创设是幼儿与幼儿、幼儿与成人、幼儿与材料之间互动的关键性因素,为他们之间的互动提供了条件,同时也有助于课程的顺利生成。教育是由复杂的互动的关系所构成,也只有环境中各个元素的参与,才是许多互动关系实现的决定性关键。幼儿来自不同的家庭,有着不同的生活环境,其兴趣、经验各不相同。因此,他们往往在与环境的互动中,会自发地生成许多不同的活动,这些活动最能表现幼儿的需要,反映幼儿的最近发展区水平。如果没有环境的支撑,没有为幼儿提供有关活动的资料以及活动所需的材料、时间、场地等,那么活动就不可能进行下去。环境的支持与介入实现了幼儿与幼儿之间、幼儿与教师以及家长之间、幼儿与物之间的积极互动,课程的进行是否顺利直接与环境因素密切相关,课程创生着环境,环境支持着课程。

由于幼儿的认知、情感和探究活动始终来源于和环境的相互作用,幼儿与环境相处的方式直接影响活动的质量。而生成课程又是发生在某种特定的环境中,是一个系列的探究活动,需要一种既稳定又不断发展变化的环境来支持。因此,环境的创设也应随着课程的开展不断地进行变化,变静态的环境为动态的环境。也就是说,有些环境信息要随着幼儿的兴趣和能力、课程内容、季节、节日及主题活动的发展变化,不断提供适宜的材料,让环境随时得到补充和调整,使环境永远对幼儿保持新鲜感,保持极大的吸引力,使幼儿与环境产生积极互动,经常能从环境中获得新知识、新经验、新发展。

(三)环境记录课程

马拉古奇说:"我们的墙壁会说话,也有记录的作用,利用墙壁的空间暂时或永久地展示幼儿及成人的生活。"[①]环境记录了幼儿、教师、家长开展课程的整个过程,为他们提供了相互学习、交流、反思的平台。生成课程能超越事先的计划性,诞生于即时的情境、突发的事件中;而且它的产生和良好发展不是由教师也不是由孩子来控制的,而是教师和幼儿互动合作的结果,通过自由地发表想法、建议,提出问题,讨论,相互启发,在思维的碰撞中产生新的火花、新的主题。这就要求教师要善于从教育情境中捕捉契机,利用自己敏锐的观察力和丰富的课堂记录以及对记录的整理和反思,积极与幼儿产生互动,引导课程适时向各种有利于幼儿发展的方向延展。因此,环境记录不仅再现教师的想法,促使教师的自我反省,而且增加教师之间的经验分享,为下一个课程的生成提供多角度的思考;为幼儿提供了重新检视、反省和解释的机会,有利于课程往深处开展。同时,也让家长了解到孩子学习的所作所为,为他们参与生成课程提供了依据。

---

① [美]爱德华兹等.儿童的一百种语言[M].罗雅芬等译.南京:南京师范大学出版社,2006:171.

三、环境创设原则

幼儿园环境创设的原则是教师创设幼儿园环境时应遵循的基本要求。这些基本要求是根据幼儿教育的原则、任务和幼儿发展的特点提出的,幼儿园应加强环境的管理,遵循这些基本原则,对环境进行科学的创设。

(一)安全性原则

安全性原则是幼儿园环境创设的首要原则。由于幼儿年龄小,自我保护能力差,如果环境的安全系数不高,一旦出现意外后果不堪设想。因此,要使幼儿在适合他们健康成长的环境中生活、学习、游戏,安全、卫生是重要的条件。幼儿园环境创设必须服从于卫生和安全的要求,以保证幼儿身心健康发展。

在环境创设中,教师必须顾及幼儿身心两个方面:

一是心理安全。考虑环境对幼儿的心理影响,以全体幼儿为立足点,提供尽可能丰富的物质条件和和谐、平等的心理环境,让幼儿能深切地感受到教师的关心和爱护、大家的尊重和欢迎,感到像在自己家里一样的温暖,从而可以轻松愉快地在环境中生活、游戏和学习。

二是身体的安全。教师要把对设施、设备、玩具、教具、操作材料等所有物质材料的安全和卫生要求放在首位。幼儿园环境的创设一方面要注意设施设备、玩具器材、操作材料等放置的位置安全、适宜,还要注意创设材料对幼儿是否容易造成伤害。幼儿园应当采用坚固性比较好、不宜破碎、无锐边利角、无毒、无害、无细小零件脱落的材料,使用前应先将这些材料进行清洗,设计制作要尽可能做到轻巧、美观、易保持清洁、可清洗、可消毒。区域投放的材料要符合卫生要求,定期更换、清理、消毒,让幼儿在活动时有安全感和舒适感。大型体育玩具如转盘、蹦床的螺丝要定期检修,破损的地方要及时修补,要确保孩子在活动过程中不会因为器材的不安全而出现意外。对较为贵重的设备材料,要先教会幼儿掌握操作规则,并可以先在教师的指导和帮助下进行操作活动。幼儿活动的场地应平整,避免有凹凸。不同界面之交角处应做成圆弧形,还应采用适当的、有相当柔性和防滑的材料,绿地不得选种带有毒性、带刺状或有黏液排出的植物及有极强染色特性的植物。基地边界、游戏场地、绿化等用的围护、遮栏设施应安全、美观、通透。另外,还要关注安排的场地空间是否狭小、拥挤,活动时是否会互相干扰,检查场地是否平坦,场地周围是否有破碎的玻璃、铁钉等。同时,还要教育幼儿不要接近危险的地方,如电插座、电线等。

(二)目标一致性原则

幼儿园环境是幼儿园教育的重要资源,是幼儿园课程设计和实施的要素,教师要提高对环境教育功能的认识,更新教育观念,增强创设环境、利用环境的自觉意识,积极提高现有环境的利用率。在创设幼儿园环境时,应使环境创设的目标与幼儿园教育目标相一致,使幼儿园环境能够影响与控制幼儿的行为,引发幼儿符合教育目的与要求的行为,充分发挥幼儿园环境的教育性功能,避免只追求美观,盲目提供材料布置环境的现象,做到环境为教育目标服务。

1. 环境创设要有利于教育目标的实现

幼儿园教育目标是促进幼儿的全面发展,要求教师在环境创设时,要根据幼儿身心发展全面性的特点,关注幼儿的体、智、德、美四方面教育,从整体上设计安排,克服随意性和盲目性,把它渗透在整个幼儿园环境创设中,使幼儿园环境创设也具有全面性的特点,让环境的每一部分都有利于幼儿体、智、德、美各方面的全面发展,对幼儿身心发展产生整体效应。

2. 依据幼儿园教育目标,对环境设置做系统规划

为了保证环境的教育性,在创设环境时应目标明确,而且要把目标落实到月计划、周计划、日计划以至每个具体的活动中,以目标为依据,与教学内容相结合来创设环境。在制订学期、月、周、日及每一个活动计划时,根据教育目标和任务和幼儿当前的兴趣与需要以及幼儿身边的人或事等课程生成来源进行规划,考虑为了达到目标需要有怎样的环境与之配合;现有的环境因素中,哪些因素对教育目标的实现是有用的;哪些环境因素是还需要创设等,将这些列入教育计划并积极实施,围绕课程创设环境。幼儿园环境的创设要根据当前的教育目标和幼儿的现有水平做整体考虑,分期变换创设,使环境具有动态发展性,环境创设服务于课程的发展。

(三) 适宜性原则

适宜性原则是指根据幼儿的年龄特点和能力、个性的差异,设计多层次的幼儿园环境,使其适宜于每位幼儿。同一年龄阶段幼儿,其兴趣、能力、学习方式方面都存在很大差异,其发展的速度也具有一定的差异。环境创设要适应幼儿的这种差异,教师不但要从本班幼儿的已有经验和实际能力出发,在尊重幼儿共性的基础上,还要关注个别差异,既要考虑发展快的幼儿,又要照顾发展慢的幼儿,也要兼顾特殊需要的幼儿,要让每个幼儿在不同的环境中得到提高和发展,促使每个幼儿学会与环境交往,并都能在适宜的环境中获得不同程度的发展。

幼儿正处在身体、智力迅速发展以及个性形成的重要时期,具有多方面的发展需要。同时,处于不同年龄阶段的幼儿,身心发展特点和发展需要表现出不同的年龄特征,对环境的要求也有所不同。此外,幼儿的身心特点和发展需要还会随着其年龄增长而发展变化。幼儿的生理和心理年龄特征决定了其对学习环境和学习内容的兴趣,幼儿的兴趣、需要又制约着幼儿园教育主题、内容及其表现形式。幼儿园环境创设应与幼儿身心发展的年龄特点和发展需要相适宜,尊重幼儿的年龄特征与兴趣爱好,环境创设的内容、形式和材料投放都要体现层次性、递进性和适宜性,其难度在小、中、大各年龄班的分布呈螺旋形连续上升状态。各年龄班之间应有承上启下的过渡联系,才能满足不同年龄阶段幼儿的需要。因此,幼儿园环境是一个螺旋式发展过程,使不同年龄、多方面发展需要的幼儿都能在不同时期、多姿多彩的幼儿园环境中获得全面发展。此外,幼儿园环境应联系幼儿的生活实际,强调更多地通过幼儿对生活中实际问题的探究来获得直接经验,提高幼儿解决实际问题的能力,为幼儿的自我教育创造一个有效的平台。

(四) 引导性原则

为幼儿创设的环境应该是开放式的、生动活泼的环境，能够影响与暗示幼儿的行为，引发幼儿符合教育目的与要求的行为。幼儿不仅能够利用环境中的各种设施材料，自由选择材料与活动内容，与环境中的各种材料交流，而且能够与环境中的人（教师和同伴）进行自由交往，让环境为幼儿的交往服务，为教育服务，促进每一个孩子在不同交往水平上的发展。教师创设的环境应能使课程朝纵深方向发展，引导幼儿的不断探索。课程生成于幼儿的活动，幼儿的活动反映幼儿的兴趣，这些活动的开展如果没有得到教师的鼓励和支持，有可能很快就随情景的变化使幼儿无法探索，也可能只停留在原有的探索水平上。如果教师能及时发现幼儿的活动，并创造相应的环境，引导幼儿深入探讨他们所关心的问题，这样既可以满足幼儿的需要，又可以使课程往纵深方向发展。幼儿园环境创设应强调环境的引导性、支持性、启发性和丰富性，支持幼儿和活动材料间的相互作用所形成的动态的、能诱发幼儿主动发展的氛围。第一，由于幼儿不是消极被动地接受外界环境的影响，他们总是按照自己的兴趣、需要、知识经验、能力和意愿对客观环境做出选择性反映，并主动地与这些环境进行交互作用。教师创设的环境应适宜幼儿的年龄特点、身心发展水平、兴趣、能力、幼儿的知识经验和认识水平，充满童心童趣。第二，教师创设的环境应具有丰富性。环境里蕴含的信息量越多，对幼儿的刺激越强烈，越能激发幼儿主动地去获取大量信息的积极性。因此，在幼儿园环境创设中要尽可能地体现出多元文化信息、能力经验、智力与非智力因素。第三，教师创设的环境应体现启发性和引导性。环境中所提供的信息刺激无论是形式上还是内容上，不仅要能引起幼儿观察，还要能诱发幼儿利用这些信息进行积极思考和探索，引导幼儿的行为和发展。

(五) 参与性原则

幼儿园是以幼儿为主体的活动场所和环境，其中的一切都是为幼儿的教育活动而准备的，所以幼儿园环境的创设应该把有利于幼儿的参与放在首位。幼儿园环境的教育性不仅蕴含在环境之中，而且蕴含在环境创设的过程中。幼儿园的环境创设必须以幼儿为主体，创设幼儿熟悉、喜爱和积极投入的环境，让幼儿感觉到自己是环境的主人，并能主动参与到环境的布置中去，从参与过程中获得知识，促进幼儿的认知和操作技能的发展。环境创设的过程是幼儿与教师共同参与合作的过程，教育者要有让幼儿参与环境创设的意识，给幼儿创造条件，为他们提供机会，采纳和吸收幼儿的建议并请幼儿一起参与环境的创设，使幼儿主动参与到活动中，保证幼儿有充分利用环境的自由。通过幼儿集体构思、设计、制作和布置等过程，师幼共同讨论主题，共同设置布局，人人出谋划策，人人都来承担一份责任，真正发挥幼儿的主体性和参与性，使教师由环境的主宰者变成观察者、倾听者、合作者、决策者，幼儿由被动的依附者变成计划者、设计者、布置者，充分认识到自己的能力，意识到自己是环境的主人，真正展示和发展了任务意识、责任意识、主动学习意识以及分工合作、讨论、决策的能力和发现问题、解决问题的能力，让幼儿在其中发现自己、了解自己，体验成功、找到自信。

(六) 经济性原则

经济性原则是指创设幼儿园环境应考虑幼儿园自身经济条件,勤俭办园,因地制宜办园。我国近几年来经济发展速度较快,但由于人口多,底子薄,经济水平仍相对落后,所有的幼儿园都应当发扬艰苦奋斗的精神,勤俭办园。幼儿园环境创设要坚持低费用、高效益的经济性原则,以物质条件对幼儿发展的功能大小和经济实用性为依据,勤俭节约,根据本园实际、本地实际,因地制宜,因时制宜,就地取材,充分挖掘、利用已有条件并开发各种可利用的环境资源,使环境的创设都必须服从于内容和需要,充分利用环境设备发挥教育效应。在保证清洁、卫生的前提下,废物利用,一物多用,不浪费宝贵资源,不盲目攀比,不追求设备设施的高档化和园舍装修宾馆化,不奢华浪费,应充分发挥环境的综合功能和内在潜能。例如:可用瓦楞纸、废旧挂历纸等代替吹塑纸、纸绒纸;可用一次性纸杯、果冻盒做花篮、风铃等装饰节日环境;农村可用自然材料高粱秆、麦秸秆等装饰环境。

此外,幼儿园的教育不仅仅是幼儿园内部资源的开发与利用,还应该本着开放的原则,根据园内外各种信息、课程资源和本园实际情况,将可利用的幼儿园以外的人、财、物等资源充分利用起来。幼儿园应采取积极的态度,不仅要考虑幼儿园内环境要素,同时也要重视园外环境的各积极要素,主动获得家庭、社区的支持和配合,充分利用社区资源,开源节流,选择、利用外界环境中有价值的教育因素,充分发挥幼儿园外部教育资源优势,总结积累有关材料和资源,使幼儿园内外环境有机结合,实现环境资源共享,协同一致地对幼儿施加影响。

四、物质环境规划

幼儿园是幼儿生活的场所,是每个幼儿健康成长的摇篮。幼儿园适宜的地段、合理的房舍、清新的空气、合乎要求的采光与照明、宽阔的活动场所以及合适的设备和材料等,不仅是保证幼儿园教育教学活动顺利进行的必要物质条件,也是促进幼儿身心健康发展所必不可少的的物质基础。幼儿园建筑环境不仅是设计师和建筑师根据有关规定创造的物质产品,而且应该融入幼儿园办园者的办园理念和实践经验,应当体现本园的办园理念和本园文化。每一座园舍都是一个时期、一个地方、一群人审美观念、文化底蕴的现实标志,因此在园舍设计前和建筑中园所管理者应主动思考,与设计人员交流本园的办园特点以及对园舍的设想等,供设计师和建筑师充分地思考、领会,从而进行能反映本园特色和使用需求的设计和建筑,以构建能体现以幼儿幸福成长、利于幼儿活动、突出个性化和讲究效益为设计理念的、富有童趣的幼儿园环境。

(一) 园址选择

建立一所现代化幼儿园,须选择卫生、安全的园址。首先,其面积要符合国家卫生标准。无论是何种类型的幼儿园,园地面积均须符合幼儿人均面积要求,全日制园地人均面积应为15~20平方米,寄宿制园地人均面积为20~25平方米。如活动场地和绿化地带面积不足,可以利用附近公园和社区活动场地来扩大幼儿的活动空间。其次,建园的环境还要清洁安全,地势平坦,土质干燥,地下水位离地面大于1.5米,日光照射良好,有清洁的水源和安全方便的电、气能源。要避免废气、废水、废渣和噪声的污染,离交通干线距离须大于80米,离火车道距离大于300米,避开工厂、码头、飞机场等噪声源,园内噪声级应小于50分贝,工厂区建园应在污染源的上风地带。再次,建园时还要考虑幼儿入园和家长接送方便。考虑我国城乡居民生活密度的实际情况,以就近入园为原则,幼儿园的服务半径(以幼儿园为圆心划圆,表示服务对象的来源范围)约2 000米为宜。

对不符合上述建园卫生要求的老幼儿园可进行改造,如扩大面积,加强绿化以防噪防尘,调整招生计划以控制办园规模等。

(二)园内布局

幼儿园的建筑规划要考虑整个园内的布局,需做整体规划,因地制宜,合理布局,体现以小见大、功能齐备、和谐统一。要对幼儿园进行整体规划布局,并将科学、自然、和谐、现代、适合幼儿成长的需要作为规划布局的基调。一般来说,幼儿园的占地面积都不大,特别是城市幼儿园,尤其是小区配套幼儿园。充分利用每一寸土地,在有限的空间里尽可能地增大环境的扩张力,因地制宜、合理布局就显得尤为重要。幼儿园建筑环境基本上包括三大部分:房舍,户外活动场地和绿化地带(见图5-1①)。

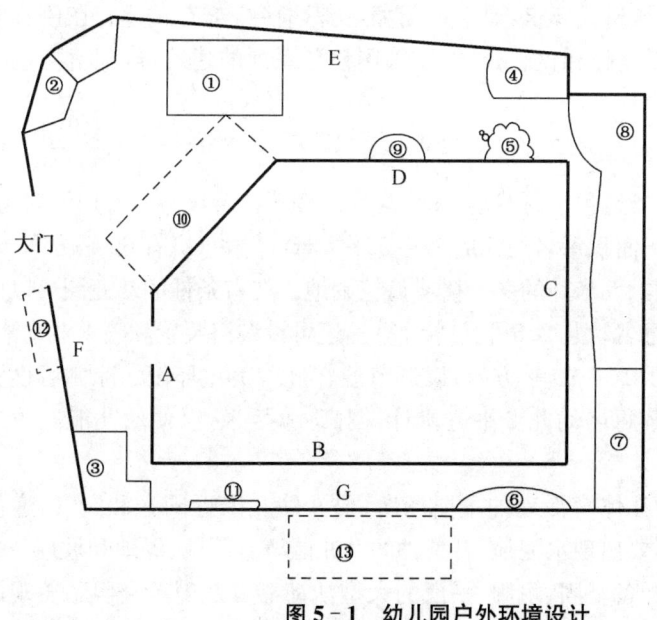

图5-1　幼儿园户外环境设计

---

① 资料来源于南通大学教育科学学院学前师范183Z孙艺婷等同学组的"幼儿园班级管理"课程作业。

布局上还要注意合理的功能分区。一所规范的幼儿园按其功能可分为若干个单元，如幼儿各班的保教单元、集体活动单元、行政管理单元、后勤事务单元、隔离单元等，全园各单元之间要加强有机联系，以利于幼儿生活、学习和幼儿园保教管理。

1. 房舍

幼儿园房舍总的建筑基底面积宜为园地总面积的10%，以留有更大的空间作为活动场地和绿化地带。主体建筑物正面宜朝南或东南；与相邻建筑物的距离应为相邻建筑物垂直高度的2倍，以保证房舍内有良好的通风和充足的光线。根据幼儿的生理特点，建筑物以三层为宜，楼梯宽1.2米以上，每级台阶高12厘米，深30厘米，楼梯应有保护拦和扶手，可以在楼梯一侧设置滑梯道，使幼儿在下楼时也能活动和游戏。考虑到消防和隔离需要，宜设置户内户外多处楼梯，楼上窗户应安上保护装置，阳台应有70厘米高的围墙，室内1.2米以下的所有建筑棱角应为圆角，避免突出物，电源插座要隐蔽，墙面和地面不用粗糙材料。

幼儿园房舍外观担负着传达信息、美化环境、吸引投报者、迎合幼儿喜好等作用，其外观形象及色彩需要体现其场所的性质，同时也要体现它在同类性质场所中的特质。以房舍外观形象与色彩来营造幼儿园形象是比较经济、高效的设计方法。每个幼儿园因其所处地区、教育特色、办学理念的不同，其外观形象设计也应有所不同，以表明此处是幼儿园，甚至具体到它是××幼儿园或它是怎样的一所幼儿园。幼儿园的园舍建筑可采用童话城堡式建筑，要造型新颖，错落有致，富有童趣。在色彩上要温馨、恬静、淡雅，给人以童趣和美感；也可以采用粉色系列的建筑群，配上深色的琉璃瓦，充满活泼和动感。

2. 户外活动场地

幼儿园的户外活动场地包括游戏场、体育场和凉棚等。各班应有专用游戏场，并靠近各班活动室；游戏场面积每名幼儿应为2.5平方米，一般每班有60平方米，要求地面平坦，沥水，可环绕1.5米高的冬青树或篱笆围地。在有条件的幼儿园可以设置公共体育场，总面积以每名幼儿2.5平方米计算。还可设淋浴装置和喷水戏水池，池水深0.25~0.3米，面积16~20平方米，以调节温、湿度，美化环境。凉棚可设置在各班游戏场附近，面积按每名幼儿2平方米计，棚高4~5米，以便幼儿能四季户外活动。

户外活动场地是幼儿体育活动的主要场所，要让幼儿亲近阳光和空气，遵循安全、实用的原则，尽量不要出现水泥地，有条件的幼儿园要有草地、泥地和坡地。也可在地上铺上塑胶地毯，配备坚固、耐用、平滑的大型活动器具及简单、轻巧、美观的高密度塑料组合玩具。户外活动区内的运动器械可以以鲜艳、丰富的色彩吸引儿童，营造充满童趣、童真的乐园，激发他们参与活动的积极性。但在铺装、维护物上需要适当地控制色块的大小与种类，避免环境色彩过于复杂。

户外环境要做到绿化、净化、美化、儿童化。户外活动场地要卫生、安全、舒适，幼儿在场地上开展丰富多彩的晨间锻炼和户外体育活动，幼儿可以随意在地上走、跑、跳、坐、卧、滚、爬。根据幼儿园的经济条件,还可以设置石子路、土堆与盘山小路、砖地、小石桥等,使户外活动场地有高有低、有凹有凸、有硬有软、有曲有直、有阶梯有平地,使户外活动环境立体化、层次化、动态化,满足幼儿好奇好动的天性,给予幼儿多种感官刺激,体现从整体布局到局部功能开发的环境探索价值,使其各具特色又交相辉映。

3. 绿化

绿色植物调节气候,美化环境,保护生态平衡,杀菌,防噪音,是促进幼儿身心健康的重要物质条件。绿化、美化应是幼儿园室外环境的突出特色。《幼儿园工作规程》明确指出:"应根据幼儿园的特点,绿化、美化园地",教育部、建设部在《城市幼儿园建筑面积定额》中规定:"绿化用地每生不少于2平方米,有条件的幼儿园要结合活动场地铺设草坪,尽量扩大绿化面积。"幼儿园要尽量为幼儿开辟绿化带、绿化群以及便于幼儿种植的绿化网点,避免草皮缺乏、没有"绿洲"现象,有条件的幼儿园还可以建花房。要尽量增加幼儿园的绿化面积,一般要求每名幼儿多于2平方米,绿化面积占全园总面积的40%~50%以上较为理想。面积受限的幼儿园可采用屋顶花园、垂直绿化等多种形式。主体建筑物周围要有5~10米宽的绿化地带;园内的绿化应以花草为主,乔灌木为辅,尽可能种植一些适宜本地区气候条件的、常见的花草树木。可结合科学教育种植一些常见树木和蔬菜,不宜种高大树木,以免影响室内采光;也不能种有毒植物或茎叶上带刺的植物,以避免幼儿意外伤害。

在做场地规划设计时,应合理选择树种,充分利用植物造景,将自然界中季节变换的节奏和韵律,用各种园林植物生动地表达出来。精巧、简单大方的设计,为孩子们营造一个多彩的、童话般的世界,让他们置身于这样的环境里,感受花开花落的轮回和季节的变化,用自然界提供的沙石、水、泥和动植物等材料,创建一个充满自然风貌的环境,使他们接受更多的刺激与体验,体会成长的快乐。

(三)房舍内部规划

幼儿园保教单元的房舍应以班为单位进行设计,每班都要有一套功能齐全的教养单元,包括活动室、卧室、盥洗室、厕所、挂衣室和贮藏室等,每班单元有各自的出入口和通向游戏场地的过道。除了选择具有观赏性、视觉距离适宜的作品和材料装饰外,教师要考虑活动室、寝室、走廊的整体安排,将现有设备如橱柜、玩具柜、桌椅、小床、钢琴、电视、空调等摆放在最佳、最能发挥作用、最有利于幼儿活动的位置,使得空间安排具有韵律感和美感,使幼儿产生舒适、安宁、轻松、快乐的感觉,以形成一个造型美观、色彩和谐、童趣盎然并且便于幼儿与环境互动的整体(见图5-2、图5-3、图5-4①)。

---

① 资料来源于南通大学教育科学学院18研学前教育作业储姝同学的"学前教育管理理论与实务"课程作业。

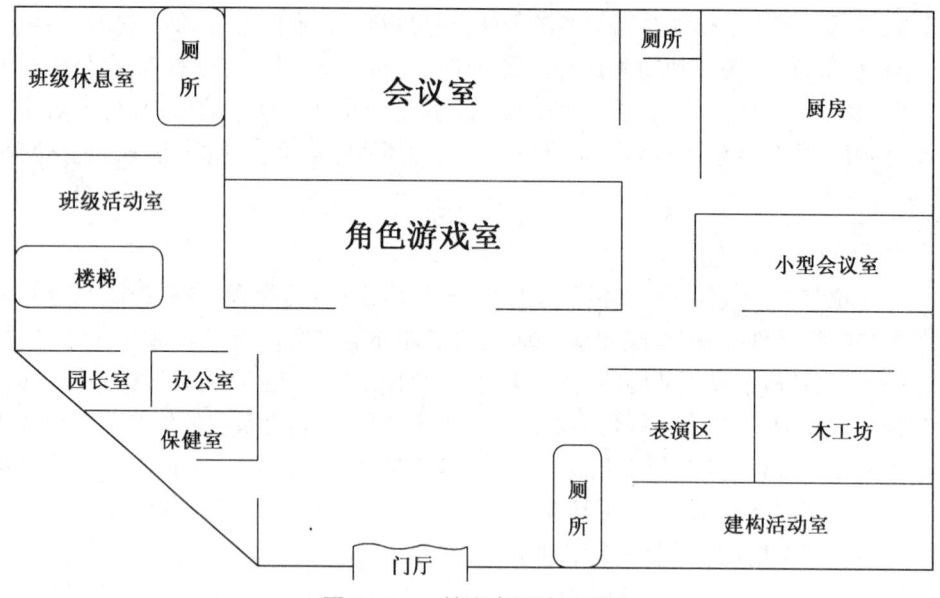

图5-2 一楼室内设计平面图

二楼平面图

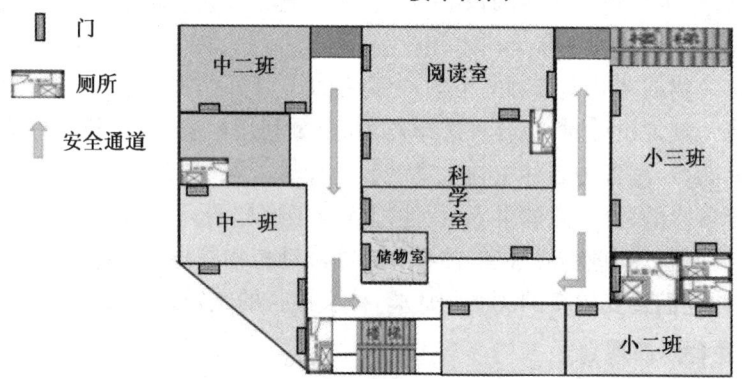

图5-3 二楼室内设计平面图

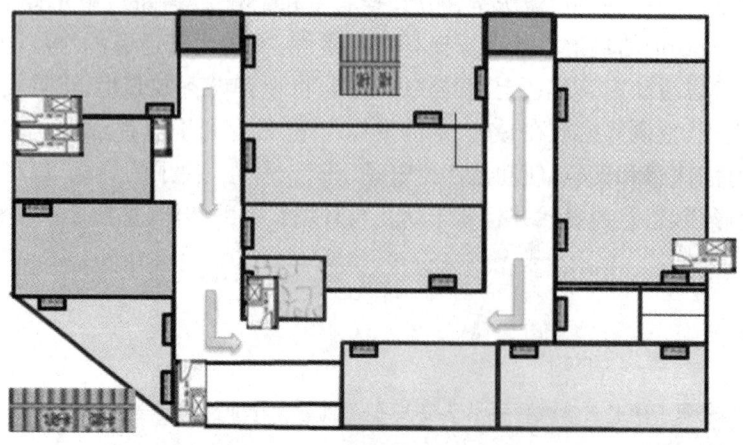

图5-4 三楼室内设计平面图

1. 班级活动室

活动室是供幼儿室内游戏、生活、活动的用房，是幼儿园园舍的主体，要求通风良好，阳光充足，有足够的面积和空气容量。教育部规定，每间供 30 名幼儿使用的活动室面积应为 90 平方米，即每名幼儿 3 平方米，如减去设备和材料的占地面积，约为 2.5 平方米。国内外学者研究显示，人均面积低于 2.3～2.4 平方米时幼儿侵犯行为增加，和同伴交流与合作行为减少。生活密度加大，身心问题会增多。此外，生活空间还要考虑到空气的容量，活动室的高度要在 3.3 米以上，使每名幼儿空气容量达到 8～10 立方米，以适应他们的身心需求。活动室的窗户应朝南，窗台高 50～60 厘米，窗上缘离地面高度要大于 2.8 米，挂浅色窗帘以调节光线。室内墙壁色调要淡，宜为白、米黄、浅蓝或浅绿色；地面宜铺地板，并有防潮设备。活动室室内温度宜保持在 15～20℃，要有降温和取暖设备，保持冬暖夏凉。活动室的布局要有利于幼儿学习操作和对环境的探索，强调和谐、美观与可变性，可利用家具等设备分隔成各种活动区，如科学区、美工区和游戏区等，各活动区注意开放和封闭相结合，并适当设置一些便于幼儿个体游戏的活动角，使活动室发挥最大的教育功能，成为幼儿喜爱的环境（见图 5-5①、图 5-6②）。活动室也可兼做卧室，可使用活动式床铺，以节省室内空间，充分利用场地。

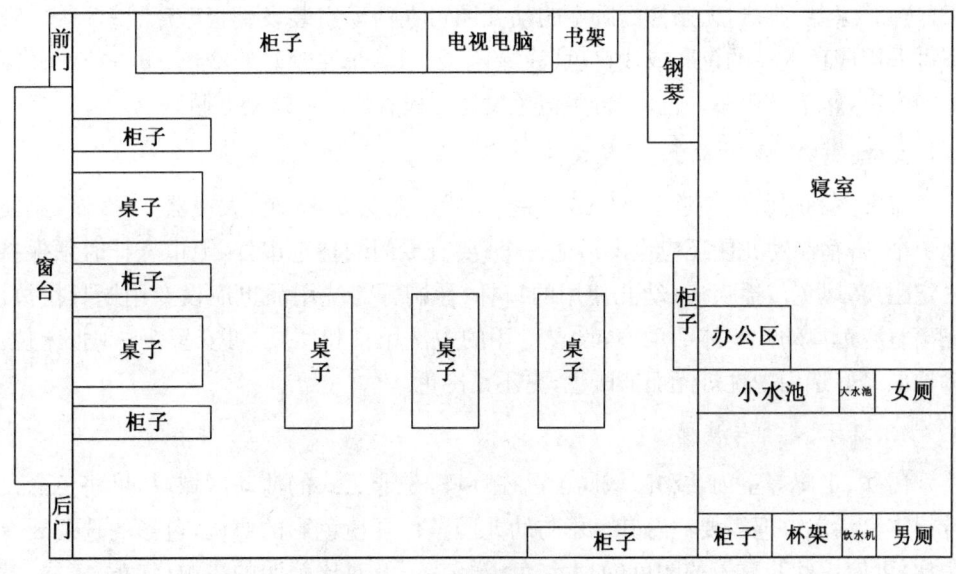

图 5-5 小班班级活动室设计图

---

① 资料来源于南通大学教育科学学院学前师范 183Z 茅孝孝等同学组的"幼儿园班级管理"课程作业。

② 资料来源于南通大学教育科学学院 18 研学前教育作业袁如意同学的"学前教育管理理论与实务"课程作业。

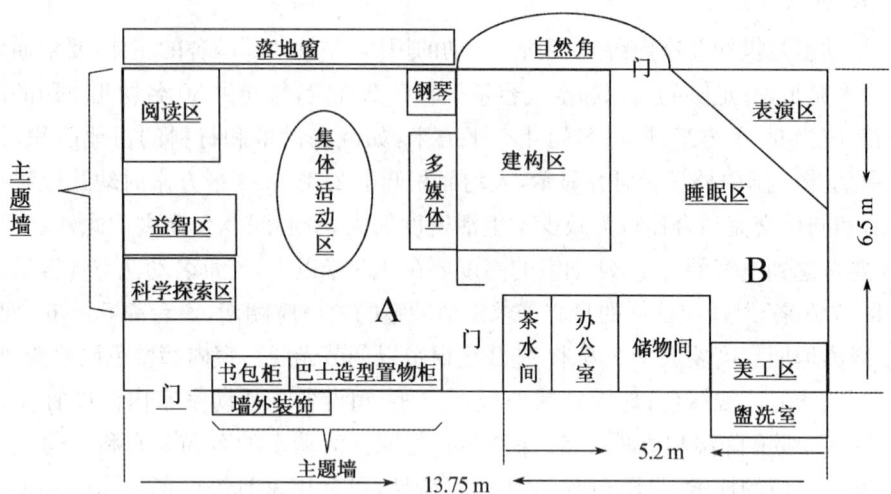

图 5-6 大班班级活动室规划图

2. 卧室

卧室面积按每名幼儿 3~4 平方米计算,空气容量为每名幼儿 12~16 立方米;床的摆设要避免拥挤干扰,便于管理,床头间距 0.5 米,行间距 0.9 米;室内最好铺地板、防潮、保温、清洁,无条件配卧室的幼儿园可在活动室装设翻板壁床、壁橱等。卧室可采用浅色木材的色彩或浅蓝色、浅绿色,采用避光性较好的冷色、单一或纹样简单的窗帘,床单采用单一色彩,可用蓝色发光二极管灯以促进幼儿睡眠。

3. 盥洗室、厕所、隔离室、餐饮区

盥洗室和厕所应临近活动室或卧室,安置水龙头 5~6 个,大便器 2~3 具,小便池一个;寄宿制幼儿园还应设淋浴池一个;要有专门的挂毛巾处,毛巾悬挂时须保持一定距离,以免传播疾病;幼儿使用的口杯、牙刷等盥洗用品也应设专用橱具摆放。隔离室应远离幼儿集体活动室,设置专用的盥洗用具和便具,可安置 1~3 张床位。餐饮区最好选用中性灯光而非暖色,更不是冷色。

4. 门厅、走廊与楼梯

门厅、走廊等室内活动区域属于过往环境,是非正式的活动区域,尽可将色彩设计得丰富活泼。但需要注意其色彩与幼儿园整体环境色彩的协调,色彩的选用要有主次,可使用幼儿喜爱的颜色(如大红色、洋红色)及对比鲜明的搭配(红黄、黄绿、黄蓝等),以此激发幼儿活动的积极性,提高幼儿的兴奋度,培养其对幼儿园环境的喜爱之情。

楼梯是上下楼的通道,上下位置应能引导幼儿向上或向下走。楼梯间装饰物不宜过于花哨、繁杂,内容应单一,色彩应简单明快,一目了然,避免幼儿集体通过时驻足观看,发生拥挤,出现意外。

5. 多功能厅与专用功能室

　　幼儿园还需设置多功能厅,有条件的可以设置音体室、科学活动室、游戏室、图书阅览室、建构室、美工室等专用活动室(见图5-7、图5-8[①])。多功能厅是幼儿园的必备设施之一,可以开展庆祝活动、亲子活动、幼儿艺术表演、教学观摩活动等。在多功能厅的设计上,可以将弧形厅的一部分空间设置成升降舞台,有演出、观摩活动时,将其升起,使整个多功能厅具有层次感,便于观看。

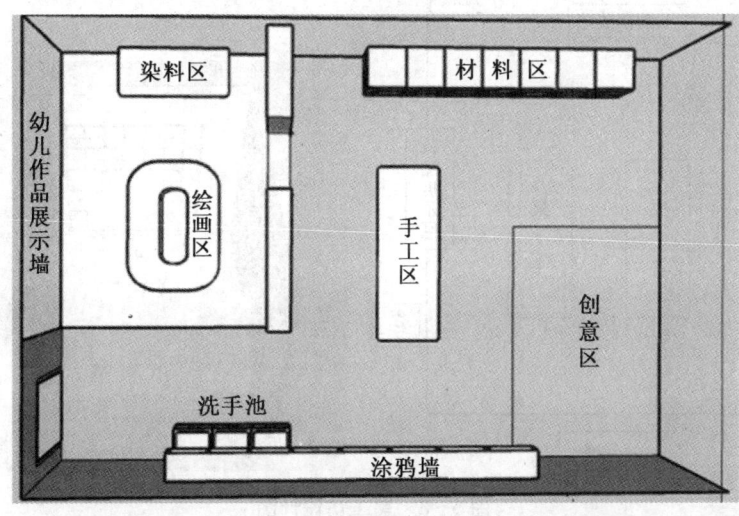

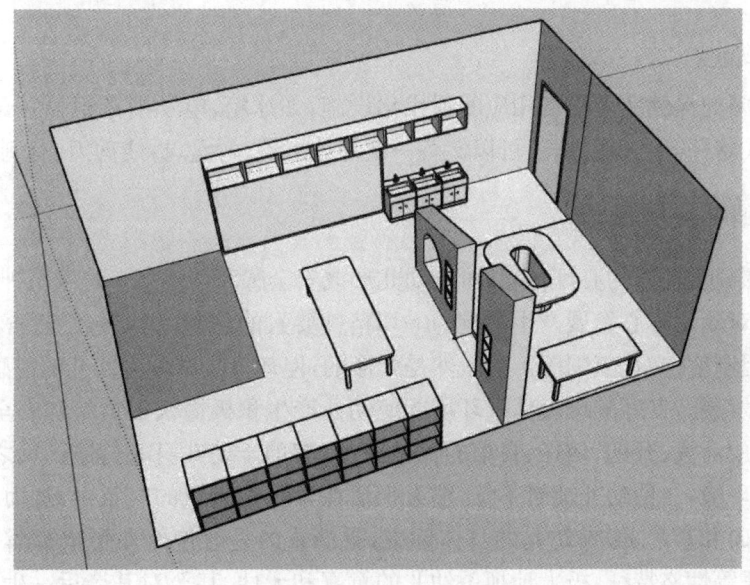

图5-7　美工室设计图

---

　　① 资料来源于南通大学教育科学学院学前师范183Z范月华等同学组的"幼儿园班级管理"课程作业。

音体室、科学活动室、游戏室、图书阅览室、建构室、美工室等专用活动室空间可以容纳一个班的幼儿同时活动,并保证幼儿操作宽松;室内光线要充足,包括自然光线和人造光线;通风良好,保持适宜的温度。不同专用活动室需要不同材料和设备,材料的摆放要便于幼儿取放,适合幼儿的高度和视觉范围,利于幼儿操作。同时,还要有助于教师观察到活动室内所有幼儿的活动。

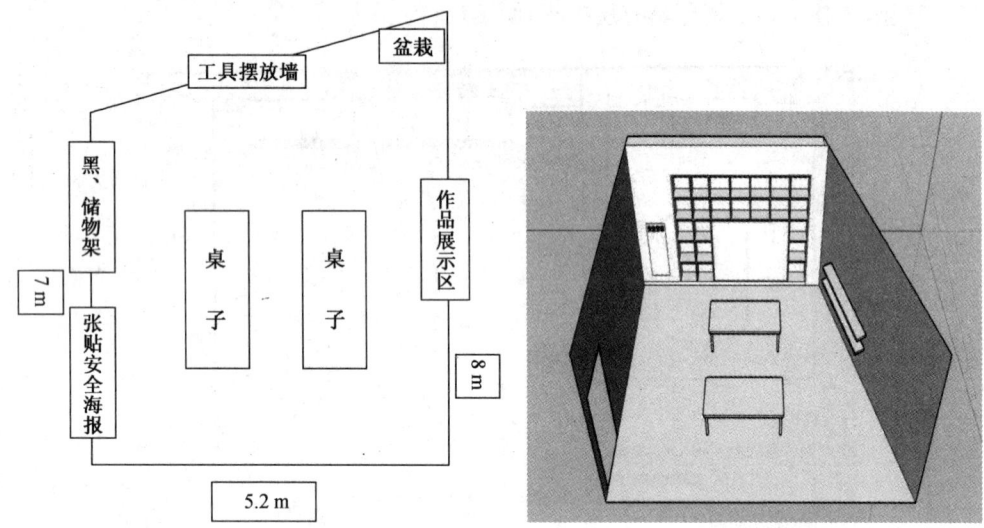

图5-8 美工坊设计图

6. 保健室

幼儿园的保健室应配备相应的现代化设施,如冰箱、电子消毒柜、高压蒸汽消毒锅、杠杆式磅秤等。保健室还可以储备一次性注射器、弯盘、拆线剪刀、有刺镊子等。

五、精神环境创设

营造温暖、轻松的心理环境,可让幼儿形成安全感和信赖感。班级精神环境是指幼儿园内对幼儿身心发展产生影响的一切精神要素的总和,主要包括教育观念与行为、幼儿园制度、文化氛围等。它虽然是无形的,但却直接影响着幼儿的情感、交往行为和个性发展。良好的班级精神环境能使幼儿产生积极愉快的情绪和安全感,有助于幼儿形成活泼、开朗、信任、自信的性格特征,有助于幼儿身心健康。反之,不良的班级精神环境,会使幼儿情绪不佳,整天生活在紧张而恐惧的气氛中,从而导致生理功能的障碍和紊乱,影响幼儿的身体健康,更严重的是会使幼儿形成孤僻、抑郁、胆怯、不信任等性格特征,极大地扼杀幼儿的童真和天性,甚至对其今后一生的健康和幸福产生深远的影响。因此,创设文明有序、健康安全、和谐温馨、积极向上的班级精神环境是幼儿健康成长的需要。

幼儿需要一个充满心理安全与心理自由的环境,民主、向上、和谐的班级氛围能给幼儿一种"润物细无声"的教育,身处其中的幼儿会萌发学习的热情,获得情感的满足,得到心灵的陶冶。教师作为教育者,应该在创设优良班级精神环境的过程中起到调节和指引作用,引导幼儿之间建立相互信任、团结、互助的同伴关系,引导幼儿和教师建立轻松、和谐的师幼关系。同时,教师还应为人师表,与同事、家长建立和谐、平等的协作关系,营造融洽、和谐、健康、安全的班级氛围,让幼儿乐在其中。

(一) 师幼关系

师幼关系是幼儿园教育过程中最基本、最重要的人际关系,是幼儿和谐、全面发展的支持系统。师幼关系是一种亲密的类亲子关系,儿童向师性的特点使得教师成为班级集体的精神领袖。幼儿会由于教师的亲近、关怀、鼓励而高兴、自信、活跃,也会由于教师的疏远、拒绝、冷淡而沮丧、自卑。爱的理解是师幼双方价值升华的一个重要因素,体现在关心、热爱、尊重儿童和平等对待儿童上。幼教法律法规都明确指出:"应尊重幼儿的人格和权利""关注个别差异""促进每个幼儿富有个性的发展"。十八大报告进一步强调:"大力促进教育公平""让每个孩子都能成为有用之才"。教师应尊重幼儿人格,维护幼儿合法权益,平等对待每一个幼儿。不讽刺、挖苦、歧视幼儿,不体罚或变相体罚幼儿;教师应信任幼儿,尊重个体差异,主动了解和满足有益于幼儿身心发展的不同需求;教师应关爱幼儿,重视幼儿身心健康,将保护幼儿生命安全放在首位;教师应重视班级生活对幼儿健康成长的重要价值,积极创造条件,让幼儿拥有快乐的班级生活。教师作为儿童班级生活的支持者、合作者、引导者,是班级集体的核心,应以关怀、接纳、尊重的态度与儿童交往,为儿童提供安全、温馨的成长环境,培养儿童在集体中的安全感、归属感和自信心,呵护幼儿的童年快乐与幸福。"幼儿园是我家,老师爱我我爱她,老师说我好娃娃,我说老师像妈妈。"这首儿歌便是和睦亲密的师幼关系写照。

(二) 同伴关系

班级生活是儿童生命历程中的重要组成部分,也是童年生活的主要组成部分,成为儿童由家庭生活走向学校生活的过渡。在班级生活中,儿童除了学习知识、技能外,更重要的是养成良好的学习习惯、方法和态度,并在班级集体中掌握集体生活规则,学会做事、生活与生存,为同伴、集体所接纳。同伴、集体的接纳可以让儿童找到归属感,并通过同伴、集体达成自我认知。

教师应引导幼儿学会相互交流思想和感情。通过引导幼儿向同伴交流自己的思想和感情,有利于幼儿了解同伴的各种需要,进而产生帮助、合作等行为。同时也能使得到帮助行为的幼儿学会正确的反馈方法。教师应通过班级的日常生活,引导幼儿在生活细节中分享、协作、友爱,让幼儿与同伴相互表达感受,学会观察他人的喜怒哀乐,了解他人的情绪情感状态等,让幼儿学会正确地关心他人,建立相互关心、友爱的同伴关系,消除攻击性行为,建立良好的同伴关系,让幼儿在集体生活中感到温暖,心情愉快,形成安全感、信赖感。教师要鼓励缺乏交往技能或过分害羞的幼儿积极参与到班级活动中来,并通过鼓励其他幼儿与其交往,使其获得同伴交往的愉快感和集体归属感,体验集体生活的乐趣。

(三) 同事关系、师长关系

教师之间、教师与家长之间的人际交往对幼儿的身心发展具有重要的影响,是儿童同伴交往的重要榜样,是儿童心理安全的风向标。教师之间、教师与家长之间要团结友爱、互助合作,以良好的成人人际环境带动良好班级精神环境的形成。成人间关系的不和谐,会导致幼儿产生担忧焦虑和不安全感。教师与教师、教师与家长如果相互尊重、相互关心、相互帮助,则会给班级带来一种温馨、和谐的气氛,让幼儿耳闻目染,学会体察别人的情趣情感,产生心理安全。因此,教师应具有团队合作精神,教师之间、教师与家长之间积极开展协作与交流;教师应乐观向上、热情开朗,有亲和力;教师应衣着整洁得体,语言规范健康,举止文明礼貌,为人师表。

第三节 班级环境创设

一、班级环境课程化

幼儿园班级是幼儿园最基本的组织形式,担负着保育和教育的双重任务。幼儿园班级管理的一个主要任务是为幼儿创设一个和谐促长的环境,让幼儿在该环境中学到知识、习得技能、发展情感、获得品德,成为一个身心和谐发展的人。学习环境是实施课程理念和目标的资源保障,创设学习环境是课程实施的一个重要内容。因此,班级环境是课程的鲜活生命体,班级环境的变化与发展反映了教师和幼儿积极、主动建构教育经验的过程。当班级环境的每一个细节都较好地体现着课程理念与目标时,环境就是课程,环境就是老师,环境就是对班本课程最生动的演绎。班级环境创设标识着教师的专业水平,需要教师不断增强解读环境与儿童发展关系的能力,真正掌握让环境成为儿童亲自经历的课程的技术。班级环境建设对教师而言就是让文本的课程转化为活动的课程的一项工程,而对幼儿而言,班级环境则是一本铺展在他们面前的永远看不完却始终不想放弃的童话书。班级环境课程化是幼儿身心发展的必然需求,也是幼儿园课程建设的需求和发展趋势。班级环境与课程相融合,随着主题的展开而创设,随着课程的深入而丰富,随着主题的变化而变化。

(一) 记录课程进程

班级环境不是一蹴而就的,它贯穿于整个主题展开的全过程。环境的创设和完善是对主题活动中幼儿在每一个环境中的兴趣点记录。班级活动室的每一个空间、每一个区域,墙饰中的每一个细节都围绕"幼儿近期最感兴趣的话题"而连贯一致,都包含了课程的内涵,每一个部分都有它产生的意义和反映的故事。班级环境的创设素材是多样性的,内容是整合的、主题的、课程的。幼儿的美术作品、创编的故事和儿歌以及他们带来的图书、图片、玩具、可利用的自然物和废旧材料,都是课程和环境的素材,甚至是主角。班级环境收录了课程进展的轨迹,是对课程实施过程的全记录。

(二) 推动课程进展

班级环境是依据幼儿在课程进展中的兴趣和探索欲望,在教师与幼儿、幼儿与材料的积极互动中不断创设出与课程相关的环境内容。幼儿兴趣的激发、探索欲望的增强以及幼儿与教师、幼儿与同伴之间互动积极性的提高,很大程度上受到他们所处的环境和材料刺激的影响,良好的班级环境和富有刺激性的材料对课程的进展可以起到推波助澜的作用。班级环境创设的过程就是幼儿最感兴趣的话题的产生、发散、深入的过程,也是课程展开的过程。班级环境创设不是课程展开之后,而是伴随课程的开始而开始规划,伴随着课程的进行而展开创设,随着课程的变化而变化,随着课程的深入而深入,班级环境是幼儿园课程的一个重要组成部分。

(三) 展示课程成效

班级环境的规划和创设是在尊重幼儿的基础上,随着课程的不断具体和深入,经历从探讨→修改→再探讨→再修改的螺旋式上升的过程。其中,无论在墙饰、窗饰、活动区域等的布置中,每一件作品都是幼儿主动参与的写照,每一步都是幼儿经验提升的体现,每一次成功凝聚着幼儿劳动的智慧和创造。围绕着课程而创设的班级环境,幼儿的兴趣是起点,幼儿的原始创作是素材,教师的积极应答是催化剂,展示着师幼共同的智慧和力量,展示着课程的成效和师幼的成长。

二、班级环境呈现

班级环境呈现的一般原则是安全、自然、美观、有利于互动,而特殊原则是因地制宜、顺应变化、张扬个性。教师要根据教育目标和幼儿不同的兴趣、需要和身心发展特点,以幼儿喜欢的方式呈现儿童化、审美化、教育化的班级环境。

(一) 在色彩上,应以色彩艳丽的纯色为主

班级环境色彩在视觉上应当充分表现出童趣美,让所有的人都能感受到童年的温馨与美好。班级环境中的色彩应以幼儿的身心发展规律为依据,做到既丰富又协调,艳而不繁,艳而不乱。环境色彩宜单纯,接近自然,这样的色彩令纯洁的孩子们产生丰富的想象:广袤无边的绿色草原、密密的森林、辽阔的蓝天、飘浮的白云、蔚蓝的海洋和可爱的小动物们。这些单纯、源于自然的色彩,易使阅历浅短的幼儿产生共鸣、易于理解,便于他们欣赏、借鉴、表现。幼儿们喜爱明快的色彩对比,活泼好动的幼儿从中可以感受到色彩变化的节奏和共鸣。在为幼儿创造对比、跳跃的色彩的同时,应考虑画面的整体美,采用较大浅色块支撑,可使画面既有局部美的变化又有整体协调感,能解决幼儿园一堵墙面内容多、色调不易统一的问题,使环境更具艺术化。

(二) 造型上,应以稚拙、简洁为主要表现手法

圆浑、敦实、稚拙、简洁的美术造型最能吸引幼儿,因为尚未完全走出视觉模糊阶段的幼儿,对圆浑的造型能淋漓尽致地感知。敦实、稚拙的模样令他们产生更多的关注和怜爱,简洁的美术造型,可以吸引幼儿的感知。同时由于造型概括、简洁,绘画操作过程相对简单易行,更适合于幼儿园布置环境内容多、更换周期快的需要。对于幼

儿园的设计,在满足儿童使用功能的基础上,还应满足儿童富于幻想的、多变的要求,增添趣味性。

(三) 内容上,应创设符合幼儿心理要求的环境

幼儿往往对不熟悉的环境感到害怕,熟悉的环境容易使幼儿产生安全感和归属感。在走廊、楼梯悬挂的是幼儿作品,还有幼儿活动、演出的照片,教师的儿童画等。这些作品被幼儿所熟悉,色彩鲜艳,符合幼儿心理特点,更能培养幼儿的审美情趣。而且,看到自己的作品展出,幼儿更能增加一份成就感、自豪感。研究证明,用幼儿熟悉的玩具、用品等把小班班级环境布置成"家",可以很好地缓解幼儿的分离焦虑,减少恐惧感,解决小班幼儿的入园适应问题,使幼儿能很快地融入幼儿园集体生活中。

(四) 方式上,应依据教育需要呈现

具体的呈现方式有:(1) 专题呈现,即根据幼儿当前学习的一个重点来建构墙面环境与材料环境,以保证单位时间内幼儿的学习效益。(2) 一次性呈现,即将幼儿一次活动或一个系列活动的成果一次性发布,这比较适合幼儿作品展出和进行阶段性活动小结。(3) 持续呈现,即环境创设由一个小的切入点展开,伴随着幼儿的活动不断丰富,逐步形成一个具有主题的环境,这比较适合于反映幼儿生成性的学习过程。(4) 根据活动组织形式呈现,即根据幼儿学习活动的形式以集体、小组、结伴、个别的形式呈现他们的学习成果。(5) 根据活动内容变化的需要呈现,这主要体现在幼儿操作材料的提供上,即相同的材料由于活动功能的不同,其呈现的方式也应有所不同。(6) 根据幼儿表达方式的特点呈现,即根据幼儿选择的记录活动的符号来呈现幼儿的学习成果。(7) 以交流为目的的呈现,即教师选择出幼儿个体学习过程最有价值的内容加以整理,以一种结构化的方式呈现在环境中,以此为线索引发幼儿间积极的互动。

三、班级环境规划

教师应是班级环境规划的主体,幼儿可以适度参与,因为只有科学、合理的规划才能更好地实现幼儿与环境的高质量互动。其次,班级环境规划要充分考虑到参与者的态度、参与的可能性、受众的可接受性和实施的现实性。班级环境规划包括:

(一) 时间规划

教师应根据当前课程实施内容的周期来考虑环境建设的长期性、短期性和暂时性,使持续的环境创设与阶段性的环境创设相辅相成,以构成幼儿完整的学习过程和经典的学习经验。

(二) 内容规划

班级环境的内容一般由主题与非主题两部分构成,属于主题的那部分内容要兼顾上一个主题、现在的主题与下一个主题的传递关系与价值区分,而属于非主题的那部分内容则应考虑主题以外有关学习的、生活的、游戏的、评价的多方面内容,虽然不强调内容的全面,但必须体现各方面内容存在的必要。主题与非主题的内容基本以

预设为主,但也要为环境创设中将可能生成的内容预留一些再规划的空间。

(三) 空间规划

班级环境建设的空间规划要处理好四对关系,即显性与隐性的关系、立体与平面的关系、整体与个别的关系、固定与变化的关系,这四对关系的核心就是联系,教师要努力地增强不同形式的班级环境元素之间的联系,不断提高环境对幼儿多维度施加的整体教育影响。

四、班级活动区规划

活动区(或活动区域)就是利用活动室、睡眠室、走廊、门厅及室外场地,通过提供并投放相应的设施和材料进行区域功能划分,为幼儿创设的分区活动场所。如把活动室划分为若干个区域,把幼儿活动材料按类别分别放入这些区域,赋予每个区域不同的功能,突出区域功能的教育性和针对性,并设有屏障构成若干个相对固定的半封闭区域。

(一) 活动区的设置

活动区(见图 5-9[①])的设置需要全面考虑本园目标、儿童兴趣、班级空间和儿童人数。根据幼儿的认知、情感、动作、语言、社会性等发展的需要,幼儿园为儿童创设的活动区一般有:

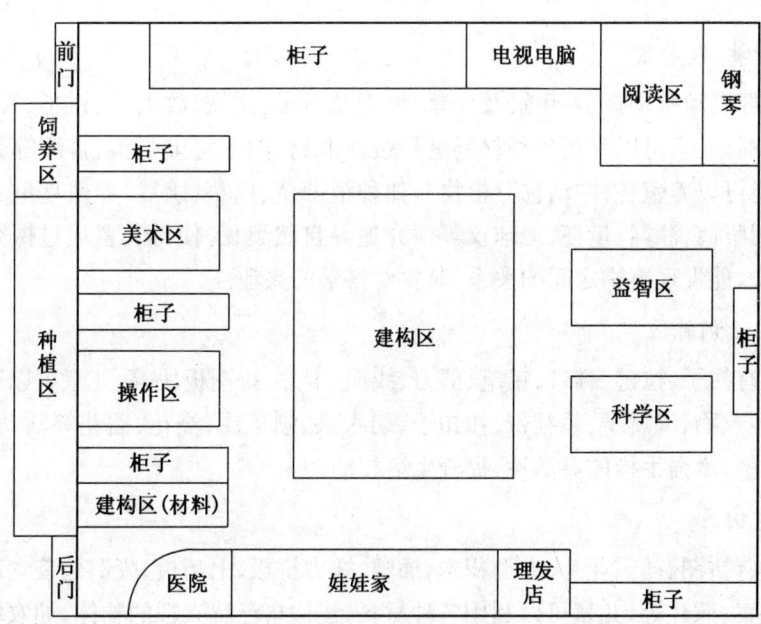

图 5-9 活动区布局图

[①] 资料来源于南通大学教育科学学院学前师范 183Z 黄慧等同学组的"幼儿园班级管理"课程作业。

1. 角色游戏区

此区备有家具、餐具、洋娃娃、服饰等设备和材料，儿童在此可以进行超市、小吃店、美容院、娃娃家、银行等角色游戏，通过角色的扮演，帮助幼儿形成良好的情感体验，培养社会性能力，积累社会经验（见图5-10①）。

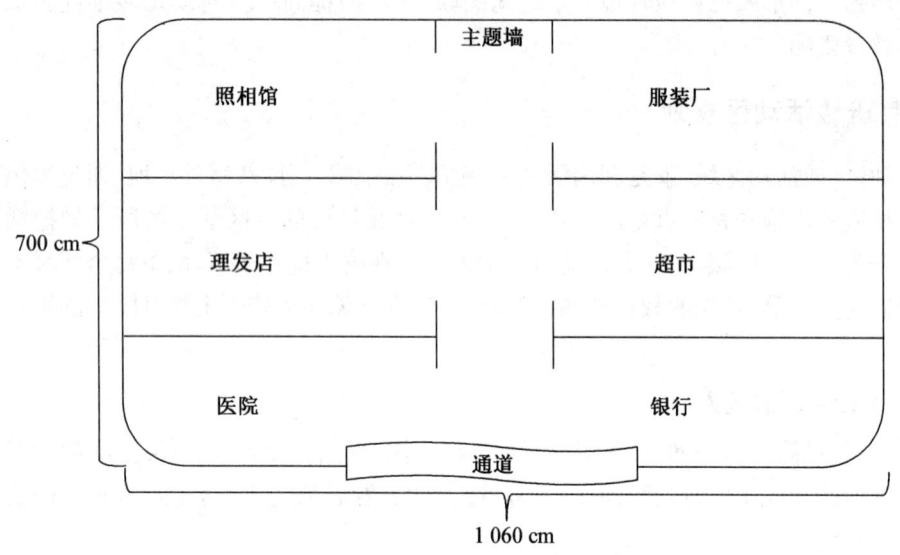

图5-10 角色游戏区布局图

2. 科学/数学区

此区拥有动植物标本、鱼缸及金鱼、贝壳及石子、磁铁、放大镜、钳子、天平、组合与计数材料，儿童可以利用各种材料进行按数取物、图形宝宝归类、排序等数学操作和游戏；还可以养殖各种"动物""植物"，如种植蒜苗、白菜、豌豆，养殖乌龟、蜗牛、春蚕等，利用听筒、沙漏、量杯、地球仪等探究追寻自然奥秘，使得儿童通过探究、比较、测量、实验，能发现事物之间的关系，萌发对科学的兴趣。

3. 生活训练区

此区有扣子、拉链、鞋带、铅笔、剪刀、线绳、卡片、拼图板块等，儿童可以进行穿脱衣服、整理衣物、编辫子、系鞋带、扣扣子、切水果、刨瓜皮、浇花、插花等活动，发展小肌肉的力量，增强手指的灵活性，提升生活技能。

4. 建构区

此区有拼图、插雪花片、大型积木、插塑、智力拼板、七巧板、废旧包装盒以及各种模型和图案、照片等，儿童可以利用各种材料，建构自己感兴趣的物体，如农场、大桥、

---

① 资料来源于南通大学教育科学学院18研学前教育作业王小雨同学的"学前教育管理理论与实务"课程作业。

飞机场、儿童公园、动物园等,但堆搭物体的高度不能超过自己的身高。建构区的活动有利于儿童认识物体的形状、大小、长度、系列,掌握空间关系,发展手眼协调能力和想象力。

5. 图书/语言区

设在安静、明亮之处,通过图书架等物体与其他区域分割开来。有适合儿童的图书、反映不同文化的图书、小地毯、沙发、枕头、充气垫;图书封面朝着儿童摆放,高度与儿童的视线相当;儿童在此可以舒适、放松地自由阅读、静息和听讲,包括听录音、合作猜谜、剪贴废旧图书、卡片找朋友(字画配对)等,以此教会幼儿使用图书,培养儿童阅读的习惯和兴趣以及对图书的热爱,发展语言能力。

6. 艺术区

美工区安放在靠近水龙头的地方,有画架、纸张、颜料、画笔、刷子、小桶等,儿童对纸或布、羽毛、棉花、毛线、纽扣、肥皂等材料进行加工,包括泥工、纸工(折、剪、撕、贴、玩)、绘画、涂鸦、废旧物品制作画等,创造各种艺术品。音乐区置有收录机、儿歌磁带、打击乐器与各种制造声音的材料、律动器材以及各式表演性服装、道具等,儿童可以自由选择材料,进行音乐表演创作活动,培养幼儿的美感,提升幼儿的艺术感受力、表现力和创造力(见图 5-11①)。

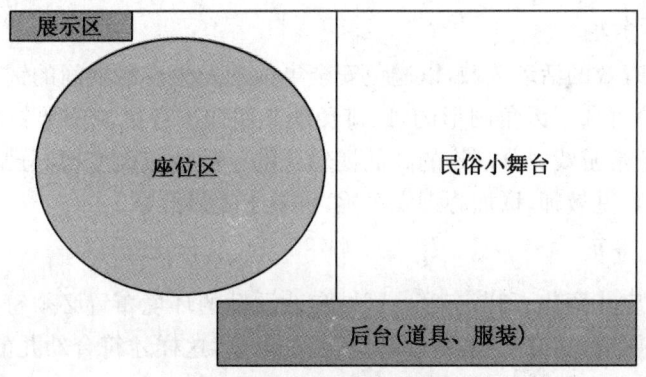

图 5-11 表演区布局设计图

7. 沙水区

此区靠近水源,备有不锈钢水槽、多件沉或浮的物品、肥皂、吸管、染料等;或备有一个沙地、铲子、小桶等,儿童可以使用多种器具玩沙或玩水,以帮助儿童了解物体的结构、体积、性能,掌握测量的技术,知晓沙、水的基本特性。

8. 木工区

有刨子、锯子、锤子、铁钉、树干、木块、瓶盖等材料,儿童在教师监督下,进行安全

---

① 资料来源于南通大学教育科学学院18研学前教育作业汤丽裙同学的"学前教育管理理论与实务"课程作业。

活动,享受敲打的乐趣,理解部分与整体的关系,发展动手能力、设计能力。

9. 电脑区

儿童在电脑上学习读、写、算的基础知识,玩游戏、画图、欣赏音乐以及多媒体课件、打印材料等,引导幼儿学会使用电脑,提高幼儿利用现代科技自我学习的能力。

10. 健身区

大多置于室外,远离静态活动区,有攀登架、滑梯、梯子、箱子、平衡木、秋千、三轮车、皮球等,儿童可以进行走大鞋、高跷、平衡、钻爬、垫上运动、跳绳等活动,发展幼儿的大肌肉活动能力,促进幼儿对体育活动的兴趣,增强其身体素质。

(二) 活动区设置原则

活动区域的设置在于创设能鼓励幼儿自由选择、便于操作、大胆探索的环境,更好地促进幼儿身心全面和谐的发展。区域环境创设既要充分考虑幼儿园自身条件,为幼儿创设一个安静有序的良好环境,又要积极引导幼儿主动地参与环境创设,师幼互动,才能使活动区真正成为幼儿喜爱的、健康成长的园地。因此,教师可以与幼儿共同讨论班级里需要哪些区域游戏活动,让幼儿根据自己的需要提出想法,设计区域游戏活动标志。此外,还要根据儿童的兴趣及时调整、更换区域,并适当增开新的活动区以满足幼儿不断变化的需要。具体应做到:

1. 区域安全化

创设安全有效的活动区域,以避免安全事故的发生。区域间的铺设物可选用柔软的地毯,桌椅可选用无角圆形的,以避免幼儿磕碰。各区域间要标有清楚的走动线,引导幼儿正常游戏。分割物的高低视幼儿的年龄特点而变换,分割物不宜太高,使幼儿能随时看见教师,增加心理安全感,也便于教师指导。

2. 布置儿童化

环境布置应儿童化、和谐有序。区域游戏活动的环境布置必须符合幼儿年龄特点,色彩鲜艳、明亮,富有童趣,引起幼儿联想、思索,这样才符合幼儿的心理需求,激发幼儿兴趣,充分发挥幼儿的自主性,积极投入活动当中去。教师可充分利用教室的地面、墙面、桌面、材料、设备等布置环境,每个区域应有分类架或游戏筐,便于幼儿选取和整理材料,为幼儿提供一个有准备的、丰富的、精心设计的有序环境,又是一个开放的、变化的、有多种探索发现机会的环境,使蕴含的教育因素充分发挥作用,儿童能够充分活动,获得和谐发展。

3. 分割适宜化

区域间的分割应得当适宜,动态活动区和静态活动区相分离,长久活动区与临时活动区相配合,既要考虑到幼儿之间能相互交流、共同合作,又要注意彼此之间互不干扰,从而让幼儿专注地进行探索活动。各区域间的分割以桌子、柜子、隔板等物体分割,每个活动区约能容纳 4 名幼儿,且各活动区之间是开放联系的,方便幼儿出入和区间交流,增强幼儿的交往与合作。区域之间可用同质地的铺设物(如地毯、地板等)来暗示区域的界限或改变光照明度,既界定了游戏的范围和特性,又可以增加不同区域之间的互动,同时铺设物还有利于减除噪声。

4. 区间互动化

游戏区域创设应尊重幼儿的身心发展水平与认知特点,突出区域功能的教育性与针对性,其内容、形式和材料投放都要体现层次性、递进性和适宜性,其难度在小、中、大各年龄班的分布呈螺旋形连续上升状态,以确保幼儿活动经验的连续性、发展性和全面性。活动区域应依据幼儿年龄特点,因园因班制宜,创设多元化活动区域,既有班级独立活动区域,又要有混龄活动区域,确保幼儿可以自由选择活动区域与活动内容,不仅能与区域中的各种设施材料进行充分互动,而且能够与区域中的人(教师和同伴)进行自由交往。小班区域设置可以固定区域为主,中班可增加半机动性活动区域,大班应将角色游戏区或表演游戏区等设置为机动性区域,让幼儿自主布置游戏区域,以提高游戏活动的自主性和丰富性。特别值得注意的是,区域设置既应有相对的独立性,动静分离,布局合理;又要关注区间的相关性与互动性,将引发幼儿相互经验的各种因素结合在一起(如娃娃家与医院、小吃店与超市等),使不同的区域环境发生彼此的联系,以引发区间互动,利于幼儿游戏活动的深入与拓展,提升幼儿经验的丰富性。

"来,孩子们,让我们到花园里去!"[①]那里"到处悬挂快乐、花神和美丽、温雅、欢喜等神的肖像。"[②]那里铺满鲜花和绿叶,到处都是清新、浓荫、碧绿和芳香,自然做我们的向导,幸福和欢乐作我们的伙伴,处处洋溢着童真的欢笑……

要点回顾

环境作为一种隐性课程,具有重要的教育功能,发挥着"第三位老师"的作用,犹如"春风化雨"般地影响着幼儿的身心健康。幼儿园环境应是有准备的环境,教师准备环境、控制环境、调整环境。环境生成课程,课程创生环境,环境记录课程。教师创设环境应避免片面化、成人化和奢华化,遵循环境创设基本原则:安全性原则、目标一致性原则、适宜性原则、引导性原则、参与性原则、经济性原则。幼儿园适宜的地段、合理的房舍、清新的空气、合乎要求的采光与照明、宽阔是活动场所以及合适的设备和材料等,不仅是保证幼儿园教育教学活动顺利进行的必要物质条件,也是促进幼儿身心健康发展所必不可少的物质基础。活动区(或活动区域)就是利用活动室、睡眠室、走廊、门厅及室外场地,通过提供并投放相应的设施和材料进行区域功能划分,为幼儿创设的分区活动场所,包括:角色游戏区、科学/数学区、生活训练区、建构区、图书/语言区、艺术区、沙水区、木工区、电脑区、健身区。活动区设置原则有:区域安全

---

① Arnold H. Heinemann, *Froebel Letters*, Boston: Lee and Shepard Publishers, 1893, p. 20.

② 吴元训选编:《中世纪教育文选》[M]. 北京:人民教育出版社,2005:425.

化;布置儿童化;分割适宜化;区间互动化。

思考练习

1. 为什么幼儿园环境应是一个有准备的环境?
2. 幼儿园环境创设的基本原则有哪些?
3. 请谈谈你对幼儿园环境课程化的理解。
4. 活动区设置原则有哪些?
5. 请全班同学为一新建幼儿园进行环境规划与设计,要求分工协作模拟创建新办园。

拓展阅读

不必说碧绿的菜畦,光滑的石井栏,高大的皂荚树,紫红的桑葚;也不必说鸣蝉在树叶里长吟,肥胖的黄蜂伏在菜花上,轻捷的叫天子(云雀)忽然从草间直窜向云霄里去了。单是周围的短短的泥墙根一带,就有无限趣味。油蛉在这里低唱,蟋蟀们在这里弹琴。翻开断砖来,有时会遇见蜈蚣;还有斑蝥,倘若用手指按住它的脊梁,便会啪的一声,从后窍喷出一阵烟雾。何首乌藤和木莲藤缠络着,木莲有莲房一般的果实,何首乌有臃肿的根。有人说,何首乌根是有象人形的,吃了便可以成仙,我于是常常拔它起来,牵连不断地拔起来,也曾因此弄坏了泥墙,却从来没有见过有一块根象人样。如果不怕刺,还可以摘到覆盆子,象小珊瑚珠攒成的小球,又酸又甜,色味都比桑葚要好得远。

——鲁迅《从百草园到三味书屋》

完善与建议

反思、建议:

_____
_____
_____
_____
_____
_____

工作案例与材料(粘贴):

第六章 课程管理

探索一种教导的方法,使教员可以少教,学生可以多学,使学校成为更少喧闹、更少令人厌恶的事、更少无效的劳作,而更多闲逸、更多乐趣和扎实进步的场所。①

——夸美纽斯

第一节 幼儿园课程管理

一、课程管理概述

1918年美国学者博比特(F. Bobbitt)出版《课程》(*Curriculum*)一书,标志着课程作为专门研究领域的诞生。博比特深受20世纪初在美国工业界盛行的"科学管理原理"的影响,把工业科学管理的原则运用于学校教育,继而又把它推衍到课程领域本身。博比特坚信科学管理的原理有助于教育者在课程设计和实施上更为精确有效,其《课程》一书便是这种运用的系统化和理论化,从而确定了现代课程领域的范围和研究取向。课程管理是系统地处理课程编制技法和人、物条件的相互关系,以教育目标为准绳,加以组织的一连串活动的总称。有科学的课程管理,才可能产生科学的课程。课程是实现教育目的的载体,幼儿教育的根本目的是促进幼儿全面和谐的发展,幼儿的和谐发展有赖于科学的幼儿园课程,更有赖于科学的幼儿园课程管理。

幼儿园课程管理是依据幼儿身心发展特点及教育发展的客观规律,为了实现教育目的,达成预期的教育目标而有效利用各种资源,对幼儿园课程实行计划、组织、协调和控制的过程。幼儿园课程管理可以分为政府层面的宏观课程管理和园所层面的微观课程管理,其中政府的管理又分为国家和地方两级课程管理,园所的管理也包含园级和班级两个级别的课程管理(见图6-1),形成了二层四级的幼儿园课程管理体系。

---

① [捷]夸美纽斯. 大教学论[M]. 任钟印选编. 北京:人民教育出版社,2006:122.

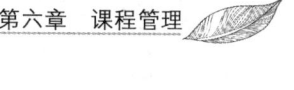

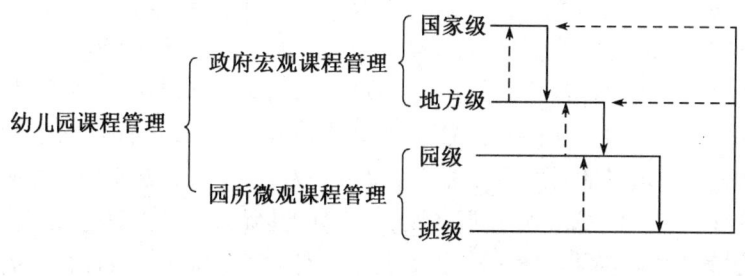

图 6-1 幼儿园课程管理层级图示

二、课程管理策略

(一) 政府的宏观课程管理

1. 国家级课程管理

《幼儿园管理条例》规定:"国家教育委员会主管全国的幼儿园管理。"教育部的主要职责是决策,确定国家关于幼儿教育的大政方针,实施宏观管理。中央政府在了解全国幼儿园课程基本状况和主要问题的基础上,通过制定并督促执行相关的法规和政策对幼儿园课程实施管理,为全国的幼儿园课程提出统一的指导纲领。《幼儿园教育指导纲要(试行)》《3—6岁儿童学习与发展指南》便是国家根据党的教育方针和《幼儿园工作规程》制定的,对全国幼儿园教育进行宏观管理和指导的法规文件,对幼儿园课程提出了基本要求,是国家对全国幼儿园教育进行指导的总纲,也是幼儿园课程管理的指南。《幼儿园教育指导纲要(试行)》《3—6岁儿童学习与发展指南》以特定年龄阶段幼儿的一般发展水平和规律作为依据,具有普遍适应性,保证了幼儿各方面的平衡发展,也鲜明地体现了国家的意志,为幼儿园课程管理构筑了坚实的基础。目前,针对幼儿园课程建设和实践的现实问题,国家应该切实从幼儿教育和幼儿园课程的特质出发,从我国的国情出发,依据幼儿园的特性和健康发展需求,进一步建立和完善相关的法规、制度和政策,为幼儿园的课程建设营造一个健康向上的宏观生态环境,在让下一代接受多元文化的同时,警惕文化侵略;在幼儿园课程充分体现统一的和谐教育精神、实现全面均衡发展目标的同时,允许幼儿园课程的多样化。

2. 地方级课程管理

地方各级政府作为行政层,其职责是承上启下,贯彻中央决策,同时对地方幼教事业进行宏观管理,加强地方教育法规建设和制订教育规划,对当地幼儿教育进行指导、监督。地方政府建立的"省—市—县(乡)"幼教管理网络对幼儿园的课程管理起着举足轻重的作用,是幼儿园课程管理的重要层次,依据国家课程管理政策,一切从幼儿发展的利益出发,结合本地实际情况,因地制宜,在坚持真正的全面和谐发展的基础上,创造性地发展多种适合本地实际的幼儿园课程,确保国家相关法规和政策能与本地的实际相结合,并得到贯彻和落实。对于幼儿园的课程管理,地方政府首先要加强规范引导,各级教育行政部门要对课程的实施和开发进行指导和监督,强调遵循教育规律,引导幼儿园树立科学的课程观、儿童观等,督促幼儿园严格贯彻执行国家的教育法规和政策,将幼儿的全面健康发展放在首位。其次,建立服务意识。地方政府的课程管理职能之一就是提供服务,为广大幼儿园的课程建设提供多方面的服务,如师训的服务、政策咨询的服务等,为幼儿园的课程建设创造学习、交流的机会和平台。鼓励幼儿园群策群力,从实际出发,因地制宜,发奋创新。帮助幼儿园分析有关课程问题的实质及成因,并提出可行性的建议与对策,真正发挥地方政府在幼儿园课程管理上的导向、护航作用。

(二) 幼儿园的微观课程管理

1. 园级课程管理

园级课程管理,就是幼儿园作为一个组织,总体上对课程进行的管理。这类管理涉及课程的理念、课程的架构、课程实施人员的配备、课程实施成效的评价等方面。联合国《儿童权利公约》第29条规定了教育儿童的目的,并明确规定个人和团体有建立和指导教育机构的自由,实行的教育应符合国家可能规定的最低限度标准的要求。幼儿园必须执行国家和地方的课程基本要求,课程管理以《幼儿园教育指导纲要(试行)》为园所课程建设的指导思想和行动准则,不能背离《纲要》的精神,以保证园所课程与国家、地方课程要求的一致性。此外,幼儿园还应根据当地社会、经济发展的具体情况,结合本园的传统和优势、幼儿的兴趣和需要,从幼儿园的实际出发,长远规划,以园为"本",以儿童发展为"本",开发或选用适合本园的课程,建设园本课程。首先,端正课程价值观。没有科学理论和观念指导就不会有科学的课程建设与实践。拥有科学的课程价值观,就有可能避免课程建设中很多反科学的问题和现象,也有可能更有效地利用幼儿园和教师的各种内外在资源,优化课程的结构,增进课程的实施成效。幼儿园课程是以满足幼儿全面和谐发展的需要为根本价值的。幼儿时期的教育效果,主要表现为隐性的、滞后的、长期的效果,具有终身发展价值。幼儿园课程首先应关注幼儿的需要、可能,坚持有利于幼儿身心健康发展的核心标准。作为幼教工作者,必须明了幼儿园课程目标的全面性和启蒙性,内容的生活性和粗浅性,组织的整合性和联系性,实施的活动性和体验性。对幼儿来说,在自由、愉快的多样化的活动中感知、体验是其学习的特质。让幼儿获得愉快的团体生活经验,拥有一个快乐的童年也是幼儿教育的灵魂。其次,引导家长育儿观。积极开展家长工作,让家长了解相关的法律法规与先进的教育理念,帮助家长建立理性的育儿观,引导家长参与幼儿园课程管理,争取家长的支持与配合。再次,建立健全课程管理制度。幼儿园课程的决策、变革、实施应纳入制度化的轨道,力求课程决策的科学性和合理性。除了园长、教师承担主要的课程建设工作外,还要广泛挖掘社会资源,邀请、吸引家长、政府行政人员、专家、社区人员等也参与幼儿园课程的建设和开发,建立相应的课程管理和审议制度,对课程目标的合理性(是否明确可行、是否符合幼儿身心特点以及是否符合办园思想等)、教师开发课程的能力、课程实施的资源条件(现有条件承受能力与课程成本等)以及课程的评价等进行分析、诊断,达到理念分享、课程认同、策略催生、民主营造的作用。加强课程管理,合理、充分地协调课程建设的各项工作,从教师队伍建设、课程问题诊断、重点问题攻关、重要资源的吸取和利用等方面进行深入的实践性研究,避免急功近利,把长期的课程建设任务落实到每天实际的教育工作之中。这既是幼儿园课程良性变革,避免课程失衡、超载的需要,也是幼儿园生存、发展的需要。

2. 班级课程管理

教师是班级课程管理的主体,其敬业精神、专业知识和专业技能是影响课程建设的重要因素。因此,对幼儿教师实行相关知识的培训,充分发挥教师的主动性、创造性,全面提高他们的素质尤为重要:(1) 强化教师的课程管理意识,了解有关幼儿园课程管理的法规和政策以及世界幼儿园课程及管理发展的趋势;(2) 掌握幼儿园课程管理的基本原理和规律以及基本策略和方法,提高课程管理的水平和能力;(3) 鼓励教师在实践中深入思考和实践课程管理,能在国家有关法规政策的指导下,创造性地开展课程管理的工作。

进行班级课程管理,要注意以下几个方面:首先,以幼儿发展为本。幼儿的发展始终是幼儿教育最根本的问题,是幼儿教育的核心与灵魂。幼儿园课程的建构以及由此展开的一系列活动都应围绕"幼儿发展",即"怎样发展""如何看待发展""如何有效发展"。《幼儿园教育指导纲要(试行)》强调幼儿教育的宗旨就是以"幼儿发展为本",明确提出:"幼儿园教育应尊重幼儿的人格和权利,尊重幼儿身心发展的规律和学习特点。""关注个别差异,促进每个幼儿富有个性的发展。""使他们在快乐的童年生活中获得有益于身心发展的经验。"教师在进行课程建设时,要以幼儿为本、以班级幼儿为本、以幼儿发展为本,正确把握幼儿发展的全面性、和谐性、全体性、差异性和可持续性,"既考虑幼儿的现有水平,又有一定的挑战性;既符合幼儿的现实需要,又有利于其长远发展;既贴近幼儿的生活来选择幼儿感兴趣的事物和问题,又有助于幼儿的经验的积累和视野的拓展",努力建构幼儿和谐发展为本的科学的课程体系。其次,力求课程的平衡。《纲要》旗帜鲜明地提出"幼儿园教育内容是全面的、启蒙的",强调"各领域的内容相互渗透,从不同角度促进幼儿情感、态度、能力、知识、技能等方面的发展",将"整合""平衡"作为课程建设的指引。这就要求在进行班级课程管理时,必须从提高幼儿基本素质出发,关注各种因素间的互动与渗透,反映幼儿教育的整体观、平衡观,力求教育观念、课程目标、课程内容、教育资源、教育方法与手段的有机、有序、有效的整合,达到课程目标的平衡、课程内容间的平衡,构建课程的平衡,从而实现幼儿发展的全面、均衡。再次,观照民族文化。文化教育学家李特认为教育的目的在于培养学生的民族意识和价值观,引导学生认识本民族特性的本质,精神力量的构成以及固定的文化形式。幼儿教育是人类生命教育的摇篮,就像四季之春,是一个播种的季节,正如洛克所说:"一丁点人力就可以使它的方向发生根本的改变。"幼儿教育阶段是培养国家公民、塑造国民性、培养民族文化认同感的关键时期,在进行幼儿园班级课程管理时,应多多关照优秀的、适合幼儿的民族文化,多多吸纳富有地域色彩和民间特色的优秀传统文化,感受中华民族文化的魅力,培养幼儿的民族文化自豪感。最后,加强班级课程档案管理。课程档案管理是指对在幼儿园课程建设和管理中直接形成的具有记录功能和保存价值的文字、图片、录音、录像等文件资料,进行收集、整理、分类、归档、保管和使用等的过程。班级课程档案记录了班级课程实施的真实情况,做好班级课程档案的管理,积累班级课程的历史资料,对于班级课程管理(包括教学基本建设、教学改革和教学管理),甚至是整个幼儿园的教育教学工作,都具有十分重要的意义。班级课程档案可以为师生员工以及家长提供真实的历史资料,为教师进行教学改革、家园共育提供有效的服务;为领导决策提供依据;为教育评估和教学评价提供真实的原始资料。因此,班级课程档案管理工作是一项非常重要的工作,处在第一线的教师,应该通过自己的工作,注意收集课程实施的相关资料、信息,关注班级课程档案的建立,管理好、使用好课程档案,充分发挥它应有的作用,为提高教学质量做出积极的贡献。

第二节　班级课程档案管理

　　课程档案是指在幼儿园课程建设和管理中直接形成的具有记录功能和保存价值的文字、图片、录音、录像等文件资料,是课程实施过程及其质量的客观记录。课程档案是衡量幼儿园课程管理水平和教育教学质量的重要标志之一,也是幼儿园档案的主体、核心和重点。课程档案管理作为教学管理的重要组成部分,要纳入教学计划,纳入教学管理制度,纳入各级教学管理人员岗位职责,作为考核教学质量和管理水平的标准之一。同时,要做到下达教学任务与提出课程文件材料归档要求同步,检查教学工作与检查课程文件材料的形成积累情况同步,评审鉴定教学质量、教材、优秀教学成果与审查、验收课程档案材料同步,上报评审材料、教师考核晋升与课程档案证明同步。

　　班级课程档案管理是幼儿园课程管理中不可缺少的一项重要工作,它真实地记录了班级课程方面的历史资料,为教学工作提供了真实可靠的原始数据和凭证,为今后的教学评估工作提供依据,所以幼儿园要重视班级的课程档案管理工作。在适当的时候,要对教师进行必要的培训,制定课程档案管理工作制度,以利于教师在日常工作中随时都可以做好课程档案管理工作。

　　要做好班级课程档案的管理工作,应从如下几方面进行:

一、记录收集

　　幼儿园要宣传班级课程档案管理工作的重要性,通过宣传改变教师不了解课程档案工作的内容及其重要性的状况,使教师提高对课程档案工作的重视程度,并在日常工作中注意收集有关课程实施中产生的具有保存价值的材料。记录是教师通过持续、细心地观察,采用如笔记本、照相机、录音机、录像机等不同的工具,从不同的角度对课程实施进行原始材料的收集和记录。教师通过记录课程实施的点点滴滴,使课程实施和儿童的成长可视化。课程可视化使得幼儿具体的所说所为得以珍藏,见证幼儿的发展,并以此作为儿童认知自我的媒介;同时,可视化记录也为成人提供了一个协助儿童保存记忆的重要工具;它更提供了教师、家长与他人认识幼儿和课程的详细资讯,成为获取大众反应与支持的有效途径。

记录班级课程实施过程、收集班级课程实施资料是做好课程档案管理工作的基础。随着科学技术的飞速发展,照相机、摄像机、计算机等高科技设备进入幼儿园,这就要求教师提高应用照相机、摄像机、计算机和其他现代科技设备的能力与水平,随时记录、收集、存贮课程信息。课程的记录不是一蹴而就的,教师在平常的教学中就要有资料意识,注意观察幼儿有意义的言行,即时抓拍生动的活动场景,记录教师思考内容和家长的关注。课程档案的记录、收集应遵循课程档案的自然形成规律,要求真实、持续、全面记录课程实施情况,按类收集,并按时间先后顺序排列,保证归档文件材料收集的完整性和准确性。

二、编辑整理

对收集来的课程资料,要进行整理,也就是按一定的方法审阅、分类、排序、编号、编目、加工等。编辑整理在课程档案管理中占据重要的地位,它是做好课程档案管理工作的基本保证。对课程档案的科学价值、历史价值、使用价值等进行鉴定,鉴定所收集的课程档案资料是否具有价值和具有怎样的保存价值,以确定其保管期限(永久、长期、短期)。鉴定是否具有保存价值主要考虑下列两个因素:一是档案资料自身的特点和状况,如资料的内容、来源、形成等是决定是否具有保存价值的基础;二是资料所提供利用的效果。编辑整理工作是一项经常性的工作,需要花费很多的时间,在课程档案的整理过程中一定要规范,教师要随时进行课程档案的整理工作,并妥善保管好课程档案,分门别类编辑整理,为查阅与使用提供方便。

三、编制班级课程档案册

班级课程档案旨在成为分享和复述记忆的交流媒介,而不是"束之高阁"。课程档案为教师和儿童再次观看、回忆活动过程提供了独特的机会。"记录、记录、再记录!利用记录推动教师在职发展、家长投入、课程指导设计、支持幼儿自我学习。"[①] 班级课程档案管理的目的是记录课程实施全过程,让课程建设看得见,让教育教学看得见,让师幼的发展看得见。班级课程档案册是以主题为单元,选取班级课程档案的典型材料装订成册,以便为教学、研究和管理评价服务,为各级领导、各位教师和幼

---

① [美]卡洛琳·爱德华兹等.儿童的一百种语言[M].罗雅芬等译.南京:南京师范大学出版社,2006:470.

儿、家长服务。班级课程档案册是班级主题活动的缩影，它像摄影机一样记录着班级主题活动的生成、开展、延伸的过程，珍藏着主题活动中发生的点点滴滴，见证着幼儿的成长、家长的参与和教师的智慧，对于幼儿、教师、上级、同事、家长都有着重要的意义。

（一）班级课程档案册的内容

1. 问卷调查原件

在课程实施过程中，有可能针对课程的建设进行一些问卷调查，这些问卷调查有可能在主题实施前，可能在课程实施中，也可能在课程实施后，都是课程设计、实施、展开、评价的依据，也是课程的重要组成部分。在主题活动开展前，教师可以事先设计问卷，了解家长、孩子感兴趣的话题，从而进行主题设计。或者对已确定的主题进行深层的分析，了解幼儿对此主题的兴趣与经验水平，同时也可以获得更多来自家长的支持和建议，使得主题活动的开展能够合理有序地进行。因此，问卷调查原件也是班级课程档案册的重要组成部分，是课程实施的真实记录材料，应注意保留问卷调查原件，并选取1～2份具有代表性的调查问卷原件作为典型材料收入班级课程档案册。

2. 环境布置

环境既是重要的教育资源和课程素材，又是课程实施的记录。环境布置，更是整个主题活动开展的一个重要环节。环境课程化要求环境随着主题的开展而丰富，使得墙壁会说话，使得课程顺利开展，并作为课程实施途径贯穿于整个主题活动的全过程。因此，将环境布置的活动图片和景观图片纳入班级课程档案册中，使之成为主题活动的重要记录材料，可以有效反映课程实施情况。

3. 童言童趣

幼儿在生活中会有奇思妙想或是让人忍俊不禁的妙语，也会提出一些疑问，这些童言童趣和问题都是课程生成和开展的依据，使得主题活动得到进一步的延伸和拓展。教师要从幼儿的言行中捕捉课程信息，关注幼儿的"非常言语"和"非常问题"，记录孩子的童言稚语，使得班级课程档案册更为丰满和生动有趣。

4. 活动照片

活动照片是反映整个主题活动开展最直观的视觉资料，是整个课程档案的重点和主体，是过程性的记录。通过活动照片可以非常感性地了解围绕主题开展的系列活动，建立真实深刻的印象。教师也可以在照片旁边附上简明扼要的活动说明，这样可以使读者更加一目了然。活动照片的记录一定要真实，特色鲜明，具有代表性，能够直观地反映活动的内容。教师要做个有心人，进行活动实录，保证活动记录的真实性和完整性，以真实展现课程的进行。

5. 幼儿作品

幼儿作品是班级课程最真实的写照，代表着主题活动取得的效果，直接反映幼儿在活动中的受益,是一种看得见的进步。幼儿作品是班级课程档案册中必不可少的重要组成部分,可以是原件,也可以是原件的照片。在选择幼儿作品原件时,要注意选取有典型代表性的、多元化的作品,包括幼儿的绘画、手工、故事等作品,并且能够反映活动特征和幼儿的发展。

6. 家园共育资料

课程实施的过程也是家园共育的过程,每个主题活动的顺利开展,都离不开家长的积极配合。班级课程档案册也应包括家长参与每个活动的情况记录,注意收集家园共育资料,如家长参与课程审议的照片、家长收集的课程信息资料以及家长参与课程实施的图片、亲子活动照片等。

(二) 师幼共同筛选资料

筛选资料的过程也是主题回顾、复习、总结的过程。在资料筛选过程中,按照主题实施顺序,展示课程资料,引导幼儿回顾课程实施历程,在复习的基础上进行主题总结,帮助幼儿提升相关经验,使知识系统化。同时,充分发挥幼儿的主体作用,让幼儿献计献策,由幼儿来选择其中最具代表性的资料入册,提升档案册的教育性。教师在这个过程中退居到隐形的位置,并不表示完全放弃参与权。在幼儿参与的过程中,教师掌握资料的线索,在适当的时候提供建议。

(三) 编辑班级课程档案册

档案册不是各种资料的简单堆积,它应该是按一定结构和逻辑顺序来安排的。一般是以主题系列活动发生的时间顺序为编辑逻辑,每件课程资料都应标明具体时间,按先后排序。在编辑班级课程档案册的过程中,可以根据实际情况,让幼儿参与整理,编辑成册,并鼓励幼儿参与装饰,使编辑整理也成为主题活动的一部分,成为幼儿复习、巩固的过程。

班级课程档案册的编辑顺序为:

1. 封面

选取具有主题特征,能反映主题核心的档案资料作为封面资料,标明主题名称,让读者一目了然。教师可以根据主题特征来设计封面,要求封面简单明了,并具有吸引力。

2. 主题网络或幼儿的童言稚语和问题

主题网络是一个主题活动的脉络,它是整个主题活动的一个缩影。可以是具体形象、生动活泼的图案或图片,直观、简要地呈现主题网络,以起到目录、索引的作用。或是呈现幼儿的童言稚语或问题,以反映、体现主题生成和展开的脉络。

3. 主题系列活动

档案册的主体部分是关于主题系列活动的呈现,根据不同活动选取适宜的课程档案资料,按照活动开展的先后顺序进行编辑,可辅助以简单、有趣的文字说明。但由于课程档案册的使用主体是儿童,所以课程档案册中的文字说明不宜过多,应简洁明了。

班级课程档案册的表现形式应该是幼儿能基本上看懂和大致理解的,整本档案册的设计、色彩、图案等都应该符合幼儿的年龄特点和兴趣爱好,避免成人化。在做文字说明的时候应尽量采用儿童化的语言,体现儿童精神。装饰花纹应风格简约,富有童趣,避免过于花哨、繁杂。班级课程档案册最好采用活页装帧,这种装帧方式便于内容的调整和增减。

四、应用班级课程档案册

(一)精彩的幼儿故事书

是否给予儿童须记事件的提示或线索是决定幼儿记忆效果的重要因素,作为教师应巧妙地利用班级课程档案册,促进幼儿记忆的发展。将课程档案册放进图书阅览区,使它成为一本以幼儿自己为主角的图画书,一本记录幼儿成长的故事书,为儿童提供重新追寻自己成长足迹的机会,帮助幼儿"重温"、回顾前期经历,可以发展幼儿的自传体记忆。通过幼儿阅读课程档案册,不仅能够帮助幼儿不断回顾温习曾经开展过的活动、学习过的知识技能、已有的情感体验,还为幼儿的记忆提供支持,促进幼儿的自我学习、自我评价和自我认知。同时,幼儿在阅读过程中的交流沟通,可以引发幼儿对主题中的话题做进一步的讨论和探索,成为活动延伸的重要基础。

(二)真实的教师工作录

班级课程档案册记录了班级主题活动的生成、开展情况,从它的记录上能够反映教师的工作情况、幼儿发展情况,是生动的班级工作总结,从而为班级工作评价提供依据。班级课程档案册也是教师工作的真实记录,实录了教师工作的方方面面,是教师工作评价的最客观依据。同时,课程档案的收集整理过程也是教师对课程的反思、研究、评价、调整的过程,是教师专业成长的有效途径。班级课程档案册也为教师提供幼儿发展变化的信息,使教师可以从中了解幼儿、研读幼儿,学会尊重幼儿间的个体差异,尊重幼儿各方面发展的差异,尊重幼儿的现状、需要和发展的可能,对每个幼儿做出客观、公正的评价,并在教育过程中把握课程和幼儿发展的细微变化脉络,有的放矢地采取相应的调整策略。

班级课程档案册不仅是班级教师反思工作、研究改革课程、促进专业成长的良好渠道,是一本班级活动的风采展示册。同时,班级课程档案册还能够提供课程实施范例,提供主题活动素材以及相关经验,为其他教师提供了借鉴学习的依据和机会,是班级教师与其他教师进行交流研讨、相互学习、改进工作的良好媒介,有力地促进了教师团体的专业成长,促进了幼儿园课程的优化。

(三)生动的家园练习册

班级课程档案册能成为家长和教师有效沟通的桥梁,是家长了解幼儿园教育、参与幼儿园课程建设的有效途径;可以帮助家长理解幼儿园教育理念,掌握科学的育儿观念和育儿方法,是实现家园共育、发挥家园合力的家园直通车,是生动的家园练习册。同时,班级课程档案册为家长提供感受幼儿学习方式、了解幼儿发展过程、共享幼儿成长喜悦的窗口,使每位家长可以清楚地看到自己孩子的成长过程和进步,了解孩子的在园表现及发展的情况,了解孩子的内心需求,能有针对性地支持孩子的发展。

班级课程档案册是一份非常宝贵的幼儿园资源,可以精彩展示幼儿园风采,是打造幼儿园品牌和幼儿园文化不可或缺的真实、亮丽的风景线,成为幼儿园招生最有宣传力的资料和评价幼儿园工作最客观的依据。

第三节　幼儿园教育"以游戏为基本活动"

一、游戏

游戏的历史没有尽头,有了人类就有了游戏,游戏随着人类社会的持续进步而不断发展,人们从不同的角度关注着儿童游戏的行为,许多心理学家和教育学家都提出了自己的游戏理论。席勒-斯宾塞提出了"剩余精力说",他们认为游戏是机体的基本生存需要满足后,仍有富裕的精力的产物;格鲁斯等人提出了游戏具有生物适应的机能,能够帮助小动物适应未来的生活;还有一些理论家如拉察鲁斯等人则把游戏看作帮助儿童松弛、恢复精力的一种手段。这些早期游戏理论是人类历史上第一次对游戏做出了解释,提供了历史上成人对儿童游戏的看法,奠定了日后现代游戏理论发展的基础。但把游戏生物学化,按生物发展规律来解释游戏,否认并抹杀了儿童的社会性,只能对一小部分游戏行为做出解释,不能解释儿童游戏的全部行为,也没有看到游戏中蕴藏着的教育价值。

在现代游戏理论中,精神分析学派强调早期经验对健康的成年生活的重要意义,强调游戏对于人格发展、心理健康的价值,这对人们重视儿童早期的发展与教育具有重要的意义。精神分析学派尤其强调游戏具有满足幼儿的欲望,发泄愤怒,减少焦虑,抒发情感,缓和心理紧张,发展自我力量的功能。这一观点对于人们重视游戏的情感发展价值具有重要启示。皮亚杰认知游戏理论学派把游戏看作智力活动的一个方面,把游戏放在儿童智力发展的总背景中去考察,试图通过研究儿童的游戏和模仿,找到沟通感知运动与运算思维活动之间的桥梁。他认为游戏是学习新的复杂客体和事件的方法,是巩固和扩大概念和技能的方法,是使思维和行动相结合的方法,是思维活动的一种表现形式,儿童的认知发展阶段决定了他们不同的游戏方式。认知游戏理论使得人们开始注意融游戏与智力发展为一体,开始重视游戏促进儿童在智力、情感、社会性、身体等方面的发展价值。苏联的社会文化历史学家强调社会文化环境对儿童游戏的影响,注重人际交往的作用,尤其是成人的教育对儿童游戏的影响。维果斯基认为游戏对于儿童的发展赋予了极为重要的价值,是游戏创造了儿童的最近发展区,游戏应是占据儿童生活中的主导地位的活动形式。

游戏是一种普遍的社会现象,要给游戏下一个精确的定义却是困难的,各种文化的社会都有游戏,可能各有特点,但存在更多相似的形式和共同的性质。英国学者加维提出了游戏行为的五个特征:1. 游戏是令人愉快、有趣的活动,即使有时游戏者没有表现快乐,但仍然做出积极的评价;2. 游戏没有外在目标;3. 游戏是自发自愿的,它是非强制性的,是由游戏者自由选择的;4. 它包括对游戏者的积极约束;5. 游戏与非游戏之间有着某种系统性的联系。一般认为,游戏具有以下四个特点:1. 游戏是儿童主动的自愿的活动;2. 游戏是在假想的情景中来反映周围生活;3. 游戏没有社会的实用价值;4. 游戏伴随愉悦的情绪。

二、游戏与幼儿教育

游戏是童年幸福的象征,能促进幼儿的身心发展,能给幼儿快乐,其重要性仅次于母乳喂养和母爱。教育是有意识的以影响受教育者的身心发展为直接目标的社会活动,以增进受教育者的幸福为宗旨。《幼儿园教育指导纲要(试行)》中规定:"幼儿园教育是基础教育的重要组成部分,是我国学校教育和终身教育的奠基阶段。"幼儿教育的目的是"使他们(幼儿)在快乐的童年生活中获得有益于身心发展的经验"。幼儿教育应"以游戏为基本活动",幼儿教育离开了游戏就如同躯体没有了灵魂,游戏与幼儿教育的这种特殊关系,是幼儿教育区别于中小学教育的一个显著标志。

(一)游戏的生活性与幼儿教育

游戏既是生活的一部分,又"不同于日常生活",是日常生活的折射。正如沛西·能所说,游戏是一个不可捉摸的、巧于规避的精灵,它的影响可以在最难预料到的一些生活角落里找到。游戏的生活性就在于游戏源于生活又无处不在地影响着人的生活,游戏是人的存在方式。游戏更是幼儿的存在方式,对于儿童来说,游戏本身就是一种生活,是儿童生存的一种状态,幼儿的游戏和幼儿的生活二者水乳交融,浑然一体。游戏是幼儿最喜爱的、主动的活动,是幼儿反映现实生活的活动,幼儿生活的需要滋生着游戏的动机,而游戏的过程中对游戏动机的实现又满足着幼儿生活的需要,幼儿生活需要在游戏中不断满足,成为其童年生活快乐的源泉。幼儿在游戏中生活,在游戏中成长。

幼儿的生活是一个生命内在潜能自然展开的过程,是身心不断成长的过程,幼儿生活的过程就是幼儿身心成长发展的过程,而幼儿的身心成长发展正是幼儿教育的宗旨。幼儿教育与幼儿生活是统一的,不可分离的,如杜威所说:"教育应当是生活本身。"幼儿教育只有扎根于幼儿生活,才能发挥效能,教育才真正有意义,即幼儿教育应该充实幼儿的生活,使幼儿适应生活并更新生活。幼儿在教育中生活,就仿佛他在游戏中,他不为游戏之外的目的而游戏,他只是在游戏。幼儿教育应当反映生活性,应当是一种以幼儿生活为特征的教育。

(二)游戏的愉悦性与幼儿教育

尽管游戏研究者对游戏的定义各持己见,但他们都不约而同地把"游戏愉悦"作为游戏的一大特质保留在自己的理论中,把愉悦性作为游戏精神的鲜活体现。游戏无疑是愉悦的,幼儿对游戏的迷恋充分地说明了这一点。游戏把游戏者卷入游戏活动,并使他成为自身的一个组成部分,游戏者始终处于游戏强大的感召力之下,努力向游戏本身所展示的深度和广度渗透,同时又不断地实现自我完满和自我升华,直到游戏终止。儿童在游戏中对游戏的投入达到入迷的程度,即使是游戏与现实发生了冲突,也不愿意离开游戏情境。在游戏中,幼儿感到满足和快乐,幼儿的征服欲、成就感、自信心在游戏中很容易被激发起来,并被强化到最大程度,通过表现自己的能力和实现愿望,从成功和创造中获得愉快。正如苏联心理学家柳布林斯卡娅所说,正是这种对自身力量的考验,是游戏使幼儿产生巨大愉快的源泉。正是游戏的愉悦性使得幼儿痴迷于游戏,并在对游戏的痴迷中,获得了游戏对于幼儿身心成长发展的巨大回报:游戏最大限度地发挥幼儿的潜能,促进身体的发展,全面提高幼儿的能力,培养幼儿的意志品质和审美心理,加速幼儿的社会化,矫正完善幼儿的个性等。

体验愉悦,是每一个人的天性;拥有一个快乐的童年,是幼儿的权利。良好的幼儿教育就要尊重人的天性,让幼儿舒展天性,促进幼儿的全面发展,感受童年的快乐。在幼儿园开展游戏活动时,会因为过多强调游戏的发展价值,忽略了游戏的享乐性、愉悦性,使得游戏空剩了躯壳,失却了真正的游戏精神。游戏真正的发展价值也不可能实现,因为它依赖游戏中的享乐体验、愉悦体验。享乐、愉悦包含了发展,发展也意味着享乐、愉悦,这二者在幼儿的游戏中得到了最密切的统一。对幼儿实施愉悦教育、快乐教育,使得幼儿"乐学",在接受教育的过程中,"趋向鼓舞,中心喜悦",快乐地学习,愉悦地生活,同时也在学习快乐、享受愉悦。在快乐、愉悦中尽情地展露幼儿的潜能和创造性,发挥幼儿的自觉性,发展幼儿的健康人性,达到"习与智长,化与心成",提高幼儿教育的有效性。

(三) 游戏的自主性与幼儿教育

自主性是游戏的本质体现:游戏是游戏者自我控制、自主自由的活动,游戏者总是自己选择做什么游戏和怎样游戏。幼儿喜欢游戏,也是因为幼儿自己就是游戏的主人,游戏是幼儿自主的活动。在游戏中,幼儿是根据自己的兴趣,自发、自主、自由地进行活动的。在游戏过程中,幼儿不会强迫自己,更不会接受外来的约束;同时,幼儿不会遇到自我能力不足的限制,因为他们是能怎样游戏就怎样游戏,愿怎样游戏就怎样游戏,也就是说幼儿在游戏中对内对外都是绝对自主的。在游戏中,幼儿自由地选择行为方式,真实地、毫无拘束地表现自我。

幼儿是游戏者,是游戏中的人在游戏,如果是游戏之外的人控制着游戏,那么游戏就走向了它的反面;同样,教育是为幼儿而存在的,游戏的自主性呼唤让幼儿从教育的对象成为教育的主人。教育是幼儿的生活,幼儿是教育的主人,应以幼儿的身心健康发展为中心,尊重幼儿的兴趣、需要,关注幼儿的生命成长,尊重幼儿的个别差异,尊重幼儿的身心发展规律,依据幼儿的身心发展特点实施幼儿教育。与游戏相若,幼儿教育正应该是这样一种"游戏":教育活动不管是由传统式的教师发起,还是由幼儿主动发起，它都应该成为幼儿与教师共同的体验，这样，幼儿、教育、生活三者完美地相融合，教育成为幼儿的教育。

三、游戏在幼儿园课程中的地位

（一）国外幼儿园课程中游戏的地位

古希腊哲学家柏拉图的早期教育是一套有内容、有宗旨的完整体系，强调自然快乐且以身体、道德、游戏等内容为重点的和谐教育。柏拉图认识到游戏符合儿童的天性，是儿童自主活动和创造精神的最佳教育内容，主张游戏场以游戏为主，但游戏的内容、方法必须慎重选择。柏拉图鼓励孩子玩自己发明的游戏，认为孩子自己发明的游戏是最好的。亚里士多德提出7岁前儿童的主要活动是游戏和听故事，对幼儿的教育应以游戏为主，认为儿童游戏要既不流于卑鄙，又不致劳累，也不内含柔靡的情调。认为游戏是幼儿应有的活动，游戏可以做作业的准备，应保证儿童有充分的活动和游戏。但应对游戏进行指导，儿童的游戏和故事，最好能与将来的工作相联系，是将来应从事工作的简单模仿。古罗马教育理论家昆体良强调了游戏在幼儿发展中的地位，认为游戏既是一种休息，同时更重要的是一种教育手段，游戏不仅有德育的意义，更有智育的价值。在课程编制上，提出把学习和休息、游戏妥善安排，有张有弛，让儿童进行有节制的游戏活动。

夸美纽斯提出要用游戏的方式进行教育，认为游戏是幼儿生活的伴侣，是组织幼儿愉快、幸福生活的手段，幼儿在游戏中身心得到全面的发展。福禄贝尔认为，游戏是儿童内部需要和冲动的表现，幼儿园应当是幼儿游戏的乐园，主张用游戏的方式作为幼儿教育的基础，儿童应通过游戏学习。但并非所有的游戏都具有教育价值，若是没有意义的游戏，就不能正确适当地准备与衔接以后的课程。福禄贝尔倡导"游戏""恩物""作业"（绘画、纸工、手工），认为游戏是童年生活中最快乐的活动，成人既应允许儿童自由地、尽情地游戏，又必须注意观察和指导儿童的游戏，从而通过游戏增进儿童的体力和智力。卢梭强调允许儿童沉迷于自然的和游戏的状态的重要性，但蒙台梭利不认为儿童需要游戏，她并不将游戏看作具有创造力的。西蒙认为游戏是幼儿园儿童学习的主要内容，是儿童最有效的学习方式；戴维斯称道游戏是个体发展模式的一面镜子。

20世纪60—70年代以来，出现了幼儿园课程模式多样化的局面，游戏在不同模式的幼儿园课程中的地位有所不同。根据各种课程对游戏的重视程度，可分为非游戏模式和游戏模式两大类型。在游戏模式中，又根据对游戏的运用方式，分为非干预模式、重视特殊类型游戏的课程模式、重视各种类型游戏的游戏课程模式等。

1. 行为主义课程模式与游戏

行为主义课程模式属于非游戏模式，把游戏仅仅作为一种奖赏，只有当幼儿圆满完成学习任务后才能得到机会去游戏，且以搭积木等建构性游戏为主。游戏是附加的娱乐活动，是在课业完成之后或课程之外的调剂，教师不考虑教材的投放和引发的活动,是与学习不相关的事情,追求的是幼儿在游戏中随心所欲的快乐。

2. 银行街课程方案与游戏

银行街课程方案属于重视特殊类型游戏的课程模式,重视主题角色游戏或社会性表演游戏对儿童发展的作用,把游戏作为一种主要的教育手段。扶助儿童的游戏并加以引导是银行街课程的基本核心,在一日活动中安排专门的游戏时间,开辟专门的游戏角,提供大量的游戏材料,教师在深入细致的游戏观察基础上,丰富儿童游戏经验,布置游戏环境,影响游戏进程等。

3. 以皮亚杰理论为基础的课程模式与游戏

以皮亚杰理论为基础的课程模式属于重视特殊类型游戏的课程模式,游戏构成课程的重要内容。海伊斯科普课程方案以科学和数学作为课程的主要领域,重视材料的自主性操作。凯米-德渥里斯课程把传统游戏作为课程的重要活动内容。

4. 瑞吉欧课程方案与游戏

瑞吉欧课程方案属于非干预课程模式,是以科学活动为主线索展开的主题网络课程,把建构性游戏和戏剧性游戏作为课程的重要内容,并把游戏活动作为课程编制、实施的主线索,课程往往由幼儿发起,师幼协商生成课程网络,家长参与课程审议。

5. 苏联幼儿园课程模式与游戏

苏联幼儿园课程模式属于重视各种类型游戏的游戏课程模式,但对各种类型的自然游戏进行了全面的改造以服务于幼儿园教学的目的。强调有主题的角色游戏在幼儿心理发展中的作用,强调游戏的社会性本质以及成人在幼儿游戏发展中的作用;反对把游戏看作教育影响之外的自由、自发的活动,强调有目的地开展儿童游戏;强调成人对于儿童游戏的组织与领导,用游戏来包装课程,课程的内容常常以游戏的形式呈现,游戏是课程实施的重要手段,游戏是改装的教学活动。这样,教师在组织和指导幼儿园游戏活动时,很容易过分强调成人对幼儿游戏的指导和干预,总是期望儿童的游戏朝着自己预先构想的方向发展,用各种方法去"导演"儿童的游戏,以实现计划中的教育目标。于是,在游戏实践中产生了对儿童游戏的过度干扰,教师常常像组织作业那样领导幼儿的游戏,游戏成了经过伪装的作业,使得游戏仅仅被作为获取大纲要求所规定的知识的补充教育手段,不能够真正发挥游戏在教育过程中应有的作用。游戏不再是儿童的游戏,而被异化为成人的游戏,游戏作为儿童自发自由的活动的价值实现成为泡影。

(二) 我国幼儿园课程中游戏的地位

在中国古代,以颜之推和王阳明为首的教育家提出了乐学思想,从儿童的年龄特点出发,来论述或看待作为教育教学形式的游戏,其目的是通过游戏提高学习的有效性。直到 1904 年,我国模仿日本幼儿教育,创办第一所官办幼稚园——湖北幼稚园,游戏才成为幼稚园课程的内容之一。1928 年,在教育部制定的幼稚园课程标准中,把游戏正式定为幼儿园课程的重要内容,并确定了通过游戏活动应达到的教育目标,提出了幼儿游戏能力的"最低限度"的要求。新中国成立后,幼儿教育全面"苏化",重视主题角色游戏,强调成人对儿童游戏的指导和干预,利用规则游戏编制教学游戏,教学游戏成为幼儿园课程实施的辅助手段。1989年《幼儿园工作规程》提出,幼儿园"以游戏为基本活动",倡导幼儿园课程游戏化,既包括游戏化的课程内容,又包括非游戏活动——生活活动和教学活动的游戏化,实现课程实施的游戏化。

尽管人们在观念形态上对游戏给予极高的希冀,对其价值给予高度的评价,但是,在教育实践中,儿童游戏的实际状况并不理想,从观念到行动还存在着巨大的鸿沟。可以说,在许多学前教育机构中,儿童游戏的权利并没有普遍受到尊重,在课程编制和实施过程中,游戏在实际上尚缺少其应有的地位。教师口头上重视游戏,承认游戏在幼儿园课程中扮演重要的角色,而实际游戏却处于次要的位置。尽管教师非常认同游戏是课程的重要组成部分,相信游戏可以提供理想的学习条件。但他们低估自己在游戏中的角色价值,而将注意力更多地放在较正式的教学活动上。由于时间、空间、教师与儿童之间比例的限制、教育基本技能的课程压力以及教师持有的成人不应干预儿童游戏的观念导致了这种对游戏的忽视。另外,教师经常会对儿童如何响应游戏活动做出一些毫不现实的假设,高估或低估了儿童的能力或游戏具有的难度水平,这进一步破坏了教师将游戏作为学习媒介的信心。

由于传统学习观的影响,使得大多数幼儿家长甚至包括不少幼儿园的教师,还在一定程度上存在"重上课、轻游戏"现象,对游戏的功能认识不足,把游戏看作与认知发展无关甚至是对立,认为游戏活动和教学活动是不能相提并论的,游戏中幼儿不能学到知识,游戏是休息、闲暇,只能作为课程结束后的放松与娱乐。此外,由于对游戏认识的不深入,对幼儿游戏的年龄特征等问题缺乏足够的了解,在对幼儿园游戏指导的方法等方面缺乏系统的研究,致使教师观念上重视游戏,而在实际的幼儿园游戏开展的过程中,却感到束手无策,不能很好地把握游戏指导中"度"的问题,造成了游戏作为幼儿园课程的重要组成部分的实践困难,导致以下误区存在:

误区一:游戏工具化。追求游戏活动的热闹场面,给任何活动都冠以游戏的名称,使各种活动都一味地去追求游戏的外在形式,追求场面的热闹,教师设计选用的一些游戏只是用来取悦或娱乐儿童,游戏作为调味品存在于幼儿园的一日生活之中,游戏的内容也并没有与课程的内容融为一体,游戏与课程仍是不贴合的"两张皮"。即使游戏与课程有相互交叉与融合的倾向,但也仅仅把游戏当作课程或教学的途径,游戏被工具化,即教师更多是利用游戏这一形式,调动儿童的直接兴趣,引发儿童的注意,为教学服务,而幼儿并没有真正的游戏体验,活动目标的达成也是低水平的。此外,教师导演游戏,教师精心设计、准备并组织游戏,安排游戏的框架和结果,将游戏模式化,对幼儿游戏控制过严,致使游戏变味,窒息了幼儿主体性、创造性的发挥。游戏被异化,儿童的游戏变成了"老师的游戏",儿童游戏演变成了游戏儿童。游戏活动被教师、教学强行侵占,真正的自然状态的幼儿游戏被驱逐出了幼儿园课程,仅留下了作为教学奴仆的游戏的影子。

误区二：游戏自由化。盲目崇拜幼儿游戏的自发性，把游戏神圣化，坚决反对教师以任何方式施加的任何干预。认为教师的任何干预都将从外部影响到幼儿的自由表现，对幼儿游戏都可能会造成损害，认为幼儿游戏不应受到成人的干预，反对施加任何自觉的教育指导，对游戏的指导由过去那种教师完全的"导演"，而异化成了"放羊式"的让幼儿自由玩耍，游戏变成了幼儿随便玩玩的活动。游戏的自由化导致游戏的低水平，幼儿的游戏在低水平上徘徊，游戏在层次性、变换性、角色性上都体现不够，游戏与幼儿的生活及其他活动也没有太大的联系，内容和形式的贫瘠导致幼儿在游戏中出现频繁变换主题、改变游戏行为甚至无所事事而打闹。教师对幼儿游戏的不予控制与"无为"以及仅对每天"自由游戏"时段的"游戏重视"，致使幼儿游戏的发展价值与教育价值大打折扣。

（二）"以游戏为基本活动"

1989年颁发的《幼儿园工作规程（试行）》第二十条首次明确提出："以游戏为基本活动，寓教育于各项活动之中。"[1]2001年《幼儿教育指导纲要（试行）》规定幼儿园应"以游戏为基本活动"[2]。2012年《3—6岁儿童学习与发展指南》再次强调"要珍视游戏和生活的独特价值"[3]。2016年颁布实施的修订版《幼儿园工作规程》（以下简称《规程》）将"以游戏为基本活动"列为幼儿园教育应当贯彻的重要原则和要求，并在第二十九条做出了具体的阐释："幼儿园应当将游戏作为对幼儿进行全面发展教育的重要形式。幼儿园应当因地制宜创设游戏条件，提供丰富、适宜的游戏材料，保证充足的游戏时间，开展多种游戏。幼儿园应当根据幼儿的年龄特点指导游戏，鼓励和支持幼儿根据自身兴趣、需要和经验水平，自主选择游戏内容、游戏材料和伙伴，使幼儿在游戏过程中获得积极的情绪情感，促进幼儿能力和个性的全面发展。"[4]"幼儿园以游戏为基本活动"体现了以下几方面的精神：

1. 对儿童游戏权利的保障

幼儿园以游戏为基本活动，不仅在教育的组织形式上突出了幼儿教育不同于其他阶段教育的特点，更重要的是从教育立法的角度，保障了幼儿游戏与发展的权利。承认游戏是幼儿身心发展的需要并保障这种需要的满足，使之成为幼儿的基本社会权利，已经成为人类社会文明进步的标志之一。一些著名的关于儿童权利与福利的国际文件，如《儿童权利宣言》《儿童权利公约》都把游戏与娱乐规定为儿童的基本权利之一。

游戏是幼儿的基本活动，在幼儿的身心发展中具有重要的作用。正如苏联心理学家维果斯基所指出的那样，游戏创造了儿童的最近发展区。在游戏中，儿童的表现总是超过了他的实际年龄，高于其日常行为表现。在游戏中凝聚和孕育着未来的所

---

[1] 幼儿园工作规程（试行）。
[2] 幼儿教育指导纲要（试行）。
[3] 3—6岁儿童学习与发展指南。
[4] 幼儿园工作规程。

有趋向。游戏和发展的这种关系,使我们必须把幼儿游戏权的保障看作对幼儿发展权的保障。要使幼儿身心全面健康地发展,必须注意保障幼儿游戏的权利,使游戏真正成为幼儿的基本活动。

2. 对儿童适宜性生活的满足

幼儿以游戏为基本生活,游戏是他们身心发展的客观要求,但是幼儿游戏的需要能否得到满足,游戏能否在实际上成为幼儿的基本活动,不取决于幼儿自身,而取决于成人对幼儿游戏的态度,取决于成人是否为幼儿游戏创造必要的客观条件,也就是说游戏要成为幼儿的基本活动,需要成人社会的理解、支持与保障。随着都市化进程的加快,以邻里关系密切为特征的胡同小院正在消失,代之而起的是以邻里关系淡漠为特征的单元房住宅楼群,城市绿地面积和幼儿游戏场所显著减少,原先以幼儿游戏为纽带构成的庭院儿童团体正在解构与消失,幼儿游戏由户外转入户内,孤独化、静态化和智能化的"驯化"趋势非常明显,以游戏为特征的童年生活正受到外在学习压力的威胁。如何在现代社会满足幼儿游戏的需要,保障幼儿游戏的权利,让对儿童社会化具有特殊意义的、以游戏为纽带构成的"儿童社会"这种亚文化群继续存在下去,已经成为现代社会人们日益关注的问题。

幼儿园是人们根据一定的教育目的为现代社会的幼儿创造出来的特殊的生活环境。幼儿园要创造既符合教育目标要求,又符合幼儿身心发展特点的生活,就必须坚持以游戏为基本活动。幼儿园应当继承正在消失的以游戏为特征的庭院儿童文化,让幼儿在以自由平等交往基础上构成的"儿童社会"中学会交往,学会生活。当代中国的教育工作者已经认识到:儿童期不只是为成人期做准备,它具有自身存在的价值,儿童不能只是为将来活着,他们也为现在而生活,他们应当充分享用儿童期的生活,拥有快乐的童年。游戏是童年幸福的象征。幼儿园以游戏为基本活动,正是要满足幼儿身心发展的需要,为幼儿创造符合他们年龄特点的幼儿园生活。

3. 对儿童学习方式的尊重

幼儿园以游戏为基本活动,并不是要把自然的游戏活动代替幼儿园的教学活动,也不是盲目崇拜幼儿游戏活动的自发性,把游戏活动神圣化,而是要把游戏要素与游戏精神纳入幼儿园课程范畴,确保幼儿自主游戏、自由游戏的机会和权利,并将游戏活动体现的主体精神、愉悦精神、生活精神与"有社会文化内容"的教学因素结合起来,平衡课程内容,非游戏活动游戏化,强调活动的自主性、创造性、生成性、过程性、情境性、愉悦性,让幼儿在游戏中和在游戏化的活动中,以幼儿感兴趣的、游戏性的体验来促进幼儿生动活泼、积极主动的学习与发展。需要强调的是,游戏是对幼儿进行全面发展教育首选的主要形式,而不是调味品,就好像美国教育家杜威先生所指出的那样,游戏就好像是一个"糖衣",让幼儿在"糖衣"的诱骗下,把本来难以下咽的"苦药"吞咽下去。教师不能把游戏作为一种用来控制幼儿学习知识的法宝,而应该让幼儿在游戏的情景中,主动积极地、自愿地去探索和发现,以自己的方式去获得各种体验。

儿童的发展是在活动中产生的,受活动规律的制约。在儿童的各个发展阶段都有其主导活动,而游戏由于它独有的特点就成为符合儿童身心发展需要和适合其发展水平的学前时期的主导活动。游戏作为一种内容和形式融入幼儿生活,实现幼儿教育游戏化是幼儿教育发展的必然趋势。这不仅符合幼儿直觉形象思维的认知发展特征和需要,同时还满足了幼儿童年幸福生活的需求。把游戏当作一种教育资源,系统地进行探索研究,将游戏因素与教育因素结合起来,让幼儿在游戏中和在游戏化的活动中生动活泼、积极主动地学习与发展。只有贴近幼儿生活、符合幼儿年龄特征的幼儿教育,才能促进幼儿发展。渗透了游戏精神的幼儿教育才是具有生命力的教育,渗透了教育意义的游戏才能更好地发挥其教育功能。

第四节 幼儿园课程游戏化

一、幼儿园课程游戏化的理论依据

(一) 知识的情境性

知识的情境性是指"任何的知识都是存在于一定的时间、空间、理论范式、价值体系、语言符号等文化因素之中的;任何知识的意义也不仅是由其本身的陈述来表达的,而且更是由其所位于的整个意义系统来表达的;离开了这种特定的境域,既不存在任何的知识,也不存在任何的认识主体和认识行为[1]"。简单地说,任何知识都要受到时空及其所产生的社会文化背景的限制,知识不可能超然于现实之上,它要满足它所存在的文化体系中的基本价值观点、生活方式和文化意蕴,具有情境存在性。在后现代主义看来,知识的情境性是指任何知识都是在特定情境中创造的,而且还要在特定情境下获得其意义,即知识是与某个具体情境下的具体认知实践活动联系在一起。因而,知识是具体的或局域的。所以,任何知识的存在和建设以及对它的理解,都不能脱离于它所在的那个时空。如果脱离了特定的境域,知识便会失去其自身的特性。

关注知识的情境性是揭示知识本质的一个新视角。有关知识、学习、理解的情境性研究是多视角的,其中包括以莱夫、温格为代表的人类学的视角,以布朗、柯林斯和杜吉德为代表的心理学的视角以及以格里诺等为代表的知识情境观。尽管上述各观点在研究的侧重点上、使用的语言上以及所提出的解决问题的方案上存在差异,但是所有的情境理论都强调认知与学习的交互特性和实践的重要性。在情境理论中,心理学取向的情境理论的研究重点是真实的学习活动中的情境化内容,中心问题就是创建实习场,在这个实习场中,学生遇到的问题和进行的实践与今后校外所遇到的是一致的。人类学视角的情境学习与认知理论则不同,它不是把知识作为心理内部的

---

[1] 石中英.知识转型与教育改革[M].北京:教育科学出版社,2001:151.

表征,而是把知识视为个人和社会或物理情境之间联系以及互动的产物,是群体互动和社会协商的产物,揭示了知识的存在是受社会决定和制约的,即它是依赖于情境或与环境情境有关的①。

(二)幼儿思维的叙事性

著名心理学家布鲁纳在其《真正精神活动,可能的世界》一书里指出,在人的心理生活中存在着两种本质不同的思维模式:例证性思维(paradigmatic thought)和叙事性思维(narrative thought)。例证性思维又叫作命题思维,是哲学、逻辑学、数学和物理等科学的思维方式,这种思维模式的目的在于给认识提供一种理论化的、形式化的解释,一种普遍抽象的例证。命题思维独立于特定情境。而叙事性思维就是讲故事或扮演故事,是关于人类条件、历史和社会生活的思维方式,是依赖于情境的经验。成人的思维模式同时包括例证性思维和叙事性思维,这两种思维模式都提供了各自的组织经验的方式,具有互补性。而儿童的思维是一种叙事性思维,依赖于具体情境,或者说儿童的心智具有一种叙事性的结构,是故事情节导向的。

皮亚杰把人的思维发展分为四个阶段:感知运动阶段、前运算阶段、具体运算阶段、形式运算阶段。动作感知阶段(0~2岁)主要靠动作靠感知觉思维;前运算阶段(2~7岁)主要靠表象来进行思维,也就是形象思维,还不能进行逻辑推导;具体运算阶段(7~12岁)可依据具体的事物进行逻辑推导;形式运算阶段(12~15岁)能够用假设进行推理的阶段。对于幼儿园的儿童,其思维处于前运算阶段。前运算阶段的儿童的认知活动具有相对具体形象性,还不能进行抽象的思维运算。思维的具体形象性是指思维过程依赖于具体的、有联系的甚至活生生的上下文关系,而非形式化的、孤立的、脱离具体内容的单纯抽象过程。具体形象思维是依靠表象,也就是依靠事物具体形象的联想进行的,是在具体形象的情境中进行的。它是学龄前儿童思维的典型方式,是在感觉运动性的基础上形成和发展起来的。

皮亚杰所描述的前运算阶段幼儿思维的诸多特点都指向叙事性结构这一核心。幼儿常常把他们探索的外部世界当作有生命(泛灵论)、有联系、有故事的世界。幼儿的思维、记忆、想象甚至爱和恨,都是故事情节(或脚本)导向的。在幼儿的心理生活中,感性重于理性,个别性、具体性、形象性、情境性以及直接体验永远先于并优于抽象性和一般性。同时,幼儿的思维需要想象,需要理解人的目的、人的行为的原因,需要把握具体的时间和空间。叙事性思维在幼儿心理生活中具有不可动摇的中心地位。

(二)幼儿学习的游戏性

游戏是幼儿最喜欢的活动,是他们生活的最主要内容。游戏是幼儿的主要活动,它是幼儿社会交往的主要形式,又是幼儿的一种重要学习形式。幼儿是在游戏中学

---

① Karl Manheim: Essays on the sociology of knowledge, ED. by. Paul. Keckemeti. Poutledge & Kegan. Paul, 1952.

习和发展的,游戏创造着"最近发展区"。对于儿童来说,游戏本身就是一种生活,是儿童生存的一种状态,既是生活的一部分,又"不同于日常生活",具有生动的生活性和丰富的情境性。在游戏中,幼儿感到满足和快乐,幼儿的征服欲、成就感、自信心在游戏中很容易被激发起来,并被强化到最大程度,通过表现自己的能力和实现愿望,从成功和创造中获得愉快。游戏鲜活生动的生活性、愉悦性和情境性使得幼儿痴迷于游戏,并在对游戏的痴迷中,获得了游戏对于幼儿身心成长发展的巨大回报,体现出幼儿学习的游戏性特点。

游戏的高度情境化的特点也使抽象的知识和观念有了"附着",有了依归。可以使幼儿"有意义"地学习知识,即通过游戏的方式,其中包含的知识以生动、鲜活的"情境化"方式让幼儿获得属于他们自己的领悟。游戏起模式或结构的作用,运用这个模式或结构,就可以把学习变得"通俗易懂"、"印象深刻"、感染力强。通过提供一种具有丰富的时间、空间、人物甚至对生活的建议的丰富多彩的画面,游戏的结构给幼儿提供了想象、陈述和隐喻,促进幼儿对他人、世界和自己的认识。通过游戏,幼儿在无意识的、内隐的学习过程中非常自然地获得了生活认识,认识了世界,感知了世界。通过这种学习方式,为幼儿提供了一种重新描述世界的模式,提供了幼儿生活的意义和归属。

二、幼儿园课程游戏化策略

幼儿园课程是从幼儿身心发展的特点和特定的社会文化背景出发,有目的地选择、组织和提供的综合性的、有益的经验。这些经验的初始形式可以是主题、单元、学科、领域等,但它们最终都将转化为经验的形式,即以感性的、具体的、活动的形式对幼儿的身心产生作用。[①] 游戏是幼儿的学习方式,游戏是幼儿的生活方式,为幼儿所喜闻乐见,具有自主性、创造性、过程性、情境性、愉悦性特点。《幼儿园工作规程》和《幼儿园教育指导纲要(试行)》都明确规定:幼儿园应"以游戏为基本活动"。这一命题确定了游戏在幼儿园教育活动中的地位,也对幼儿园课程改革提出了要求。幼儿园课程游戏化是幼儿园课程发展的必然趋势,这不仅符合幼儿具体、形象的认知发展特点,同时还满足了幼儿童年幸福生活的需求。实施幼儿园课程游戏化建设,旨在引导幼教工作者树立正确的儿童观、游戏观和课程观,使幼儿园课程的组织与实施具有游戏的精神,以实现幼儿园课程的主体性、开放性、适宜性,推进实施符合幼儿身心发展规律的幼儿园课程,让幼儿在游戏中和在游戏化的活动中生动活泼、积极主动地发展。幼儿园课程游戏化除了确保幼儿的自发性游戏活动以外,还应当把游戏活动的要素与精神渗透入生活活动和教学活动中,体现活动的游戏精神,使幼儿在活动中获得游戏性体验。

(一)游戏活动多元化

幼儿的游戏是基于原有经验,在与他人、与环境互动中自主生成的。幼儿的已有

---

① 虞永平.试论幼儿园课程及其特质[J].早期教育.2001(1).

经验是幼儿游戏的基础,互动性环境是幼儿游戏的资源,互动性他人是儿童游戏的助力。

1. 创设互动性游戏环境,引发和支持自发性游戏

观察研究儿童,了解儿童的已有经验、现有发展水平,分析儿童的兴趣和需要,基于儿童的最近发展区,依据儿童年龄特点,创设互动性游戏环境,建立多元化游戏区角,关注区角之间的开放性、互动性,充分发挥"环境是第三位老师"的教育作用,引发和支持幼儿与幼儿、幼儿与教师、幼儿与环境的积极互动,让儿童在互动性环境中生成自发性游戏,并积极地参与游戏,生动地拓展游戏;为幼儿提供充足的多功能、多变性游戏材料,并以自然材料、半成品材料为主,培养幼儿以物代物的游戏能力,鼓励幼儿变废为宝,利用废旧物品自制游戏设施、材料和玩具(见图 6-2);确保幼儿自由游戏的机会和条件,为幼儿提供充裕的自由游戏时间,使幼儿能够有机会自由游戏、有条件自由游戏,保证每个儿童都有自由游戏、充分游戏、充足游戏的时间和机会,让每一个幼儿都能获得不同的游戏经历与体验。此外,还应尊重幼儿自主游戏的权利,保护幼儿的自发性游戏,鼓励与支持幼儿按照自己的意愿决定对活动材料、伙伴、内容的选择,决定对待和使用活动材料的方式方法,即自己确定玩什么、怎么玩、和谁玩。

图 6-2 狼山宝塔

2. 提供鹰架性游戏指导,拓展和丰富自然性游戏

尊重幼儿自发游戏、自由游戏的权利和机会,并不意味着对幼儿游戏活动的"无视"与"放手"。除了确保幼儿的自发性游戏之外,教师还应依据幼儿年龄特点和已有经验与兴趣,帮助幼儿选择、指导游戏,为幼儿提供多元化游戏机会和条件,以保证幼儿游戏的适宜性、发展性。同时,教师有必要设计与编制出具有多功能、多变性的多元化游戏,使幼儿的游戏活动更为丰富多彩。改编游戏便是基于对儿童自然性游戏的观察与分析,从中抽取出若干有价值的"游戏因素",结合幼儿已有经验,使之系统化以赋予更高的游戏价值。这种改编是筛选的深化与发展,其目的在于通过对游戏因素的有目的地系统运用,来提高游戏效益。如:卷炮仗是一个传统的民间体育游

戏,包含卷(跑螺旋队形)、燃放、纸屑飘落环节,让儿童在游戏活动中体验成功与合作的快乐。教师将民间体育游戏《卷炮仗》与歌曲《卷炮仗》有机结合,改编成音乐游戏,将原来单一的运动游戏丰富为有趣的唱游,让幼儿根据歌曲节奏的变化调整自己的步伐,通过自身的探索走出螺旋队形,进行合作游戏。幼儿在玩中学会了歌曲,感受了音乐节奏的变化,通过游戏表现了歌曲,发现了游戏的规则(见图6-3)。

图6-3 卷炮仗

游戏是儿童的生存方式,游戏过程中充满了教育的契机。在游戏过程中,教师应密切观察研究幼儿,与幼儿一起感受和体验,捕捉教育契机,基于游戏的需要,适时地以游戏角色身份进行隐性的间接指导,鹰架幼儿的游戏,引发游戏互动,帮助幼儿拓展游戏情节,丰富游戏内容,提升游戏质量。值得注意的是,教师对幼儿游戏活动的指导应以不改变游戏活动的主客体关系为前提,为幼儿游戏提供角色性指导。在游戏过程中,教师要成为幼儿游戏的支持者、合作者、引导者,以关怀、接纳、尊重的态度与幼儿交往,关注幼儿在游戏中的表现和反映,敏锐地觉察幼儿的需要,善于发现幼儿游戏活动中的教育价值,及时以适当的方式做出应答,形成合作式的师幼互动。在幼儿游戏之前,教师应当为幼儿创设适宜于他们身心发展水平的游戏环境,准备适当的游戏材料,游戏环境的创设与材料的投放应适合幼儿的年龄特点与游戏需要,同时要能反映幼儿近期的经验及幼儿关注的热点话题。在幼儿的游戏过程中,教师应当观察幼儿的行为表现,了解每个幼儿的特点,在观察的基础上提供适时、适当的帮助,丰富和延伸游戏情节,而不是凭自己的主观意志与愿望去充当"真实发言人",干扰幼儿的游戏。在游戏单一、互动匮乏、难以为继时,教师可以游戏角色身份介入游戏,生成游戏情节、丰富游戏元素、拓展游戏主题。游戏后,要为幼儿提供回顾、交流的机会,如回放游戏视频记录等,鼓励幼儿体验游戏的过程,分享游戏的乐趣。

(二) 生活活动趣味化

幼儿园的生活活动都是从幼儿发展的现实需要出发,从幼儿所处的特定生活背景出发,基于幼儿的生活养成教育而进行合理组织安排的综合性活动,是幼儿园课程的重要组成部分,是幼儿教育的重要途径。对幼儿日常生活的关注,符合把幼儿的身体发展和良好的生活、卫生习惯养成放在首位的《幼儿园教育指导纲要》精神,体现了让幼儿通过生活学会生活的教育宗旨,也是幼儿园课程特质的一个重要体现。缺失生活活动的幼儿园课程不是真正科学的幼儿园课程,忽视生活活动的幼儿教育不是全面和谐的幼儿教育。

将游戏因素、游戏精神渗透到生活活动中,是实现生活活动游戏化的重要策略。

在幼儿生活活动中,利用游戏因素,借助游戏的角色、情节和情境以及游戏性的语言,以多种简便易行的游戏方式组织幼儿的生活活动,使生活活动游戏化,让幼儿每天都有愉快的情绪体验。但利用游戏因素、保证轻松愉快的一日生活并非要求吃饭、睡觉、洗手、如厕各个环节都要创设游戏情景,重要的是教师可通过诙谐、幽默的言谈举止和以爱、尊重、平等为基础的教师行为与幼儿行为的交互作用,模拟、营造游戏发生的心理环境。在组织活动时,根据活动的需要以不同的游戏角色,利用生动有趣的游戏情节串联活动的各个环节,增强生活活动的趣味性,减少和避免消极等待现象,提升生活活动的愉悦性。

(三) 教学活动游戏化

游戏化不仅仅是借用游戏的形式,游戏化的实质是使集体教学带有游戏的精神,需要寻求有效的整合策略,使集体教学与游戏自然、有机地融为一体。

教学活动是课程实施的重要途径,可以帮助幼儿梳理、提升活动经验,使经验系统化。将游戏因素与集体教学因素结合起来,实现集体教学游戏化是幼儿园课程发展的必然趋势。融合了游戏因素的集体教学更具生命力,可以更好地发挥其教育功能。渗透了游戏精神的集体教学凸显其情境性、生活性、互动性、愉悦性,实现了知识的情境化,为知识的解构与建构提供了平台,这不仅符合幼儿直觉形象思维的认知发展特征和需要,使学习活动主体化,使幼儿生动活泼、主动积极地学习,真正成为学习与发展的主体;同时还满足了幼儿童年幸福生活的需求。教学活动游戏化可制造高质量的互动机会以提高教学的效果,既在游戏中达成教学目标,又在教学中体验游戏快乐,使教育活动更具有效性、适宜性。但须明确游戏和教学各自的价值和功能,避免否定教学或游戏泛化现象,最高效率地发挥游戏和教学这两类活动的教育价值,使适宜性和有效性得以兼顾。教学活动游戏化的根本目的是从游戏活动中提取可利用的游戏元素,使之与教学活动有机地渗透与融合。游戏元素作为教学活动的外部形式必须与教学活动的内容和谐统一,有机联系、相互融合,避免一味追求形式上的"花哨"和"虚假繁荣"而导致教学活动的庸俗化、低效化。

游戏活动与教学活动是一个渐变的连续体,两个极端之间反映的是游戏和教学的不同融合程度:

1. 分离式

在幼儿园课程实施中,游戏活动和教学活动在形式、时间安排上相对分离,独立存在。即在幼儿园活动的某段时间内安排教师统一组织的集体游戏活动,而在另一段时间内安排教学活动。这时的游戏多为教学游戏,即专为教学而设计的音乐、体育、语言、科学等游戏。这类教学游戏在规定的教学时段里可反复进行,如练习四散跑的体育游戏《老狼老狼几点了》、练习发音的语言游戏《东边一群鹅》、练习听音的音乐游戏《种豆》等。这种方式操作简单,评价直截了当,容易被教师掌握,在教学实践中被广泛运用(见图6-4)。

图6-4 体育游戏:蜈蚣爬

2. 交叉转换式

在教学中插入游戏,或在游戏中插入教学,游戏与教学存在相互转换的关系。教学的内容在游戏中得以运用,或在游戏中发现的问题又回到教学中来解决。游戏只在整个教学环节中的某个特定时间段出现,成为教学活动的一个环节,游戏可以是教学活动的先导,儿童在游戏中获得的经验,可以通过教学加以系统化。如在大班主题活动《过新年》《端午节》中(见图6-5),分别将民间节庆活动舞龙和赛龙舟纳入课程中,通过游戏不仅让幼儿了解了中国的节庆习俗,掌握了舞龙和赛龙舟的规则和技能,更重要的是在游戏中幼儿体验和感悟了"中国龙"的民族团结与合作精神。游戏也可以是教学的后继活动,教学中儿童习得的知识和技能可以在游戏中得以运用。比如利用体育游戏《大风吹》作为音乐教学活动《小叶飘飘》的导入活动(见图6-6),把游戏《找朋友》用于几何图形教学的结束环节,以巩固相关知识或技能。这种设计在结构上比较紧凑,教师主要利用为各领域教学编制的游戏来组织教学活动,以提高教学活动的游戏化程度。

图6-5 舞龙

图6-6 大风吹

3. 融合式

教学和游戏的界限模糊,活动由儿童和教师共同发起,如教师在专门设计的教学活动中注意运用角色游戏等使教学活动游戏化。教学和游戏之间的关系表现为"以游戏为中心的学习",是实现游戏与教学优化组合的一种高级形式,它使两种性质不同的活动有机地融合成一体,模糊了游戏与教学的界限,从活动时间、空间、内容、形式等几方面统一整合在一起。这种结合方式难度大,需要教师将教学和游戏融会贯通,选择的游戏形式和内容要注意趣味性,应是借助生动有趣的游戏情境、情节和形象可爱的角色来吸引幼儿,强调的是渗透在教学内容之中的游戏性特征,灵活地处理教学目标与游戏因素的有机融合。如数学活动《认识前后》就是以动画片《黑猫警长》作为游戏情境贯穿活动始终,设计了警员训练、出警、活捉"一只耳"等情节,将教学内容自然巧妙地融入游戏过程中(见图6-7)。活动中,教师和幼儿都以游戏角色的身份参与游戏活动中,既让幼儿处于游戏的主动地位,获得游戏的体验,又达成了教学目标。

图6-7 活捉"一只耳"

教学活动游戏化还可以教学活动与游戏活动的互生体现。如:在晨间活动的"踩影子"游戏中,教师发现幼儿对影子充满了兴趣,结合大班儿童发展指南,及时生成主题活动——"影子"。随着"影子"主题活动的开展,幼儿对光与影的经验不断丰富,主题活动的开展也不断推进着幼儿游戏的丰富和发展,生成了新的游戏如《皮影戏》。将皮影戏鉴赏与幼儿的形体展现巧妙结合起来(见图6-8、图6-9),教师引导幼儿模仿日常生活动作,如拖地、排球、跑步、做操、划船等,进行"人体皮影戏"表演,皮影戏动作的幽默性与生活性使得幼儿兴趣盎然、身心陶醉其中。在这个课程建构过程中,游戏生成了教学活动;教师依据课程内容和教学要求,进行游戏创编,并创设能够激发幼儿游戏的环境,让幼儿在环境中自然生成游戏。这一过程又是教学活动生成游戏的过程。

图6-8 老师的"皮影"表演

图6-9 我们也来"演皮影"

集体教学是一种传统的、基本的幼儿园教育活动形式,也是一种既经济又有效的活动形式,有其自身独特的特点和教育功能,具有不可替代性。同时,由于我国的幼儿园特别是中小城市和城镇的幼儿园,一般存在着班额偏大、师生比高的问题,给小组教学造成了一定的困难。面临现实困难,有着丰富的集体教学经验的教师充分发挥集体教学的优良教育功能,不断优化集体教学效果,将集体教学作为完成教育任务、实现教育目标的主要组织形式,成为目前我国幼儿园中普遍采用的一种活动类型。同时,也应该看到,由于在课程改革中强调了幼儿自主、主动学习,强调了个别化游戏和教学,部分管理者和教师误以为开展集体教学活动就不是先进的教育理念,对幼儿园集体教学活动的重视程度减低,甚至采取回避态度,在一定程度上削弱了幼教管理者和教师对集体教学活动的研究,淡化了集体教学在幼儿园教育活动中的功能和地位。

幼儿园课程游戏化意在让幼儿教育更加贴近幼儿的生活,更加贴近幼儿的心灵,体现了对幼儿身心发展规律的敬畏与对幼儿学习特点的尊重。在游戏的乐趣中形成专注活动的态度,在游戏过程的体验中学会合作探究的方法和习惯,在游戏的分享中体验交流的快乐,从而在游戏中,通过游戏和游戏化的活动学会游戏、学会生活、学会学习。"培养它、哺育它吧,母亲! 保护它、关心它吧,父亲! 用一个真正懂得人类本性的人的平静而敏锐的眼光来看,在这一时期的儿童自发选择的游戏中显示出他未来的内心生活。这一年龄阶段的各种游戏是整个未来生活的胚芽,因为整个人的最纯洁的素质和最内在的思想就是在游戏中得到发展和表现的。"[1]

---

[1] [德]福禄倍尔.人的教育[M].孙祖复译.北京:人民教育出版社,2001:39.

第五节　区域活动优化策略

区域活动也叫"区角活动",是教师根据教育目标和幼儿发展水平,有目的、有计划地设置各种活动区,投放活动材料,让幼儿按自己的兴趣和意愿选择活动内容和方式,通过操作、摆弄、发现、讨论、拼搭等方式进行自主学习的活动。在活动中,教师有计划地创设适宜的教育环境和条件,通过活动过程中的指导,影响幼儿的行为,激发幼儿对周围环境的兴趣,使幼儿能主动探索,积极实践,从而达到促使每个幼儿在不同程度上获得发展的目的。

一、区域活动的特点

(一)区域活动的愉悦性和自主性

区域活动有着相对宽松的活动气氛,灵活多样的活动形式,丰富多样的活动材料,活动的趣味性强,能满足幼儿的不同需要。在整个区域活动的过程中,幼儿没有任何心理压力,轻松愉快,可以自己决定活动的内容、活动方式和活动伙伴,自由选择玩什么,并能根据自己的能力和自己的学习方式、速度、习惯去操作实践。幼儿在无任何压力的环境中,以活动主体的身份,自由设计玩法,积极地与材料相互作用,获取经验,得到满足,体验到快乐、成功和自信。因此,对幼儿来说,区域活动的愉悦性和自主性,使得幼儿保持较高的活动热情和探索欲望,提高学习的主动性和积极性,在愉悦中成长,对促进每个幼儿的身心和谐发展起着重大的作用。

(二)区域活动的个别性

区域活动大多数为小组或个别活动,教师为幼儿创设的丰富多彩、多功能多层次的、具有选择自由度的环境,让每个孩子有机会接触符合自身特点的环境,用自身特有的方式同化和吸纳外界。在整个区域活动过程中,幼儿是活动的主人,依据自己的兴趣独立或结伴活动,他们不是被动地服从教师的要求,接受教师的指挥,而是按照自己的意愿、想法进行活动,幼儿探索的是自己感兴趣的内容,他们积极地、主动地活动,获得某种宝贵的经验,能满足孩子的个性发展。同时,教师与幼儿间的个别接触机会明显增多,强化了师生间的一对一的相互作用,教师可以更细致地观察幼儿,了解幼儿,获得了实施个别化教育的良好机会,在关注全体幼儿的同时,又能关注个别差异,可以因人、因时、因地地进行个别指导,挖掘每个孩子的潜能,促进每个幼儿富有个性的发展,促进幼儿成为具有自主性和独立性的个体。

(三)区域活动指导的间接性

区域活动是有计划、有目的地实施教育目标的一种活动形式,具有教育性,是教师教育意图的客体化和物质化。也就是说,教师可以通过创设活动区来影响幼儿的游戏和学习活动。区域活动既是幼儿的游戏活动,也是幼儿的学习活动。但此时的

"学习",不是传统意义上的"教学",没有"教师讲、幼儿听"的概念,而是教师通过为幼儿提供丰富多样的材料和灵活多变的方式对幼儿的活动施加影响,支持、促进、帮助幼儿顺利活动的过程。活动区是儿童进行特定学习活动的地方,教师通过活动区的构造、布局以及材料的投放给儿童传达一种信息,暗示儿童可以做什么,间接影响幼儿的活动。在区域活动中,以幼儿自由选择、自主学习为主,教师仅是适时、适宜、适度地提供间接指导,较少进行直接指导。

二、区域活动的组织与指导

(一) 制定针对性区域活动目标

区域活动目标是区域活动的指南针和方向盘,是区域活动的出发点和归宿点。不同的活动区具有不同的教育功能,教师在清晰把握各类活动区域功能的基础上,准确了解本班幼儿的兴趣、需要和身心发展水平,依据幼儿园阶段性教育目标和主要任务,制定各区域活动的具体目标,使区域的创设、材料的提供、教师的指导等方面与目标保持一致。要求做到:

1. 区域活动目标应体现年龄差异

幼儿园各年龄班幼儿现有的活动能力和水平是不同的,区域活动目标应体现年龄差异,以满足不同年龄层次幼儿的发展需要,同时也能充分发挥材料的教育功能。如科学区里的"磁铁",中班的目标是能发现磁铁和了解磁铁能吸住铁的特征,培养幼儿探索的兴趣,发展幼儿的观察力、语言表达能力和思维能力;大班的目标是能利用磁铁与一些辅助材料制作简单的玩具,培养幼儿的制作能力。

2. 区域活动目标应与集体教学活动目标融合

区域活动是集体教学活动的补充和延伸,两者应有机融合,实现优势互补。教师根据集体教学活动的目标和开展情况,研究幼儿的已有经验、现有水平、兴趣爱好和发展需要,据此制定区域活动目标,提出区域指导要点。通过区域活动和集体教学活动两者教育目标的整合,从而优化和完善幼儿的活动,引导幼儿积极主动地参与区域活动,主动获取相关知识经验,帮助每一个发展层次的幼儿,让每个幼儿都获得全面、和谐、充分的个性化发展。

(二) 投放多元化区域活动材料

材料是区域活动的物质载体,是幼儿发展的媒介,具有教育暗示性的作用,在一定程度上决定了区域活动方式和价值水平。区域活动材料的投放,要根据教育目标和本班幼儿的身心发展水平、兴趣、需要,精心设计并慎重选择活动材料,注意材料的目标性、丰富性、层次性、动态性,依据幼儿的个别差异,提供既符合幼儿原有水平,又能提升幼儿经验的具有开放性和多样性的材料,便于幼儿操作和自由选择,能够激发幼儿积极主动地与物质材料发生作用,进行大胆探索,促进幼儿身心全面和谐的发展。

1. 材料的目标性

材料投放应具有目标性,根据近阶段的教育目标和幼儿的活动需求,有针对性地选择、投放多种活动材料,让材料的教育功能与幼儿的发展目标相对应,有目的地引导幼儿进入区域进行活动,使区域活动目标与主题教育目标达成一致。根据幼儿对新鲜、变化的事物较易产生兴趣的心理发展特点和规律,活动区的材料要根据教育目标不断调整、充实,让幼儿总有耳目一新的感觉。即使是在完成同一目标时,设计、提供的材料也应力求做到角度不同、丰富多样,并不断地变换材料,以激发幼儿操作的兴趣,满足幼儿反复操作的需要。同时,充分挖掘材料在不同区域内的多种教育作用,一个目标可以通过若干材料的共同作用来实现,一种材料也能为达到多项目标服务。

2. 材料的丰富性

丰富的活动材料可刺激儿童活动的乐趣,引发幼儿独立思考和想象,勇于探索和创造,增进活动的价值。活动区的材料投放要具有丰富性,要考虑到其教育性与艺术性,注意物美价廉、经济适用和卫生安全,并要注意材料的多样化、新颖性和多变性,以满足身体活动、社会性活动、建构性活动、戏剧性活动等区域活动的需要。在提供活动材料时,应符合幼儿的年龄特点,给低龄幼儿以提供成型玩具为主,适当提供一些半成品玩具;随着年龄的增长,逐步增加半成品材料和低结构的材料,这些材料简单、多变、可替代,能够引发幼儿的思考和探究,对幼儿具有一定的挑战性,以满足他们的探究和自主发展的需求。同时,积极鼓励幼儿、家长参与活动区材料的收集和制作,慧眼发现、利用大自然的材料和日用物品的教育价值,将一些自然物(如树枝、麦秆、稻草、卵石、沙子、小草、树叶等)和简单的废旧日用物品(如塑料瓶、空盒子、纸箱、轮胎、靠垫等)纳为活动材料,这样不仅丰富了活动的内容,而且有助于发展婴幼儿的智力和想象力,并养成勤俭节约的好习惯,为幼儿提供了更为广阔的参与空间和发展契机。但需要注意的是,应选择无毒、无味、对幼儿无伤害隐患的活动材料,采用的废旧物品和自然材料必须经过清洗、消毒,确定卫生才能投放使用。在保障安全的基础上,注意操作材料的色彩搭配和便于操作,使其在具备教育功能的同时,充分将其艺术性展现出来,以吸引幼儿对活动材料充满兴趣,积极参与活动中来,利于区域活动的顺利开展。

3. 材料的层次性

不同年龄班活动区域中应根据本年龄段幼儿的身心特点投放活动材料,体现年龄纬度上的多层次性,做到有的放矢,具有针对性和计划性。同一个活动区也应提供具有多层次操作水平的原材料、半成品材料和成品材料,这样才有利于幼儿的操作探索,更大程度地鼓励幼儿的自主学习。另一方面要根据幼儿不同发展水平的需要,提供不同层次不同要求的材料。教师应及时观察、分析幼儿在各个领域的发展情况,充分地了解每个幼儿的发展水平,考虑个体和个性差异,为幼儿设计、提供多层次、不同要求的材料,根据幼儿的个体差异投放材料,在活动区内提供难易程度不同的操作材料,让幼儿量力而行,供不同程度的幼儿选择,使不同发展水平的幼儿都有表现能力和获得成功体验的机会,从而增强幼儿的自信心,促进每个幼儿在自己原有水平上获得不同程度的提高。

4. 材料的动态性

活动区的材料应保持动态性,依据幼儿的兴趣和需要,经常变换活动材料,以保持区域活动的新鲜感,提高幼儿的活动兴趣,吸引幼儿参与活动。同时,根据不同教学内容、知识层次及时调整、补充、变换与之相应的材料,保持活动材料的探究性,引发幼儿动手、动脑,支持幼儿与活动材料的积极互动。此外,材料的动态性还体现在各年龄段及平行班之间的互动上,各班教师应及时沟通、交流幼儿区域活动的情况,做到材料的互补,资源共享,让材料真正地为活动提供服务。

(三) 提供精准性区域活动指导

区域活动中,儿童是区域活动的主人,教师是支持者。教师应成为幼儿学习活动的支持者、合作者、引导者,应为幼儿创设一个安全温馨的心理环境,确保幼儿充分探索与实践的时间与机会,尊重幼儿的意愿,让幼儿在自我尝试、探索和交流、讨论中学习用多种方法解决问题,体验成功的喜悦。

1. 持续观察

德国教育家第斯多惠认为:"无论是对一个医生还是一个教师来说,最重要的就是必须首先认识人的一般天性和特殊天性,然后才能对症下药,因材施教。"①认识幼儿应是教育的必然前提与基础,了解幼儿应是教育工作者永恒的课题。教师如同医生,需要对幼儿进行"望、问、诊、切",这样才能"对症下药",因人施教,促进每一个幼儿获得个性化发展。观察是研究了解幼儿的主要途径,通过观察幼儿在游戏活动中的言谈举止,以分析幼儿的游戏行为,研究幼儿的已有经验、现有水平、兴趣爱好和发展需要,据此为幼儿活动提供适宜性指导。

区域活动的指导始于观察,教师首先应明确观察的目的,将观察研究幼儿作为一切教育活动的基础。教师的观察应是在自然状态下,对活动中的幼儿进行持续性、全面性观察,以了解幼儿的活动表现,研究幼儿的游戏行为,分析幼儿的活动需求,为幼儿提供精准性有效指导。教师应留意观察每个孩子的活动状况,关注幼儿在活动中的表现和反应,敏感地察觉他们的需要,捕捉反映幼儿某一活动发展水平的创造性表现,从而较准确地把握幼儿活动的动态和发展水平了解幼儿的兴趣、需要和同伴交往情况,并对观察结果做进一步的分析、研究,获得有价值的教育信息。但目前幼儿教师普遍反映师幼比太高,教师分身无术,加上对幼儿安全的焦虑,导致教师难以持续、细致地进行"扎根式"观察,基本上采取"瞭望式"观察或"眺望式"观察,关注的重点是幼儿的安全——教师成为"牧羊犬",而不是一个观察者、合作者、引导者、支持者。教师的"走马观花",难以获得全面、真实的幼儿活动信息,因而对于活动指导的适宜性

---

① [德]第斯多惠. 德国教师培养指南[M]. 袁一安译. 北京: 人民教育出版社, 2001:99.

大打折扣,这也是幼儿区域游戏活动"低水平游走"的根源之所在。只有对幼儿区域活动进行持续性观察,才能充足地、透彻地认识幼儿的活动行为和发展需求,根据这种认识,加以勤恳的探索,才能充分发挥区域游戏活动的教育功能与价值。

2. 即时记录

在活动过程中直接形成的、具有记录功能和保存价值的文字、图片、录音、录像等文件资料,是活动过程及其质量的客观记录,是进行教育研究和评价的有效证据。教师通过持续、细心的观察、倾听幼儿,采用如笔记本、录音笔、照相机、摄像机等不同的工具,从不同的角度对幼儿的行为进行持续的观察和记录,收集活动的原始材料,可以了解幼儿在活动中的表现,对幼儿在活动中产生的经验做细致的分析,以便引导幼儿进入下一个活动阶段。区域游戏活动是一个持续性过程,教师应注意观察幼儿有意义的言行,抓拍生动的活动场景,随时记录、收集、存贮活动的过程性信息(见表6-1)。教师通过对幼儿活动的持续关注,即时记录幼儿活动中所有的经验、反省、探讨,可以让幼儿的发展看得见。即时记录是真实活动生发、展开与深入过程的缩影,可使幼儿活动可视化,并作为回顾、分享、评价的媒介,为教师和儿童再次观看、回忆活动过程提供独特的机会,也为教师提供了一个研究与不断完善活动的重要工具。除了教师要养成即时记录"随手拍"的习惯外,还可以引导(中大班)幼儿采取多种方式记录活动过程(如充分利用家长淘汰手机的拍照功能对活动进展或作品进行"即时自拍"),作为"活动成果"进行交流与分享,依此帮助幼儿回顾活动过程、梳理活动经验、提升活动品质。

表6-1 观察记录表

日期		时间	起始时间: 结束时间:		观察者	
幼儿姓名			幼儿年龄			
环　境						
观察目的						
观察目标						
观察记录	(发生了什么?请具体描述在真实情景中幼儿学习、探究的实际行为。)					

(续表)

分析评价	(学习了什么？请结合《指南》等内容，解读、评价幼儿的学习行为。)
支持策略	(下一步该怎么做？提出下一步的指导计划。)

3. 优化提升

幼儿的区域游戏活动特点是自主性，教师以间接指导为主，但这并不意味着教师指导作用的削弱和"放任自流"，而是更需要教师智慧引导区域游戏活动优质化。教师应细心观察幼儿的区域活动行为，依据幼儿的不同活动表现，精准优化幼儿活动品质，引导幼儿由边缘参与者转化为合作活动者：关注区域活动中的无所事事者，激发其参与区域活动的兴趣；对于活动旁观幼儿，针对幼儿的兴趣目标点，引导其积极参与目标活动；对于只专注于自我活动的独自游戏者，可以鼓励其与同伴交流、分享，以引发同伴联合活动；针对没有建立共同目标、还处于联合活动状态的幼儿，可以引发幼儿探求共同活动目标，并以集体共同目标为中心，在游戏活动中进行明确分工、有效合作，以达成合作活动目标，获得互动性经验。教师可以通过材料的投放与更新、活动环境的变换来引发幼儿的区域活动行为，也可以通过丰富活动情境的方式以活动参与者身份进行言语或非言语(行为)引导，将幼儿的无所事事、旁观活动、独自活动、联合活动智慧优化为合作活动，以确保幼儿区域活动的有效性和优质性。

在活动中教师应仔细观察、分析，针对活动状况和出现的问题，有目的、灵活地选择恰当时机给予鹰架和支持，形成合作探究式互动，引发幼儿探索、操作、发现、讨论。教师应避免直接指导，避免对幼儿的活动产生过度的"干扰"，应让幼儿与材料相互作用，自己操作、探索，思考、解决面临的各种问题，积累经验。教师对幼儿活动的具体参与指导和帮助，可促使幼儿活动水平不断提高，活动内容更加丰富，使活动能够深入开展，引发幼儿与环境、同伴发生积极有效的互动，提高区域活动的水平。

区域活动的内容、设备、材料都应符合幼儿的要求，满足幼儿的愿望，激发幼儿的活动兴趣。在区域活动中，幼儿可自由选择区域、选择材料，自由操作、摆弄，活动的时间、次数、速度都让幼儿自己决定，教师的任务是帮助幼儿实现自己的设想，并鼓励幼儿发挥主动性、创造性，发现问题、解决问题，使其在原有基础上有新的提高。同时，关注幼儿的个别差异，从幼儿实际出发，区域活动内容、材料提供、教师指导、支持方法等应具有多样性、层次性和递进性,以适应幼儿的不同需要,真正达到因人施教,使每个幼儿都能充分、自信地活动。

4. 交流分享

幼儿的区域活动重在自主探究,但幼儿粗浅的、碎片化的自主探究经验需要梳理、提升为有益的经验。杜威认为,有益的经验具有连续性和相互作用性。这就意味着幼儿的经验不能是割裂的、相互分离的,而应是连续的、相互关联的;它既是从幼儿过去的经验中采纳形成的,又对未来的经验有启发意义;它既是建立在儿童已有经验的基础之上,又能引起儿童的活动兴趣,促使幼儿渴望获得未来的经验;它既能进一步引发幼儿与环境和材料的互动,又能引发幼儿与他人的互动。分享与交流是区域活动必不可少的经验提升环节,具有不可取代性,应将分享与交流常规化。

通过幼儿对活动作品的展示和活动过程的回顾,一方面可以帮助幼儿及时梳理和提升活动经验,另一方面可以将个体经验群体化,在相互的交流分享中幼儿获得默会知识,实现经验的个体建构和群体建构。分享、交流的方式可以是小组汇报,也可以个别介绍;可以是成果展示和问题探讨,也可以是活动感受和过程体验:进行了什么活动?发生了哪些有趣的事?或遇到了什么问题?如何解决的?教师可以提供照片、视频等过程性资料,帮助幼儿回顾活动过程,关注幼儿活动经验的梳理、概括和提升,实现个体经验和群体经验的建构与整合,从而引导幼儿不断地活化经验,逐渐提升发现问题、解决问题的能力。同时,鼓励幼儿积极地参与交流与分享的活动中来,大胆地表达,并通过高质量的交流与分享引发幼儿继续活动的兴趣,激发幼儿再次活动的愿望,将所获得的知识经验吸收内化,并将知识经验迁移运用到新的探索中去。

分享交流是幼儿在各自经验基础上彼此碰撞与交流的过程,也是对自己经验的过程进行反思与评价的过程,有利于提升活动价值。交流分享是为了激励,为了导向,也是为了因材施教,在具体的组织中它则表现为师生共同参与,汇集活动中的信息,在共享快乐、交流经验、解决困惑中进一步引发活动兴趣。在区域活动的分享交流中,幼儿是分享交流的主体,教师应是一个忠实的倾听者、灵活的引导者和智慧的提升者。教师穿针引线,或有趣地导入点题,或简短地提问,或夸张地疑惑,或热情地鼓励,尽可能多地满足幼儿的感受与经验建构,彰显他们的主体显性地位。与此同时,教师还特别要注意尊重与理解不同幼儿的表达方式与习惯,鼓励幼儿大胆表达各种想法,介绍活动过程,交流各自的经验,展示活动成果,分享活动的快乐。幼儿通常用语言和作品讲述自己在活动中的经历、理解和想法,并相互询问、了解彼此的活动,提出困惑和问题。通过回忆活动过程,幼儿能看到他们的计划和活动之间的联系,能对他们自己的行为和思想有更清楚的意识。教师鼓励幼儿把自己在游戏中的所见所闻、感受体验表达出来,与同伴交流分享,这不仅能增强幼儿对游戏的兴趣,同时也有利于幼儿默会知识的获得,为幼儿提供了学习别人经验的机会,以吸纳别人的经验,扩展自己的思维方式,既能增强幼儿的自信心,又能激发幼儿表达的愿望。通过交流分享,引导幼儿发现问题、讨论问题、解决问题,激励幼儿协作创新,为活动出谋献策,不仅对幼儿活动方式有改进和调节作用,激发幼儿再学习和再次探索的欲望,为下次活动的开展提供良好的基础。

5. 作品展示

稚拙的作品背后透视着儿童的不同风格与智慧,是幼儿的心路历程。幼儿的活动作品展示也是一种活动成果的分享交流,它的直观、形象在某种程度上比语言更能引人入胜,更能激发幼儿同伴间的交往、关注与热爱,进而向同伴学习。通过展示幼儿的区域活动成果,激励幼儿关注所有的活动区,可促使幼儿产生对其他活动区的积极情感,保护幼儿活动的积极心态,从而使幼儿始终感受到区域活动是快乐的活动,乐于参与区域活动。通过作品展示,幼儿能积极地展现自我,可以充分展示各自不同的才能,教师也可以了解幼儿在动作、思维、语言表达、交往合作等方面的发展水平,发现幼儿的闪光点,发现幼儿的优点及细微进步并加以鼓励,鼓励幼儿对自己提出更高的要求,指出幼儿的努力方向,提高其积极性。

对教师而言,幼儿活动作品可以使教师更贴切地走近每个幼儿,走进他们的心灵。因此,幼儿的任何一件作品都应该珍惜,都应该尽可能地回归他们的生活,装点属于他们的空间。在作品展示过程中,教师首先应注意保持幼儿作品的原生态,不做多余的加工修饰,让作品释放出自然、稚拙的光彩。其次,教师可用桌面陈列、凌空垂吊、墙上悬挂、展板张贴等形式进行平面或立体的布置,同时可用背景法、装裱法等加以简单地衬托、美化和归类,使作品更赋有童趣和情趣,让幼儿在移步换景中,主动与之"对话",使幼儿真正成为活动环境的参与者与创造者,使区域活动作为幼儿的一种自我学习、自我探索、自我发现、自我完善的自主活动,能真正成为促进幼儿身心和谐发展的有效途径。

要 点 回 顾

幼儿园课程管理可以分为政府层面的宏观课程管理和园所层面的微观课程管理,其中政府的管理又分为国家和地方两级课程管理,园所的管理也包含园级和班级两个级别的课程管理,形成了二层四级的幼儿园课程管理体系。课程档案是衡量幼儿园课程管理水平和教育教学质量的重要标志之一,也是幼儿园档案的主体、核心和重点。班级课程档案管理是幼儿园课程管理中不可缺少的一项重要工作,它真实地记录了班级课程方面的历史资料,为教学工作提供了真实可靠的原始数据和凭证,为今后的教学评估工作提供依据。要做好班级课程档案的管理工作,应从如下几方面进行:(1)记录收集。(2)编辑整理。(3)编制班级课程档案册。班级课程档案册是班级主题活动的缩影,它像摄影机一样记录着班级主题活动的生成、开展、延伸的过程,珍藏着主题活动中发生的点点滴滴,见证着幼儿的成长、家长的参与和教师的智慧,对于幼儿、教师、上级、同事、家长都有着重要的意义。

游戏是童年幸福的象征,能促进幼儿的身心发展,能给幼儿快乐,其重要性仅次于母乳喂养和母爱。幼儿园教育应"以游戏为基本活动",这一命题确定了游戏在幼儿园教育活动中的地位,也对幼儿园课程改革提出了要求。幼儿园课程游戏化是幼儿园课程发展的必然趋势,这不仅符合幼儿具体、形象的认知发展特点,同时还满足了幼儿童年幸福生活的需求。基于知识的情境性、幼儿思维的叙事性、幼儿学习的游戏性,幼儿园课程游戏化策略为:游戏活动多元化、生活活动趣味化、教学活动游戏化。幼儿园课程游戏化须突出优化区域活动:(1)制定针对性区域活动目标;(2)投放多元化区域活动材料;(3)提供精准性区域活动指导。

思考练习

1. 幼儿园课程的管理体系是什么?
2. 请举例说明如何进行班级课程档案管理?
3. 请谈谈游戏与幼儿教育的关系,幼儿园教育"以游戏为基本活动"体现了哪些精神?
4. 幼儿园课程游戏化的理论依据是什么?幼儿园课程游戏化的策略有哪些?
5. 应如何优化幼儿园区域活动?
6. 请利用幼儿园见习机会,每人写一篇学习故事并进行交流分享。

拓展阅读

1. 幼儿园教育指导纲要
2. 3—6岁儿童学习与发展指南
3. 完善中华优秀传统文化教育指导纲要
4. 关于实施中华优秀传统文化传承发展工程的意见
5. 虞永平.课程游戏化的意义和实施途径[J].早期教育.2015(3).
6. 虞永平.幼儿园课程游戏化项目的基本要求[J].早期教育.2018(4).

扫描二维码,获取拓展阅读资源

完善与建议

反思、建议:
_____
_____
_____
_____
_____

第六章 课程管理

工作案例与材料（粘贴）：

第七章 儿童安全管理与教育

> 平安成长比成功更重要。[①]
> ——王大伟

1840年,教育家福禄倍尔正式把自己创办的幼儿教育机构命名为"幼儿园":"'幼儿园'的具体和完整的思想在它的名称上体现出来,那就是'儿童的花园'。因此,幼儿园的基本思想要求它应该是儿童进入的花园。"[②]但"儿童的花园"并不总是和风旭日,儿童走失、摔伤、跌伤、烫伤、咬伤、打伤等事故时有发生,甚至恶性砍杀事故、重大园车接送事故也时有耳闻,让人触目惊心。儿童是家庭的希望,国家的未来,儿童的安全涉及亿万家庭的生活与幸福,关系整个社会的稳定与和谐。"儿童比黄金更为珍贵,但比玻璃还脆弱。它是易于被震荡和受伤的,甚至成为不可补偿的损伤。"[③]儿童身心稚嫩,是社会中最需要帮助、关爱和保护的弱势群体。《幼儿园教育指导纲要(试行)》强调,幼儿园必须把保护幼儿的生命和促进幼儿的健康放在工作的首位。儿童保护是对受到和可能受到暴力、忽视、遗弃、虐待和其他形式伤害的儿童提供的一系列旨在救助、保护和服务的措施,旨在使儿童能够在安全的环境中健康成长。儿童的安全与保护不仅是幼儿教师的职责,更应是家长的首要职责,应得到全社会的关注。

第一节 儿童安全事故

幼儿园应该是儿童的花园,班级应该是儿童的快乐之家,教师、家长应该是神圣的护花使者。但若是幼儿园的管理、教师的教育以及家长、幼儿的行为等,有所疏失或偏差的话,可能就会造成许多令人遗憾的安全问题,甚至是触目惊心的重大安全事故,伤及儿童身心健康。

---

① 王大伟著.平安成长比成功更重要[M].北京:中央编译出版社,2009:1.
② S. S. F. Fletcher and J. Welton (ed.), *Froebel's Chief Writings on Education*, London: Edward Arnold & Co., 1912, p. 237.
③ [捷]夸美纽斯.夸美纽斯教育论著选[M].任钟印选编.北京:人民教育出版社,2005:35.

一、幼儿园安全事故类型

幼儿园安全事故是指入园儿童在幼儿园期间和幼儿离园集体活动而处于幼儿园管理范围内所发生的人身伤害事故。它主要是幼儿在幼儿园中发生的人身伤害,也包括虽不在园内发生的人身伤害但属于幼儿园组织的活动,如春游、秋游、节庆等活动中发生的人身伤害。发生范围较广、频率较高的安全事故为:同伴咬伤与打伤、坠落、摔伤、跌伤、烫伤、烧伤、运动器械致伤和尖锐物品戳伤。食物中毒、药品中毒、破损玩具致伤、拥挤致伤、体罚致伤、走失、交通事故、溺水等安全事故也占有一定的比例。连触电、雷击、性侵害等安全事故也有发生。由此可见,幼儿安全事故形势十分严峻,应引起普遍关注。

(一)幼儿园接送车发生的重大交通事故

1. 2005年5月28日,广东汕头市潮南区峡山镇发生一宗重大交通事故,一辆载有十几名幼儿的接送车坠入埠头村内溪,4名幼儿当场死亡。

2. 2006年9月11日上午8时左右,咸阳市径阳县云阳镇小灵童幼儿园(民办)接送学生车辆在接幼儿上学途中,与一辆东风大货车相撞,造成车内9名幼儿死亡,8人受伤。

3. 2007年1月4日,湖南永州市祁阳县八宝镇砖塘村发生的特大意外交通事故中,就读于黄家渡村乐佳幼儿园的幼儿有6名当场死亡。

4. 2011年11月16日上午,庆阳市正宁县"小博士"幼儿园校车行驶至榆林子镇西街道班门口时,与一辆卡车相撞,发生交通事故,事故造成17名幼儿、1名司机及1名陪护教师死亡。

5. 2012年12月24日上午9时左右,江西省贵溪市滨江镇洪塘村委会合盘石童家村小组发生一起接送幼儿园学生的校车侧翻水塘事故,造成3名儿童当场死亡,8名儿童经抢救无效死亡的严重后果。

6. 2011年9月13日,荆州市两名幼儿被司机和接车老师遗忘在校车上,在校车内窒息死亡。

(二)幼儿园建筑设施导致的事故

1. 2000年08月11日,义乌一幼儿园因滑梯未固定牢,导致何某在攀玩时,被翻倒的滑梯击倒身亡。

2. 2003年8月27日,河南省巩义市西村镇张沟村一非法家庭幼儿园因邻居废弃的房屋倒塌,造成7名儿童死亡,8人受伤(其中1名教师受伤)。

3. 2003年9月2日,河南省洛阳市珠江新村一家私人幼儿园因煤气泄漏造成1名幼儿中毒死亡。

4. 2004年8月10日,河南省济源市克井镇后沟河村村民非法开办的幼儿班发生房屋倒塌事故,导致2名幼儿死亡,28名幼儿受伤。

(三) 幼儿园管理不善所致的事故

1. 2001年6月5日,江西南昌市广播电视幼儿园蚊香引燃被褥,发生特大火灾,事发当时值班教工擅自离开幼儿,13名全托幼童葬身火海。

2. 2002年5月24日下午,4岁幼儿晶晶(化名)被一名自称"叔叔"的男子从重庆市某幼儿园带走,摧残得浑身是伤。

3. 2012年12月20日,海南省琼中县湾岭镇慧儿幼儿园发生食物中毒事件,共有39名幼儿入院治疗。

4. 2011年2月21日,西安市北郊赵村中心幼儿园发生食物中毒事件,一百多名幼儿入院救治。

(四) 园内外活动中的事故

1. 1997年4月28日,不满5岁的朱某在幼儿园摔了一跤,老师随即带他到医院检查,发现朱某右肱骨髁骨骨折。后虽经医院治疗,朱某的右膀关节仍失去功能。

2. 2000年11月2日下午,潮安县浮洋镇林泉幼儿园五岁儿童与小朋友游戏时相撞跌倒,造成重度颅脑外伤,出现颅内血肿、脑疝症状,伤情严重。

3. 2004年5月底,在山东威海市高区某幼儿园,一名6岁幼儿辛某,在做早操时,跌伤左面部下腭,裂口约三厘米长,后经医院缝治后,面部仍留下疤痕。

4. 2009年7月某日,某幼儿园组织幼儿到某大剧院看演出,在教师与孩子一起乘大剧院的电梯上楼出电梯的过程中,一名幼儿的左手被电梯夹住,老师使劲往外拽孩子的左手,造成孩子左手受伤严重。

(五) 外来侵害导致的事故

1. 2004年8月4日,北京大学第一医院幼儿园52岁门卫徐和平(曾患有精神分裂症)挥刀连砍15名幼儿和3名教师,其中1名儿童死亡。

2. 2004年9月11日,苏州"小剑桥幼儿园"的28名幼儿被一行凶者砍伤。

3. 2010年4月29日,一名47岁持刀男子冲进江苏泰兴中心幼儿园,砍伤32人,包括29名幼儿、2名教师和1名保安,其中有5人伤势严重,有生命危险。

4. 2010年5月12日上午8时左右,位于陕西省南部的汉中市南郑县圣水镇林场村幼儿园(私人)发生一起恶性凶杀案,犯罪嫌疑人吴焕明(男48岁,林场村4组人)持菜刀闯入该村幼儿园,致7名儿童、2名成人死亡,11名儿童受伤。

(六) 教师恶意行为和过失行为造成的事故

1. 2009年7月23日下午,宁波镇海区庄市街道天天幼儿园发生幼儿在园内昏迷、后经医院抢救无效死亡事件。后查明死者高晨曦因窒息死亡,系被教师刘小玲用小棒从身后敲打头部,致使高晨曦逃离过程中衣服被窗户铁栅挂住,双脚踩空窒息死亡。

2. 2010年12月14日,江苏兴化板桥幼儿园7名儿童因上课说话被女老师易某用电熨斗烫伤。

3. 2010年11月12日上午,大兴第一幼儿园两名女老师拧拽、踢蹬、打骂一名儿童,被人拍下视频发到网上。

4. 2011年5月11日,刘某在幼儿园吃午饭时,教师将刚煮熟的热面条盛到碗里,没冷却就端到幼儿餐桌上,刘某在等待吃饭时被碰翻的热面条烫伤两条大腿,诊断为"深2度烫伤"。

5. 2012年10月24日,网上流传一张幼儿园女教师以拎耳朵的方式虐待儿童照片。后查明,颜某自2010年在温岭城西街道蓝孔雀幼儿园工作以来,多次对幼儿以胶带封嘴、倒插垃圾桶等方式进行虐待,并拍照取乐。

(七) 因家长、幼儿自身原因所致的事故

1. 2000年6月6日下午1时,郭林杰的父亲带他去萧山区浦阳镇洋湖幼儿园上学,因是午休时间,幼儿园的大门关着,郭父并没有敲门将孩子交给幼儿园的老师,就自行回家了。当天下午2时,郭林杰被人发现在位于洋湖幼儿园前方相距200米的池塘里溺水,送至医院后不治身亡。

2. 2012年3月21日下午,5岁小女孩罗丹梅在幼儿园午睡后,巡视老师突然发现她全身抽搐,陷入昏迷,6小时后死亡,疑为癫痫发作。

由于幼儿的体质特殊或者疾病突发引起的,如幼儿先天性心脏病复发、高热惊厥、急性哮喘等就属于此类安全事故。幼儿入园时未体检,家长未将幼儿病情告知教师,易导致此类事故发生。

二、儿童安全事故成因

在"导致安全事故发生的核心因素"调查中,"安全管理制度落实不到位"成为幼儿安全事故的罪魁祸首,"教师常规管理不当""环境存在安全隐患"以及"安全教育缺失"也属儿童安全的主要杀手(见图7-1)。

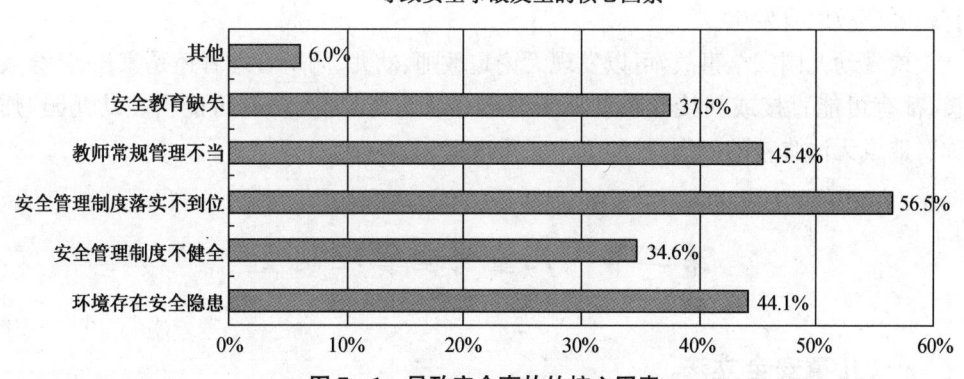

图7-1 导致安全事故的核心因素

(一) 安全管理制度不健全,制度落实不到位

有的幼儿园对安全管理问题不够重视,幼儿园没有健全的安全制度,而且针对幼儿安全的管理制度也极不健全。多数幼儿园尽管制定了相应的安全管理制度,但形同虚设,制度落实不到位,致使幼儿安全事故频发。比如幼儿放学后等着家长来接,

有的孩子没有等到家长来就私自出了园门,这很容易导致安全问题的发生,如交通事故、走失等。有的幼儿园对于食品的安全缺乏监督,卫生设备差等,这些也会成为幼儿健康安全的隐患。

(二) 环境存在安全隐患

园内外环境不安全,相关设施设备存在安全隐患,如滑梯、木马、秋千、跷跷板等,这些设施原本是为了丰富幼儿的童年生活,但是也很容易因其陈旧老化、年久失修等原因给幼儿带来安全隐患。还有的幼儿园缺乏相关的安全设施,比如消防器材不具备,没有消防通道等,这些都会给幼儿的安全带来隐患。

(三) 安全教育缺失

幼儿教育的首要任务是保护幼儿的生命安全以及加强健康教育,几乎每个教师都不否认幼儿安全的重要性,但实际上却存在安全教育缺失现象,致使教师成为"语言上的巨人,行动上的矮子"。由于教师既没有预见到可能存在的安全问题,也没有安全教育措施,更缺乏应对突发事件的能力,导致安全事故一旦发生,教师便束手无策。有的教师不能为人师表、恪守职责,没有担当起护花的重任,反而成为罪恶的帮凶。还有的教师体罚、变相体罚儿童,甚至虐童事件频发,"老师妈妈"变成"狼外婆",成为幼儿身心健康的"杀手"。

(四) 幼儿自身安全意识不强,自我保护能力薄弱

幼儿正处于好奇心强、活泼好动的阶段,由于缺乏生活经验,幼儿对周围环境中潜在的危险因素认识不足,判断能力差,又缺乏自我保护技能。如在攀爬游戏中爬得太高无法下来,任意追逐与其他孩子发生碰撞,面对危险不知躲闪等,这些都是幼儿安全意识极为薄弱、自我保护能力差的表现。因此,走失、摔伤、跌伤、误吞误食、用具打伤等事故时有发生。

检视幼儿园安全事故,可以发现无论是教师、幼儿、园所管理者还是家长、社会人员,都有可能直接或间接影响幼儿安全,人人、时时、处处都有可能引发幼儿园"炸弹",造成无法弥补的创伤,校园安全任重道远。

第二节 儿童安全管理制度

一、儿童安全立法

1959年11月20日《儿童权利宣言》获得联合国大会通过,《宣言》规定"儿童应当受到特别的保护""并且以此为目的而制定的法律,应当以儿童最大利益为首要的考虑因素"。1989年11月20日联合国大会通过了被称作当代新儿童宪章的《儿童权利公约》,并向各国开放供签署、批准和加入,为儿童保护提供了各种保障。《公约》要求各成员国在国内的立法和司法中,应考虑"儿童至上"精神的贯彻及适用,同时必

须采取措施和制定相应的程序,使本国儿童的权利得以真正实现。联大发布《宣言》和《公约》的目的是希望儿童能够享有《宣言》和《公约》中说明的各项权利和自由,享有幸福的童年,并号召所有父母和其他个人以及各类组织、各国政府按照《宣言》《公约》的准则逐步采取立法和其他措施,以儿童利益最大化为原则,实施儿童保护。我国于1990年8月29日签署《儿童权利公约》,1991年12月19日全国人大常委会批准加入该公约,1992年3月1日对我国正式生效。为了保护儿童的身心健康,保障儿童的合法权益,根据《宪法》,我国制定了《中华人民共和国未成年人保护法》。1991年9月4日第七届全国人民代表大会常务委员会第21次会议通过,1991年9月4日中华人民共和国主席令第50号公布(后多次修订)。《未成年人保护法》明确规定了家庭保护、学校保护、社会保护、司法保护与法律责任。

"校园安全"问题没有国界之分,面对校园中各种事故发生及存在的安全隐患,中西方国家都相继出台了"校园安全"方面的法律法规。美国联邦政府和立法、司法机关为保障校园安全采取了一系列法律举措,1994年出台了《校园禁枪法》和《校园、社会禁毒及安全法》。《校园禁枪法》即GFSA法,它要求所有接受联邦教育基金的州通过《改善校园环境法案》即IASA法案。到1995年10月,全美50个州都颁布了相关立法满足GFSA法的要求。美国的各级教育行政部门都将校园安全保障作为自己的一项重要职责,为学校在人力、物力、财力等方面提供较为充分的支持。瑞典、澳大利亚、英国等国家也都制定了适合本国国情的"校园安全法"。日本文部科学省通过综合治理的手段来维护学校的安全稳定。英国劳动安全卫生方面的法律法规规定,校方应对学校内存在的危害风险采取有效的控制措施。新西兰中小学校园安全管理工作的实施通常以一年为周期。

我国的《教育法》《义务教育法》《教师法》《未成年人保护法》中都有关于保障儿童安全的规定。《中小学公共安全教育指导纲要》虽未涉及幼儿园安全教育,但也为幼儿园开展安全教育提供了基础性参考。从1989年颁布的《幼儿园工作规程(试行)》《幼儿园管理条例》至今,陆续出台了一些幼儿安全方面的法律法规,对幼儿的安全问题予以高度重视。2001年颁布的《幼儿园教育指导纲要(试行)》中指出:"幼儿园必须把保护幼儿的生命和促进幼儿的健康放在工作的首位";2002年教育部颁发了《学生伤害事故处理办法》,并将每年3月最后一周的周一定为学生"安全教育日"。为加强中小学、幼儿园安全管理,保障学校及其学生和教职工的人身、财产安全,维护中小学、幼儿园正常的教育教学秩序,根据教育法律法规和国务院的有关规定,教育部、公安部、司法部、建设部、交通部、文化部、卫生部、工商总局、质检总局、新闻出版总署制定了《中小学幼儿园安全管理办法》,自2006年9月1日起施行。

《中小学幼儿园安全管理办法》内容包括安全管理职责、校内安全管理制度、日常安全管理、安全教育、校园周边安全管理、安全事故处理以及奖励与责任,要求学校应当按照本办法履行安全管理和安全教育职责,强调学校安全管理应遵循积极预防、依法管理、社会参与、各负其责的方针。《中小学幼儿园安全管理办法》明确规定了学校安全管理工作:(1)构建学校安全工作保障体系,全面落实安全工作责任制和事故责任追究制,保障学校安全工作规范、有序进行。(2)健全学校安全预警机制,制定突发事件应急预案,完善事故预防措施,及时排除安全隐患,不断提高学校安全工作管理水平。(3)建立校园周边整治协调工作机制,维护校园及周边环境安全。(4)加强安全宣传教育培训,提高师生安全意识和防护能力。(5)事故发生后启动应急预案、对伤亡人员实施救治和责任追究等。

《中小学幼儿园安全管理办法》为学校开展安全管理指明了方向,此后出台的有关校园安全工作的各种通知要求,基本上是在此基础上进行强调和细化的。2011年12月颁布实施《幼儿园教师专业标准(试行)》,再次强调:"将保护幼儿生命安全放在首位。"2016年出台的修订版《幼儿园工作规程》增列"幼儿园的安全"一章。

第三章　幼儿园的安全

第十二条　幼儿园应当严格执行国家和地方幼儿园安全管理的相关规定,建立健全门卫、房屋、设备、消防、交通、食品、药物、幼儿接送交接、活动组织和幼儿就寝值守等安全防护和检查制度,建立安全责任制和应急预案。

第十三条　幼儿园的园舍应当符合国家和地方的建设标准,以及相关安全、卫生等方面的规范,定期检查维护,保障安全。幼儿园不得设置在污染区和危险区,不得使用危房。

幼儿园的设备设施、装修装饰材料、用品用具和玩教具材料等,应当符合国家相关的安全质量标准和环保要求。

入园幼儿应当由监护人或者其委托的成年人接送。

第十四条　幼儿园应当严格执行国家有关食品药品安全的法律法规,保障饮食饮水卫生安全。

第十五条　幼儿园教职工必须具有安全意识,掌握基本急救常识和防范、避险、逃生、自救的基本方法,在紧急情况下应当优先保护幼儿的人身安全。

幼儿园应当把安全教育融入一日生活,并定期组织开展多种形式的安全教育和事故预防演练。

幼儿园应当结合幼儿年龄特点和接受能力开展反家庭暴力教育,发现幼儿遭受或者疑似遭受家庭暴力的,应当依法及时向公安机关报案。

第十六条　幼儿园应当投保校方责任险。

从资料上看,我国的校园安全保护法律既不具体,又有严重法律空白,亟须分级分类进行校园安全立法,制定详尽、具体、针对性强的校园安全法,以保障儿童的安全。

二、儿童安全管理责任

(一)家长安全管理责任

根据《民法通则》规定,家长是儿童的法定监护人,负有不可推卸的安全职责:

1. 安全教育职责

加强对子女安全教育,教育子女服从幼儿园管理,不得实施具有危险或者可能危及他人的行为。要经常对子女进行防溺水、防交通事故、防火、防电、防盗、防雷、防汛、防地质灾害、防食物中毒、防人身伤害、防疾病等安全教育。

2. 异常情况告知职责

应主动及时将子女的特异体质、特定疾病或异常心理状况等情况以书面形式明确告知教师,以便教师针对幼儿的特殊情况采取适当措施。

3. 监护管理职责

依法履行监护职责。对子女出现的身体、行为、情绪、心理等方面的异常情况,要主动实施监护;主动了解子女在园情况;教育子女不搞危险活动,禁止子女私自下河流、堰塘戏水;杜绝子女打人、骂人、偷窃等不良行为;自觉组织子女参加人身意外伤害保险和医疗保险。

4. 往返园所的安全职责

《幼儿园工作规程》明确规定"入园幼儿应当由监护人或者其委托的成年人接送"。家长要负责按时接送子女入园离园,做到不早到、不迟到、不早退、不旷课,因病因事履行请假手续,获得教师批准;家长要全面负责子女往返园所的安全,确保往返途中不乘坐"三无"车辆,不乘坐超载、超速车辆,杜绝子女在往返途中安全事故的发生。

5. 参与教育职责

积极参与对子女的教育,和幼儿园共同落实有关幼儿安全管理制度和安全保护措施。家长要将家庭住址、联系电话、手机号码、邮箱等具体联系方式告知教师,并保证联系畅通。需要家长到园配合子女教育工作的,应及时来园,并和相关教师联系,进行妥善处理。

(二)教师安全管理责任

教师对本班工作全面负责,对于班级安全管理具有以下责任:

1. 安全教育责任

教师要根据《教育法》《未成年人保护法》《国家突发公共事件总体应急预案》《幼儿园工作规程》《幼儿园教育指导纲要(试行)》及《中小学幼儿园安全管理办法》《教育系统突发公共事件应急预案》等法律法规,坚持以儿童为本,对幼儿进行安全教育和自救自护教育,把安全教育贯穿于教育的各个环节,使幼儿牢固树立"珍爱生命,安全第一"的意识,让幼儿掌握基本的安全防范、安全自护和安全自救知识,具备自救自护的素养和能力。

2. 安全告知责任

教师的告知可分为四个方面:一是把幼儿园或班级进行的各种活动中有关安全方面应注意的问题对幼儿告知。如实践活动中的行走、乘车、具体的操作注意事项;体育运动中某些项目的危险性,练习设备、器材的安全性能,必须做好必要的准备活动等内容都应在活动之前告知幼儿。二是把校园及其周边的设施包括环境中可能存在的安全隐患告知幼儿。如校园内外维修改造,施工场所或临时搭建的设施,校园内外处所、场地、水电设备可能存在的安全隐患等都应及时告知幼儿。三是把幼儿的有关情况对家长告知。如幼儿生病、幼儿请假离园或缺课、同伴间发生纠纷或矛盾、幼儿的不良行为习惯以及幼儿发生伤害或意外事故等,都要及时与家长联系、沟通。四是把发现的班级内部、校园内部及校园周边存在的安全隐患以及安全事故向园所领导告知。教师履行告知义务,可积极有效地预防安全事故的发生。

3. 安全告诫责任

教师在教育教学活动中负有对幼儿告诫的责任。加强对幼儿安全意识的培养,规范幼儿的日常行为,保护幼儿的合法权益等是班级安全管理工作的重要内容。特别是对幼儿的危险行为或潜在的危险行为要及时地告诫、制止和纠正。

4. 安全防范责任

教师要对幼儿在园活动以及教育教学过程中可能出现的安全问题进行防范。如对流行病、传染病的防范,对幼儿进行的各种活动以及同伴之间的矛盾纠纷、包括隐性伤害在内的预防等。要防微杜渐,防患于未然,而不要亡羊补牢,否则后悔晚矣。

5. 安全救护责任

幼儿一旦发生安全事故后,除要及时按制度规定上报外,还要在最短的时间内力所能及地进行自护自救,并采取得力措施防止事故的扩大,必要时立即送往医院救治。

三、幼儿园岗位安全职责

儿童身心稚嫩柔弱、易受伤害,保障儿童安全人人有责。班级安全管理单靠班级教师和保育员是不行的,只有加强同园内各岗位人员以及家长的协作,才能把安全管理工作落到实处。通过制定系列的安全职责,建构安全职责网络,做到职责分清,责任到人,以保障班级的全方位安全管理(见表7-1)。各安全职责应全面、规范、细致,具有可实践操作性,并保证执行。

表 7-1 幼儿园安全风险与责任清单①

安全风险名称	序号	风险部位	风险情况	易发事故	应对措施	责任人	备注
校园周边环境	1	校园周边	校门口硬质防冲撞设施和家长等候区建设到位,并规范管理。学校周边道路人行横道线、"前方学校""禁鸣喇叭"警示牌齐全;门前及两侧100米内无乱设摊、乱占路、乱停车现象,上放学交通秩序良好;无不具备校车许可手续车辆集体接送学生现象	交通拥堵引发交通事故	定期巡查,发现问题立即报告	门卫保安	
	2		校园围墙无依傍搭建;周边(学校出租房屋)无易燃、易爆、有毒、有害生产经营项目及危险建筑	发生意外事故	定期排查,主动沟通解决	门卫保安	
			周边200米无歌舞、电子游戏、互联网上网服务等经营性文化娱乐场所;无销售、出售恐怖、迷信、低俗、色情玩具和出版物	沉迷娱乐场所,厌学	巡查	保安	
			无各类制作、销售"三无"食品	卫生不合格,出现意外	巡查	保安	
			无游荡精神病人及其他高危人员,无涉校矛盾纠纷	误闯校园,出现意外	定期排查	保安	
门卫室	3	保安人员	在岗保安人员与门卫室墙面《值班表》、照片一致;着装齐全,穿着执勤背心,随身携带警械(警棍、警用催泪喷射器等);上、放学时段,戴防暴头盔,穿防刺背心、戴防割手套,携带橡胶警棍等安全防卫装备,在校门口外侧立岗值勤	人员不在岗,着装不规范,工作不尽责	加强巡查	门卫保安	
	4		严格执行学校保安岗位工作要求,盘查、核对(与学校相关人员电话联系)、登记外来人员;及时、填齐《门卫值班登记簿》相关栏目	游荡精神病人及其他高危人员入园,幼儿私自离园发生危险	加强巡查	门卫保安	
	5	技防	视频监控齐全、高清网络化(一般学校24个以上,较大学校60个以上);监控信息保存时间30天;电子围栏全封闭、正常运行	技防不正常运行	每天检查,发现问题立即上报解决	园长门卫保安	

---

① 资料来源于海门市海南幼儿园。

(续表)

安全风险名称	序号	风险部位	风险情况	易发事故	应对措施	责任人	备注
	6	物防	装有与110联网的紧急报警按钮;门卫室有固定电话,墙面挂有2只灭火器,钢叉等8种安防器材摆放有序	设备维护不到位	每天检查,发现问题立即上报解决	门卫保安	
	7	导护	上放学导护5人以上(教师不少于3人),穿着执勤背心,岗位职责明确,秩序井然;幼儿园上学、放学交接严格	交通拥堵,学生走失,发生事故	加强巡查	值班老师门卫保安	
保健室	8	保健室	从业人员身体健康、证件齐全;药品管理规范	药品管理混乱	加强巡查	保健医生	
校舍及设施	9	建筑物	无D级房屋;防雷年检合格;墙体(柱)、天花、屋梁有无裂缝、沉降、倾斜;檐瓦、墙体条砖、玻璃、吊挂物有无松动、脱落	房屋危险,造成人员伤亡	加强巡查,发现问题早汇报早解决	园长	
	10	在建工程	在建工程进行安全报监,并取得施工许可证,施工区域围挡封闭、设立警示牌;小型维修施工单位(人员)有资质,无超资质范围承揽工程、违法分包转包挂靠等行为,有合同,有监管;已建及投用工程消防验收手续齐全;改变建筑用途具有申报验收手续	发生安全生产事故	与施工方签订责任书,加强巡查	园长	
	11	电器消防	电气线路敷设规范,配电箱正常关锁,配备漏电保护装置,无设施及线路老化、破损,超负荷用电,私拉乱接,使用"三无"电器,电工无证操作等现象。消防器材齐全有效,消防通道(建筑外部)和紧急疏散通道(建筑内部)畅通,楼道安全出口标志灯、应急灯齐全有效;建筑装修无彩钢泡沫夹心板等易燃材料	发生消防事故	加强巡查,定期检查	主管园长	
	12	下水道	路道、操场地面无破损、不平、窨井坑;所有屋檐落水管连接(引入)下水道	发生师生、家长摔伤现象	加强巡查	主管园长	
	13	围栏、宣传栏	围墙、宣传栏等无缺损、倾斜、沉降	警示不到位,发生意外	加强巡查	主管园长	
	14	户外器械	大型玩具固定地面;户外器械无锈蚀、松动、缺损	发生幼儿摔伤意外事故	加强巡查,发现问题立即上报	主管园长	

(续表)

安全风险名称	序号	风险部位	风险情况	易发事故	应对措施	责任人	备注
	15	车辆停放	电瓶车停放有序、充电定时定点,有人管理	电源短路,发生火灾	发现问题及时上报	主管园长	
幼儿活动安全	16	户外活动	幼儿游戏活动出现意外伤害	幼儿玩耍时摔倒受伤	加强教育	当班老师	
	17	楼道	楼道每层应急灯齐全、有效;每层有安全出口标志灯;消防通道畅通,无堆放杂物,每室配备一组(2只)灭火器;灭火器、消防箱定期检查、合格;无私拉乱接、无煤气灶具、大功率电器、MP3等充电、蜡烛、打火机、火柴及管制刀具;值班员会使用灭火器	发生火灾,疏散不及时	加强巡查	园长,各班老师	
	18	外出活动	外出审批备案制度	发生安全事故:如走失、摔跤等	事先做好预案工作、活动中教育好孩子	各班老师	
	19	活动室	地面潮湿、卫生状况、危险物品	碰撞、滑倒、拿了危险物等	加强巡查	三位保教人员	
			午睡时出现意外	发生窒息、突发发热等意外			
食堂	20	采购及操作	严格采购索证;有在有效期内的食品经营许可证,食堂人员《健康证》齐全、着装规范,生熟食品分类储存,食品留样及时齐全(48小时),餐具、厨具每餐一消毒;各功能间卫生整洁	发生食物中毒等意外事故	定期检查,及时索证,拒绝无证食品进入食堂	后勤处长,食堂人员	
	21	灶具	定期检验、检查、维保锅炉、燃气设施及蒸汽管道等特种设备,特种作业人员持证上岗、操作规范且记载齐全;食堂操作间等处配备一组(2只)灭火器;气灶与气罐物理隔离,输气管无老化现象;煤灶间与锅台操作间物理分隔。用电开关具有漏电保护装置;抽排油烟机内外壁无明显油污	发生火灾等安全事故	加强巡查	倪辉	
	22	验菜	严格执行验菜制度,保证食材新鲜	食材不新鲜,发生中毒事件		后勤处长,食堂人员	

(续表)

安全风险名称	序号	风险部位	风险情况	易发事故	应对措施	责任人	备注
	23	仓库	食堂仓库防盗门窗达标，物品分类存放，双人双锁保管，门前设置视频监控	发生失窃、投毒等意外事故	加强巡查	后勤处长	

（一）园长的安全职责

1. 为幼儿园安全工作第一责任人，领导全园的安全工作，对幼儿园安全工作负总责。

2. 负责全园安全工作的统筹规划，定期召集领导小组成员召开学校安全工作会议，总结并部署安全工作。

3. 随时了解各部门安全工作的开展情况、存在问题及整改落实情况。

4. 加强对幼儿园教育、教学的领导，及时指导制定一切重大活动的安全工作预案，以保障安全工作的顺利进行。

5. 不断改善办园条件，完善幼儿园各种保健设施设备，以保证幼儿的健康成长。

6. 经常组织教职工及家长的安全知识学习，有计划地做好交通安全、消防安全培训工作。

7. 指导教师做好各种传染病的防治工作，果断处理各种突发事件。

8. 做好每年教职工、幼儿的体检工作。

9. 遇到突发事件时，启动安全工作应急预案，要及时赴现场，担任总指挥并对善后工作负总责。

（二）主管副园长的安全职责

1. 主管安全工作的副园长是安全工作直接责任人，制定分管工作各阶段的安全目标、措施，布置给各个部门具体的安全工作，并督促落实。

2. 定期做好水、电、气等设备的安全检查、维护工作，保证幼儿用水、用电等安全，做好重点部位的安全防范工作。

3. 负责幼儿园消防器材的管理、使用、保养、维护、更换工作并做好台账记录，定期检查消防通道，保证消防用水。

4. 负责外来务工人员的登记、培训工作，协助园长做好与外来务工人员的安全签约工作，并做好日常管理。

5. 定期检查食堂和食堂工作人员的卫生、安全状况。

6. 配齐公共场所等安全基础设备设施，科学、合理地布置幼儿园大型活动的场地、器材，协助各部门确保大型活动安全举行。

7. 检查教师设计、组织实施的活动是否存在安全隐患。提醒、监督教师不组织带有严重安全隐患的活动。提醒教师组织幼儿外出活动时，一定要有2人以上组织、护导。

8. 对教师组织活动提供的教具、学具及其放置进行安全检查和指导。

9. 组织教师进行安全学习,提高教师在组织活动中应对不安全因素的能力。

10. 协助园长做好教师执行安全工作情况的考评工作。

(三) 年级组长的安全职责

1. 负责建立本年级组的师生日常安全管理制度。

2. 落实学校的安全管理制度,抓好年级层面的安全工作职责。

3. 定期召开年级组有关师幼安全的会议。

4. 现场负责做操、集会、演出等大型活动的年级安全管理工作,如发生安全方面事件,及时向上级领导汇报并协助处理。

5. 做好幼儿园应急预案中本年级各教师间的协调工作,明确各自分工,做好预案中的各项工作。

6. 指导本年级组教师将安全教育融入各领域教学中,并组织交流活动。

7. 定期召开教师在教学中遇到幼儿安全应急方面的处理程序会议。

(四) 班级教师的安全职责

1. 教师是班级安全管理第一责任人,如幼儿发生安全事故或伤害事故时,应及时送到医务室或附近医院救治,及时与家长联系,及时向上级领导汇报并协助妥善处理好事情。

2. 教师要明确了解幼儿园应急预案中的相应职责,平时指导好本班幼儿各种预案的演练,启动预案时,冷静而快速地安置好本班幼儿,尤其是指导好本班幼儿的站位、路线,充分利用现有条件有效保护本班幼儿。

3. 校内外集体活动时,教师要做好活动前的专项安全教育工作,在做操、集会等活动时要做好班级幼儿的安全管理工作,对可能出现的意外情况做好防范措施。

4. 幼儿因事提前离园的,教师要开具离园门条。

5. 每天负责教室的门窗、插座、电器等设施的安全检查,发现安全隐患应及时上报。

6. 做好常见病、流行病、传染病的预防工作,发现问题及时报告。

7. 保持班内环境和设备的清洁、整齐,做好餐前餐后的准备和收拾,负责指导幼儿值日生工作。

8. 添加幼儿饭菜时,不要越过幼儿的头顶,要从侧面送到幼儿面前。

9. 班级所用的消毒剂、84液等剧毒物品,要放在幼儿触摸不到的地方,以防造成意外伤害。

10. 根据天气变化,及时为幼儿增减衣物,看睡时要随时巡视,及时纠正幼儿不正确的睡姿,替幼儿盖好被子,如发现异常情况要及时上报。

(五) 保育员的安全职责

1. 负责本班教卧室环境清洁卫生工作,做到每天小扫除,每周大扫除,门窗床椅擦净,床上用品定期清洗,做到地面清洁、玻璃明亮、用品干净、物品摆放整齐。

2. 保持活动室、卧室空气流通,保证幼儿有个舒适干净的环境。

3. 按照消毒制度、流程的规定,认真做好水杯、毛巾、碗筷、玩具、图书、桌椅的消毒工作。

4. 做好盥洗室无积水、无污渍,保持无异味、干燥,防止幼儿摔伤。

5. 防止幼儿烫伤,按规定将开水、粥、汤等放在幼儿够不着的地方,消除安全隐患。

6. 班上发现有传染病要及时对玩具、被褥、用具进行消毒,对体弱幼儿要做特殊照顾。

7. 认真做好卫生包干区的卫生工作和保洁工作,每天下班前必须清倒垃圾,做到垃圾不过夜。

(六)校医的安全职责

1. 执行幼儿园安全卫生条例,执行师幼预防传染病、食物中毒事件的制度和应急预案。

2. 定期检查食堂卫生和食品安全,不定期抽查相关工作人员以及幼儿、教师等的卫生情况,做好晨间检查,并做相应记录。

3. 通过宣传栏和校园网站等,积极做好幼儿园安全、卫生保健和常用疾病防治等方面知识的宣传,帮助幼儿了解基本公共卫生和饮食卫生常识,使其养成良好的个人卫生和健康行为及饮食习惯。

4. 如有传染病、食物中毒事件等发生,及时上报并协助处理。

5. 健全幼儿健康档案,做好资料积累工作,掌握有特异体质、特定疾病或异常心理状况的幼儿情况,并配合家长等有关方面做好教育保护工作。

6. 及时采购药品,妥善保管好药品。

(七)门卫的安全职责

1. 认真执行幼儿园门卫管理制度,实行24小时治安巡逻,建立门卫台账资料。

2. 平时幼儿入园后,关闭幼儿园大门;外来人员进园,必须填写会客单,离园时验收会客单;幼儿中途离园的,须有教师开具的出门证,方可离园。

3. 凡师幼携带幼儿园公物出门,必须凭有关部门开具的出门证,经门卫检验后,方可出园门。

4. 做好校园及周边巡查,认真做好幼儿园安全保卫工作,加强夜间巡视工作,做好关灯、关水龙头、关窗、锁门等安全防范工作,保证报警设备的安全使用,如遇突发事件,及时拨打电话向有关领导报告或报警。

5. 门卫应做好消防安全工作,不准使用明火,应经常检查电源插头、电线,发现问题及时报修。

(八)后勤主任的安全职责

1. 负责后勤人员安全岗位职责的制定。

2. 定期做好幼儿园水、电、气等设备的安全检查、维护工作,保证幼儿用水、用电等安全,做好重点部位的安全防范工作。

3. 负责幼儿园消防器材的管理、使用、保养、维护、更换工作并做好台账记录,定期检查消防通道,保证消防用水。

4. 定期检查食堂和食堂工作人员的卫生、安全状况。

5. 配齐公共场所等安全基础设备设施,科学、合理地布置幼儿园大型活动的场地、器材,协助各部门确保大型活动安全举行。

6. 遇到突发事件,要保证各种物资的供应及时、充分、到位。

（九）食堂管理员的安全职责

1. 食堂管理员是食堂安全卫生第一责任人,全面负责幼儿园食堂安全卫生工作。

2. 督促做好食堂工作人员的身体健康检查,无健康证决不允许上岗。

3. 每学期开学前,重点检查、清理过期的调味品、食品,并全面检查食堂内外的卫生。

4. 每天做好对食堂工作人员的检查工作,保证其健康上岗;检查食堂通风、防尘防"四害"设施及生熟食品容器、冰箱、冷库,保证各项设施设备齐全并运作正常;监督副食品的定点采购、储存、初加工、烹饪加工、供应餐具清洗消毒保洁各个环节。

5. 严格把关副食品原料的进货,查看当天主要货源的原料进货证明、加工时间证明等,一旦发现有疑点,立即向园领导汇报,得到同意后有权拒绝进货。

6. 检查每天的食堂清洁卫生打扫工作,不留死角,处理好食品废弃物,定期开展设备检修、消毒、"灭四害"工作,确保食堂的整体环境整洁。

7. 每天做好饭菜的 48 小时留样记录工作。

8. 做好幼儿的饮水安全和保证供给工作。

9. 做好幼儿的用餐安全、食堂设备安全工作。

三、儿童安全管理原则

调查显示,健全安全管理制度、采用安全操作流程、制定安全应急预案、进行安全教育是有效预防班级安全事故的主要措施(见图 7-2)。

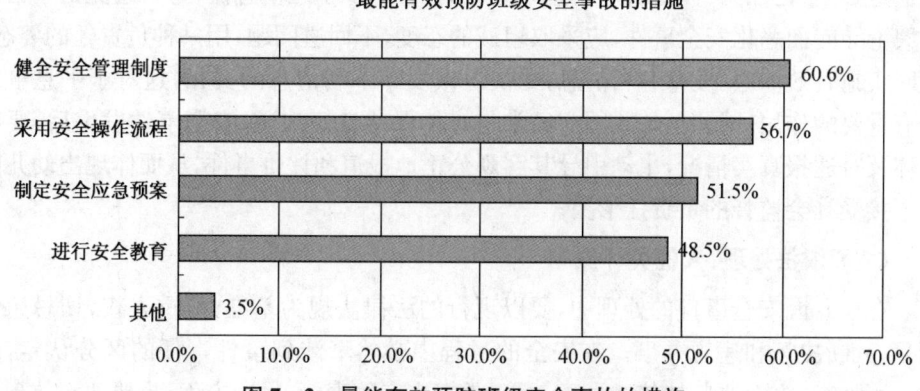

图 7-2　最能有效预防班级安全事故的措施

依据调查结果和相关法律法规,班级安全管理必须依据以下原则:

(一) 生命安全至上原则

幼儿园是儿童的花园,班级是儿童的快乐之家,它的第一职责是保护儿童的安全。安全事故的最大危害就是对儿童生命健康的威胁,安全管理的核心价值就是保护儿童生命安全。这是"以人为本"的教育观念在安全管理事件中的体现,也是世界各国处理安全事件的基本理念。在进行安全管理时,始终都要把维护儿童的生命安全放在首位。

(二) 事先预防制度化原则

幼儿园对可能发生的种种灾难事件,都应在总结经验教训和吸取相关预防研究成果的基础上,做出预案。从管理理论的角度看,安全事件应对的力量组织应当是:一分应对,九分预防。安全事件的发生发展,虽然具有不可预测性,但同时也有一定的规律性。分析、研究和把握其规律性,是完善安全管理的基础。

(三) 防灾训练日常化原则

努力提高师生防灾、减灾和保护生命健康安全的意识和基本技能,对于安全管理至关重要。所谓凡事"预则立,不预则废"。为此,幼儿园应加强日常性的安全管理宣传教育活动,增强师生员工的危机意识,了解各种安全事故可能发生的原因,妥善规划对策,提高他们面对安全事件的心理承受能力和应变能力。只有做到防患于未然,才能在安全事件真正来临时,做到沉着应对,尽可能减少事件的负面影响。

(四) 快速反应、协同应对原则

当安全事件发生后,安全管理者要争取在第一时间内赶赴现场,尽快了解情况,迅速决策,及时处理危机,尽力减小损失和伤害。各有关组织和个人要树立大局意识和责任意识,在加强自身应急管理工作的同时,还要按照幼儿园的要求,积极做好纵向和横向的协同配合工作。

(五) 及时有效沟通原则

面对突发的安全事件,往往需要得到教师、家长、社会的全面配合。因此,有效的沟通是必不可少的。但是由于信息不全,总会有许多小道消息流行,为避免由于错误的舆论导向而恶化安全事件,应采取坦诚的态度,不回避问题,用一种负责任的姿态,及时实施有效沟通,发布有利消息,尽快坦诚发布不利消息的真相,这对于平息事态具有重要的作用。同时,幼儿园应经常与媒体保持良好沟通,安全事件发生后,要向媒体及时通报真实情况,主动引导其客观公正地报道和评价事件,从而体现出幼儿园勇于接受社会监督的负责任形象。

(六) 依法处理、人性关怀原则

在幼儿园安全事件的处理中,要以现行的法律法规为基准,尊重人权,切忌感情用事、武断决策和违规办事。在安全的过程中必然牵涉到事件责任的区分认定,对此,幼儿园一方面要坚持依法办事,勇于承担应有的责任;另一方面,也要注意体现人性化关怀,即使幼儿园自身的责任很小,或是根本没有责任,都应该对受到伤害的幼儿及其家长予以同情和关心,尽力帮助受害者克服困难,这对减轻社会舆论压力、维护幼儿园形象是十分有益的。

班级是幼儿园进行保教活动的基本单位,是儿童生活的基本场所,具有儿童生活引导功能与和谐发展教育功能。幼儿园的一切保教活动都是通过班级来实现的,幼儿园安全管理的成效也取决于班级安全管理。所有一切应为儿童幸福负责的成人应依据《中小学幼儿园安全管理办法》,为儿童创设健康安全的班级生活环境,进行科学的班级安全管理,使班级成为儿童的快乐之家,使幼儿园真正成为儿童的花园。

第三节　儿童安全教育

幼儿阶段是儿童身体发育和机能发展极为迅速的时期,也是形成安全感和乐观态度的重要阶段。幼儿身心稚嫩,自我保护意识淡薄,自我保护能力弱,需要成人的精心呵护和照顾,幼儿园必须把保护幼儿的生命和促进幼儿的健康放在工作的首位。《中小学幼儿园安全管理办法》要求幼儿园应当将安全教育纳入教学内容,对幼儿进行安全教育,培养幼儿的安全意识,提高幼儿的自我防护能力。幼儿园安全教育是指针对3～6岁儿童所进行的有目的、有计划、有组织的安全防护教育活动,以培养幼儿的安全意识,使幼儿掌握必要的安全知识和技能,养成在日常生活和突发安全事件中正确应对的习惯,最大限度地预防安全事故发生和减少安全事件对幼儿造成的伤害,保障幼儿健康成长。但调查显示(见图7-3),幼儿园在安全教育方面存在的最大不足是未进行安全防护技能训练,其次是未进行安全知识宣传,未进行安全事故后的心理安全也是目前幼儿园安全教育的不足。因此,班级安全教育要以儿童为本,遵循不同年龄班幼儿的身心发展规律,把握本班幼儿的认知特点,加强安全知识宣传和安全防护技能训练,关注事故后幼儿的心理抚慰,把安全教育贯穿于幼儿园一日生活的各个环节,注重实践性、实用性和实效性,做到由浅入深,循序渐进,使幼儿具备自救自护的基本素养和能力。

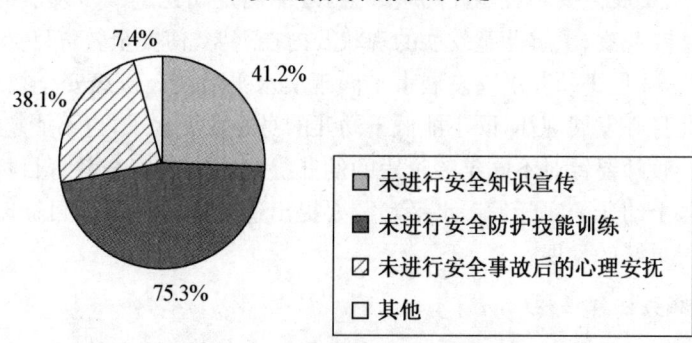

图7-3　在安全教育方面存在的不足

一、制定儿童安全教育目标

教育是人类一种自觉的、有目的、有计划的社会实践活动,其自觉性、目的性、计划性表现在对教育结果的预期上,这种预先期望就是教育目标。教育目标是教育的方向盘和指南针,它不仅影响着教育内容、方法、手段和教育活动的组织形式,指导和支配着教育的实施过程,同时也制约着教师的教育观念和行为,进而决定着儿童的发展。安全教育目标是对幼儿安全教育的目的和要求的归纳,是向幼儿实施安全教育的方向和准则。安全教育目标规定了安全教育内容的范围和幼儿发展的要求,同时安全教育目标也是衡量幼儿发展是否达到预期目标的标准。依据安全教育目标,可以考查、评价在安全教育中教师的行为表现,幼儿的发展状况,也可依据安全教育目标,考查、评价安全教育的计划、手段、方式等。因此,安全教育目标是安全教育的起点,也是安全教育的归宿。

(一)儿童安全教育目标制定原则

在制定班级安全教育目标时,既要依据相关法律法规,又要考查班级儿童身心发展特点,做到依法执教,科学执教。

1. 体现幼儿年龄特点

儿童是教育的对象,儿童的身心发展水平、需要以及发展的可能性和发展的规律性,是制定班级安全教育目标的依据之一。教师应对儿童的身心发展特点进行深入的研究和思考,才能制定出符合本班儿童发展特点的安全教育目标。儿童的发展包括认知、动作技能、情感态度等方面,每一个方面的发展都不是一个独立的过程,而是相互影响、相互促进的整合性发展过程。在进行安全教育时,必须考虑儿童的整体发展,所提出的安全教育目标应是全面的、综合性的,应包括认知经验、动作技能、情感态度等方面的教育要求。此外,儿童的发展具有明显的年龄特点和个别差异。儿童的认知不仅与成人有着质的差别,而且不同年龄阶段的儿童认知结构也不完全一样,每一年龄阶段都有其独特的认知结构,表现出与前后各阶段不同的认知特点。而同一年龄阶段的儿童,由于遗传、家庭生活条件、早期学习经验等方面也都存在着很大的差异。因此,目标制定要依据本班幼儿的实际,只有在研究和把握本班幼儿身心发展的实际水平、发展需要和可能性的基础上,才能确定幼儿进一步发展的潜力、方向和步伐。教师要观察、了解儿童发展的现状及内在需要,使安全教育目标处于幼儿的最近发展区内,并促进幼儿潜在发展水平向现实水平过渡。班级安全教育目标的制定应符合幼儿身心发展规律,既不能低于幼儿的身心发展水平,也不能超越幼儿的身心发展水平。教师要针对不同年龄阶段的幼儿提出不同的安全教育目标。同时,教师还应针对各个幼儿的实际发展水平和需要提出适宜的安全教育目标,以促进其在原有水平获得更好的发展。

2. 依据相关法律法规

儿童是家庭的希望、国家的未来,儿童的安全涉及亿万家庭的生活与幸福,关系着整个社会的稳定与和谐。目前,各级各类政府、教育行政部门和幼儿园都非常重视儿童安全工作,不断规范和强化幼儿园安全工作,但幼儿园安全工作的形势依然严峻,各类儿童安全事故仍然时有发生,一些恶性事故危及儿童的健康和生命,其至造成了群死群伤事件。儿童安全教育任重道远,责任重于泰山。教师应根据《教育法》《未成年人保护法》《国家突发公共事件总体应急预案》《中小学幼儿园安全管理办法》《教育系统突发公共事件应急预案》《幼儿园工作规程》《幼儿园管理条例》《幼儿园教育指导纲要(试行)》《3—6岁儿童学习与发展指南》以及《中小学公共安全教育指导纲要》制定班级安全教育目标,做到依法执教,科学执教。班级安全教育目标要针对班级所有幼儿的需要和现有水平,结合安全教育法律法规以及幼儿的生活实际,从浅到深依次推进,层层深入,体现班级安全教育目标的层次性和适宜性。

(二) 儿童安全教育目标体系

《纲要》中明确规定,健康教育应让幼儿"知道必要的安全保健常识,学习保护自己",并要求"密切结合幼儿的生活进行安全、营养和保健教育,提高幼儿的自我保护意识和能力"。依据《中小学幼儿园安全管理办法》,幼儿园安全教育目标为:了解并遵守各种公共场所活动的安全常识,认识与陌生人交往中应当注意的安全问题,逐步形成基本的自我保护意识;了解基本公共卫生和饮食卫生常识,养成良好的个人卫生和健康行为及饮食习惯;了解出行时道路交通安全常识,初步识别各种危险标志;初步学会在事故灾害事件中自我保护和求助、求生的简单技能,学会正确使用和拨打110、119、120电话;学习躲避自然灾害引发危险的简单方法,初步学会在自然灾害发生时的自我保护和求助及逃生的简单技能;与同伴、老师友好相处,不打架,初步形成避免在活动、游戏中造成误伤的意识;学习当发生突发事件时听从成人安排或者利用现有条件有效地保护自己的方法。

《3—6岁儿童学习与发展指南》明确规定了各年龄班幼儿应具备的基本安全知识和自我保护能力。3~4岁:不跟陌生人走,不吃陌生人给的东西。在提醒下能注意安全,不做危险的事。在公共场所走失时,能向警察或有关人员说出自己的名字、家庭地址、家长的名字或电话号码。4~5岁:在公共场合不远离成人的视线单独活动。认识常见的安全标志,能遵守安全规则。运动时能主动躲避危险。知道简单的求助方式。5~6岁:未经大人允许不给陌生人开门。能自觉遵守基本的安全规则和交通规则。运动时能避免给他人造成危险。知道一些基本的防灾知识。

班级安全教育目标必须符合班级幼儿的年龄特征,安全教育目标的定位应是,让幼儿懂得珍惜生命,乐于学习一些基本的安全保健知识和相应的自护、自救方法,学会保护自己;自觉锻炼身体,增强体质;养成有利于安全的行为习惯;在意外事故发生时敢于呼救,尽可能保护自己,使身体免受或少受伤害。安全教育目标可分为三层逐步深入:首先是通过感知生命的重要,帮助幼儿树立安全意识;然后引导幼儿学习必要的安全保健常识,提高自我保护意识和能力;最后培养帮助幼儿养成良好的行为习惯,减少伤害事故的发生。

依据《幼儿园教育指导纲要(试行)》《3—6岁儿童学习与发展指南》《中小学幼儿

园安全管理办法》等相关法律法规,各年龄班安全教育目标为:

1. 小班

(1) 初步了解五官的功能,知道保护五官的方法,不将危险物品放入口、鼻、耳中。

(2) 不要、不吃陌生人的东西,不跟陌生人走,不让陌生人触摸自己的身体。

(3) 离园时拉着家长的手,不乱跑,不在幼儿园逗留、玩耍。

(4) 上下楼梯时不推搡拥挤,靠右边一个跟着一个上下。

(5) 知道自己的姓名以及家长的姓名、电话。

(6) 不做危险动作,如不爬窗、不跳楼梯、不玩门、不从高处往下跳等。

(7) 不玩插座、电器,懂得玩火、玩水的危害。

(8) 不随身携带刀、牙签等锐利的器具。

(9) 不拿玩具和同伴打闹,不抓、咬、打同伴。

(10) 活动、游戏时要遵守规则,有序活动,不相互追逐、打闹。

(11) 外出活动时要听从教师的安排,不离队,要远离窨井、水井、变压器、建筑工地等危险区域。

(12) 靠右边走路,不在马路上玩耍,不自己过马路。

(13) 受到伤害时要及时告诉教师或家长。

(14) 不随便逗玩猫、狗等动物。

(15) 不喝生水,不吃腐烂、变质、有异味的东西。

(16) 不乱吃药,不碰开水,不玩刀、剪或其他尖锐器物,会正确使用剪刀。

(17) 不在楼梯上玩耍,不独自乘坐电梯。

(18) 知道发生火灾时要镇静,听从成人指挥。

2. 中班

(1) 记住自己的姓名、家庭住址、父母的全名及工作单位,知道在遇到危险时拨打紧急呼救电话。

(2) 独自在家时,不随意开门。

(3) 不触摸电器的开关、插头,更不可将手指、别针、回形针等放进插座,以免触电。

(4) 不攀爬登高,不在阳台、窗边以及楼梯口嬉戏,避免发生坠楼和滚落楼梯事件。

(5) 吃东西时先征得成人同意,不随便捡拾东西吃,不边吃边跑。

(6) 不玩清洁用品和杀虫剂,捉迷藏时不躲在柜子、箱子内。

(7) 不独自进浴室玩水,不在浴室内推、拉、打、跳,不随意开启热水龙头。

(8) 不用塑料袋或棉被蒙头,不要用绳子绕在脖子上,也不可把花生、纽扣、弹珠等小东西放进鼻孔或嘴里,以免吸入。

(9) 不可开启煤气开关,不用手触摸明火。知道火灾或煤气泄漏的自救、求救、

逃离方法。

(10) 学会爱惜玩具、与同伴分享玩具，不与同伴争抢玩具，以免因抢夺玩具受伤。

(11) 了解消防栓、灭火器的用途，知道幼儿园的安全通道出口，养成在公共场所注意观察消防标志和疏散方向的习惯。

(12) 知道报警求助电话：110、120、119，掌握报警求助电话的拨打方法。

(13) 不轻信陌生人的话，未经允许不跟陌生人走，不让陌生人触碰自己的身体。

(14) 不反锁房门，不玩煤气、炉火、打火机、开水壶、饮水机、药品等危险物品。

(15) 不独自过马路，不在马路上逗留、玩耍；过马路时应遵守交通规则，右边走路。

(16) 到野外活动时不随便采摘花果、抓捕昆虫，不尝食野生瓜果，以防中毒。

(17) 初步了解雷电的危害，雷雨天不在大树和屋檐下避雨。

(18) 初步知道台风、暴雨、地震的危害以及简单的自我保护方法。

3. 大班

(1) 在活动或游戏时听从教师的安排，遵守纪律，有序活动，避免互相追逐打闹，不远离集体。

(2) 不拿玩具和同伴打闹，不抓、咬、打同伴。

(3) 上下楼梯靠右边走，不从楼梯扶手往下滑，不做爬窗、扒窗、跳楼梯、玩门、从高处往下跳等危险动作。

(4) 外出散步或活动时要听从教师的安排，不离队，要远离窨井、水井、变压器、建筑工地等危险区域。

(5) 懂得玩火、玩电、玩水的危害。

(6) 了解消防栓、灭火器的用途，知道幼儿园的安全通道出口，养成在公共场所注意观察消防标志和疏散方向的习惯。

(7) 知道自己的姓名、园名、家长姓名、单位、家庭住址、电话，紧急情况时会使用各种报警电话。

(8) 不轻信陌生人的话，未经允许不跟陌生人走，不让陌生人触碰自己的身体，只有家长、医生、护士才能触摸自己的身体。如果陌生人触摸自己的身体，要懂得拒绝或尽快逃离。

(9) 不反锁房门，不玩煤气、炉火、打火机、开水壶、饮水机、药品等危险物品。

(10) 不乱动煤气、药品、化学品、化妆品、消毒剂、杀虫剂、农药等有毒物品，不乱吃药。

(11) 到野外旅行或活动时不随便采摘花果、抓捕昆虫，不捅马蜂窝，不尝食野生瓜果，以防中毒。

(12) 不玩火，不宜进入厨房，不玩耍火柴、打火机，懂得玩火的危害性。

(13) 不动暖瓶、开水、饮水机，不玩水，不扭动自来水开关，不在湖、河边玩耍、打闹。

(14) 不触摸、玩耍正在运转的电风扇等电气产品,不触摸插座。不用湿手触摸电源开关,不随便乱动电器设备。

(15) 要节约用电、安全用电,做到随手关灯,及时关闭电视。

(16) 不把铅笔、筷子、冰棍、玻璃瓶或尖锐的东西拿在手里或含在嘴里到处跑,避免扎伤自己或他人。

(17) 不把塑料袋当作面具套在头上,以免引起窒息死亡。

(18) 初步知道台风、暴雨、地震、雷电的危害以及简单的自我保护方法。

二、甄选儿童安全教育内容

班级安全教育的内容是实现班级安全教育目标的媒介和保证,是将目标转化为儿童发展的重要中间环节,也是班级安全教育活动设计和实施的主要依据。因此,必须进行科学合理的选择和安排。

(一) 选择班级安全教育内容的依据

基于班级儿童实际,来源于儿童的生活,并有效指导儿童的生活,且符合班级安全教育目标的教育内容才是适宜的、科学的。

1. 符合班级安全教育的目标

班级安全教育目标是依据本班幼儿实际和相关法律法规的精神,以培养幼儿的安全意识、提高幼儿的自我防护能力而提出的。因此,班级安全教育内容必须符合班级安全教育目标。《幼儿园工作规程》《幼儿园教育指导纲要(试行)》《3—6岁儿童学习与发展指南》《中小学幼儿园安全管理办法》是根据我国全面发展的教育目的和儿童身心发展的规律而确定的,为班级安全教育目标的制定和班级安全教育内容的选择提供了方向性和指导性的依据。《中小学幼儿园安全管理办法》中对学校幼儿园的安全教育做出了明确规定:学校应当对学生进行用水、用电的安全教育,对寄宿学生进行防火、防盗和人身防护等方面的安全教育。学校应当对学生开展安全防范教育,使学生掌握基本的自我保护技能,应对不法侵害。学校应当对学生开展交通安全教育,使学生掌握基本的交通规则和行为规范。学校应当对学生开展消防安全教育,有条件的可以组织学生到当地消防站参观和体验,使学生掌握基本的消防安全知识,提高防火意识和逃生自救的能力。学校应当根据当地实际情况,有针对性地对学生开展到江河湖海、水库等地方戏水、游泳的安全卫生教育。学校可根据当地实际情况,组织师生开展多种形式的事故预防演练。学校应当每学期至少开展一次针对洪水、地震、火灾等灾害事故的紧急疏散演练,使师生掌握避险、逃生、自救的方法。依据班级安全教育目标,班级安全教育可分为四类:一是日常生活中的安全教育:防触电教育、防溺水教育、防火、防煤气中毒、家务劳动安全、防烫伤教育、食品卫生安全教育、交通安全教育、玩具安全教育等。二是应对灾难教育:消防安全教育、地震逃生教育、防雷电教育等。三是活动安全教育:运动器械安全教育、游戏安全教育、放鞭炮安全教育等。四是社会治安教育:防拐骗教育、防伤害教育等。

2. 贴近班级儿童的生活实际

法国人文主义者蒙田强调教育与儿童的生活紧密联系,告诫父母和教师不要"当我们的生活几乎消逝了,人们才开始教我们怎样生活"。① 陶行知认为教育源于生活,是生活所原有、生活所自营、生活所必需的教育。这也就是说教育不能脱离儿童生活,教育要为改造社儿童生活而服务,教育与生活应紧密相连,是生活决定教育;只有与生活相结合的教育才是真正的教育,教育脱离了生活就不是教育。陈鹤琴认为,幼稚园的课程主要是帮助儿童过好目前的生活,而不是为未来的生活做准备。因此,课程要从儿童的真实生活出发,不能把幼稚园的生活与儿童的实际生活截然分开,必须以儿童的生活和经验为基础,但它又不能是儿童个体经验的简单重复和延续,它必须既合于儿童的需要,又兼顾社会生活的意义及社会生活的重要。因此,在选择班级安全教育内容时,不仅要考虑安全知识本身的科学性,还应符合班级儿童的认知发展特点和生活实际。班级安全教育内容的选择还应当与幼儿的生活经验相联系,将安全教育的内容融入幼儿的生活之中,多选择幼儿感兴趣、实用、密切联系儿童生活的教育内容。"从生活而来,从生活而开展,也从生活而结束。"②

(二) 儿童安全教育内容

依据相关法律法规,结合幼儿的生活实际,教师应选择适宜的安全教育内容对幼儿进行教育,以增强他们的自我保护意识和能力。儿童安全教育内容应包括:

1. 珍爱生命教育

让幼儿知道生命是珍贵的,每个人的生命只有一次,懂得珍爱自己的生命;知道身体各部位的名称,了解眼耳口鼻的保护方法;身体不舒服及时告诉成人,生病要吃药等。

2. 交通安全教育

交通安全教育应帮助幼儿初步形成交通安全意识,养成遵守交通规则的良好习惯,了解基本的交通规则,认识常见的交通标志等。主要包括以下几个方面:了解基本的交通规则,如"红灯停,绿灯行",行人走人行道,上街走路靠右行,不在马路上踢球、玩滑板车、奔跑、做游戏,不横穿马路等。认识交通标志,如红绿灯、人行横道线等,并且知道这些交通标志的意义和作用。教育幼儿从小要有交通安全意识,养成遵守交通规则的良好习惯。在对幼儿进行交通安全教育时,可选用一些儿歌或故事以增加趣味性。

3. 消防安全教育

消防安全教育要让幼儿懂得玩火的危险性,掌握简单的自救技能,增强幼儿逃生能力。主要包括:要让幼儿懂得玩火的危险性,掌握简单的自救技能。如教育幼儿一

---

① 吴元训选编. 中世纪教育文选[M]. 北京:人民教育出版社,2005:422.
② 戴自俺著. 张雪门幼儿教育文集(上下卷)[M]. 北京:北京少年儿童出版社,1994:1088.

旦发生火灾要马上逃离火灾现场,并及时告诉附近的成人。当发生火灾,自己被烟雾包围时,要用防烟口罩或干、湿毛巾捂住口鼻,并立即趴在地上,在烟雾下面匍匐前进。带幼儿参观消防队,看消防队员的演习,请消防队员介绍火灾的形成原因、消防车的作用、灭火器的使用方法及使用时应注意的事项等。另外,可以进行火灾疏散演习,事先确定各班安全疏散的路线,让幼儿熟悉幼儿园的各个通道,以便在发生火灾时,能在教师的指挥下统一行动,安全疏散,迅速离开火灾现场。

4. 食品卫生安全教育

幼儿大多爱吃零食,也喜欢将各种东西放入口中,因而容易引发安全事故。幼儿园除了要把好食品采购、储藏、烹饪等方面的卫生关外,还必须教育幼儿不吃腐烂的、有异味的食物。幼儿在幼儿园误食有毒有害物质的情况更是多种多样的,如园内投放的各种花花绿绿的毒鼠药,因教职员工工作失误而误放在饮料瓶中的消毒药水等,都可能被幼儿误食。因此,教职工在平时要教育幼儿不随便捡食和饮用不明物质。另外,目前孩子服用的药大多外观漂亮,口感好,深受孩子"喜欢",有的孩子甚至把药品当零食吃,因此,要教育孩子不能随便吃药,一旦要服药,一定要按医生的吩咐在成人的指导下服用。饮食安全教育的另一方面是饮食习惯的培养。如教育孩子在进食热汤或喝开水时必须先吹一吹,以免烫伤;吃鱼时,要把鱼刺挑干净,以免鱼刺卡在喉咙里;进食时不嬉笑打闹,以免食物进入气管等。

5. 防触电,防溺水教育

对幼儿进行防触电教育,首先要告诉幼儿,不能随便玩电器,不拉电线,不用剪刀剪电线,不用小刀刻划电线,不将铁丝等插到电源插座里等。其次,要告诉幼儿,一旦发生触电事故,不能用手去拉触电的孩子,而应及时切断电源,或者用干燥的竹竿等不导电的东西挑开电线。对幼儿进行防溺水教育,一是要告诉幼儿不能私自到河边玩耍;二是不能将脸闷入水中;三是不能私自到河里游泳;四是当同伴失足落水时,要及时就近叫成人来抢救。

6. 玩具安全教育

幼儿玩不同的玩具,应有不同的安全要求。如玩大型玩具滑梯时,要教育幼儿不拥挤,前面的幼儿还没滑到底及离开时,后面的孩子不能往下滑;玩秋千架时,要注意坐稳,双手拉紧两边的秋千绳;玩跷跷板时,除了要坐稳,还要用双手抓紧扶手;等等。玩中型玩具游戏棍时,不得用棍去打其他幼儿的身体,特别是头部;玩小型玩具玻璃球时,不能将它放入口、耳、鼻中,以免造成伤害等。

7. 生活安全教育

教育幼儿不随身携带锐利的器具,如小剪刀等。在运动和游戏时要有秩序,不拥挤推撞;在没有成人看护时,不能从高处往下跳或从低处往上蹦。要告诉幼儿不爬树、爬墙、爬窗台。不从楼梯扶手上往下滑。推门时要推门框,不推玻璃,手不能放在门缝里。乘车时不在车上来回走动,手和头不伸出窗外。上下楼梯要靠右边走,不推挤。不轻信陌生人的话,未经允许不跟陌生人走等。在家中,要告诉幼儿,当他独自在家,有陌生人叫门时,不随便开门;不随意开启家用电器,特别是电熨斗、电取暖器等;不玩弄电线与插座;不独自玩烟花爆竹;不逗弄蛇、蜈蚣、蝎子、黄蜂、毛毛虫、狗等动物;打雷闪电时不站在大树底下等。

三、拓展儿童安全教育途径

班级安全教育途径是指实施班级安全教育所采取的活动组织形式。安全教育有着自身的特点和规律,既需要教师系统地、有目的地精心设计和组织教育环境和活动以启发引导幼儿发展,同时幼儿的年龄特点和安全教育的特点也决定了渗透性安全教育和"三位一体"安全共育也是十分必要的。可见,班级安全教育的途径是十分灵活而丰富多样的。

(一) 专门的安全教育活动

专门的安全教育活动是指教师组织或安排专门的时间让儿童参与的专项安全教育活动,专门的安全教育活动包括集体教学活动和安全演习。

1. 集体教学活动

集体教学是一种传统的、基本的幼儿园教育活动形式,也是一种既经济又有效的活动形式,有其自身独特的特点和教育功能,具有不可替代性。同时,由于我国的幼儿园特别是中小城市和城镇的幼儿园,一般存在着班额偏大、师生比高的问题,给小组教学造成了一定的困难。面临现实困难,有着丰富的集体教学经验的教师可充分发挥集体教学的优良教育功能,不断优化集体教学效果,将集体教学作为完成安全教育任务、实现安全教育目标的主要组织形式。集体教学是教师按照安全教育目标和班级幼儿的发展水平与特点,精心制订教育计划,把幼儿组织起来,进行目的明确的安全教育活动,有效地促使幼儿获得各种安全知识技能,对幼儿的安全教育起着重要的作用。

苏联学前教育专家乌索娃把要求儿童掌握的知识分为简单知识和复杂知识两类。对于简单知识,儿童在与成人的日常交往中,在游戏、劳动和观察中就可以获得,无须专门教学,但是儿童获得的这些知识多是零散的。要使儿童掌握复杂知识,则必须经过专门的作业教学(即集体教学)。乌索娃认为,后一类知识在儿童的知识总量中虽然只占很小的一部分,但对他们的智力发展却具有决定性影响。安全防护的关键知识、技能以及观念是全体幼儿都应该掌握的。同时,具有身心发展统一性特点的同龄幼儿,有着共同的经验基础和能力水平,需要教师帮助幼儿积累、提升和分享必需的经验与重要的体验。因此,基于大部分幼儿的兴趣和需要的集体教学是儿童获得安全关键经验的一种最经济有效的活动形式。

2. 安全演练

安全演练是指以事先制定的安全事故应急救援预案为依据,对实际突发安全事件应急救援过程的模拟。安全演练的目的是为了掌握各种避险、逃生、自救的方法,提高应急反应能力。《中小学幼儿园安全管理办法》规定:学校可根据当地实际情况,组织师生开展多种形式的事故预防演练。学校应当每学期至少开展一次针对洪水、地震、火灾等灾害事故的紧急疏散演练,使师生掌握避险、逃生、自救的方法。通过安全演练,创设仿真情境,让幼儿感受环境的恶劣、情况的紧急甚至是内心的恐惧,以培养幼儿的应变能力,不至于在真正遇到危险时束手无策。在进行安全演练时,必须遵循以下要求:

(1) 依照预案,精心组织。各年龄班应当以幼儿园制定的安全应急预案为依据,在进行安全演练之前,进行精心的策划,落实演练中的每一细节。

(2) 科学安排,循序渐进。各班级在进行安全演练时,应当根据幼儿园的具体情况安排演练的内容,一般每学年第一学期安排相对简单的演练,第二学期可以安排一些相对复杂的演练,切勿盲目安排超过幼儿园应急能力的演练内容。

(3) 结合实际,讲求实效。各班级在进行安全演练时,应充分结合本园的实际情况,安排一些最实用的安全演练。在演练的过程中,不要过分注重演练的形式,要注重演练的实际效果,让师幼熟悉应急自救的具体步骤是最重要的。

(4) 过程控制,确保安全。各班级在进行演练之前,必须提前设立一些演练的控制程序,以便可以及时调整演练的过程,当发生意外时,可以随时暂停演练的进行,避免事故的发生。

(5) 收集资料,及时反馈。各班级在演练之前,应当提前安排利用摄影、摄像等设备对演练的过程进行记录,以便在演练之后进行分析总结。

(6) 分析协商,问题纠正。当安全演练结束后,各班级应当组织有关人员对整个的演练过程进行总结,分析演练结果的成败原因,为今后的班级安全教育理清思路。同时,针对演练过程中暴露出的实际问题和人为失误,要进行纠正直至问题彻底解决,以免为以后的班级安全教育留下隐患。

安全演练是以最直接的方式,让幼儿处在一种类似于真实的"危险"中,引导幼儿设想出各种各样自救自护的方法,有意识地训练幼儿的自救技能,通过幼儿多次的演练活动,可以使幼儿学会应对安全问题,做到快速、有序地应对各种突发事件,避免安全事故发生,往往能起到事半功倍的效果。例如,幼儿园可以和消防大队联系并合作,让幼儿在消防演习活动中学会一些基本的逃生方法以及自救技能,如匍匐前进,用湿毛巾捂住口、鼻等,通过这样的活动,既培养幼儿的安全意识,又让幼儿从中获得力所能及的避害、逃生方法和自我保护的经验。

(二) 渗透性的安全教育活动

渗透性的安全教育活动是指除专门的安全教育活动以外的,渗透于儿童日常生活和其他教育活动中的安全教育活动。

1. 日常生活中的随机安全教育

日常生活是一种养成性的教育,在日常生活中让幼儿掌握一些基本的生活技巧,不仅可以培养幼儿良好的生活习惯,而且可以提高幼儿的自我保护能力。"如果从儿童现实生活中进行教育,就会叫儿童感觉学习的需要和兴趣,产生学习的自觉性和积极性;由于他们自愿学习和在生活中真正理解事物的意义,这种教育乃是真实的,生动活泼的。"①幼儿一日生活的各个环节,如晨检、喝水、吃饭、盥洗、上厕所、上下楼梯、上下床等可以说都是安全教育的好时机,教师要充分挖掘和利用其中的安全教育因素,进行随机教育,将安全教育渗透于幼儿的一日生活中。教师应密切观察幼儿的一举一动,及时抓住幼儿生活、活动中瞬间的偶发事件,时时处处关注幼儿安全,并给予必要、适时的安全提醒,使其在潜移默化中树立安全意识,学会自我保护。例如,幼儿早晨入园时主动不将小刀、玻璃球等危险物品带进幼儿园;进餐时要保持安静,不打闹嬉戏、大声谈笑,可以避免异物进入气管;饭前、饭后半小时内不做剧烈运动,以免进餐后引起腹部不适;睡眠时不咬被角,不蒙头睡觉,可以避免呼吸不畅;起床后,未穿好衣服、扎好腰带、系好鞋带之前,不要跑动、玩耍,以免绊倒摔伤;自由活动时,不把小物品放进口、鼻、耳等部位,可以避免异物进入的危险情况发生;户外运动时,要避免摔伤、磕伤或被尖锐物扎伤等。教师应结合幼儿在日常生活活动中出现的问题,适时、及时地提醒幼儿,给予必要的、合理的安全教育。教师应围绕儿童的生活,通过生活,在生活中进行安全教育,并在日常生活中巩固已有的安全知识,强化随时出现的安全行为,在生活中培养幼儿的安全意识,让安全行为在幼儿的生活中逐渐习惯化。"使人们乐于从生活本身学习,并乐于把生活条件造成一种境界,使人人在生活过程中学习,这就是学校教育的最好的产物。"②

2. 游戏活动中的安全教育渗透

游戏是童年幸福的象征,能促进幼儿的身心发展,能给幼儿快乐,其重要性仅次于母乳喂养和母爱。《幼儿园教育指导纲要(试行)》中规定:"幼儿园教育是基础教育的重要组成部分,是我国学校教育和终身教育的奠基阶段。"幼儿教育的目的是"使他们(幼儿)在快乐的童年生活中获得有益于身心发展的经验"。幼儿教育应"以游戏为基本活动",幼儿教育离开了游戏就如同躯体没有了灵魂,游戏与幼儿教育的这种特殊关系,是幼儿教育区别于中小学教育的一个显著标志。

将安全教育渗透入游戏之中,能使幼儿在轻松、愉快的气氛中养成安全意识,巩固自我保护技能。利用各种游戏活动,教给幼儿一些安全自护的知识,并激励幼儿进行脱险自救。如通过音乐游戏"鸡妈妈的宝宝""迷路的小花鸭"等教育幼儿不要随便离开集体,要和大家在一起。如果万一走失,要胆大、心细,记住父母的姓名、工作单位、电话号码、家庭住址及周围明显的建筑特征,激励幼儿想出一些脱险自救的具体方法。利用表演游戏"公共汽车",使幼儿懂得"上下车不拥挤,不把头、手伸出窗外,不在车内乱跑"等乘车常识;利用体育游戏"红绿灯"让幼儿了解交通规则,知道红灯停,绿灯行的道理;通过游戏"大马路"让幼儿知道绿灯亮了才能过马路,而且要走人行横道线,外出要跟随大人,不能在马路上玩耍,避免交通事故的发生。此外,丰富多彩的游戏活动也提供了丰富多彩的游戏规则和活动规则,也是教育幼儿有序活动、遵

---

① [美]杜威.民主主义与教育[M].王承绪译.北京:人民教育出版社,1990:15。
② [美]杜威.民主主义与教育[M].王承绪译.北京:人民教育出版社,1990:60。

守规则的重要途径。教师可采取多种方法让幼儿理解遵守规则、互相谦让的重要性，从而让幼儿在游戏中养成遵守游戏规则、有序活动的良好习惯。

游戏是幼儿最喜欢的活动，同时也是最有效的教育方式，最符合幼儿的心理特点、认知水平和活动能力。教师可以根据本班幼儿的年龄特点，开展丰富多彩的游戏活动，将安全教育内容融入游戏之中，让幼儿亲身经历整个过程，在游戏中亲自尝试发现问题，并促使其思考脱险自救的方法，使其在轻松、愉快的气氛中进行自救技能训练，进而主动建构一种应对危险的防御意识和能力，提高自我保护能力。

3. 各领域活动中的安全教育渗透

除健康以外的其他各领域活动中，也包含了丰富的安全教育资源。在这些教育活动中，可以充分挖掘安全教育资源，将安全教育与领域活动有机渗透，有效巩固、加深、补充和促进幼儿的安全防护能力，使安全教育更为生动、丰富。因此，各领域活动中的安全教育渗透也是向幼儿进行安全教育的一个辅助手段和必要途径。如运用故事、儿歌、歌曲与安全教育巧妙结合，可以使单调、抽象的安全教育转变成欢快活泼、生动形象、富有情趣的艺术形式，寓教于乐，让幼儿在愉悦中获得安全教育。此外，在科学、美术、社会等活动中，也包含丰富的安全教育资源，教师应科学地进行安全教育渗透，帮助幼儿掌握基本的安全知识和初步的防护常识，提高幼儿的自我保护的意识和能力。总之，重视知识间的相互联系和相互渗透，有机整合各个不同发展领域的教育内容，向幼儿进行安全教育是极其重要和有效的。

四、构建儿童安全教育保障

《中小学幼儿园安全管理办法》规定：教育行政部门应按照有关规定，与人民法院、人民检察院和公安、司法行政等部门以及高等学校协商，选聘优秀的法律工作者担任学校的兼职法制副校长或者法制辅导员；兼职法制副校长或者法制辅导员应当协助学校检查落实安全制度和安全事故处理、定期对师生进行法制教育等；教育行政部门应当组织负责安全管理的主管人员、学校校长、幼儿园园长和学校负责安全保卫工作的人员，定期接受有关安全管理培训；学校应当制订教职工安全教育培训计划，通过多种途径和方法，使教职工熟悉安全规章制度、掌握安全救护常识，学会指导学生预防事故、自救、逃生、紧急避险的方法和手段；学生监护人应当与学校互相配合，在日常生活中加强对被监护人的各项安全教育。安全教育是幼儿园、家庭和社会的共同责任。班级安全教育需要建构"社会、家庭、幼儿园"三位一体的安全共育网络，充分挖掘本园、家庭以及社会教育资源，实现"儿童为本""安全第一""齐抓共管"的安全共育目标。

（一）幼儿园

幼儿园要保证安全教育的时间，可根据实际情况，结合不同年龄班的课程方案和要求，采用课程渗透和专题教育相结合的方式，确保完成安全教育内容，并要安排必要的时间，开展自救自护和逃生实践演练活动。教师是班级安全教育的主要实施者，各级教育行政部门和幼儿园要重视教师队伍建设,把安全教育列入全体在职教师继续教育的培训系列和教师培训计划,分层次开展培训工作,学习安全启蒙教育知识,通过文字资料、观看录像、外请专业人员来园培训等途径学习国内外先进的安全教育理念、知识,学习和掌握卫生保健、疾病护理、突发事故处理、消防等基本的安全常识,以指导幼儿预防事故、自救、逃生、紧急避险,不断提高教师开展安全教育的水平。同时,幼儿园要加强教研活动和课题研究,把安全教育研究列入课题研究规划,保证经费,及时总结、交流和推广研究成果。幼儿园要充分调动教师的积极性,有针对性地开展安全教育的园本研究,幼儿园要把教师开展安全教育的情况作为教师考核的重要依据。此外,幼儿园要建设符合安全教育要求的物质环境和人文环境,使幼儿在潜移默化中提高安全意识,促进幼儿学习并掌握必要的安全知识和生存技能,认识、感悟安全的意义和价值。

(二) 家庭

《幼儿园工作规程》规定:幼儿园应主动与家长配合,帮助家长能够创设良好的家庭教育,向家长宣传科学教育幼儿的知识,共同担负幼儿教育的任务;家长是幼儿园教师的重要合作伙伴。应本着尊重、平等的原则,吸引家长主动参与幼儿园的教育工作。教师要采取积极措施帮助家长强化对幼儿的安全教育意识,指导家长了解和掌握公共安全教育的科学方法,主动寻求家长和社会对安全教育的支持和帮助。教师要积极做好各项提高幼儿自我保护意识的宣传工作,让家长了解、参与幼儿园活动,使他们明白培养幼儿自我保护能力的可行性和必要性,增强家长的紧迫感和责任感。利用家长会向家长介绍研究计划、活动安排、培养幼儿自我保护能力对幼儿成长的重要意义。通过家园栏,开辟"安全、自救"知识宣传和"每日一问",将一些日常生活中的安全常识介绍给家长,提高家长自身的安全意识。让幼儿在父母的帮助下,掌握在家中的一些安全自护知识。如在家中有许多的危险物品像炉子、热水瓶等,不能因为危险就设置各种禁区,应注意对孩子独立行为能力的培养;父母出门在外,幼儿在家中独处时,千万不要给陌生人开门等。家庭与幼儿园密切配合,对幼儿实施安全自护的家园同步教育,是幼儿健康、安全成长的必要保证。

(三) 社会

利用社会资源加强对孩子进行安全教育。幼儿园要与公安消防、交通、治安以及卫生、地震等部门建立密切联系,聘请有关人员担任安全教育辅导员,根据幼儿身心特点系统协调承担安全教育的内容,并且协助幼儿园制定应急疏散预案和组织安全演练活动。如邀请消防员给幼儿讲解有关用火的注意事项,请交通警察演示交通安全规则等。相关部门应为儿童的安全教育提供一些免费的可进行安全教育的资源,让幼儿参观消防局、警察局等相关安全部门,或为幼儿提供一些与安全有关的画册等。同时,公安消防、交通、治安以及卫生、地震等相关部门要重视对儿童安全教育活动的督导和评价。教育行政部门要制定科学的幼儿安全教育评价标准,并将其列入幼儿园督导和园长考核的重要指标之一。评价的重点应注重幼儿安全意识的建立、基本知识技能的掌握和安全行为的形成，以及幼儿园对儿童安全教育活动的安排、必要的资源配置、实施情况以及实际效果。此外，在利用社会资源对幼儿进行安全教育的同时，还应注意避免社会上一些不良现象和资讯的影响。现代资讯发达，电视、网络等为人们提供了大量的信息，但有些信息属幼儿不宜，应该防止幼儿接触，才能避免伤害。

平安成长比成功更重要！幼儿好奇、好动、好探索，生活经验和生活常识不足，缺乏分辨安危的能力和自我防护意识，在活动中对危险事物不能做出正确判断，不能预见行为后果，面临危险也不会保护自己，自我保护能力差。《幼儿园工作规程》提出幼儿园应保教并重，应加强对幼儿的安全教育。《教育——财富蕴藏其中》一书中指出，教育的目的就是使儿童学会学习、学会做事、学会共同生活、学会生存。对幼儿实施科学的安全教育便是一项基本的生存教育，可使幼儿逐步形成安全意识，掌握必要的安全知识和技能，提高幼儿的生存能力。

要点回顾

"儿童的花园"并不总是和风旭日，儿童走失、摔伤、跌伤、烫伤、咬伤、打伤等事故时有发生，甚至是恶性砍杀事故、重大园车接送事故也时有耳闻，让人触目惊心。儿童安全事故成因包括：(1) 安全管理制度不健全，制度落实不到位；(2) 环境存在安全隐患；(3) 安全教育缺失；(4) 幼儿自身安全意识不强，自我保护能力薄弱。为加强儿童保护，联合国颁布实施了《儿童权利宣言》《儿童权利公约》(以下简称《宣言》《公约》)，旨在希望儿童能够享有《宣言》和《公约》中说明的各项权利和自由，享有幸福的童年，并号召所有父母和其他个人以及各类组织、各国政府按照《宣言》《公约》的准则逐步采取立法和其他措施，以儿童利益最大化为原则，实施儿童保护。我国于1990年8月29日签署《儿童权利公约》，1991年9月4日颁布《中华人民共和国未成年人保护法》，明确规定了儿童安全的家庭保护、学校保护、社会保护、司法保护与法律责任。依据相关法律法规，教师应负有安全教育责任、安全告知责任、安全告诫责任、安全防范责任和及时救护责任，"对儿童成长负有首要责任"的家长应承担起参与教育职责、安全教育职责、异常情况告知职责、监护管理职责、往返园所的安全职责。幼儿园应明确岗位安全职责，遵守安全管理原则：(1) 生命安全至上原则；(2) 事先预防制度化原则；(3) 防灾训练日常化原则；(4) 及时有效沟通原则；(5) 快速反应、协同应对原则；(6) 依法处理、人性关怀原则。幼儿身心稚嫩，自我保护能力弱，教师应加强幼儿的安全教育：(1) 制定儿童安全教育目标；(2) 甄选儿童安全教育内容；(3) 拓展儿童安全教育途径；(4) 构建儿童安全教育保障。

思考练习

1. 幼儿园安全事故的类型有哪些？
2. 教师的安全职责是什么？家长的安全职责是什么？
3. 请结合实际谈谈幼儿园各岗位安全管理职责。
4. 请举例说明应如何对儿童进行安全教育？

拓展阅读

英国《儿童十大宣言》

1. 平安成长比成功更重要

安全的权力。教育儿童人人有若干权力，如呼吸权。这种权力任何人不能剥夺。告诉儿童，任何人也无权剥夺儿童的安全权。安全重于一切。

2. 背心、裤衩覆盖的地方不许别人摸

保护自己身体的权力。儿童应当知道身体属于自己，身体的某些部分应被衣服所覆盖，不许别人看，不许触摸。儿童有拒绝亲吻、触摸的权力。

3. 生命第一，财产第二

生命第一的权力。告诉儿童在遇到暴徒时有权获得朋友的帮助或坚决拒绝暴徒的要求。许多暴徒表面凶狠，内心却很胆怯。如果许多儿童齐心协力，一齐高喊："滚蛋！"这通常能把坏人吓跑。万一遇到真正的身体威胁，儿童身小力薄，一般只能向坏人屈服。同时，应告诉儿童他们的身体安全比财产更重要。

4. 小秘密要告诉妈妈

向父母讲真话的权力。向儿童保证，无论发生什么事情，只要儿童向父母讲明真情，父母都不会怪罪的，而且会尽力帮助儿童。当儿童向大人说实话时，他们应被充分信任。大人应当马上信任儿童并及时帮助他们。

5. 不喝陌生人的饮料，不吃陌生人的糖果

拒绝毒品与危险品的权力。有权不听陌生人的话，不喝陌生人的饮料，不吃生人的糖果。

6. 不与陌生人说话

与陌生人不打交道的权力。孩子有权不和陌生人说话。当陌生人与儿童说话时，儿童可以假装没听见，马上跑开。生人敲门可以不回答，不开门。告诉儿童，对陌生人不理睬是对的，小孩没有能力帮助陌生人。

7. 遇到危险可以打破玻璃，破坏家具

紧急避险的权力。为了保护自己，儿童有权打破所有规章与禁令。告诉儿童，在紧急之中，他们有权大叫、大闹、踢人、咬人，甚至打破玻璃，破坏家具。

8. 遇到危险可以自己先跑

果断逃生的权力。遇到坏人、地震、大火，儿童应当果断逃生，拔腿就跑。自警、自救、自助。

9. 不保守坏人的秘密

面对侵害不遵守诺言的权力。告诉儿童，即使他曾发誓不告诉别人，但遇到坏人欺负一定要告诉家长，这些秘密千万不要埋藏在心里。

10. 坏人可以骗

对坏人可以不讲真话的权力。遇到坏人，可以不讲真话。机智应对，才是好孩子。

完善与建议

反思、建议：

_____

_____

_____

工作案例与材料（粘贴）：

第八章 安全事故应急管理

> 宜未雨而绸缪,毋临渴而掘井。①
> ——朱用纯

《中小学幼儿园安全管理办法》规定学校、幼儿园应:健全学校安全预警机制,制定突发事件应急预案,完善事故预防措施,及时排除安全隐患,不断提高学校安全工作管理水平。儿童安全关系到儿童的健康成长、家庭的幸福和社会的稳定。因此,幼儿园应加强安全应急管理工作,提高安全应急管理水平,杜绝各种安全隐患,防患于未然。

第一节 安全应急管理体系

班级安全应急管理的顺利进行,首先需要在幼儿园中组建专门的安全应急管理小组作为应急管理的领导核心,这是做好安全应急管理的基本前提和组织保证。安全应急管理需要依靠全园教职员工的力量,广泛凝聚共识,增进沟通协作,建立专门的应急管理小组并将其作为常设性机构而真正加以重视。同时,制定完善的安全应急预案,并组织培训,让所有成员了解相关规章制度,真正明白和执行,尽量避免因责权不明、奖惩不公、互相推诿等因素造成人为性隐患。

一、组建安全应急管理小组

应急管理小组的成员是整个幼儿园应急管理的核心人员,是安全应急管理的谋划者。在安全事件发生时,随着危机的蔓延和恶化,小组成员的人数可能远远不能满足危机情境的需要,此时的小组成员不仅仅是幼儿园应急管理的协调者和操作者,还是应急管理的管理者,组织幼儿园内的其他教职员工、园外支援者以及家长志愿者,共同应对安全事件。应急管理小组中的每一位成员都是应急管理中的重要一环,他们必须清楚地了解整个应急管理系统以及各自的角色和职责,并在培训和演练中接受全面和正规的辅导。

1. 应急管理负责人

通常是园长或助理园长担任,是应急管理的最高决策者。紧急时期的果断决策

---

① 朱用纯.朱子家训[M].呼和浩特:远方出版社,2004:3.

者要求具备足够的权威,协调能力和指挥能力强,能够领导成员制订应急处理计划,做出有关应急处理的重要决定、监察及协调应急处理事宜,开展阶段性回顾和评价,相应地调节应急管理计划和相关人员的培训方案。

2. 教职员工联络人

为应急处理的主要责任人,调控所需的更多人员,安排及协助园长主持教职员工会议。

3. 通讯和记录员

应急管理特别强调信息的畅通和及时更新,通讯和记录员的职责就是为应急处理部门传递信息,确保各部门根据事件情况和最新决策,调整和实施具体工作。

4. 园所保卫员

当园内或周边发生或可能发生安全事件时,需要园所保卫员为各部门制定具体任务,组建监测制度,确保园所安全。或者在园内发生其他类型安全事件时,做好安全保卫布置工作,防止家长闯入,阻止破坏分子恶意破坏。

5. 后勤保障员

安全事件发生后,现有储备的物资和设备通常不能满足这种非常态的需求。需要有后勤保障员根据事件的需要,合理安排各部门有限的资源,及时采购和添置应急必需品,保证应急管理过程中所需物资齐全和通讯设备使用效果良好。

6. 家长联络人

安全事件发生后,家长作为最大利益相关者,幼儿园必须与当事人家长联系协调,为当事人家属提供支援。同时,与其他家长进行良好的沟通。

7. 媒体代言人

媒体对幼儿园的安全事件通常较为关注,幼儿园需要一个对安全事件进展情况比较了解的代表,保持口径一致,向外界传播有利于幼儿园而又不违背事实的信息,解除公众的疑虑和误解,使幼儿园渡过危机。

8. 园外联络人

协调园外资源,为幼儿园、教职员工和幼儿提供支援。当需要警察或消防人员介入时,幼儿园需要指派联络员,告知幼儿园发生的事故、幼儿园已采取的措施和应急处理的计划,并能为警察和消防人员提供所需的幼儿园信息。

9. 咨询员

幼儿园法律顾问以及心理咨询等有关方面的专家作为应急管理咨询员,为幼儿园制订应变计划、对外沟通及评估安全事件方面提供专业意见及支援,为有需要的幼儿、家长及教职员工提供及时的个别或小组情绪辅导,并协助幼儿园安排适当的跟踪服务。

应急管理小组应当制订出对应于自身职责范围内的应急管理计划,并根据应急管理计划对潜在的或现实的危机主动采取适当的行动,参与应急管理的组织及成员的角色和职责都要写入具体的应急管理计划内,同时务必确保所有相关组织和成员都能熟练认知自身的责任,从而做到在应急管理时便可以迅速进入角色并做到得心应手。应急管理小组的工作联系要确保所有相关人员的通讯联络渠道畅通,最好能把所有有关人员的通讯方式进行统计制表,既便于联系,又方便其他单位和个人的信息查询,这也是提高应急管理效率的重要一环。

二、制定安全应急管理预案

应急管理预案是指提供应付、处理安全事件所需要的人力、组织、方法和措施的一整套方案。这些方案具体包括应急行动计划、应急沟通方案、信息发布方案和利益相关处理等。在应急管理小组建立以后,幼儿园应急管理者紧接着要做的就是着力建立健全一套科学、规范的幼儿园应急管理预案体系。班级安全应急管理几乎涉及幼儿园的方方面面,其关注的对象包括幼儿园以及全园师生员工。因此,预案的内容应是较为全面的。

1. 应急预案类别

(1) 应急管理总体预案。总体预案是一个能够帮助克服危机或减轻危机伤害程度的具有普遍指导意义的管理方案,是应急管理预案体系的总纲,它同时也是幼儿园应对特别重大的安全事件的规范性文件。

(2) 专项应急预案。专项应急预案主要是幼儿园及所属各职能部门为应对某一类型或某几种类型的安全事件而制定的应急预案。

上述预案在幼儿园应急管理小组领导下,按照分类管理、分级负责的原则,由相应的部门分别制定,然后再由幼儿园集中研究确定后正式实施。为了使应急预案的作用能够在安全事件管理过程中得到最大限度的发挥,幼儿园应急管理者应该及时指导师生员工熟悉应急管理预案,并按预案的要求组织师生员工进行演练,从中发现问题和不足,不断改进预案,从而增强应急管理预案的可行性和有效性。此外,鉴于应急管理工作的需要,要保证每一位应急管理者及其他重要人员都持有书面的应急管理预案。

2. 应急预案内容

一个完整的幼儿园应急管理预案大体包含如下内容:

(1) 解决突发事件的清晰的程序,其中包括人员保护和撤离程序,以及财物的全保护规程。

(2) 应急管理总部和主要管理者的决策权,包括明确主要决策者及各相关的责任与权利以及各部门成员之间的合作关系,还要考虑到若有应急管理人员未能履行职责时有何应对措施。

(3) 指令连锁,避免突发事件来临时出现指挥中断。

(4) 媒体发言人,受应急管理指挥机构的委派,负责信息的收集、整合,媒体沟通,对外发布关于突发事件的重要信息。

(5) 主要沟通者的交织互联。

(6) 园内沟通计划和对外沟通计划。

(7) 突发事件管理,其中也包括事件善后的实施及相关要求。

(8) 对支持性服务的安排,其中包括安全预警体系的建立、运用及维护,还有应急反应和事件善后所需资源的准备等,尤其要注意对有关的资源操作规范进行必要说明。

(9) 进一步揭示突发事件的面貌和特征。

(10) 应急管理预案的管理及修订程序。

三、组织安全应急培训

安全应急培训目的在于培养师幼应对安全事件的能力。这种应急培训不仅是安全意识的强化,而且包含应对安全事件的各种技能的培训与培养。生动的危险情境通常会给置身其中的人留下深刻的印象,在模拟情境中扮演的角色可以克服安全事件真正发生后的心理麻痹状态。

1. 心理培训

主要是通过加强安全意识,开展心理健康教育及处理紧张心理的训练,让师生员工尽可能多了解各种危险的特征,做好防范危险和承受危机的心理准备,增强心理承受能力。

2. 知识培训

是对师生员工开展关于安全事件的识别、防范、处理、恢复等方面的科学知识的培训,不仅要对安全应急管理中经常涉及的概念进行认知,同时要对生命安全构成威胁的危险进行识别和分析,更为重要的是,要对安全事件发生前的多种防范措施以及各类安全事件发生后的具体应对处理方法进行细致的介绍。

3. 沟通培训

重点是训练如何消除沟通障碍,如何在平时与幼儿家长、政府部门、社区、媒体及其他幼儿园等保持良好沟通,如何在安全事件的巨大压力下进行有效的沟通,掌握沟通的策略和技巧。

4. 协同行动培训

训练应急管理小组成员在具体的危险情境中如何将职责分工与团结协作有效结合,学会在安全事件中集思广益、协同行动。可以采用角色扮演和行为模拟法,让多名受训者在事先得到指导或未经指导的情况下,扮演危机事件中的不同角色,每个人根据自己的想法通过相互合作来处理危机,然后进行行为回顾和评价,以达到改进行为、加深印象的目的。

5. 应急管理预案培训

应急管理预案作为幼儿园应急管理危机的指导性文件,因此它应为幼儿园每一位成员所熟知,只有这样,在处理具体的安全事件时才容易保证思想和行动的基本统一,应急反应速度也才能够得到提高。

6. 应急技能培训

训练师生员工掌握安全应急技能。演习可以较为真实地显示危险情境,使受训师生员工能够切身感受危险状况,可以让受训者在展示的危险情境下配合使用各种技能和知识,还可以检验应急管理预案的可行性。为了培养师生员工全面的应急处理技能和知识,幼儿园应切实提高对安全事件模拟演习的重视程度,演习工作要按照一定的程序有条不紊地进行,演习的过程包括确定演习的目标和任务、选择合适的方法、拟订演习计划、实施演习训练、对演习进行总结评估这五个步骤。其中,在制订演习计划时需要明确六个基本问题:何人、何部门、何事、何时、何地、何要求。

第二节 幼儿园应急预案

一、幼儿园应急总预案

为了确保幼儿园能够及时、有序、高效地应对可能发生的各种突发事件,保障广大师生的身体健康和生命安全,维护幼儿园正常的教学秩序。根据有关法律法规,结合幼儿园工作实际,特制定幼儿园应急总预案。

(一)总则

目的:有效预防、及时控制突发事件的发生,消除危害,保证生命财产安全。

工作原则:以幼儿园领导和相关部门负责人为主体成立突发事件应急工作组。

1. 快速反应原则。处置突发事件要坚持一个"快"字,信息上报快,部署控制快,预案落实快。

2. 现场指挥原则。突发事件发生后,指挥人员要亲临现场,全面掌握情况,准确分析局势,果断做出正确指挥判断。

3. 设置警戒原则。突发事件一旦发生,要迅速疏散现场周边人员,设置警戒,保护现场,禁止无关人员进入。

4. 降低损失原则。处置方法要妥当,要以维护幼儿园稳定、确保师生员工人身财产安全为工作重点,力求做到尽量减少社会影响,减少人员伤亡,降低危害。

5. 基本装备原则。幼儿园为处置突发事件提供电视监控、应急广播、警戒带、疏散标志、应急灯、电喇叭、消防器材等必备基本装备。

6. 协调配合原则。幼儿园各部门及教职工要明确职责任务,按照预案分工,互相协调,通力配合,对突发事件进行妥善处置。

7. 追究责任原则。依据处置突发事件预案中任务分工,划清权限职责;追究相关人员的职责,给予相应处分;突发事件发生后,对因未能落实预案有关要求造成幼儿园经济损失或人员伤亡的,要按处置突发事件预案职能任务分工,依法追究相关人员的法律责任。

编制依据:《中华人民共和国未成年人保护法》《学生伤害事故处理办法》《中小学

幼儿园安全管理办法》《中华人民共和国消防法》《中华人民共和国食品卫生法》《传染病防治法》等。

适用范围:幼儿园。

(二)组织体系及职责任务

1. 决策机构:幼儿园成立以园长为应急管理第一责任人的应急管理小组指挥中心,由领导组全体成员组成,现场总指挥由领导小组组长担任,若组长不在由副组长担任。全面负责突发安全事件的决策和指挥,掌握情况,上下沟通,及时报告,对外联系;贯彻传达指挥部命令,组织有关人员按预案对现场进行果断处置,控制事态发展,并立即逐级报告上级主管部门,协调有关部门妥善处理事故。

2. 工作机构:应急管理工作组,负责突发事件的现场处理,按照指挥部的要求,迅速深入现场,对现场进行果断处置,摸清情况,及时报告,控制现场,依据预案措施及疏散线路、顺序,有秩序地疏散师生,疏散完毕后有秩序撤离,并配备使用必要的通信器材和安全防护设备。

(三)预防预警机制

1. 预防预警信息:幼儿园的相关部门及相关人员提供相关信息。

2. 预防预警行动:对相关人员进行相关知识及技能培训,提高防范意识和防范能力。领导小组要定期检查,发现安全隐患及时处理;幼儿入园、离园时,保安人员要在大门口巡视,幼儿入园、离园后及时关闭大门,防止无关人员进入幼儿园;幼儿园大门保持上锁关闭状态,有外人进入时,必须查明身份,做好记录后方可入内。

(四)应急响应

1. 分级应急响应。突发事件的报告顺序是:发现人→幼儿园园长→教办→主管领导。

2. 信息报送和处理。突发事件的信息按报告顺序进行传递,由相关部门和人员进行确认,分清事件的等级,由决策机构进行决策处理。如是外来人员造成的安全事件,迅速拨打110报警。

3. 指挥和控制。由指挥中心进行指挥,由工作组进行现场控制。紧急疏散幼儿和工作人员到安全地带,确保幼儿和工作人员的生命安全;在等待救援的同时,严格控制闲杂人员和家长进入幼儿园,避免出现混乱状态。

4. 紧急处置。处置队伍由指挥中心统一调派,按突发事件类型落实处置措施。保健教师等相关人员迅速赶到现场,按照职责进行工作;如有人员伤害,保健教师简单处理后速送医院。

针对危害程度,将安全事件分为特大安全事件、重大安全事件和一般安全事件三类,同时又将预案分为一、二、三个等级,根据事件的大小和发展态势,启动相应的突发事件应急预案,做出相应的反应。

(1)特大安全事件响应一级预案。即幼儿园已发生影响社会稳定的集会游行、恐怖袭击、爆炸、火灾、人员拥挤踩死伤、重大疫情等事件后,应立即启动预案,进行处置,指挥部人员迅速到位。

一级预案处置:当事件发生后,指挥部在接到突发事件警情后,应立即报告上级机关并宣布启动一级预案;立即停止教学与活动,播放广播,组织师生员工按疏散路线有秩序地迅速撤离到指定地点,并清点上报各班人数;控制所有出入口,立即封闭现场,设置隔离线,组织专人维护现场秩序,同时在幼儿园周边进行巡逻控制;协助有关部门进行现场处置,并为调查取证提供线索;全体应急人员在接到指令后,迅速赶到指定地点;全体教职员工待命听候调遣。

(2)重大安全事件响应二级预案。即幼儿园发生影响社会稳定的集会游行,发现爆炸物,局部发生火灾、蔓延较快,公共秩序严重混乱等应立即启动预案,进行处置。指挥部及应急机动处置组成员迅速到位。

二级预案处置:当事件发生后,指挥部在接到突发事件警情后,应立即报告上级机关并宣布启动二级处置预案;立即停止教学和活动,播放广播,组织师生按疏散路线有秩序尽快撤离到指定地点,并清点上报;控制所有出入口,封闭发现爆炸物品现场或火情现场,同时对火情现场组织抢救,划定警戒区,设立警戒线,派专人在现场周边警戒,维护好现场秩序,在专业人员到来前,不得移动可疑物品;协助有关部门进行现场处置,并为调查取证提供线索;全体有关应急人员在接到指令后,迅速赶到现场;有关班主任和教职员工待命听候调遣。

(3)一般安全事件响应三级预案。即幼儿园发现可疑爆炸物、接到恐吓电话、食物中毒、局部发生可控制火情、有可能造成人员恐慌等局面失控时,应立即启动预案,进行处置。指挥部及应急机动处置组有关人员迅速到位。

三级预案处置:当事件发生后,指挥部在接到突发事件警情后,应立即报告上级机关并宣布启动三级处置预案;组织人员向安全地域疏散,组织处置突发事件小组人员,对幼儿园进行全面检查,同时启动监控系统,对幼儿园内各个部位进行监控,注意发现可疑人;接到恐吓电话时,要冷静处置,尽可能拖延时间与其周旋,记住其语言特征,有条件的进行录音,为公安机关侦破提供线索;遇到局部发生可控制火情时,要果断采取有效措施,防止火情蔓延,迅速扑灭;处置人员在接到召回指令后迅速赶到指定集合地点。

5. 救护和医疗。现场救护以及医疗防疫;对轻伤人员进行处置,并协同运输将重伤人员护送到上级医院。

6. 应急人员的安全防护。对可能涉及的应急人员进行定期培训,加强对消防安全、交通安全、卫生防病、饮食安全等方面的自防、自救教育,明确安全防护的工作流程,同时提供必要的防护器械。紧急情况下的幼儿疏散撤离由带班教师及专门人员统一组织。

7. 社会力量动员与参与。密切与社区、家庭的沟通与协调,建立起家庭、幼儿园、社会密切结合的安全工作网络,确保幼儿的安全健康。

8. 突发事件的调查、处理、检测与后果评估。事件发生后,由幼儿园负责事件原因的调查工作,教办领导小组负责事件的检测与后果评估,并形成处理意见。对发生的重大事件,幼儿园配合公安、消防及其他专门机构的工作,对事件进行调查、检测与评估。

9. 应急结束。事件处理完毕,宣布应急状态解除。

(五) 应急保障

1. 通信与信息保障。保卫处负责通信系统的维护,确保应急期间信息畅通,并从各种媒体上获取相关信息。

2. 应急支援与装备保障。救援药品主要有绷带、消毒水、止痛药、消炎药等;医疗保障主要有上级医院的帮助;幼儿园和当地公安机关提供的安全保障;由幼儿园提供的财力支持。

(六) 责任与奖励

1. 对在预防、处置幼儿园突发事件中和善后处理工作中表现突出的个人,或有特殊贡献的个人,给予表彰和奖励。

2. 对在预防、处置幼儿园突发事件中和善后处理工作中玩忽职守者及造成幼儿园安全事故的责任人,应视情节轻重给予相应处分;构成犯罪的,要依法移交司法机关追究刑事责任。

3. 全体教职工要把抢救、保护幼儿的生命安全视为第一要务,不得临阵退却,更不得采取事不关己的回避脱逃手段。否则,将视作严重违反《教师职业道德》,给予撤职、解聘、待岗等处分;造成严重后果的,报上级给予开除、行政处分,直到追究刑事责任。

(七) 附则

《幼儿园应急总预案》由幼儿园应急管理小组负责制定、维护与更新。

二、户外活动应急预案

为了预防和减少幼儿园户外活动事故的发生,保障幼儿的人身安全,根据《中华人民共和国未成年人保护法》《学生伤害事故处理办法》《中小学幼儿园安全管理办法》的精神,制定本应急处理预案。

(一) 危险源

幼儿身体协调能力差,缺乏危险的预见性;运动器械的老化;活动场所存在隐患。

(二) 预防措施

1. 对幼儿进行自我保护教育,让幼儿了解自我保护的知识。幼儿参加户外活动时,衣服要宽松,身上不佩戴金属徽章、别针,携带小刀和其他尖利或硬质物体,要穿运动服和运动鞋。为幼儿购买相关保险,释放风险,将损失降到最低。

2. 加强对教师进行责任意识教育,要求教师在户外活动前,一定要仔细检查活动场所有运动器械,消除安全隐患(见表8-1)。活动场地和器材应当符合卫生和安全要求,注重维修、养护和检查,制定活动场地、器材、设备的管理制度,并有专人负责管理,定期检查并做好检查记录(见表8-2、表8-3、表8-4①)。活动器材、设备达

---

① 资料来源于海门市海南幼儿园。

到使用年限的必须进行更换。建立运动项目和运动强度应当适合幼儿的生理承受能力和体质健康状况,防止发生伤害事故。

表 8-1 户外活动隐患排查记录表

被检查区域		检查组负责人	
检查组成员			
经检查存在的问题或隐患:			
整改建议或措施:			
责任人签字:			年 月 日
复查意见:			
复查人员:			年 月 日

表 8-2 班级安全管理检查表

班级:_____

项 目		日 期	备 注
门窗	教室门、锁		
	窗 框		
	玻 璃		检查组人员如发现问题请在"安全隐患登记表"上登记,并上报安全副园长
	防盗窗		
桌椅	桌、椅		
	教学器材		
墙面	内 墙		
	有无伤害性利角		
水电	电源开关		
	水池龙头		
	线路完整		
其他			
检查人员签名			

表8-3　户外场地安全隐患排查表

场地：＿＿＿＿

项 目	日　　期	备 注
操　场		检查组人员如发现问题请在"安全隐患登记表"上登记，并上报安全副园长
草　坪		
活动器材		
大型玩具		
其　他		
检查人员签名		

表8-4　幼儿园安全隐患排查表

时间：＿＿＿＿

项 目	排查情况	备 注
厨　房		检查组人员如发现问题请在"安全隐患登记表"上登记，并上报安全副园长
消防设施		
配电间、线路		
管道、龙头		
其　他		
检查人员签名		

3. 教师组织户外活动时应严格遵守带班制度，不离开幼儿，了解每个幼儿的动态，对危险源做到早发现，早预报，早预防。加强对户外活动的组织，做到安全、有序，对可能发生伤害事故的运动项目应有保护性措施。使幼儿知道每一项活动的技术要领，懂得锻炼和保护的方法以及可能发生的意外事故和注意的事项。与幼儿园保健教师配合，建立幼儿体格检查制度，对于有病和体弱的幼儿，必须在医生指导下才能进行适当的户外活动。和体育设备管理人员合理划分运动场地和设置警示标志，并根据具体情况规定运动秩序和规则。

（三）处理程序

事件发生→报告园领导 { 救治伤者→保健室或医院救治
保护现场、调查事故→追究责任
报告家长→协调沟通 }

1. 事故发生后，相关人员必须及时向园长和分管领导报告，经授权向上级有关部门报告。

2. 以最快速度对受伤师幼进行现场救护，送往就近医院治疗并通知家长。

3. 及时做好现场处置，保护现场，调查取证。

4. 及时调查事故原因，妥善处理并实事求是向上级汇报。园方责任，积极善后。厂商责任，获取赔偿。幼儿责任，沟通家长，协助处理。

（四）善后处理

1. 全面参与幼儿治疗，直至康复，与家长密切沟通。

2. 处理相关责任人，并在全园加强教育。

3. 以适当方式向家长通报情况，制定有效预防措施。

三、园外集体活动应急预案

为了预防和减少园外集体活动事故的发生，保障幼儿的人身安全，根据《中华人民共和国未成年人保护法》《学生伤害事故处理办法》《中小学幼儿园安全管理办法》的精神，制定本应急处理预案。

（一）危险源

园方未对幼儿进行必要的安全教育、带队老师疏于管理、幼儿不遵守活动纪律擅自自行活动或离队；租用的车辆车容和车况差、安全性能差、驾驶员疲劳驾车、超载、超速、随意变道、闯禁令标志、驾驶技术不熟练、应变能力差；活动场所的设施、设备、器械(具)等存在隐患，不符合国家安全标准等。

（二）预防措施

1. 出发前对幼儿进行纪律和安全教育，增强幼儿的自我保护意识。一旦出现不利于安全的倾向，要坚决杜绝可能的危险，必要时应立即终止活动。

2. 加强对教师进行责任意识的教育，要求教师把严格管理贯穿于本次园外集体活动的全过程。与合作单位取得密切联系，互相沟通活动方案，制定活动应急管理方案，明确活动组织职责，履行相应的安全保护义务。

3. 要求车辆单位选派能自觉遵守交通法规、驾驶经验丰富、技术熟练的驾驶员和车容、车况、安全性能好的车辆为园外集体活动服务。

4. 活动前，园方派专人到活动场所，实地察看活动器械(具)、设备、设施是否存在安全隐患。

5. 把园外集体活动委托给有资质的旅行单位，并要旅行单位为此次活动购买保险。

6. 拒绝参加商业性宣传活动。

(三) 处理程序

事件发生→报告园领导→ { 及时救护、通知家长 / 报告上级、报警 / 处理事故→现场调查、处理、取证 }

1. 报告和报警。报告园领导,园领导报告上级并通知家长,园外集体活动中的交通事故应立即报警。

2. 全力抢救受伤人员,为危重伤员进行急救,并打120求援,以最快的速度及时把受伤的幼儿送往就近医院救治。

3. 迅速控制局面,维持秩序,调查取证。

4. 如果事故是由园方管理和幼儿自身原因引起的,可参照园内幼儿意外伤害事故的处理程序开展工作;如果事故发生在车辆行驶中或车辆上,可参照校车交通事故的应急处理程序开展工作;如果事故是由活动场所的活动器械(具)设施、设备引起的,幼儿园要与活动场所、旅行单位以及合作方交涉,并配合进行善后处理工作。

四、火灾应急预案

幼儿园严格执行消防管理的有关规定,本着完善设备、预防为主的原则,依据《中华人民共和国未成年人保护法》《学生伤害事故处理办法》《中小学幼儿园安全管理办法》《中华人民共和国消防法》等的精神,制定本应急预案。

(一) 危险源

易燃品使用不当、线路老化、用火用电不慎、不法分子纵火、其他单位或个人失火殃及幼儿园以及其他原因火灾。

(二) 应急处理小组

1. 成立由园领导、消防安全员、保健人员、各年级组长组成的防火领导小组。

2. 后勤、行政人员组成灭火行动组,积极协助专业灭火人员的工作;要了解幼儿园建筑格局及道路情况;了解电线铺设的线路;了解幼儿园内楼房装修材料的性质;清楚幼儿园所有消防设施的放置地点;了解消防设备的保养维护与操作方法;了解火的走势;清楚逃生路线。

3. 各班教师、保育员负责疏散引导幼儿,要了解幼儿园报警设施和广播所在地;了解园内楼房装修材料的性质;了解火的走势;清楚指定的逃生路线。

4. 保健教师协助医疗人员负责救护工作,应接受紧急救护的工作;应配备急救箱;应了解一般药物的使用;清楚指定的逃生路线。

(三) 预防措施

1. 防火领导小组要定期检查、不断完善防火设施,绿色通道标志明显,每班配有紧急疏散图,应急灯能正常使用。在定期进行消防安全检查的基础上,认真落实幼儿园重点部位安全保卫责任区,做到防患于未然。

2. 幼儿在园活动时,活动室前后门、走廊门必须处于打开状态,各通道必须保持畅通。

3. 食堂操作间、加工间保持通风。排油烟机要定期清洗,不留油垢。

4. 要加强对幼儿和工作人员防火安全知识的教育与培训,工作人员做到会使用灭火器。结合教育内容进行防火演习,使其掌握紧急情况下的逃生技能。

(四)应急处理程序

火灾发生→ { 报告园领导→事故处理,上报主管部门 / 报警,说明火灾情况→接车→灭火 / 疏散人员、灭火 }

1. 发现火灾后,必须立即拨打119报警。在报警电话中,要说明以下情况:起火单位、位置、着火物、火势大小、火场内有无化学物品及类型、着火部位、报警人姓名、单位及所用电话等,并派人员在醒目处等候接车;疏导无关人员远离火场,保持道路畅通,便于消防车辆驶入。

2. 报警同时,迅速切断配电间总电源,开启消防电源,打开应急照明设施和安全疏散标志。

3. 发生火灾时,要及时报告园领导,由园领导通知广播室,由广播室指挥相关人员立即行动,到达预定地点。园领导迅速到达现场进行指挥,并上报主管单位领导。园领导要沉着冷静指挥。组织人员按分工合作,扑灭初起火灾,确保通信联络。

4. 全体人员应保持镇定,迅速依据任务分工和组长的命令担负起抢救工作,不可袖手等待消防人员前来抢救而延误时机。在消防人员到达前,由灭火行动组尽力控制火势蔓延;灭火行动组应分秒必争,迅速行动,找准着火点,果断扑救,抓住时机,不等不靠,为继续开展全面深入的扑救工作打下良好基础。

5. 若火场内有人员,则应用灭火器具减弱火势对人员的威胁,全力疏散、抢救人员脱险逃生。疏散教师要顾大局,严密控制下楼速度,以免成挤压,疏散组成员应最后撤离现场。幼儿疏散时必须服从教师安排,有序按计划快步撤离,不得参与救火。消防人员抵达现场后,除参与抢救工作外,其余人员应迅速远离现场,以免影响或妨碍抢救工作的进行。无论园内何处发生火灾,疏散人员应撤到幼儿园操场安全地带,不得任意走动,更不得返回火灾区,负责稳定幼儿情绪。

6. 对可能造成人员伤亡、发生爆炸事故、烧毁重要物资、形成大面积燃烧等影响全局的情况,应列为主要方面予以处理;扑救固体物品火灾,使用灭火器;扑救液体物品火灾,使用灭火器、沙土、湿的棉被等,不可用水。

7. 警戒人员要了解幼儿园建筑格局及道路情况,迅速确定安全逃生的路线,以便疏导他人逃生,拦阻无关人员进入火灾现场。

五、食物中毒应急预案

依据《中华人民共和国未成年人保护法》《学生伤害事故处理办法》《中小学幼儿园安全管理办法》《中华人民共和国食品卫生法》等精神,制定本应急预案。

(一) 应急处理小组

1. 成立由园领导、保健人员、食品采购员、各年级组长、保育员组成的领导小组。
2. 保健教师协助医疗人员负责救护工作。
3. 食堂班长负责保存好食物留样。

(二) 预防措施

1. 切实加强幼儿食品管理，食品的采购、运送、储存和加工等环节，必须严格按照《食品卫生法》的有关规定执行。购销和使用的食品应当定点采购并按规定验收，食品原材料要到信誉好的正规厂家或商家购买，禁止让幼儿食用变质的食品和"三无"产品。掌握好食品原材料库存量及存放时间，妥善管理，不得出现发霉变质现象。仓库内要做好灭鼠工作，原材料的贮存要分类、分架、离墙、离地。

2. 除调料外，所有食品全部由食堂加工制作，不购买现成的食品；食品的存放、加工、分发要生熟分开，已加工完的饭菜盛锅后要及时加盖、离地，做好防蝇防尘工作。

3. 重视厨房硬件设施的投入，防尘、防蝇、防鼠设施要齐全，灶台、炊具、地面及整个厨房环境要整洁，要定期对食堂进行消毒。餐饮具必须采用高温或药物严格消毒，并有保洁措施。食品及其原料贮存和食品制作间必须具备完善的安全措施，并落实专人、专锁、专保管责任制。非食堂人员严禁进入食堂，食堂人员禁止一人单独在食堂，强化安全防范措施，防止投毒事件发生；饭菜实行24小时留样并做好详细记录。

4. 饭菜按量制作与分发，不得存放剩饭菜，各班教师加强对幼儿的观察，及时发现异常现象。

(三) 应急处理程序

救治幼儿

食物中毒→报告园领导→报告教育主管部门
　　　　　　　　　　　报告医院和卫生监督部门
　　　　　　　　　　　保护现场→调查原因、处理中毒食品

1. 就餐后，当幼儿出现呕吐、腹泻等现象时，带班教师要立即拨打120，请求救助，并派专人在园门口等候，配合协助救助病人，尽快将幼儿送往医院，并向园长汇报。

2. 立即停止食堂的生产活动，向医院、教育主管部门和卫生行政部门报告，报告发生中毒的单位、地址、时间、中毒人数及死亡人数，主要临床表现，可能引起的食品等，以利于有关部门积极采取措施、组织抢救、调查分析中毒原因和预防方法。若怀疑投毒，则向公安机关报案。封存造成食物中毒或者可能导致食物中毒的食品及其原料、工具、设备和现场，以便卫生部门采样检验，为确定食品中毒提供可靠的情况。在此期间，严禁无关人员进入食堂，避免人为破坏现场。

3. 检查中毒源，了解幼儿进食量，全体教职员工细心观察园内每位孩子的身体情况,发现异常及时送救。配合卫生行政部门进行调查,按卫生行政部门的要求如实反映本次中毒情况,提供有关材料和样品。落实卫生行政部门要求采取的其他措施,销毁中毒食品并进行相应的消毒工作。

4. 组织由保健教师、园内相关领导、骨干教师组成的陪护队伍,具体负责陪护事宜;稳定幼儿情绪,做好家长工作,保证幼儿园正常的生活秩序和工作秩序。

5. 及时向主办单位及当地卫生防疫部门报告有关处理情况,向媒体部门做出解释工作,把事态控制在最小范围。

六、传染病应急预案

为了提高预防和控制突发传染病的能力和水平,指导和规范各类传染病突发事件的应急处置工作,减轻或者消除突发事件的危害,保障全体教职员工以及幼儿的身体健康与生命安全,维护幼儿园正常的教学秩序和校园稳定,根据《中华人民共和国未成年人保护法》《学生伤害事故处理办法》《中小学幼儿园安全管理办法》《中华人民共和国传染病防治法》《中华人民共和国食品卫生法》《突发公共卫生事件应急条例》等的精神,特制定本应急预案。

(一) 工作目标

1. 普及各类突发传染病事件的防治知识,提高广大教职员工和幼儿的自我保护意识。

2. 完善突发传染病事件的信息监测报告网络,做到早发现、早报告、早隔离、早治疗。

3. 建立快速反应和应急处理机制,及时采取措施,确保突发传染病事件不在幼儿园园内蔓延。

(二) 工作原则

1. 预防为主,常备不懈。宣传普及突发传染病事件防治知识,提高全体教职员工的防护意识,加强日常监测,发现病例及时采取有效的预防与控制措施,迅速切断传播途径,控制疫情的传播和蔓延。

2. 依法管理,统一领导。严格执行国家有关法律法规,对突发传染病事件的预防、疫情报告、控制和救治工作实行依法管理;对于违法行为,依法追究责任。成立幼儿园突发传染病事件防治领导小组,负责组织、指挥、协调与落实幼儿园的突发传染病事件的防治工作。

3. 条块结合,以块为主。突发传染病事件的预防与控制工作实行条块结合、以块为主、属地管理。

4. 快速反应,运转高效。建立预警和医疗救治快速反应机制,强化人力、物力、财力储备,增强应急处理能力。按照"四早"要求,保证发现、报告、隔离、治疗等环节紧密衔接,一旦发生突发事件,快速反应,及时准确处置。

(三)应急管理小组

成立由园长、保健老师、各班班主任、保育员组成的幼儿园突发传染病应急管理小组,具体负责落实幼儿园的突发事件防治工作。主要职责如下:

1. 根据教育行政主管部门的突发传染病事件防治应急预案制定本园的突发事件应急预案。

2. 建立健全传染病防治责任制,检查、督促幼儿园各部门各项突发事件防治措施落实情况。

3. 广泛深入地开展突发传染病事件的宣传教育活动,普及突发事件防治知识,提高教职员工的科学防病能力。

4. 建立幼儿缺席登记制度和传染病流行期间的检查制度,及时掌握师生的身体状况,发现突发传染病事件早期表现的师生,应及时督促其到医院就诊,做到早发现、早报告、早隔离、早治疗。

5. 开展校园环境整治和爱国卫生运动,努力改善卫生条件,保证幼儿园教室、食堂、盥洗室及其他公共场所的清洁卫生。

6. 及时向当地街道医院或疾病预防控制部门和上级教育行政主管部门汇报幼儿园的突发传染病事件的发生情况,并积极配合卫生部门做好对病人和密切接触者的隔离消毒、食物留存等工作。

(四)预防措施

1. 高度重视,切实加强对幼儿园卫生工作的领导和管理,经常对食堂、教学环境与生活区环境进行自查,尽早发现问题,及时消除安全隐患。根据传染病在不同时期、不同地点的流行特征,制定防疫措施。针对传染病流行过程三个环节进行全面预防:控制传染源;切断传播途径;保护易感人群。

2. 采取有效措施,强化幼儿园卫生规范化管理。增加幼儿园卫生投入,切实改善幼儿园卫生基础设施和条件。幼儿园食品从业人员必须持有效健康证、培训上岗并注意个人卫生。加强幼儿园生活饮用水的管理,防止因水污染造成疾病传播。大力开展爱国卫生运动,重点搞好食堂卫生、教室卫生和环境卫生,为幼儿提供一个安全卫生的学习和生活环境。严格执行新生入园前预防接种证查验和登记制度,提高幼儿疫苗接种率,防止疫苗相关性疾病的发生或流行。

3. 加强健康教育,提高师幼的防疫抗病能力。增强幼儿对自身的防护意识,搞好健康教育,广泛宣传卫生知识。培养幼儿树立良好的卫生意识,养成良好的生活、卫生习惯和生活方式。结合季节性、突发性传染病的预防,通过黑板报、宣传橱窗以及校园网等宣传途径,大力宣传、普及防治突发事件的相关知识,提高教职员工及幼儿、家长的公共卫生意识和防治突发事件的能力。组织师幼加强体育锻炼,不断增强体质。

4. 建立突发传染病事件的监测系统。指定专人对师生员工中的缺勤者进行逐一登记,查明缺勤原因。对因健康原因缺勤者进行登记汇总并进行追踪观察,分析其发展趋势,必要时采取进一步的措施。重视信息的收集。要与区疾病预防与控制中心建立联系,收集本地及周围地区的传染病事件的情报,密切关注其动态变化,以便做好预防工作。

5. 建立自下而上的突发传染病事件逐级报告制度,并确保监测和预警系统的正常运行,及时发现潜在隐患以及可能发生的突发事件。突发事件期间,有关幼儿园及上级教育行政主管部门实行 24 小时值班制,并开通疫情监控联系电话。严格执行幼儿园传染病事件报告程序。在传染病暴发、流行期间,对疫情实行日报告制度和零报告制度。各部门应严格按程序逐级报告,确保信息畅通。任何部门和个人都不得隐瞒、缓报、谎报或者授意他人隐瞒、缓报、谎报突发事件。

(五)应急处理程序

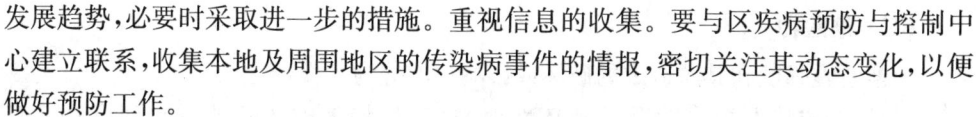

1. 以最快的通讯方式向当地人民政府、疾病预防控制中心、卫生防疫站、上级教育行政主管部门和公安部门报告,请求援助,并上报疾病流行的名称、地点、时间、人数以及幼儿园已采取的措施等。

2. 应急处理小组要遵循"先控制,后处置;救人第一,减少损失"的原则,积极协助卫生机构救治病人,及早隔离治疗传染病人或疑似者。

3. 组织师生员工离开危险区域,停止群聚活动,做好人员的分散隔离,对接触过传染病人的人进行检疫。

4. 切断传播途径,进行彻底消毒。一般采用空气或药物消毒,常用消毒药物有 1~3‰ 来苏水、0.5‰ 过氧乙酸、0.5‰ 漂白粉澄清液等进行喷雾。

5. 做好疫情信息的收集和报告,认真落实卫生行政部门要求采取的其他措施。

6. 由班主任教师负责做好家访工作及家长的安抚工作,并留有记录。

七、地震应急预案

为提高师生员工紧急处置地震灾害的能力,确保地震来临时,能够快速、高效、有序地开展地震应急工作,最大限度地减少损失,保障师生员工的生命财产安全,依据《中华人民共和国未成年人保护法》《学生伤害事故处理办法》《中小学幼儿园安全管理办法》《中华人民共和国突发事件应对法》《中华人民共和国防震减灾法》规定,特制定地震应急预案。

(一)指导思想

坚持幼儿生命高于一切,以保障师生员工安全和减轻财产损失为目标,建立健全处置地震灾害事件的有效机制,按照统一指挥高效应对原则,在幼儿园统一部署下组织开展防震减灾工作,确保师生员工和幼儿园财产安全。

(二) 危险源

根据地震强度和其对造成的破坏或影响程度分为5类：

一类：造成特大损失的严重破坏性地震（简称特大破坏性地震），烈度达8度以上；

二类：严重破坏性地震，烈度达7～8度（含8度）；

三类：中等破坏性地震，烈度达6～7度（含7度）；

四类：一般破坏性地震，烈度在6度以下；

五类：强有感地震，烈度在6度以下。

(三) 应急处理小组

成立由园领导、保健人员、各年级组长组成的防震领导小组。

1. 全面负责幼儿园地震应急工作，进行自救互救、避震疏散知识和安全常识的宣传教育，提高幼儿园师生员工应急意识和抵御地震灾害的能力。

2. 制定地震应急预案，并组织演练。

3. 临震预报发布后，负责对幼儿进行防震、避震、自救互救知识的强化宣传和园所应急预案的实施。

4. 地震发生后，全面负责幼儿园地震应急工作，指挥各工作组按预案确定的职责投入抗震救灾。

5. 负责向上级汇报灾情，争取援助。

(四) 应急处理程序

事件发生→紧急避险→及时救治

1. 地震前的应急行动

（1）接到上级地震、临震预（警）报后，领导小组立即进入紧急状态，全面组织各项抗震工作。各组随时准备执行防震减灾任务。

（2）组织有关人员对所属建筑进行全面检查，封堵、关闭危险场所，停止各项教室内大型活动。

（3）加强对易燃易爆物品的管理，加强对食堂、门卫室等场所的防护，保证防震减灾工作顺利进行。

（4）加强对幼儿和教师的宣传教育，做好师生、幼儿家长思想稳定工作。

（5）加强各类值班值勤，保持通信畅通，及时掌握各种情况，全力维护正常的教学、工作和生活秩序。

（6）按预案落实各项物资准备。

2. 地震发生时的应急行动

强烈地震发生时，一般伴有隆隆的地声、地光及地面振动，从地震发生到房屋倒塌有几秒到十几秒的时间，此时要组织幼儿应急避险。

（1）地震时室内外避险。

① 听到地震警报后,处于教学楼内的师生员工立即停止教学活动,班主任组织幼儿将身体尽量缩成一团,迅速抱头、闭眼、躲在各自的课桌下,靠外墙的幼儿尽量往里靠。

② 在操场或教室其他地方的幼儿在教师的组织下到室外合适的地方(如空旷场地或到疏散区)躲避。原地不动蹲下,双手保护头部。注意避开高大建筑物或危险物(如围墙、电线杆等),千万不要回到教室去。

③ 当幼儿在寝室睡觉时发生地震,保育员与值班教师应要马上将幼儿喊醒,让幼儿迅速将枕头置于头上蹲在床头边或墙角,告诉幼儿不喊叫,不乱跑,保存体力。

(2) 紧急疏散避险。

① 等到主震结束后,为了防止有较大的余震发生,全体幼儿在教师们的组织下立即进行有秩序的疏散,到安全的地方去躲避余震。疏散路线严格按照"学校应急疏散预案"执行。

② 组织各班快速有序撤离,避免幼儿推挤。要有顺序地从就近楼梯下楼,下楼时要走楼梯内弯,不准在楼梯或走廊内互相拥挤,避免跌倒。

③ 疏散过程中,行动要迅速,但不要争先恐后、慌乱奔跑,迅速转移到指定位置。

④ 疏散过程中,可以用书包、双手等护头,以防被砸伤。并发火灾时应用湿毛巾捂住口鼻,蹲下身子鱼贯式撤离。

⑤ 各班幼儿到达集中地后,要立即原地蹲下,保护头部。等到疏散结束后,以班为单位集队,各班应立即清点人数。

3. 震后应急行动

(1) 灾情发生后,学校领导要立即向上级领导部门报告学校的震情和灾情,并听取上级有关救灾事项的指示。

(2) 各负责人在总指挥统一组织指挥下,迅速组织本级抢险救灾。

① 迅速发出紧急警报,组织仍滞留在各种建筑物内的所有人员撤离。

② 迅速关闭、切断输电、供水系统(应急照明系统除外)和各种明火,防止震后滋生其他灾害。

③ 迅速开展以抢救人员为主要内容的现场救护工作,及时将受伤人员转移到附近医院抢救。

(3) 把稳定幼儿情绪工作放在首位,对幼儿实施心理辅导,消减灾害给幼儿带来的心理障碍,全面迅速恢复教育教学秩序。

(4) 后勤部门对房屋及一切设施设备进行质量评估,并敦促有关人员对房屋进行维护和维修,保障全校师生的安全。

(5) 医务室人员要做好灾后控制疫情和传染病流行工作,及时检查、监测学校饮用水源;筹集和储运所需药品器械等。

八、防踩踏应急预案

为提高师生员工紧急处置踩踏事件的能力,确保事件来临时,能够快速、高效、有序地开展应急工作,最大限度地减少损失,保障师生员工的生命财产安全,依据《中华人民共和国未成年人保护法》《学生伤害事故处理办法》《中小学幼儿园安全管理办法》《中华人民共和国突发事件应对法》等规定,特制定本应急预案。

(一) 危险源

幼儿身体协调能力差,缺乏危险的预见性;活动场所存在隐患。

(二) 应急小组职责

1. 加强领导,健全组织,强化工作职责,制定应急预案和落实各项措施,完善工作机制和应急保障系统。

2. 幼儿园园长要识别容易出现踩踏的风险所在,重点防范,运用各种形式,加强对幼儿进行行为规范教育、安全教育、守秩序教育,增强幼儿的自我保护意识。

3. 幼儿园园长要经常性地对幼儿园教学和生活设施、设备以及场地、房屋和设备进行安全检查,发现隐患要立即整改;要确保走廊、楼道的畅通。

4. 健全幼儿园各项规章制度。

5. 安全负责人履行值日工作职责,坚守幼儿园,有事外出必须告知另外安全负责人,或请其他负责人代履行值日工作职责。

6. 印制全园教师通讯录,并定期核对电话号码,确保通讯录中能有一个电话畅通。

7. 幼儿密集出入时,每楼层安排一名教师维持秩序。

(三) 预防措施

1. 各班班主任要经常对幼儿进行文明礼仪教育,教育幼儿上下楼梯时要靠右行,不要拥挤,防止踩踏积压等不安全事故的发生,对有这种现象的幼儿要给予批评教育,责令其改正错误行为。

2. 教师要对幼儿上下楼梯故意打闹等不良现象给予制止,防止拥堵现象的发生。

3. 在上课期间,教室门都要打开,一旦发生拥挤踩踏等问题,便于幼儿及时有效地疏散。

4. 发生踩踏安全事故时,教师要及时组织疏导,防止事故进一步扩大。

5. 教师都有责任教育幼儿遵守幼儿园规定,特别是对上下楼道应该注意安全的问题要经常讲,以引起幼儿的高度重视。

6. 在出现紧急情况的时候,在场的教师和园长要注意按照应急疏散指示、标志和图示合理正确地疏散幼儿。

(四) 处理程序

事件发生→报告园领导→{救治伤者→保健室或医院救治 / 保护现场、调查事故→追究责任 / 报告家长→协调沟通}

1. 事故发生后,相关人员必须及时向园长和分管领导报告,经授权向上级有关部门报告。

2. 以最快速度对受伤师幼进行现场救护,送往就近医院治疗并通知家长。

3. 及时做好现场处置,保护现场,调查取证。

4. 及时调查事故原因,妥善处理并实事求是向上级汇报。园方责任,积极善后。厂商责任,获取赔偿。幼儿责任,沟通家长,协助处理。

(四)善后处理

1. 全面参与幼儿治疗,直至康复,与家长密切沟通。
2. 处理相关责任人,并在全园加强教育。
3. 以适当方式向家长通报情况,制定有效预防措施。

"宜未雨而绸缪,毋临渴而掘井。"①儿童安全至上,预防胜于处理,班级安全应急管理需要全园力量的投入和支持。班级安全应急预案应是儿童生命安全的"救生圈",切不可成一纸空文。

第三节 安全事故处理

对于幼小生命而言,任何伤害都有可能是致命的、无法逆转的。为积极预防、妥善处理幼儿伤害事故,保护幼儿、教师及幼儿园的合法权益,教师应当根据《中华人民共和国教育法》《中华人民共和国未成年人保护法》《中小学幼儿园安全管理办法》《学生伤害事故处理办法》和其他相关法律、行政法规及有关规定,及时、妥善地进行事故处理,以正确的措施赢得家长和社会的理解,创造妥善处理安全事故的良好氛围。

一、安全事故现场处理程序

安全事故现场处理程序是指当安全事故发生后,教师应当遵循的现场处理方式、步骤和顺序。

(一)及时救治

面对突如其来的安全事故,教师应沉着冷静,千万不能惊慌失措,在保证其他儿童安全的前提下,马上报告园领导。园领导应启动应急预案充分掌握现场状况,决定紧急处理步骤,通知应急处理小组的成员就位。应急处理小组按照事先计划开展工作:立即查看伤情,并视具体情况采取措施及时救治,如伤情较重,应立刻组织人员、车辆将儿童送往医院,共同参与救治过程。在救治过程中,如果家长未及时赶到,应遵照医生建议,为儿童做一些相关的检查治疗。家长赶到后,教师应如实将检查结果、病情和治疗情况及时告知家长。

《学生伤害事故处理办法》规定:学生在校期间受到伤害,学校发现,但未根据实

---

① 朱伯庐·朱子家训。

际情况及时采取相应措施，导致不良后果加重的，学校应当依法承担相应的责任；发生学生伤害事故，学校应当及时救助受伤害学生，并应当及时告知未成年学生的监护人；有条件的，应当采取紧急救援等方式救助。由此可见，事故发生后，儿童安全至上，及时救治第一。儿童在园期间，教师是儿童的管理者、教育者和保护者，及时救治受伤儿童，是教师必须履行的法定义务。无论面对的是何种性质、类型及起因的安全事件，教师都应主动承担救治义务，积极进行处理。即使起因在受害者一方，也应首先消除安全事件所造成的直接危害，以积极的态度去赢得救治时间，将伤害减至最低。教师有没有尽一切可能对受伤儿童进行及时救治是判断教师有无过错及过错大小的重要因素。依据《学生伤害事故处理办法》，教师在进行救治时应注意以下几个方面：

1. 教师应敏锐观察，发现儿童受伤，均应第一时间送往医院治疗，尤其发现儿童有眼红、极度疲倦或面部表情痛苦等类似生病症状时，应立即问明情况，送保健室或医疗机构治疗，防止儿童生病或因嬉闹受伤害怕老师批评而隐瞒实情。

2. 除少数皮外伤等明显轻伤由保健教师或校医治疗外，原则上所有受伤儿童一律送往医院检查治疗，保健教师或校医切忌掉以轻心，自以为是，误判误治。

3. 对脑部、眼部、胸腹部等要害部位受伤的儿童，一律紧急送往医院诊治，并尽量选择靠近幼儿园的县级或县级以上公立医院。因为，这类损伤属内伤，无法通过外部观察判断伤情，一旦延误医治，教师、幼儿园必然要承担相应责任。

4. 由教师亲自陪同受伤儿童去医院医治。发现幼儿受伤，教师应立即报告幼儿园领导，请求领导调派人员，及时送幼儿到医院就医，切勿因等待延误治疗时间。

5. 尽量使用最快的交通工具。

6. 在运送儿童就医时，应备齐充足的现金或支票用于医院救治，以免因押金问题耽误救治。

7. 就医时应按正式手续办理有关受伤害儿童治疗事宜。

8. 有些伤害如溺水，现场抢救更为重要，在拨打120急救电话同时，应及时按正确方法进行现场抢救。

9. 平时应将园长、主任、财务负责人的电话告知教师及保育员，以便事故发生后，及时联系相关人员，解决决策和资金问题。

10. 如因时间紧急，教师可用个人资金垫付救治费用，事后园方应归还教师，待事故责任界定后，再由事故责任者向幼儿园偿还相关费用。

（二）及时联系家长

发生安全事故后，应及时联系家长，告知其子女受伤的真实情况，要求家长迅速赶到医院。

1. 平时应备有家长及其他家庭成员或近亲属的一切可能的有效联系方式，如手机、家庭电话、办公室电话、电子邮箱等，除了儿童父母亲的联系方式外，最好还有其爷爷奶奶、外公外婆等其他近亲属的联系方式，以便及时联系。

2. 在发现幼儿受伤时，应立即通知家长，不可延迟。

3. 通知家长时,须详细告知拟送往的医院或已送医院的名称、地址、房号、儿童的基本病情等,可征求其意见。

4. 保持与家长、幼儿园相关人员的有效联系状态,以便及时沟通。

5. 及时与家长沟通。事故发生后,有责任的教师应尽快从自责、懊丧的情绪中走出来,在事故发生的当时或当天,以诚恳的态度与家长进行解释说明。在说明事情发生的过程时,不能强词夺理、隐瞒事实,教师的态度越诚恳就越容易得到家长的谅解。如果遇到家长(特别是祖辈家长)态度不冷静,有过激行为,难以沟通时,应多换位思考,体谅家长的心理感受,及时调整与家长的沟通策略。

(三) 安抚其他儿童

安全事故发生之后,班内其他儿童即使是未受到伤害,也会因惊吓导致情绪紧张,教师或心理辅导员应及时对儿童进行安抚,使其情绪尽快平静。

1. 维持现场秩序,防止儿童因惊吓过度发生后续意外。
2. 对幼儿说明事件经过和性质,安抚幼儿情绪。
3. 如有必要,可向相关部门请示放假。

(四) 调查保全证据

在司法实践中,打官司就是打证据。在案件的审理过程中,事故责任判定的依据是本案证据所能证明的事实。所以掌握确实、充分、有利的证据是教师和园方在日后诉讼中胜诉的重要保障,应当特别重视各种证据的收集工作。

我国民事诉讼法将证据分为书证、物证、视听资料、证人证言、当事人陈述、鉴定结论和勘验笔录七种。在收集以上证据的过程中,应注意下列事项:

1. 保护现场,及时调查取证。园方应及时收集有关物证以及目击者、知情人的口供,以免日后收集困难。

2. 向公安机关或其他主管部门(如教育局等)报告,请求主持调查事实真相。因为相关部门调查的证据比园方自行搜集的证据更具有法律上的可信性和证据效力。一般较大事故可请求派出所或巡警协助调查取证。凡有儿童死亡的,必须及时向公安机关和教育局上报。

3. 收集证据应当合法。收集手段要合法,不可伪造证据。

4. 收集证据应当严谨。对于各种证据,要尽可能地多收集,以备在日后选用。另外,在收集证人证言时,一定要让证人在证言上签字,也可以利用录音等手段进行记录。确有必要时,可以聘请律师协助收集证据,并邀请公证机关对人证、物证加以公证,以增强证据的效力。幼儿园应当本着实事求是的态度,应有详细的事件记录。从事件开始的时间、地点、人物、经过到其演进,均应有记录,有目击者签字证明。如有当事人(包括受害儿童)的签字或录音、录像更好。

5. 封锁现场,隔离当事人,禁止非必要人员进入。其他当事人的介入,往往会加重事态发展,造成处理困难,取证受影响。

(五) 探视受害儿童

组织探视受害儿童的目的和作用在于安慰受害儿童,促使他(她)早日康复。安抚受害儿童家长,使其亲眼看见幼儿园师生对其子女的关心和支持,以缓和家长与幼儿园的对立情绪。

组织探视受害儿童要注意下列事项:

1. 及时探视和家访。在幼儿入院后,如果其病情允许,经医生同意,即可组织人员探视。

2. 进一步了解、关心儿童的伤情,并在家长情绪比较冷静的情况下,再一次详细说明事情的全过程。

3. 通过交流沟通,让家长了解幼儿园对事故后的补救措施,增进家园间的理解,达成共识。

4. 幼儿园领导应亲自探视,为双方协商解决问题奠定基础。如果园长采取回避态度,容易激起家长反感,认为园方不负责任,有可能导致双方对簿公堂。

5. 如有必要,幼儿园可派人护理,以体现园方的诚意。

(六) 园内信息沟通

在事故发生后的信息发布包括组织内部的信息传递和面向社会媒体公众的外部信息传递两个方面。园内信息传递是为了协同一致,共同面对危机;外部的信息传递则是为了做好沟通,避免和化解谣言与误解的产生,维护幼儿园的声誉,创造有利的外部环境。幼儿园安全管理者应同事件利益相关者和媒体及时沟通,主动争取理解和支持,并加强沟通管理,以避免一些不真实的流言、谣言混淆视听,损害幼儿园的利益和形象。

事件爆发后,园内信息沟通最重要的是安全事件情况声明。在确定了事故的存在或安全事件爆发后,应急指挥系统应该以最高决策者或集体的名义在园内发布一份声明,就事件以及由此带来的危害和应急指挥系统及安全管理人员的当前努力做一说明。声明对用词有较高要求,既能充分考虑到当事人的情绪,又能让师生员工意识到幼儿园正在采取有效的策略来控制和消除危害。根据需要,幼儿园有时还应与幼儿园投资者或其他的利益相关者进行及时的信息沟通。

(七) 信息上报

《学生伤害事故处理办法》规定:发生学生伤害事故,情形严重的,学校应当及时向主管教育行政部门及有关部门报告;属于重大伤亡事故的,教育行政部门应当按照有关规定及时向同级人民政府和上一级教育行政部门报告。事故处理结束,学校应当将事故处理结果书面报告主管的教育行政部门。

1. 当事故发生后,应及时向有关部门报告,使政府主管部门尽快得到信息,以便做出快速反应,采取措施对受伤儿童及幼儿园进行救助,避免损失的发生和扩大。另一方面,政府有关部门可尽快介入事件的调查和善后处理工作,为妥善解决奠定基础,避免社会矛盾的激化。

2. 主动上交事发报告和事后报告。事发报告可采用口头或者书面的形式，一般在口头报告后应尽快写成书面报告，报告内容应包括事件发生的时间、地点、经过、伤害情形、已经采取了什么措施、事件引起的原因、涉及的人员、处理的建议等。

事后的报告是指在儿童伤害事件处理结束后，幼儿园要向相关部门做书面报告。报告内容应当写明事件处理的经过，包括事件处理过程中曾出现哪些争议、解决争议的途径（协商或调解或诉讼）、事件引起的原因和责任、赔偿金额、对有关责任人员的处理，还应总结事件的教训和改进防范工作的措施等。此报告还应附上双方协商同意签订的协议，或调解协议，或法院判决书等（见表8-5）。事后的报告对幼儿园和教育主管部门改进安全工作，防止此类事件的再发生有重要的意义。

3. 如果安全事故责任人已触犯刑律，构成犯罪的，幼儿园应当及时向公安机关或检察机关报告，以便有关部门立案侦查。切不可顾忌幼儿园的名誉等因素而隐瞒不报。对于知情不报的，应当追究园所负责人的法律责任甚至刑事责任。

表8-5　安全事件报告单

学校名称：	事件发生日期：
事件类型：	事件发生时间：
报告者：	
身份：园长____教师____家长____幼儿____其他职员____	
事件的大致描述：	
涉及的人员：	
采取的措施：	
是否通知上级：	
通知对象：　　　　　　　　通知时间：	
向上级提出的要求：	
其他事项：	

（八）媒体管理

大量的事例证明，媒体管理已成为安全管理的重要组成部分。媒体对于安全管理就像是一把双刃剑，既有积极的作用也有消极的一面。要使媒体充分发挥积极作用，尽量降低其负面作用，就要加强与媒体的沟通互动，做好媒体管理。幼儿园应妥善处理与新闻媒体的关系，化"大"为"小"，化"危"为"机"。幼儿园要指定专门的新闻发言人（发言人必须与安全管理的最高决策者有直接沟通并能亲自参与安全管理决策）面对媒体，及时对媒体公布安全事件的真相，对事件原因做出有利于幼儿园的解释。媒体的报道对幼儿园安全事件的扩散和影响至关重要，坦诚的态度是争取公众支持、转化危机的最有效的方法。在与记者沟通时，要注意保持友好热情的态度，正面回答每一个问题，同时要坚守好立场，有效调控媒体的活动范围，对于来电来访的记者及沟通内容宜做一定的记录,以便于日后联络和查证。

1. 掌握报道的主动权,尽快对外公布准确的信息。及时组织和整理事件的消息,并尽早对外发布,以减少公众的误解、传言和猜测,还原事故的客观面貌。如果幼儿园方面确实存在失误或不正当行为,一经确认应尽快对外公布准确的信息并积极采取措施进行补救,不要抱有侥幸心理,一旦隐瞒的事件被外界或媒体曝光,对幼儿园的信用和声誉打击将是致命的。幼儿园只有开诚布公地说明事情的原委,诚恳地接受批评才能淡化矛盾、转化危机。

2. 提供标准化的声音。集体配合并指定专人(发言人)与媒体保持联系,争取媒体的谅解和支持,透过媒体来与大众沟通。发言人要用平实的语言来传递消息,以有利于信息的传播和理解。

3. 积极配合新闻媒体。新闻媒体常常是新闻事件的直接追问者,幼儿园的配合会给他们带来满足和方便。拒绝与媒体合作,就是自我切断与公众沟通的渠道。如果幼儿园无法正面配合,一些记者由于无法获得足够信息转而报道他们所"理解"和"客观"的消息,误解、猜疑和不信任就会迭至而来,对幼儿园形象有可能造成严重不良影响。

4. 尽量避免事件被错误报道。如果出现报道与事实不符时,应及时将事实的客观情形传递给相应媒体并要求更正。如果由于幼儿园的接待工作失当,园长或举办人应直接或通过中间力量与媒体达成共识,避免事件进一步被误导。幼儿园应向媒体主动澄清事故的性质以及幼儿园已经采取的补救措施,让公众了解幼儿园的积极态度和行动,以求公众的理解。

(九)寻求协助

积极寻求各方协助,将更加有利于对事故的控制。

1. 幼儿园管理者需要与有关部门或人员建立联系,有意识地形成社会支持网络,并在本园信息资源库中加入相关的联系方式,以便事件发生后能及时有效地与他人沟通应对,包括上级主管教育部门、新闻媒介、医院、消防、公安部门、相关科研机构、保险公司、天然气公司、电力公司、电话故障咨询公司、共建单位、社区以及全园家长电话、本园应急管理小组成员电话等。

2. 幼儿园可以聘请相关专家,并建立长期合作关系。有条件的幼儿园可以聘请法律顾问,将安全事故的法律问题交由法律顾问解决。

3. 建立专家顾问团队,在事故发生后及时咨询对策,并结合已经发生的事故案例,进行研讨总结改进。

(十)善后恢复

在安全事件得到基本控制和解决之后,幼儿园就需要把安全管理的重心转移到善后恢复上来。"亡羊补牢,犹未晚也",说的就是安全管理的善后工作。此项工作的重点在于评估各种可能损害,尽力补救,并吸收经验,寻求再发展的机会。

1. 关注及评估各种损害。评估范围包括受损害的对象,直接或间接的、外显或潜在的、短期或长期的、主观或客观的等多方面损害。以幼儿园早先制定的安全管理预案为参考,结合善后恢复工作的实际,及时拿出各种弥补损失的方案,迅速拟订一份可行的善后恢复计划,为已经到来的事后重建提供指导。要注意采纳专家的合理建议,积极鼓励在日常工作中居第一线的负责同志参与必要的恢复管理工作中。

2. 动员相关人员补救和重建。损害发生后,动员有关人员,包括所有可提供协助的人员,在制订善后恢复计划的基础上进行必要的重建和挽救工作,尽快使幼儿园和幼儿园师生员工重新回归正常状态。事后重建具体包括有形情境和无形情境的重建。其中,建筑物的重建或维修、受损资产及设备的复原或重置、事发现场的清理整顿、教育教学秩序的重新恢复、安全管理设施的改进、信息联络渠道的重新畅通、水或电恢复正常供应、电脑程序重新更新等均属于有形情境的重建。而幼儿园的社会声誉及幼儿园形象,包括师生员工的个人形象与社会知名度、信任度等,则属于无形情境的重建范畴。

3. 总结事故的经验教训。对管理者来说,知识和经验的累积是绝对必要的。教师若能持续地累积储存这些知识,集结成活的知识、智慧和体验,并加以存储起来,对日后同类事件的处理必有益处。可以通过网站、园报、广播、展板、手册、图片等多种形式,进行宣传教育,吸取经验教训,使广大的师生员工和家长都能识别潜在的危险,形成安全预防的意识,并有干预和转介的能力,使幼儿园里的每个人都成为安全预防的资源,以把安全事件降低到最低程度。

4. 发掘安全事件带来的各种机会和教训,计划未来的行动。经历安全事件,所有成员都可能受到不同的冲击,幼儿园整体在结构、人际关系、政治、文化或教学等各方面也都可能经受挑战。管理者尽量发掘出事件可能带来的各种机会和教训,帮助幼儿园发展或改进。幼儿园的发展是继往开来的,事件过后,仍能继续前进才是最主要和重要的。要修补安全事件带来的损伤,最佳方法就是在"转危为安"之际"化危为机",从多处着力,计划未来的行动,预防安全事件的再发生,强化师生员工安全防护意识和能力。

二、安全事故的法律责任

安全事故的责任认定是妥善处理伤害事故的基础。只有清晰界定事故责任,才能在事故处理的过程中赢得主动权。

(一) 安全事故的法律责任形式

依据相关法律法规,承担安全事故责任的法律形式主要有刑事责任、民事责任和行政责任。①

1. 刑事责任

在幼儿园安全事故中,如果当事人的行为触犯刑法,构成犯罪的,应当由有关的

---

① 张维平,石连海.教育法学[M].北京:人民教育出版社,2008:414-415.

部门追究其刑事责任。与民事责任不同的是,如果当事人触犯了刑法,即使受害人没有要求追究其刑事责任,公安、检察等司法部门也应当根据职权主动立案,进行查办。刑事责任的具体形式有死刑、无期徒刑、有期徒刑、拘役和管制等形式。

2. 民事责任

按照有关法律和司法解释,当幼儿园安全事故给当事人造成经济和精神上的损失时,有关责任人应当对受害儿童因就医治疗支出的各项费用以及因家长误工减少的收入,包括医疗费、误工费、护理费、交通费、住宿费、住院伙食补助费、必要的营养费予以赔偿。

受害儿童因伤致残的,其因增加生活上需要所支出的必要费用以及因丧失劳动能力导致的收入损失,包括残疾赔偿金、残疾辅助器具费、被扶养人生活费,以及因康复护理、继续治疗实际发生的必要的康复费、护理费、后续治疗费,赔偿义务人也应当予以赔偿。

受害儿童死亡的,赔偿义务人除应当根据抢救治疗情况赔偿相关费用外,还应当赔偿丧葬费、被扶养人生活费、死亡补偿费以及受害人亲属办理丧葬事宜支出的交通费、住宿费和误工损失等其他合理费用。

受害儿童或者近亲属遭受精神损害,赔偿义务人应当根据《最高人民法院关于确定民事侵权精神损害赔偿责任若干问题的解释》支付精神损害赔偿金。

《学生伤害事故处理办法》规定,幼儿园对儿童伤害事故负有责任的,根据责任大小,适当予以经济赔偿,但不承担解决户口、住房、就业等与救助受伤害儿童赔偿相应经济损失无直接关系的其他事项。因幼儿园教师或者其他工作人员在履行职务中的故意或者重大过失造成的儿童伤害事故,幼儿园予以赔偿后可以向有关责任人员追偿。

3. 行政责任

根据《学生伤害事故处理办法》的有关规定,发生幼儿园安全事故,幼儿园负有责任且情节严重的,教育行政部门应当根据有关规定,对幼儿园的直接负责的主管人员和其他直接责任人员,分别给予相应的行政处分。其责任形式主要有撤职、降职、开除、记过、警告等。

(二) 安全事故的民事归责原则

幼儿园安全事故多以民事责任为主,民事归责原则有:过错责任原则、过错推定原则、无过错责任原则及公平责任原则。

1. 过错责任原则

过错责任原则,是以过错作为价值判断标准,判断行为人对其造成的损害应否承担侵权责任的归责原则,主观上有过错是损害赔偿责任构成的基本要件之一。从当前中国现行的法律法规来看,园方在儿童伤害事故中承担的主要是过错责任。例如:《中华人民共和国侵权责任法》第38条:无民事行为能力人在幼儿园、学校或者其他教育机构学习、生活期间受到人身损害的,幼儿园、学校或者其他教育机构应当承担责任,但能够证明尽到教育、管理职责的,不承担责任。

《中华人民共和国侵权责任法》第39条:限制民事行为能力人在学校或者其他教育机构学习、生活期间受到人身损害,学校或者其他教育机构未尽到教育、管理职责的,应当承担责任。

《中华人民共和国侵权责任法》第40条:无民事行为能力人或者限制民事行为能力人在幼儿园、学校或者其他教育机构学习、生活期间,受到幼儿园、学校或者其他教育机构以外的人员人身损害的,由侵权人承担侵权责任;幼儿园、学校或者其他教育机构未尽到管理职责的,承担相应的补充责任。

《最高人民法院关于贯彻执行〈中华人民共和国民法通则〉若干问题的意见》第160条:在幼儿园、学校生活、学习的无民事行为能力人或者在精神病院治疗的精神病人,受到伤害或者给他人造成损害,单位有过错的,可以责令这些单位适当给予赔偿。

《最高人民法院关于审理人身损害赔偿案件适用法律若干问题的解释》第7条:对未成年人依法负有教育、管理、保护义务的学校、幼儿园或者其他教育机构,未尽职责范围内的相关义务致使未成年人遭受人身损害,或者未成年人致他人人身损害的,应当承担与其过错相应的赔偿责任。第三人侵权致未成年人遭受人身损害的,应当承担赔偿责任。学校、幼儿园等教育机构有过错的,应当承担相应的补充赔偿责任。

《学生伤害事故处理办法》第8条:学生伤害事故的责任,应当根据相关当事人的行为与损害后果之间的因果关系依法确定。因学校、学生或者其他相关当事人的过错造成的学生伤害事故,相关当事人应当根据其行为过错程度的比例及其与损害后果之间的因果关系承担相应的责任。当事人的行为是损害后果发生的主要原因,应当承担主要责任;当事人的行为是损害后果发生的非主要原因,承担相应的责任。

综上所述,现有的法律规定秉承的是过错责任原则。因此,作为学校范畴之一的幼儿园在儿童伤害事件中承担的责任也应该秉承该原则,即以园方是否有过错为标准来确定其是否承担法律责任、承担多大法律责任。如果园方的过错是儿童发生伤害的唯一原因,园方就要承担全部的赔偿责任;如果园方的过错是儿童发生伤害的部分原因,幼儿园就要根据自己过错承担部分的赔偿责任;如果园方对于伤害事故的发生没有任何过错,就不应承担赔偿责任。

2. 过错推定责任原则

过错推定原则,是指在法律有特别规定的场合,从损害事实的本身推定加害人有过错,并据此确定造成他人损害的行为人赔偿责任的归责原则。适用过错推定原则,主要是从证明责任这个角度来考量的,举证责任倒置是其重要特征,因免除了受害人的举证责任使其更有利于保护受害人合法权益。那么在幼儿园发生的伤害事件能否适用这个原则呢?《中华人民共和国侵权责任法》第38条规定:无民事行为能力人在学校、幼儿园或者其他教育机构学习、生活期间受到人身损害的,学校、幼儿园或者其他教育机构应当承担责任,但能够证明尽到教育、管理职责的,不承担责任。可见,幼儿园安全事故适用过错推定原则。从保护受害人利益角度看,在园儿童都属于无民事行为能力人,这就要求幼儿园及教职工对幼儿有较高的注意义务;另一方面从举证责任的便利角度看,园方更容易收集到证据,处于举证优势地位,将举证责任加在园方身上合情合理。但是不容否认,加重幼儿园的责任也会带来一些负面影响,如部分幼儿园采取消极防御手段,因噎废食,取消园外活动、体育活动等,这极大地扭曲了幼儿园的育人职能,损害了儿童最基本的权利——受教育权。因此,如何科学地、合理地分配举证责任将是民事侵权法一个急需解决的课题。

3. 无过错责任原则①

无过错责任是指没有过错,但法律规定应当承担民事责任的,应当承担民事责任。幼儿园只有在法律规定的特殊情况下,才会承担无过错责任。此时只要儿童的损害是由于幼儿园的行为所致,不论幼儿园有无过错都要承担民事责任。除非幼儿园在证明无过错的同时,能够证明儿童的伤害是由于受害儿童的故意、第三人故意、不可抗力所致,则幼儿园不承担民事责任。无过错责任在幼儿园安全事故中的适用范围极其有限,仅在以下法律规定的情形下才可以适用。

(1) 幼儿园进行高危作业所致的安全事故。这主要是指幼儿园的高压、易燃、易爆、剧毒、放射性等高危作业导致的儿童伤害。

(2) 因幼儿园原因产生的环境污染所导致的安全事故。

(3) 幼儿园饲养的动物导致的安全事故。

4. 公平责任原则②

公平责任是指当事人对造成损害都没有过错的,可以根据实际情况,由当事人分担民事责任。它适用于没有过错方的意外事故,但在幼儿园安全事故中是否可以适用公平责任原则,目前无论在理论界还是司法实践中都存在着巨大的意见分歧。

《民法通则》第132条规定:当事人对损害没有过错的,可以根据实际情况,由当事人分担民事责任。这里明确规定了公平责任的适用范围是当事人都没有过错的情况,这种情况并没有将幼儿园安全事故排除在外。而且公平责任的立法原意在于如果有负担能力的无过错一方此时分担适当的损失,就会协助受害人渡过难关,有利于社会的稳定。此时如果有负担能力的幼儿园能为受伤害儿童分担部分经济费用,就会减轻儿童家庭的压力,有利于社会公平,有利于社会安定。在这种情况下,幼儿园并非对事故的发生负有责任,而是承担了一种分担损失的责任。因此,幼儿园安全事故处理可参照公平责任原则,但应注意以下几点:

(1) 事故的发生应的确与幼儿园直接有关。

(2) 要求幼儿园和儿童双方对事故的发生都不存在过错,但如果损害的发生归因于加害人或第三人的过错时应由加害人或第三人承担民事责任。

(3) 要求事故的确造成了实际的经济损失,而且这种损失应是受害儿童家庭在

---

① 张维平,石连海.教育法学[M].北京:人民教育出版社,2008:417-418.
② 张维平,石连海.教育法学[M].北京:人民教育出版社,2008:420.

经济上无力承担或者难以承担的。

（4）仅限于因儿童受伤而引起的财产损失，而不应包括精神损害赔偿。

（5）公平责任原则不是指绝对的平均分担，而是根据实际情况来确定。这里的实际情况是指受害人的损害程度、双方的经济状况、承受能力和社会舆论，等等。如果幼儿园不分担损失则受害人将受到严重的损害，且有悖于民法的公平、正义观念时，才考虑适用公平责任原则。对于一所教育经费严重不足、教师工资也难以及时发放的幼儿园，一般不应根据公平责任原则承担经济分担的责任。

总之，依据我国现行法律的有关规定，幼儿园在安全事故中应当承担过错责任原则和过错推定责任原则，即有过错担责任，无过错无责任。而无过错责任原则和公平责任原则仅在法律规定的特殊情况下才能适用于幼儿园安全事故。

（三）幼儿园侵权责任的构成要件

幼儿园侵权责任的构成要件是指幼儿园承担侵权行为责任的条件。有很多家长认为：事故发生在幼儿园，就是幼儿园的过错，因此不管是什么情况，幼儿园都要承担责任。这种以地点作为评判法律责任依据的观点是没有法律依据的。合理的责任构成要件的确定及其运用，使归责具有明确的标准，为解决家长与幼儿园之间的赔偿提供了理论依据。依据过错责任原则的规定，幼儿园人身伤害侵权责任的构成，必须具备以下四个要件：

1. 有损害事实

幼儿园人身侵权责任的损害事实，包括一切损害事实的形式，无论是侵害人身权或其相关财产权，都能构成。损害事实可以是人身伤害事实，也可以是精神损害事实。幼儿园及其教师的行为只有造成上述损害事实，才能构成人身伤害侵权赔偿责任。无损害则无赔偿。

2. 幼儿园存在违法行为

幼儿园在儿童人身伤害事件中的行为，原则上是幼儿园在实施教育、管理和保护中，不履行或者不正确履行有关教育法规关于幼儿园应该履行的某种职责的行为。在具体的行为方式上，主要有以下三种表现形式：

（1）幼儿园疏于在园实施的教育教学活动或者幼儿园组织的园外活动中的教育行为。这种教育行为，是专指对儿童的教育，而不是指广义上的教育活动。在对儿童的教育中，没有尽到教育职责，使儿童在教学活动中造成他人的人身伤害，应当承担侵权责任。

（2）幼儿园疏于管理负有管理责任的园舍、场地、其他教育教学设施、生活设施内发生的行为。幼儿园在教育和教学活动中，疏于管理义务，致使儿童遭受人身伤害以及幼儿伤害他人后果的发生。这种行为是幼儿园自己的行为，是自己的行为致人损害，因而属于普通的侵权行为，幼儿园应当对自己的行为负责。

（3）幼儿园疏于保护儿童的行为。幼儿园对在园儿童负有安全保护的义务。儿童在幼儿园接受教育，尽管幼儿园不是承担监护义务，但是仍然应当承担其安全的保护义务。负担这种义务,就应当恪尽职守,不能因疏忽和懈怠而使儿童受到人身伤害。幼儿园疏于这种对儿童安全的注意义务,致使儿童受到人身伤害,幼儿园的行为则构成违法。例如,在儿童遭遇的意外事故中,幼儿园应当并且有条件救助儿童,却不救助,教师率先躲避灾害,造成儿童人身伤害,疏于对儿童的保护义务,对损害的发生,应当承担适当的责任。

幼儿园的上述行为,也包括负该种责任的教师的行为。教师的疏于职守行为,幼儿园应当承担责任。因为幼儿园的教师在教育和教学活动中,其行为疏于执行职务,其行为的后果属于职务行为。当其行为不当,违反法律规定的义务,造成幼儿伤害或者儿童伤害他人,幼儿园应当承担替代责任。

3. 幼儿园有过错

幼儿园安全事故中的过错包括故意和过失。故意是指幼儿园或者教职工明知自己的行为会发生伤害儿童的结果,并且希望或者放任这种结果发生。例如,教师体罚儿童导致儿童受伤。过失又分为疏忽大意的过失和过于自信的过失。疏忽大意的过失是指幼儿园或教职工应当预见自己的行为可能发生伤害儿童的结果,但因为疏忽大意而没有预见,以致发生这种结果。例如,教师在课堂进行游戏实验演示时,不慎烫伤坐在前排的儿童。过于自信的过失是指幼儿园或教职工已经预见自己的行为可能发生伤害儿童的结果,但因为过于自信而轻信能够避免,以致发生这种结果。例如,某园长在有教师向其提醒滑梯发生故障应及时修理却没有及时安排修理,以致当天发生事故。

幼儿园有过错,是指幼儿园在履行职责时存在不当行为。首先,幼儿园对儿童的管理应属幼儿园管理职责范围内,如在管理职责范围之外(如自行入园离园途中,园外,放学后,假期中等),则幼儿园无须管理儿童,不会有过错。此外,教职工个人与职务无关的行为与幼儿园无关。其次,幼儿园在履行管理职责时有不当行为,即该行为违反法律法规或其他有关规定(如教育局的规定),或幼儿园规章制度,或一般人公认的合理的行为标准,其形式包括作为(即做了不该做的事,如体罚)和不作为(即该做的事不做,如教师擅离职守),行为人在心理上表现为故意或过失。只有幼儿园在主观上具有过错,幼儿园才对自己的行为承担赔偿责任;不具有主观上的过错,则不承担责任。

如何确定幼儿园过失的标准呢? 一般认为是幼儿园的注意义务。幼儿园的注意义务,就是《中华人民共和国教育法》《中华人民共和国未成年人保护法》《幼儿园管理条例》《幼儿园工作规程》《学生伤害事故处理办法》等规定的教育、管理和保护的职责。这种注意义务的性质,苏联学者对此则有三种不同的看法:"中等标准说""中等偏上标准说"和"高标准说"。① 由于在幼儿园里学习的儿童在法律上都属于完全无民事行为能力人,所以,幼儿园对儿童在教育、管理、保护应尽"高标准"之相当注意义

---

① 方益权.学生伤害事故赔偿——以相关司法解释和法规规章为中心[M].北京:人民法院出版社,2005:267.

务,这种注意义务,高于小学对小学生、中学对中学生的注意义务,因为幼儿是6岁以下的无民事行为能力人,是最易受侵害的、毫无自卫能力的社会群体,幼儿园及幼儿园教职工应当作为一个谨慎人,对自己教育、管理和保护的儿童的安全和健康保持高度的注意,防止儿童伤害事件的发生。对这种注意义务的违反,就是具有过失,幼儿园存在这种过失,就应当对造成的损害后果承担侵权责任。因此,在幼儿园管理上要以安全防范为重要理念,儿童保护上要以零事故为重要目标,在幼儿伤害事件中应证明已采取一切可能的谨慎防止事件的发生。如果在履行职责上有任何细微之疏忽并致儿童伤害发生,就应承担相应的法律责任。

4. 幼儿园的过错行为须与损害事实有因果关系

幼儿园疏于教育、管理和保护义务的行为,须与儿童伤害或者儿童伤害他人的损害事实之间有客观的因果关系,即前者是原因,后者是结果。两者之间具有引起与被引起的因果关系。在儿童伤害事件责任中的因果关系上,在一般情况下,幼儿园的行为与损害后果之间,只有一种因果联系,即幼儿园的行为就是损害后果发生的原因,没有其他原因。这样的行为就是结果发生的唯一原因。具有这样的因果关系,幼儿园就应当承担侵权全部责任。但在很多时候,幼儿园的行为并不是损害结果发生的唯一原因,而是由于多个行为引起了损害结果的发生,而幼儿园的行为仅仅是其中的原因之一。那么这时候,就应当认真判断,研究幼儿园的行为究竟是损害结果发生的原因还是条件。如果是原因,则与其他原因构成损害发生的共同原因,幼儿园应当承担按份责任,即为自己的行为承担自己应当承担的那份责任,或者承担连带责任。如果仅仅是条件,并不是原因,则幼儿园承担补充赔偿责任。如果幼儿园有疏于教育、管理和保护的行为,但是其行为不是损害发生的原因,也不是损害结果发生的条件,则幼儿园不承担责任。

只有同时具备上述四个条件,幼儿园才要承担责任,缺少其中任何一个条件,幼儿园就无责任。这里没有将地点作为评判法律责任的依据。幼儿园要学会依据法律来分析幼儿园事故,承担幼儿园应该承担的责任。对不应该承担的责任,也要依据法律向当事人讲明原因,帮助家长走出认识误区,以便进一步的沟通与交流。

(四)安全事故责任类型

根据上述归责原则和幼儿园侵权责任的构成要件,幼儿园的责任可以分为以下几类:

1. 幼儿园相应责任

在《学生伤害事故处理办法》第9条中,具体规定了幼儿园应当根据过错承担相应责任的12种具体情形:

(1)幼儿园的校舍、场地、其他公共设施,以及幼儿园提供给儿童使用的学具、教育教学和生活设施、设备不符合国家规定的标准,或者有明显不安全因素。

(2)幼儿园的安全保卫、消防、设施设备管理等安全管理制度有明显疏漏,或者管理混乱,存在重大安全隐患,而未及时采取措施。

(3) 幼儿园向儿童提供的药品、食品、饮用水等不符合国家或者行业的有关标准、要求。

(4) 幼儿园组织儿童参加教育教学活动或者校外活动,未对儿童进行相应的安全教育,并未在可预见的范围内采取必要的安全措施。

(5) 幼儿园知道教师或者其他工作人员患有不适宜担任教育教学工作的疾病,但未采取必要措施。

(6) 幼儿园违反有关规定,组织或者安排儿童从事不宜未成年人参加的劳动、体育运动或者其他活动。

(7) 儿童有特异体质或者特定疾病,不宜参加某种教育教学活动,幼儿园知道或者应当知道,但未予以必要的注意。

(8) 儿童在园期间突发疾病或者受到伤害,幼儿园发现,但未根据实际情况及时采取相应措施,导致不良后果加重。

(9) 幼儿园教师或者其他工作人员体罚或者变相体罚儿童,或者在履行职责过程中违反工作要求、操作规程、职业道德或者其他有关规定。

(10) 幼儿园教师或者其他工作人员在负有组织、管理未成年儿童的职责期间,发现儿童行为具有危险性,但未进行必要的管理、告诫或者制止。

(11) 对儿童擅自离校等与儿童人身安全直接相关的信息,幼儿园发现或者知道,但未及时告知儿童的监护人,导致儿童因脱离监护人的保护而发生伤害。

(12) 幼儿园有未依法履行职责的其他情形。

2. 幼儿园无责任

幼儿园无责任的情形[①]:

(1) 不可抗力。根据《中华人民共和国民法通则》第153条的规定:本法所称不可抗力是指不能预见、不能避免并不能克服的客观情况。第107条规定:因不可抗力不能履行合同或者造成他人损害的,不承担民事责任,法律另有规定的除外。《学生伤害事故处理办法》第12条规定:因下列情形之一造成的学生伤害事故,学校已履行了相应职责,行为并无不当的,无法律责任:地震、雷击、台风、洪水等不可抗的自然因素造成的。

(2) 正当防卫、紧急避险造成损害而无不当和未超过必要限度的。根据《中华人民共和国民法通则》第128条的规定:因正当防卫造成损害的,不承担民事责任。正当防卫超过必要的限度,造成不应有的损害的,应当承担适当的民事责任。第129条规定:因紧急避险造成损害的,由引起险情发生的人承担民事责任。如果危险是由自然原因引起的,紧急避险人不承担民事责任或者承担适当的民事责任。因紧急避险采取措施不当或者超过必要的限度,造成不应有的损害的,紧急避险人应当承担适当的民事责任。

---

① 刘智成.在园幼儿人身伤害事件的个案研究[D].西南大学硕士论文,2005.

（3）意外事件。所谓意外事件是指非因当事人的故意或过失而偶然发生的事故。其构成要件：① 意外事件是不可预见的。② 意外事件是归因于幼儿园自身以外的原因。幼儿园已经尽到了它在当时应当和能够尽到的注意，或者幼儿园采取合理措施仍不能避免事故的发生，从而表明损害是由意外事件而不是幼儿园的行为所致。③ 意外事件是指偶然发生的事件，并不包括第三人的行为。由于幼儿园以及儿童意志以外的，根据自身能力不可预见、不可避免和不可克服的情形，造成了儿童的人身伤害结果，幼儿园不承担赔偿责任的事件。《学生伤害事故处理办法》第 12 条规定：因下列情形之一造成的学生伤害事故，学校已履行了相应职责，行为并无不当的，无法律责任：① 来自学校外部的突发性、偶发性侵害造成的；② 在对抗性或者具有风险性的体育竞赛活动中发生意外伤害的；③ 其他意外因素造成的。

（4）完全由于幼儿本人及其监护人的过错所致幼儿伤害事件。《学生伤害事故处理办法》第 12 条规定：因下列情形之一造成的学生伤害事故，学校已履行了相应职责，行为并无不当的，无法律责任：① 学生有特异体质、特定疾病或者异常心理状态，学校不知道或者难于知道的；② 学生自杀、自伤的。

（5）非在幼儿园负有教育、管理、保护义务的职责范围内发生的幼儿伤害事件。《学生伤害事故处理办法》第 13 条规定：下列情形下发生的造成学生人身损害后果的事故，学校行为并无不当的，不承担事故责任；事故责任应当按有关法律法规或者其他有关规定认定：① 在学生自行上学、放学、返校、离校途中发生的；② 在学生自行外出或者擅自离校期间发生的；③ 在放学后、节假日或者假期等学校工作时间以外，学生自行滞留学校或者自行到校发生的；④ 其他在学校管理职责范围外发生的。

（6）幼儿园员工的个人违法犯罪所致幼儿伤害事件。《学生伤害事故处理办法》第 14 条规定：因学校教师或者其他工作人员与其职务无关的个人行为，或者因儿童、教师及其他个人故意实施的违法犯罪行为，造成学生人身损害的，由致害人依法承担相应的责任。

尽管幼儿园对于这类事件的发生没有过错，但是可以根据儿童的受伤情况予以合理的补偿，随着我国经济和社会的发展以及保险制度的完善，设立幼儿意外伤害险是解决这类意外事件的最好的出路。

3. **其他法律关系主体责任**

这类幼儿伤害事件是指除幼儿园违反其法定或约定义务行为造成儿童伤害之外，由第三人的行为造成儿童伤害的事件。在实践中，这种情况较为复杂，为了便于理解和认识，可细分为以下三类：

（1）由幼儿园教职工行为致使幼儿受伤害，包括作为和不作为，同时又可分为职务行为和非职务行为两种。前者如幼儿园教职工在履行教育教学职责中违反有关要求和操作规程；幼儿园组织的园外活动时未进行安全教育或未采取必要的防范措施；幼儿园统一提供的食品、饮用水不符合安全及卫生标准等。这种情况下一般是先由幼儿园承担责任，幼儿园在承担责任后可向有过错的教职工追偿。后者指教职工在不是教育或者教学活动中因自己的行为致使幼儿人身伤害的事件，这种情况下教职工是直接侵害人,通常由该教职工直接承担侵权责任,不存在追偿问题。因此,这类事件认定的关键,就在于判断幼儿园教职工的行为是否为职务行为。

(2) 幼儿园内其他儿童的行为造成的伤害事件。对于这种事件的发生,完全是由儿童自己的过错、儿童监护人没有尽到监护责任而造成的。因此,也主要由儿童监护人承担侵权损害赔偿责任(因为在园儿童通常都是无民事行为能力人,造成他人损害的由其监护人承担赔偿责任)。在此,儿童的过错一般表现为违反幼儿园的园纪班规或者违反侵权法上的一般注意义务,这是造成儿童人身伤害的主要原因。《学生伤害事故处理办法》第10条对儿童及儿童监护人由于过错造成儿童伤害事故的情形做了详细规定,共有5种情形。儿童或者儿童监护人由于过错,有下列情形之一,造成儿童伤害事故,应当依法承担相应的责任:① 儿童违反法律法规的规定,违反社会公共行为准则、幼儿园的规章制度或者纪律,实施按其年龄和认知能力应当知道具有危险或者可能危及他人的行为的;② 儿童行为具有危险性,幼儿园、教师已经告诫、纠正,但儿童不听劝阻、拒不改正的;③ 儿童或者其监护人知道儿童有特异体质,或者患有特定疾病,但未告知幼儿园的;④ 儿童的身体状况、行为、情绪等有异常情况,监护人知道或者已被幼儿园告知,但未履行相应监护职责的;⑤ 儿童或者未成年儿童监护人有其他过错的。

(3) 园外第三人行为造成的幼儿伤害事件。这类事件是指由于幼儿园外的第三人做出的与幼儿园的教育教学活动有关或者发生在幼儿园的教育教学活动期间的伤害行为,对于事件的发生,幼儿园和儿童没有过错,而是由于第三人的过错引起的伤害事件,通常也可表现为作为和不作为两种形式。在实践中,幼儿园组织儿童参加活动,由于提供场地、设备、交通工具、食品及其他消费与服务的经营者或幼儿园以外的活动组织者的过错,而造成的儿童人身伤害事件,应当由有过错的第三方承担相应的责任。如果幼儿园对在园儿童未尽保护义务,致使第三人对儿童实施侵权行为,造成儿童人身伤害事件的,幼儿园在其过错的范围内,承担补充赔偿责任。即第三人不能赔偿、赔偿不足或者下落不明,由幼儿园承担补充责任,这一责任不是连带责任,也不是按份责任。这体现在《最高人民法院关于审理人身损害案件适用法律若干问题的解释》第7条第2款:第三人侵权致使未成年人遭受人身损害的,应当承担赔偿责任。学校、幼儿园等教育机构有过错的,应当承担相应的补充赔偿责任。

三、安全事故处理的法律途径

《学生伤害事故处理办法》规定:发生学生伤害事故,学校与受伤害学生或者学生家长可以通过协商方式解决;双方自愿,可以书面请求主管教育行政部门进行调解。成年学生或者未成年学生的监护人也可以依法直接提起诉讼。

(一)协商

协商,就是指民事争议各方当事人在自愿、互谅的基础上,按照有关法律、法规的规定,在不损害国家和集体的正当权益,不损害社会公共利益的前提下,直接进行磋商或谈判,以达成双方都可以接受的解决方案。绝大多数轻微的儿童伤害事故都是以幼儿园与受伤害儿童及其监护人通过协商方式解决的,这种解决方式可以较好地分担儿童伤害事故导致的损失,而且在协商的情况下事故各方可以相互体谅,这本身也是对儿童的一次教育机会,尽管这样的教育机会并不是大家期待的。协商解决民事纠纷的优点在于:当事人自行协商解决民事纠纷,简单易行,迅速稳妥,有利于双方当事人统一认识,增进了解,不伤感情,加强团结,也有利于日后协作关系的发展。协商应注意以下几方面:

1. 幼儿园在协商之前,应当向有关的专业人士,最好是律师进行咨询,并征询教育行政主管部门的意见。

2. 协商的当事人一般是园方、受伤的儿童及监护人、其他责任人(如导致该儿童受伤的其他儿童)。

3. 协商有时也可以请第三者从中斡旋,但以双方当事人的意思一致作为达成协议的根据,第三人只是在当事人之间起牵线搭桥的作用,并不实质上参与当事人间的协商。

4. 协商是建立在平等自愿基础之上的,通过协商之后达成的协议其法律性质是一项合同,具有合同效力,对双方来说都应该遵守,如果通过协商达成协议后,一方或各方当事人反悔,不履行协议,那么当事人就可以通过诉讼的方式来解决了。

5. 对于比较严重的儿童伤害事故,特别是当儿童死亡的事故发生后,不应以协商方式解决,需要司法介入。

6. 协商须遵循的原则:

(1) 平等自愿原则。协商并不是法定的解决民事纠纷的必经程序,所以,必须在双方当事人都同意的情况下,才能适用这种方式。而且,协商后达成的协议也必须是在双方当事人都自愿的基础上达成,因为民事法律行为的特征之一是当事人意思表示真实。

(2) 合法原则。分清是非是协商解决的前提,衡量是非的标准是民事方面的法律、法规的规定。经协商达成的协议本身也要合法,否则无效。

(3) 不损害国家、社会利益和他人合法权益。

(二) 调解

调解是指纠纷的当事人在第三人的协调和斡旋下,在自愿的基础上达成协议解决争端的方法。它具有同协商解决一样的优点,但其与协商明显的区别在于调解是在第三人的主持下进行的。协商并不是调解的必经程序。调解从本质上来说也是一种协商,只不过它是在相关部门的居中主持下进行的。实践中,第三人一般是教育行政机关、当地司法机关、人民调解委员会、律师及青少年保护机构等,这些组织和个人通过对当事人双方的协调和斡旋,促使受伤儿童、家长与幼儿园达成协议。有些事故影响比较大,当事人各方可以请求双方认可的权威部门出面主持调解。调解应注意以下几方面:

1. 发生纠纷的双方当事人可以自愿并以书面的形式请求教育行政部门进行调解。教育行政部门出面的优点在于:政策水平较高,处理儿童在园伤害事故纠纷经验较丰富;权力较大,能给家长较多承诺;有时能帮幼儿园承担一定的赔偿金;家长更相信上级行政部门。《学生伤害事故处理办法》对主管教育行政部门的调解程序和调解协议书的法律效力进行了较为详细的规定:教育行政部门收到调解申请,认为必要的,可以指定专门人员进行调解,并应当在受理申请之日起 60 日内完成调解。经教育行政部门调解,双方就事故处理达成一致意见的,应当在调解人员的见证下签订调解协议,结束调解;在调解期限内,双方不能达成一致意见,或者调解过程中一方提起诉讼,人民法院已经受理的,应当终止调解。调解结束或者终止,教育行政部门应当书面通知当事人。对经调解达成的协议,一方当事人不履行或者反悔的,双方可以依法提起诉讼。

2. 如果双方矛盾较大,家长不信任教育行政部门,双方也可以依托当地司法机关、人民调解委员会、律师及青少年保护机构等调解处理。由于这些单位地位中立,容易得到双方信任,可有较好的处理效果。《中华人民共和国人民调解法》规定:本法所称人民调解,是指人民调解委员会通过说服、疏导等方法,促使当事人在平等协商基础上自愿达成调解协议,解决民间纠纷的活动。《中华人民共和国人民调解法》的制定实施从立法层面提高了调解的适用性及公信力。园方可以加强与人民调解组织的沟通与协作,建立多种形式、多种渠道的联动方式。

3. 调解原则。坚持自愿与合法的原则,即能否进行调解、能否达成协议,由当事人自己决定,不得强迫;调解的程序以及调解协议的内容不得违反法律、法规的强制性规定。

4. 调解程序:

(1) 当事人申请调解。

(2) 调解前的准备,包括相关调解部门成立调解庭、调查事实等。

(3) 调解的进行。在调解庭的主持下,首先由双方当事人各自陈述纠纷的事实、主张和理由,然后由调解庭的调解员做双方当事人的思想工作,摆事实,讲道理,促使双方达成调解协议。

(4) 调解协议的形成。通过调解,如果双方当事人达成了共识,调解庭负责草拟调解协议并及时约请双方当事人签字。

(三) 诉讼

当安全事件发生之后,各方当事人可以直接向法院起诉;也可以在协商、调解不成或者在达成协议后又反悔的情况下,向人民法院提起诉讼。诉讼是解决纠纷的最后一条途径,其公正性是值得信赖的。但诉讼费用较高、手续繁杂、费时较长,在判决的执行方面也会发生一些麻烦。诉讼需要专业的知识储备和诉讼技巧,应当聘请专业律师代理诉讼,以免因缺乏相关法律知识如提交证据的时间不当、答辩状的书写内容不当等影响诉讼结果。关于在园幼儿伤害事件的诉讼,应该注意以下三个方面的问题:

1. 管辖问题

由于在园幼儿伤害事件从其性质上来说属于民事侵权案件,因此这类案件的管辖应该按照侵权行为案件来确定管辖原则。根据我国《民事诉讼法》第29条之规定,因侵权行为提起的诉讼,由侵权行为地或者被告住所地人民法院管辖,其中的侵权行为地既包括侵权行为发生地(即事件发生地),也包括侵权结果发生地(即损害发生地)。

2. 诉讼时效问题

诉讼时效是指权利人在法定期间内不行使权利就丧失请求人民法院依法保护其民事权利的一项制度。根据《民法通则》第136条的规定,身体受到伤害要求赔偿的,其诉讼时效期间为一年,也就是说在一年内权利人向人民法院起诉,受法律保护。值得注意的是,关于诉讼时效一年的具体起算时间,"伤害明显的,从受伤害之日起算;伤害当时未曾发现,后经检查确诊并能证明是由侵害引起的,从伤势确诊之日起算。"①

3. 诉讼流程

诉讼之前,幼儿园要聘请律师或其他人为诉讼代理,需要先对案件的诉讼风险进行评测。如是否在诉讼时效范围内、证据是否合法充分、对方是否具有偿还债务的能力,是否需要采取财产保全措施等。

(1) 确认被告是谁(即对方承担赔偿责任的人或单位)。如果被告是个人,须到对方的户籍所在地派出所打印户籍证明(律师方可有权办理);如果是单位,须到工商行政管理部门打印该单位的基本注册资料。

(2) 书写民事诉讼状,说明事实与理由,以及要对方赔偿损失的依据。这需要提供书面证据(口头录音/录像),如认为有些证据难以自行获取,可向法院申请其代为取证。

(3) 向法院立案庭提交诉讼状和证据。如果受理,则会发放交费通知书,持交费通知书缴纳诉讼费用;费用缴纳后,案件算正式受理,法院会安排日期,发送传票,传票有开庭日期、时间和地点以及审判员等信息。

(4) 开庭时间,应准时到庭。否则会给法官留下不良印象,甚至会认为主动放弃诉讼,作为撤诉来处理。书记员会核实双方身份,然后进入庭审阶段。

(5) 庭审。法官首先询问是否法官回避,如果确认法官与被告是亲戚或者其他亲密关系,就要提出法官回避要求。如不须法官回避,法官宣布正式审判,先让原告读诉讼状,然后提交相应证据,再让被告反驳,进入对证据的质证阶段(庭审调查)。此时应对对方所有的证据的真实性、关联性、合法性进行仔细的质辩,稍有疏漏便会直接影响诉讼结果。证据质辩结束后,进行双方的辩论阶段,一般法官会让双方各有两次辩论机会,但如时间拖长就可能只有一次。辩论结束后,法官通常会询问双方是否需要调解。如果双方同意,法官会先分别调解,如果调解不成功,法官就会宣布,现在休庭,择日宣判。

(6) 宣判之前,如果认为案件可能对己不利,或有其他诉讼方式,或准备撤诉,可

---

① 《最高人民法院关于贯彻执行〈民法通则〉意见(试行)》.

以向法院申请撤诉,提交民事诉讼撤诉申请书。一般情况下,法院会允许撤诉,发放裁决书,持裁决书可向审判法官申请退还一半的诉讼费用。

(7)拿到判决书后,如果认为判决不公平,可在拿到判决书之日起规定的期限内提起上诉。将上诉状提交给审判法官,法官会连同一审资料提交给二审法院。值得注意的是,必须在规定的时间内缴纳上诉费,该上诉费用与缴纳时间与方式在判决书上末尾有写明,法院不会再通知或提示。如果错过缴纳时间则无法上诉。

(8)如果双方不上诉,但对方又不愿意执行判决,可向法院执行庭申请执行,进入复杂的执行流程。

(四)其他

1. 事故处理结束后,幼儿园应当将事故处理结果书面报告主管的教育行政部门;重大伤亡事故的处理结果,幼儿园主管的教育行政部门应当向同级人民政府和上一级教育行政部门报告。

2. 所有的解决途径都需要由园方与受伤害儿童及其父母或其他监护人在有承保保险公司派员参与的情况下进行;若保险公司接到幼儿园通知后没能参加,则幼儿园应将初步结案结果通知保险公司,并得到保险公司同意结果的书面确认,否则保险公司将不予赔偿。

3. 对于入园打砸、把尸体放在幼儿园内闹事的等扰乱教育教学秩序的行为,可以请求公安部门维持秩序。

4. 涉及人数多、赔偿金额大、社会影响大的特大事故,应由政府解决。

四、安全事故的理赔

在安全事故中,涉及赔偿的主体主要有三个:一是幼儿园,二是监护人,三是保险公司。

(一)幼儿园赔偿

幼儿园赔偿包括因幼儿园过错引起的伤害赔偿和因教职员工过错引起的伤害赔偿。后者赔偿是先由幼儿园代替教职员工赔偿,然后幼儿园再对教职员工进行行政处分式追偿。根据幼儿园事故发生的原因、情节、过错情况,幼儿园赔偿可分为完全责任、部分责任和免除责任。

完全责任:过错全在幼儿园。如前不久电视上报道的:某幼儿园教师随便带着幼儿进入食堂,在无人注意的情况下,幼儿园不慎绊倒,掉进沸水的锅中,造成严重烫伤的后果。

部分责任:幼儿园事故的发生,其过错一部分是由幼儿园或教职工引起的,一部分是由幼儿或其他因素引起的。如幼儿在课间追打,教师在旁看见,虽制止但并不得力,酿成事故,那么教师应负一定的责任。

免除责任:幼儿园事故的发生,纯由幼儿自身原因引起,或属意外,不可预料。如某幼儿患有某种疾病或属特殊体质,家长并没有告诉幼儿园或教师,幼儿园或教师在不知情的情况下,实施教育教学活动,造成伤亡,幼儿园并无责任。

当前有些幼儿园简单地采用责任制的方法,把儿童人身安全问题转变为教师的个人责任。在儿童发生事故,造成人身伤害后,要求教师全额承担赔偿费用。这是不符合有关法律精神的。《最高人民法院关于审理人身损害赔偿案件适用法律若干问题的解释》第8条规定:法人或者其他组织的法定代表人、负责人以及工作人员,在执行职务中致人损害的,依照《民法通则》第121条的规定,由该法人或者其他组织承担民事责任。上述人员实施与职务无关的行为致人损害的,应当由行为人承担赔偿责任。《学生伤害事故处理办法》规定:因学校教师或者其他工作人员在履行职务中的故意或者重大过失造成的学生伤害事故,学校予以赔偿后,可以向有关责任人员追偿。这意味着在幼儿园有过错的情况下,在幼儿园与儿童间的法律关系中,幼儿园负有赔偿的责任;但在幼儿园内部管理中,在幼儿园与教师或其他工作人员间的法律关系中,幼儿园有向教师或其他工作人员追偿的权利。

在查明事故基本事实、分清事故责任的基础上,幼儿园应当考虑自身过错、责任的不同情况,妥善应对家长的索赔行为。①

1. 对于幼儿园有较大过错从而须承担主要责任的儿童伤害事故,幼儿园应对策略的指导思想是"坦诚认错,合理担责"。

在事故中,园方如果推脱责任,不但显得不近人情,也容易加重家长的对立情绪,导致矛盾激化,从而加大纠纷解决的成本。幼儿园应诚恳地向受害儿童的家长表达歉意,并检讨自己工作上的失误和不足。对于儿童的家长提出的合理的索赔要求,幼儿园应尽量予以满足。对实际发生的且证据充分的赔偿项目,幼儿园可予以赔偿,但应当要求儿童的家长出具收条,并将其持有的相应票据交由幼儿园保管。在赔偿之前,幼儿园应当与儿童的家长签订赔偿协议书。该协议书是双方处理伤害事故的方案和结果的直接证明。若为一次性赔偿,协议书应含有内容大意为幼儿园支付本协议约定的赔偿金额后,儿童及其监护人放弃其他一切索赔权利,不得再行向园方进行索赔的条文。必要时,该协议书可提请公证处予以公证。通过协商的方式来处理事故的善后事宜可以节约解决纠纷的成本,避免矛盾激化,并使双方免受诉累之苦。

2. 如果幼儿园与儿童的家长在某些赔偿项目上难以达成一致,此时,为了避免儿童家长的对立情绪升级进而做出不理智的行为,幼儿园应尽量巩固已有的协商成果。

园方可以与儿童的家长在协议书中约定,对已达成一致的赔偿项目,幼儿园先行予以赔偿;对未达成一致的其他赔偿项目,儿童及其监护人可另行通过诉讼的方式来解决。总之,在协商无法解决的情况下,幼儿园应设法稳定儿童家长的情绪,并引导儿童的家长通过诉讼的方式来解决纠纷。

3. 对于幼儿园无过错从而不需要担责的事故,或者幼儿园仅有轻微过错从而仅须承担轻微责任的事故,幼儿园应对策略的指导思想是"道义为重,积极援助"。

---

① 雷思明.校园安全制度手册[M].上海:华东师范大学出版社,2011:185-186.

不少家长存在着一种错误的认识,认为只要孩子在幼儿园里出了事故,园方就应当对此承担责任。在这一错误认识的支配下,家长不大可能接受幼儿园在事故发生后不做任何表示的做法。从情理上讲,幼儿园认为自己没有责任而一推了之的做法也显得过于生硬和冷漠,不符合人道主义精神,也不利于纠纷的平和化解。幼儿园应当在对儿童的家长进行耐心解释的同时,在力所能及的范围内给予其一定的经济补助(不是赔偿,也不是补偿),还可以倡议全园师生进行募捐,尽可能地帮助家长减少经济上的损失,帮助其渡过难关。如果儿童的家长仍无法接受,而且其提出的要求远远超出幼儿园可以接受的范围,这时园方应设法引导儿童的家长通过诉讼的方式来解决问题。必要时,幼儿园可考虑为其先行垫付诉讼费用。幼儿园不能因儿童的家长提出过分要求就对其置之不理。此时,宽慰、同情和理解比什么都重要。

(二) 监护人赔偿

监护人赔偿是指幼儿给他人造成损害时,应由监护人代为承担赔偿责任。

所谓监护,法律上是指对无民事行为能力的人和限制民事行为能力的人和人身、财产权益依法实行的监护和保护。我国目前有三种设定监护人的方式:

一是法定监护人。根据《民法通则》的规定有三类:(1)近亲属。包括父母,无父母或父母丧失监护能力的,由祖父母、外祖父母或兄、姐承担。(2)近亲属以外的其他关系密切的亲属或朋友,但必须经"未成人的父母的所在单位或者未成年人的父母所在单位或者未成年人住所地的居民委员会、村民委员会同意"。(3)在没有上面两类的情况下,未成年人的父母所在单位、居民委员会、村民委员会以及民政部门可作为法定监护人,从现有法律规定的监护人来看,幼儿园并不是幼儿的法定监护人。

二是指定监护人。即对担任监护人有争议的,由未成年人的父母的所在单位或者未成年人住所的居民委员会、村民委员在近亲属中指定。因此,幼儿园也并非指定监护人。

三是委托监护人。最高人民法院1989年4月2日《关于贯彻执行〈中华人民共和国民法通则〉若干问题的意见(执行)》(以下简称《意见》)第22条规定:监护人可以将监护职责部分或者全部委托给他人。因被监护人的侵权行为须承担民事责任的,应当由监护人承担,但另有约定的除外;被委托人有过错的,负连带责任。根据这一《意见》,幼儿入园时,其家长从未将监护职责委托给幼儿园或教师。即使有委托的幼儿园或教师有过错,应当承担民事责任;如果无过错,则应当由监护人承担,而不是由幼儿园或教师承担。寄宿制幼儿园的管理事宜,应当由家长和幼儿园签订委托合同为宜。

(三) 保险公司赔偿

幼儿在幼儿园内发生人身伤亡,保险公司应依据投保人与保险公司所签合同的险种、险种条款,承担相应的赔偿责任。

在园儿童人身伤害事件的纠纷,从形式上看表现在幼儿园侵权责任认定上,但实质上是损害赔偿。由于幼儿园一般为非营利性机构,其教育经费主要来源于财政拨款,如果幼儿园承担巨额赔偿,势必对幼儿园的正常办学造成影响,对此,可借鉴国外的做法,通过保险,实现在园儿童人身伤害事件的风险分担,建立健全社会保险制度,实现赔偿责任社会化,从而使幼儿园放下包袱,全身心投入保教工作中。对于保险的方式,世界各国有不同的做法。在立足我国实际与借鉴国外经验的基础上,有研究者认为可以考虑以下几种方式:①

1. 园方责任险

它主要是针对在幼儿园内进行的各种教育教学活动中,由于意外事故而造成第三人人身伤害或财产损失的保险。投保方式有以下三种:

(1) 以县区为单位由政府组织幼儿园为其责任投保。投保人是幼儿园,被保险人是幼儿园和教师。发生了责任事故,造成他人的人身或财产损失,责任方就必须承担经济赔偿责任;如果责任方没有投保责任险,就没有能力负担全部或部分经济赔偿,那么,受害方的合法利益就无法得到保障,极易导致矛盾激化,影响社会秩序的稳定。即使幼儿园有能力负担起这笔赔偿费用,那么从另外一个角度来看,幼儿园赔偿的费用越高,也就意味着其他儿童在幼儿园所能享有的教育权益受损越大。

(2) 由政府拿出专款投入保险公司以解决在园儿童人身伤害事件的赔偿资金问题,从而转嫁风险责任,使损害赔偿责任社会化。这是在欧洲大陆法系国家比较普遍的做法,以德国为代表。因为欧洲许多国家"把教师的监督义务当作源于公法的义务;因此,违反这种义务仅仅由学校的管理部门对第三人的请求承担责任"。

(3) 政府建立一笔专项资金,专门用于幼儿伤害事件的赔偿。在这方面日本的做法比较成熟,早在1977年,日本教育法学会就通过了《学校事故损害赔偿法》和《学校灾害补偿法》。

为了保证幼儿园正常的教育教学活动不受干扰,为了使受害儿童及其家属在悲剧发生后能够得到及时、充分的救济,幼儿园应该购买园方责任险。显然,这是一个利人又利己的明智之举。

2. 教师职业责任险

这在国外比较普遍,如美国法律就要求学区为教师购买侵权责任险,以帮助那些将在儿童伤害事件中负赔偿责任的教师。而日本的做法是成立幼儿园健康会,日本大多数教师都参加了这种机构,一旦教师在儿童伤害事件中负有责任并要赔偿时,就可以要求幼儿园健康会给予赔偿。因此,在儿童人身伤害事件中,我们国家也可以考虑采取这种做法,由政府和幼儿园共同出资设立幼儿园健康会,由幼儿园健康会负责儿童伤害的赔偿。

3. 儿童意外伤害险

儿童意外伤害保险是人身保险的一种,是被保险人在有效期内,因遭受事先约定的意外伤害而致死亡或残疾时,保险公司按合同约定给付保险金的保险。这种保险

---

① 刘智成. 在园幼儿人身伤害事件的个案研究[D]. 西南大学硕士论文,2005.

保证受害儿童即使从其他责任人处获得了赔偿后,仍可以从该保险项下获益,因此可以成为园方责任险的有益补充。我国现今的一些险种,如中国人寿保险公司承保的"儿童平安险"存在保期短、保险金低的特点,发挥的功能还十分有限。鉴于此,应该考虑建立期限相对长点的儿童意外伤害险,并纳入商业强制保险的范畴。

教育部在《学生伤害事故处理办法》第31条规定:学校有条件的,应当依据保险法的有关规定,参加学生责任保险。教育行政部门可以根据实际情况,鼓励中小学参加学校责任保险。提倡学生自愿参加意外伤害保险。在尊重学生意愿的前提下,学校可以为学生参加意外伤害保险创造便利条件,但不得从中收取任何费用。因此,幼儿园有条件的,可以参加幼儿园责任保险,儿童也可自愿参加意外伤害保险。

在儿童发生意外伤害后,幼儿园应当协助儿童向保险公司进行理赔。向保险公司索赔应注意下列事项:[①]

1. 幼儿园尽量要求儿童家长向保险公司投保;幼儿园代收保费的,应立即交给保险公司。因为儿童多,难免发生意外伤害,则投保十分必要。

2. 伤害事故发生后,及时联系保险公司协商索赔事宜,严格依照保险合同办事。所谓及时,就是在事故发生后,立即与保险公司联系,同时认真研究保险合同(即保险条款或保险办法等),并按合同执行。如有的保险公司规定,被保险人须在县级以上医院就诊,转院须经保险公司同意等;有的保险公司规定了索赔期限,这相当重要,超过期限就将丧失索赔权利。

3. 对保险公司无理拒赔,协助儿童向法院起诉。有些保险公司以医疗费用收据不连号,证件不全,或在非指定医院就医等为理由拒赔。即使保险合同里规定了相关义务,但违反该义务,却不构成保险拒赔或延迟赔偿的理由,依照《消费者权益保护法》规定,该条款因违反公平原则无效。如果协商不成,只有向法院起诉,最终解决纠纷。

4. 保险公司支付的保险金在法律上不能抵减幼儿园的赔偿。因为,保险合同是儿童与保险公司签订的,保险费是儿童家长交纳的。发生伤害事故后,保险公司依合同应当向受害儿童支付保险金。至于幼儿园,仅代理儿童办理保险,并未承担保险费,应依自己的过错承担赔偿责任。反之,如果幼儿园作为投保人,承担保险费,经家长同意后,以儿童作为被保险人,以幼儿园作为受益人,由幼儿园与保险公司签约,在儿童发生伤害事故时,保险公司支付的保险费就归幼儿园,幼儿园就可用以支付赔偿金,或者以儿童做受益人,幼儿园与家长签订协议规定:发生伤害事故后,该家长的子女从保险公司得到的保险金抵扣幼儿园依法应给予该家长的子女的赔偿金。这样,才能以保险金抵减幼儿园的赔偿金。

"依法、合情、循理"是安全事故妥善处理的关键。"儿童是每一个人的温情和爱的感情汇聚的唯一焦点。一谈到儿童,人的内心就会变得温和愉快。整个人类都享

[①] 谢卫国、王美舟.中小学生在校伤害预防与处理[M].广州:广东人民出版社,2003:241-242.

受他所唤起的这一深厚情感。儿童是爱的泉源。我们一触及儿童便触及爱。"[①]儿童是家园爱的桥梁,儿童让世界充满慈爱、包容与理解。

要 点 回 顾

　　安全应急管理体系由组建安全应急管理小组、制定安全应急管理预案、组织安全应急培训三个部分组成。幼儿园应急预案包括:幼儿园应急总预案;户外活动应急预案;园外集体活动应急预案;火灾应急预案;食物中毒应急预案;传染病应急预案;地震应急预案;防踩踏应急预案。安全事故现场处理程序是指当安全事故发生后,教师应当遵循的现场处理方式、步骤和顺序:(1) 及时救治;(2) 及时联系家长;(3) 安抚其他儿童;(4) 调查保全证据;(5) 探视受害儿童;(6) 园内信息沟通;(7) 信息上报;(8) 媒体管理;(9) 寻求协助;(10) 善后恢复。依据相关法律法规,承担安全事故责任的法律形式主要有刑事责任、民事责任和行政责任。幼儿园安全事故多以民事责任为主,民事归责原则有:过错责任原则、过错推定原则、无过错责任原则及公平责任原则。有很多家长认为,事故发生在幼儿园,就是幼儿园的过错,因此不管是什么情况,幼儿园都要承担责任。这种以地点作为评判法律责任依据的观点是没有法律依据的。合理的责任构成要件的确定及其运用,使归责具有明确的标准,为解决家长与幼儿园之间的赔偿提供了理论依据。安全事故处理的法律途径有:协商、调解、诉讼。在安全事故中,涉及赔偿的主体主要有三个:一是幼儿园,二是监护人,三是保险公司。

1. 安全事故现场处理程序有哪些?
2. 请分角色进行幼儿园安全应急演练。
3. 承担安全事故责任的法律形式有哪些?
4. 在何种情况下幼儿园无责任?
5. 安全事故处理的法律途径有哪些?应如何应诉?

拓展阅读

1. 学生伤害事故处理办法
2. 民事诉讼法
3. 民法通则

扫描二维码,
获取拓展阅读资源

---

　　① [意]蒙台梭利.蒙台梭利幼儿教育科学方法[M].任代文主译.北京:人民教育出版社,1993:587.

完善与建议

反思、建议：

_____
_____
_____

工作案例与材料（粘贴）：

第九章　家园共育

> 在人类,生之者易。但是,既生之后,要把他们教育成人,该有多少悉心的养护,多少辛勤的培育和多少疑惧每天在等待着家长和教师呵!①
>
> ——夸美纽斯

"儿童是在家庭里长大的,在家庭里逐渐长大为少年儿童和学生的。因此,学校必须与家庭保持联系。学校与生活一致,家庭生活与学校生活一致,这是这一时期里应当引导我们达到完善境界的完善的人的发展和人的教育首要的、绝对不可缺少的要求。"②家庭是幼儿园重要的合作伙伴,教师应本着尊重、平等、合作的原则,争取家长的理解、支持和主动参与,并积极支持、帮助家长提高教育能力。《儿童权利宣言》特别强调:儿童的最大利益应成为对儿童的教育和指导负有责任的人的指导原则;儿童的父母首先负有责任。《儿童权利公约》再次强调:父母对儿童成长负有首要责任。因此,家长应担负起安全教育和管理的责任,积极与教师配合,在家庭生活中加强对儿童的各项安全教育,实现儿童安全保护的家园共育,为儿童的健康成长保驾护航。

第一节　幼儿家庭生活

一、家庭生活

家庭生活是家庭成员在一定生活观念的指导下主动调整、控制内外部条件以满足家庭和自身需要的活动。儿童的家庭生活是指在家庭范围内,家长在一定的社会意识指导下,为幼儿所提供的衣食住行、休息、学习、娱乐等方面的活动,包括儿童与其家庭成员所进行的一切活动。家庭是人们出生以后所接触的最早的环境,也是人们连续生活时间最长久的生活环境,幼儿大部分的生活、学习和成长的时间都是在家庭中度过的,伴随他们发展的基础环境也是其家庭成员共同营造的。家庭生活具有幼儿园生活、社会生活不可替代的作用,幼儿的全部生活始终与家庭有着密切的联系,无论是时间、影响力还是效果,都在儿童发展的过程中,起着至关重要的作用。

家庭作为一种独立的社会组织形式,承担着养护儿童的任务,更承担着教育的重

---

① 吴元训.中世纪教育文选[M].北京:人民教育出版社,2005:403.
② [德]福禄倍尔.人的教育[M].孙祖复译.北京:人民教育出版社,2001:185.

要职能,其教育职能是由家长通过家庭生活对其子女实施影响的,是在家庭的日常生活中进行的,与家庭生活融为一体。家庭教育与家庭生活如影相随,密不可分。在家庭生活中,教育从生活中展开,在生活中进行,父母或其他长辈自觉地、有意识地通过言传身教和家庭生活实践对儿童进行影响。儿童在家庭生活中,与父母及其他家庭成员朝夕相处,通过潜移默化的作用自然而然地受到熏陶、习染。家庭成员的言谈举止,如同母乳一样被儿童吸收,并固化在人格的血液里,是"生命的教育"。家庭生活是幼儿健全人格得以形成和发展的基础,给人身心发展所打上的烙印,终生难以磨灭,正如美国心理学家托马斯·哈里森所说:"父母的意识将永久不衰地记录在每个人的'人格磁带'上,是人一生成长的基础。"良好的家庭教育能为人一生的发展奠定良好的基础,也在整个教育系统中起到奠基的作用,能为学校教育打好基础,并对学校(幼儿园)教育起到协助、补充的作用。

二、家庭生活特点

(一) 关系的亲缘性

家庭是以婚姻为基础、以血缘为纽带而形成的社会生活的基本单位,是社会最微小的细胞。家庭生活是一种私人生活,是在父母子女之间、家庭的年长者与年幼者之间进行的一种生活活动,具有亲缘性。由于家长与子女之间有血缘关系,其感情联系是通过妊娠、分娩、抚育孩子等一系列活动而体验和发展的。由于亲子之间有着不可分割的血缘关系和共同的生活环境,他们既相互归属又相互依恋。父母对孩子无私的疼爱和无微不至的关怀,使孩子对父母有着深切的依恋和爱戴,且儿童年龄越小,对父母就越依赖越依恋。因此,父母与孩子之间的血缘情感,其亲密、真挚和深厚程度,是其他任何教育者与儿童的情感关系无法类比的。这种天然的家庭成员之间的血缘关系和隶属关系是幼儿园生活所不具有的,家庭生活的情感作用也是幼儿园生活所不具备的,家庭成员之间深厚的感情使得家庭生活具有强大的感染力和号召力。人与人之间的感情越亲密,相互之间情感的感染性越强,感化作用越大。由于父母子女之间的特殊关系,父母对子女强烈的责任感、关怀备至和体贴入微,使孩子的情绪、态度、行为甚至价值观等均会受到家长的直接影响,极易产生情感上的共鸣,易于承认父母的权威,接受父母的教育,并模仿父母的言行举止。这种自然强化效应,赋予了家庭生活天然的教育职能。孩子从呱呱落地来到人间,进入家庭,家庭就成了孩子天然的教育场所,父母就成了天然的教育者。

(二) 教育的弥散性

家庭是孩子的第一所学校,父母是孩子的第一任教师,也是终身的教师,但家长一般都没有经过教育方面的专门训练,也不具备专门的教育知识和能力。父母对子女的教育属于非正规教育,虽然是有目的、有意识的,但不像学校和社会团体那样有计划、有系统。家长往往按照自己的经验、兴趣和愿望来教育孩子,没有固定的教育内容,缺乏科学的教育规划和方法指导,自主选定教育和训练的模式、时间、地点、场合,不规范性和随意性并存。同时,由于家长的思想、文化、职业、爱好等的不同,其教育能力也存在差别,往往将言传身教分散于家庭生活的各个方面、各个环节,通过日常的生活、学习,通过与子女共同参加的活动,起到耳濡目染、潜移默化的弥散渗透的影响作用。非专业化的教育者、非规范化的教育目标、内容和方法,导致教育效果具有不可控制性,教育效力弥散。

(三) 影响的个别性

在家庭中,父母面对的是为数不多的子女,基本上是采用个别施教的影响方式。由于儿童绝大部分时间都生活在家庭中,长期的共同生活以及父母的爱子之心,使他们十分关注孩子的言行举止、喜怒哀乐,对子女的身体、能力与性向较为了解,有利于父母进行个别培养,因材施教。同时,由于子女对父母的依赖和信任,在家庭中会表现比较自然,很少掩饰,其欲望和言行也表现充分、真实,父母可以比其他教育者更熟悉、更了解儿童的优点和缺点、喜悦和烦恼、兴趣的转移以及习惯的改变,把握其思想活动的脉搏,根据其思想和行为表现,从孩子的实际出发,针对孩子的不同情况适时地、有的放矢地进行教育,使影响具有及时性和针对性。父母可以及早发现孩子的兴趣、才能,加以培养,使潜能得以充分发挥。同时,父母还可以针对孩子的问题、弱点,有针对性地进行教育,以达到"长善救失"的效果。

(四) 全程的连续性

在社会环境中,教育者会随儿童年龄的增长不断变换,教育者对儿童要有一个新的了解过程,儿童也有一个对新的教育者和新环境的适应过程,如果新的教育者或环境对儿童的要求与原来的教育者或环境不一致时,儿童则会在心理上产生生疏感、不适应感和不安全感,使教育效果削弱。家庭环境是自然形成的生活环境,在一定时间内,其成员构成是相对稳定的,变动不大,不像幼儿园等环境是人为形成的,幼儿生活在其中,比较容易适应,不需要一个适应过程,使家庭生活具有全程的连续性特点。此外,家庭生活是人的一生中出现最早和持续最久的一种生活,从出生到入学之前,儿童主要的生活场所是家庭,每天都和父母生活在一起,朝夕相处。入学以后,儿童每天有大约三分之二的时间生活在家庭里,与父母共同生活,继续接受着父母或其他长者的影响,家长对儿童仍起着教育、检查和督促的作用。家庭生活的教育职能对儿童的影响是持久的、连续的以至终身的。家庭生活的连续性有利于增强父母教育子女的责任感,有利于父母同子女的思想沟通和对子女的深入了解,从而随时随地有针对性地给予教育。

三、家庭生活的影响因素

影响家庭生活的因素涉及多个方面,但大致可以把它们分为两类:一类是客观因素,主要包括家庭结构、家庭经济状况、基本生存条件(食物的数量和质量、住所条件)及家长的职业等;另一类是主观因素,主要包括家长的价值观与生活态度、家长的文化素养、家庭氛围等。这些因素综合作用,影响着儿童的家庭生活品质,但并不是每一种因素都对幼儿家庭生活产生同等重要的影响,其中主观因素的影响更大,且科学的、适宜的、正向积极的因素能促进幼儿的健康快乐发展。

(一)家长的价值观与生活态度

家长的价值观与生活态度是影响幼儿家庭生活最大的,也是最持久的因素。家长的价值观与生活态度反映家长如何看待社会、人生及生活,在日常生活中如何对待周围的人和事,决定了家庭生活目标、内容和方式,决定了家庭生活的品质。家长的价值观与生活态度反映家长的人格,科学的价值观与健康的生活态度,可以为儿童树立良好的学习榜样,给子女以积极的影响,帮助儿童树立正确的人生观、世界观、价值观,这是家长给予儿童最宝贵的人生财富。父母的价值观和生活态度在日常生活中潜移默化地引导着孩子的发展,关系着孩子的生活质量及良好性格的形成,同时也会赢得子女的信任和尊重。

(二)家长的文化素养

家长的文化素养是指家长通过学习和实践所掌握的人类精神财富的多少和所表现出的知识水平,是影响家庭生活品质的又一关键因素。因为家长的文化素养,一方面在很大程度上决定着家长的理想、情操、道德水平、思想境界、教育能力和教育方式的运用;另一方面,又在一定程度上决定着家长处理家庭关系的能力、家庭生活方式、家长的职业、家庭的经济收入等,从而决定了儿童所处的家庭生活环境和儿童的家庭生活质量。一般来说,文化素养高的父母,会拥有正确的家庭生活观念和较高的育儿能力,会比较关注时代发展,接受科学、健康的生活信息,来调整生活理念,转化家庭生活行为,营造良好的家庭文化氛围。有较高文化知识及修养的家长能比较客观地评估自己孩子的能力、性格、特点,能尊重幼儿兴趣,用自己的知识去组织丰富多彩、健康活泼的家庭生活,不但关心孩子的身体健康,注重良好生活习惯养成,还会关注孩子的心理健康和道德修养,把对孩子的高要求融入日常生活之中,重视父母的言传身教,在生活中影响、熏陶孩子,能较正确、恰当地给予儿童积极的教育和指导。

(三)家庭结构

家庭结构是指家庭中成员的构成及其相互作用、相互影响的状态。因血缘和婚姻而组建起来的家庭,由于其成员的不同组合构成了不同结构的家庭。中国呈现出以核心家庭为主、直系家庭居次、单亲家庭为补充、复合家庭比较少见的格局。家庭结构不同,也表现出家庭角色、家庭功能、家庭关系等方面的不同。不同的家庭结构以其独特的氛围对儿童的家庭生活产生影响。健全完整的家庭结构对儿童的家庭生活有着积极的作用,有利于儿童身心健康发展;而父母离异导致儿童赖以生存的家庭乐园被破坏,破裂的家庭结构缺乏温馨和关爱,会给儿童带来过分紧张的生活气氛和感情冲突,产生焦虑和不安全感。家庭的残缺致使儿童生活的残缺,生活的残缺会使儿童容易形成多疑、孤僻、冷漠、心神不安或神经质、心理变态及反社会行为,造成儿童人格的残缺。在直系家庭中,祖父母容易溺爱孙辈,往往表现出家庭生活中过多的包办代替和不理智的放纵,这种隔代抚养的过度保护影响了幼儿的健康成长,对幼儿的发展非常不利。

(四)家庭氛围

家庭氛围是指家庭中长期积累的精神状态和情意倾向,是一种潜移默化、熏陶感化的潜在影响因素,包括情感氛围、民主氛围、秩序氛围和文化氛围等。和谐社会是由和谐家庭组成的,和谐家庭的重要标志便是具备良好的家庭氛围。和谐家庭具有强大的凝聚力和向心力,家庭中的每个成员是友爱的、互助的、幸福的,家庭氛围是和谐的、温馨的,家庭生活是多彩的、快乐的。和睦、融洽、温暖、愉快的家庭氛围给孩子以信任感、安全感、幸福感和家庭归属感,良好的家庭氛围是幼儿健康家庭生活的必备条件,是塑造幸福人生、保证儿童全面发展的基础。良好的家庭情感氛围可以促进孩子的心理健康和品德的发展;良好的家庭民主氛围能增强家庭的内聚力和相互间的沟通、交流,维护家庭成员之间温馨和谐的关系,促进孩子个性和社会性能力的发展;良好的家庭文化氛围可以启迪孩子的智慧,扩大文化视野,提高审美情趣,促进认知能力的发展;良好的家庭秩序氛围可以培养孩子独立自理的生活习惯,认真有序的学习习惯和能自制、负责任的行为习惯。而在家庭关系紧张、气氛不和谐的家庭里,家庭成员往往烦恼不安、情绪紧张、痛苦焦虑,对于还没有独立生活能力、完全依赖父母的儿童来讲,缺少温暖、关爱和安全感的家庭生活是毫无幸福快乐可言的,反而是一种心理上的严重摧残,容易使孩子行为紊乱,产生夜惊、梦魇和遗尿症等生理和心理疾病,严重影响儿童的身心健康。

(五)家庭经济状况

家庭经济状况是指家庭收入状况,包括家庭经济来源和支配。家庭经济收入多少虽然不是家庭生活幸福和睦的唯一条件,但家庭是一个生活单位,始终具有生活消费的职能,经济收入是一个家庭生活幸福、和睦的重要条件,可以为儿童的家庭生活品质提供实实在在的物质保证。家庭经济收入多,具备优越的物质生活条件,家庭成员不会因经济问题而发生冲突,关系会更为融洽,儿童拥有一个温暖、舒适的生活环境,因而儿童的家庭生活也就更幸福美满。相反,家庭收入少,负担重,甚至入不敷出,家庭成员会因经济困难发生矛盾和冲突,导致家庭关系紧张,儿童正常的家庭生活就难以保障,因而也就不可能有良好的发展。

四、家长职责

"不付出勤勉的劳动而能把儿童教养成人,那是不可想象的。"①父母或者其他监护人应当创造良好、和睦的家庭环境,依法履行对儿童的监护职责和教育抚养义务。

(一)家庭保护

为了保护儿童的身心健康,保障儿童的合法权益,促进儿童在品德、智力、体质等方面全面发展,《未成年人保护法》明确规定了家庭保护内容:

---

① [捷]夸美纽斯.夸美纽斯教育论著选[M].任钟印选编.北京:人民教育出版社,2005:21.

1. 父母或者其他监护人应当关注未成年人的生理、心理状况和行为习惯,以健康的思想、良好的品行和适当的方法教育和影响未成年人,引导未成年人进行有益身心健康的活动,预防和制止未成年人吸烟、酗酒、流浪、沉迷网络以及赌博、吸毒、卖淫等行为。

2. 父母或者其他监护人应当学习家庭教育知识,正确履行监护职责,抚养教育未成年人。禁止对未成年人实施家庭暴力,禁止虐待、遗弃未成年人,禁止溺婴和其他残害婴儿的行为,不得歧视女性未成年人或者有残疾的未成年人。

3. 有关国家机关和社会组织应当为未成年人的父母或者其他监护人提供家庭教育指导。

4. 父母或者其他监护人应当尊重未成年人受教育的权利,必须使适龄未成年人依法入学接受并完成义务教育,不得使接受义务教育的未成年人辍学。

5. 父母或者其他监护人应当根据未成年人的年龄和智力发展状况,在做出与未成年人权益有关的决定时告知其本人,并听取他们的意见。

6. 父母或者其他监护人不得允许或者迫使未成年人结婚,不得为未成年人订立婚约。

7. 父母因外出务工或者其他原因不能履行对未成年人监护职责的,应当委托有监护能力的其他成年人代为监护。

8. 父母或者其他监护人不履行监护职责或者侵害被监护的未成年人的合法权益,经教育不改的,人民法院可以根据有关人员或者有关单位的申请,撤销其监护人的资格,依法另行指定监护人。被撤销监护资格的父母应当依法继续负担抚养费用。

9. 父母或者其他监护人不依法履行监护职责,或者侵害未成年人合法权益的,由其所在单位或者居民委员会、村民委员会予以劝诫、制止;构成违反治安管理行为的,由公安机关依法给予行政处罚。

(二) 父母资格认证

通过家庭生活影响因素分析,可以看出影响家庭生活的关键性因素是父母的主观因素,父母的育儿观念和育儿行为决定了家庭生活的教育性能,直接影响了亲子教育质量和孩子的发展。[①] 由于父母缺乏正确的育儿观念和科学的育儿方法而导致的家庭悲剧时有报道,让人触目惊心。此类事件的发生,反映了目前中国家庭普遍存在的父母资格缺失现象,有数以百万的父母由于溺爱、虐待、忽视儿童,致使儿童早期大脑发育受损、智力低下、营养失调、心理有缺陷,阻碍了儿童的健康成长;更为严重的是由失职父母养大的孩子,又会做下一代失职父母,如此代代相传,形成恶性循环,影响国民素质的提高。

家长的行业是教育子女,在三百六十行中,当家长、教育孩子是最为伟大而复杂、艰辛的行业。"在人类,生之者易。但是,既生之后,要把他们教育成人,该有多少悉

---

① [捷]夸美纽斯.夸美纽斯教育论著选[M].任钟印选编.北京:人民教育出版社,2005:35.

心的养护,多少辛勤的培育和多少疑惧每天在等待着家长和教师呵!"①家庭是孩子进入的第一个学校,也是孩子的最后一个学校;父母是孩子的第一任老师,也是最后一任老师;父母的言传身教是孩子打开的第一本书,也是最后一本书。"任何人在幼年时播下什么样的种子,那他老年就要收获那样的果实。"②"养不教,父之过。"父母不仅仅是给予孩子生命,更有责任给予孩子美丽的人生。以"科学知识最有价值"著称的英国教育家斯宾塞提出,教育就是为未来生活做准备,每个人将来都要做父母,因此必须进行教育学、心理学等知识的学习,这样才有资格为人父母。美国儿童精神病专家纽斯曼呼吁要通过立法,建立父母执照制度,确立称职父母的行为标准,通过严格的教育和考试,只给那些能成为称职父母的公民发放执照,允许他们教养子女。

中国教育家陈鹤琴先生在他的《怎样做父母》一文中,曾经这样写道:"父母,不是容易做的,一般人以为结了婚,生了孩子,就有做父母的资格了,其实不然。我们知道,栽花的人,先要懂得栽花的方法,花才能栽得好;养蜂的人,先要懂得养蜂的方法,蜂才能养得好;育蚕的人,先要懂得育蚕的方法,蚕才能育得好;甚至养牛、养猪、养羊、养马、养鸟、养鱼,都要先懂得专门的方法,才可以养得好。难道养小孩,不懂得方法,可以养得好吗?可是一般人对于自己的孩子,反不如比养蜂、养蚕、养牛、养猪看得重要。对于养孩子的方法,事先既毫无准备,事后又不加以研究,好像孩子的价值,不及一只猪,一只羊。这种情形,在我国目前,到处可以看见,真是一件奇怪的事。"③他主张,人们在做父母之前,就要学习抚养、教育孩子的知识。

做家长是一种伟大的职业。既然是职业,就要像从事其他任何职业一样,需要"上岗"前的职业培训和学习,做到合格"上岗"、持证"上岗"。中国的准生证制度有效地控制了人口数量,对孩子的出生进行了批准,但未对为人父母的资格进行鉴定。孟母的"孟三徙"和孔子的"过庭语"被誉为中国家庭教育佳话,也造就了孔孟成为中华民族之魂。今天的父母面对独生子女,责任更为重大。鉴古察今,古为今用,洋为中用,中国应制定科学策略,完善准生证制度,有效发挥准生证制度的优势:准父母必须进行教育学、心理学等科学育儿知识的培训学习,经严格考核取得父母执照后,才可以获取准生证。只有这样,才能有效普及科学育儿知识,让准父母不仅具有物质准备、心理准备,更具有知识准备,提升父母的素质,为提升人口质量奠定坚实的基础,真正实现"优生优育"的目标。一个成功的父母需要不断地学习,需要"上岗"后的持续教育培训和指导。只有这样,父母才能对子女负责、对社会负责。国家要充分发挥幼儿园、学校、社区等各方面教育资源优势,多渠道进行家庭教育指导,提供父母全程指导,帮助父母努力做合格的家长,实现对子女的科学全人生指导。

---

① 吴元训.中世纪教育文选[M].北京:人民教育出版社,2005:403.
② [捷]夸美纽斯.夸美纽斯教育论著选[M].任钟印选编.北京:人民教育出版社,2005:24.
③ 陈鹤琴.陈鹤琴教育文集[M].北京:北京出版社,1983:749.

第二节　家园共育

一、家园共育

　　家园共育是家庭与幼儿园共同努力,密切配合,教师与家长形成共识,协同一致,实现科学育儿目标的教育过程。家庭与幼儿园都是培育幼儿的重要场所,家长与教师都是教育实施的主体,两者应是互动、合作的伙伴关系,共同担负着教育幼儿的任务。家园共育的核心是幼儿园与家庭、教师与家长相互配合,共同促进幼儿的发展。作为21世纪的合格父母,在教育学前儿童的过程中,必然扮演着双重角色:既是孩子的第一任教师,寓教于家庭生活之中;又是学前教育机构教师的亲密伙伴,与教师互动合作,协调一致地教育儿童。

　　幼儿园是对幼儿实施有目的、有计划、有组织的教育活动的专业教育机构,幼儿教师是专职的教育工作者,接受过专门的教育训练,懂得幼儿身心发展的特点和规律,掌握科学的幼儿教育方法,具有教育优势。幼儿园有引导、协助家庭对幼儿进行教育的责任和优势,家园共育是实现学前教育目标的保证,也是进行父母教育培训、指导家庭教育的有效途径。《幼儿园工作规程》规定:幼儿园应主动与家长配合,帮助家长创设良好的家庭教育环境,向家长宣传科学教育幼儿的知识,共同担负幼儿教育的任务。从幼儿园的教育与管理过程看,家长是其积极主动的服务对象,并且是教育的合作者;从幼儿园的社会生存与对外交流看,家长是幼儿园走向社会,获得广泛理解支持,扩大教育和服务功能以及树立园所自身良好形象的重要中介和桥梁。

　　幼儿园与家庭教育有着各自的优势,且都是对方所不能替代的。家园共育可以充分利用和整合教育资源,使其作用最大化,在提高教育者的教育能力的同时,提高学前教育的质量。家园共育拓展和丰富了教育资源,实现了家园互惠。一方面是家庭、家长以及与家长有关的一些社会联系作为社会资源被吸纳到幼儿园教育中;另一方面是幼儿园较为丰富和全面的教育资源将有利于改变单个家庭教育资源匮乏的状况。在家园合作中,幼儿园作为了解学前教育发展动态、接触最新教育理念的专门教育机构,应处于主导地位,有责任指导家长科学育儿,使家园合作成为一种双向的互动活动。《幼儿园教育指导纲要(试行)》在"组织与实施"部分中指出:家长是幼儿园教师的重要合作伙伴。应本着尊重、平等的原则,吸引家长主动参与幼儿园的教育工作。向家长介绍幼儿园的保育教育工作,争取家长的理解、支持和参与;了解幼儿的特点和家庭的需要,有针对性地开展教育工作;家园配合,使幼儿在园获得的学习经验能够在家庭中得到延续、巩固和发展;同时,使幼儿在家庭获得的经验能够在幼儿园的学习活动中得到应用。幼儿园一方面应视家长为幼儿园教育的积极合作者,把家长请进幼儿园,邀请家长参与幼儿园的教育活动,为幼儿园教育提供教育资源;并通过多种方式加强联系沟通,为广大家长提供必要的咨询和指导,保证家长能够了解幼儿在幼儿园生活的方方面面,了解幼儿园教育,帮助家长树立正确的育儿观念,掌握科学的育儿方法。另一方面,幼儿个体的发展具有整体性,幼儿园还应"走出去",指导家庭生活,将幼儿园教育延伸、渗透于家庭生活中,使幼儿的家庭生活和幼儿园生活有机融合为一个整体,实现教育的一致性,形成教育合力,发挥教育作用。家园共育将幼儿的生活环境作为一个整体呈现于教育者(幼儿教师和幼儿家长)的视野内,为教育者提供了更准确了解幼儿个体特点和存在问题的机会,幼儿教师和家长对在彼此环境中幼儿的受教育情况能较为清晰地了解,有利于实现幼儿教育的连贯性和一致性,促进幼儿全面和谐地发展(见表9-1)。

表9-1 家园同步教育栏①

班级:_____

___月___日—___月___日

教师:_____

周目标		上午		下午	
	星期	晨间活动	集体活动	游戏活动	游戏活动	户外、离园活动
一、主题活动重点 二、生活指导要点 三、自由活动 四、环境创设 五、家长工作 六、安全工作	一	晨间接待: 户外活动: 玩具提供: 集体游戏名称+重点动作发展(1~2个足球游戏) 晨间谈话: 谈话名称+目标(倾听与表达的简要目标)				
	二					
	三					
	四					
	五					

二、家园共育的途径

(一)面谈、家访、电访

面谈和家访是最直接、最方便,也是最常用的一种家园沟通方式。面谈是教师利用家长接送幼儿的时间,与家长面对面交流,了解幼儿在家的生活、学习、健康状况,并向家长简短汇报幼儿在园的主要情况,及时交换意见。家访包括周期性访问和临时性访问,周期性访问是指有目的、有计划地对全体幼儿家庭进行的访问。临时性访问是指为了解决突发事件进行的家庭访问。教师可以用这两种方式及时与家长沟通,交换意见,以达到家园共育的目的。随着社会的不断发展,人们工作、生活节奏的加快,特别是独生子女家庭,孩子通常由老人或保姆接送,家长与教师直接接触的机

---

① 资料来源于海门市海南幼儿园。

会减少。因此,在不方便家访或无法与家长面对面交流时,"电访"就成为一种简洁、方便、有效的沟通方式。电话交流方便、及时,家长、老师之间能及时地了解孩子的情况,相互探讨教育方法。幼儿园将幼儿家中及父母的电话号码进行登记,必要时同家长联系,并将班级分机号码及教师电话向家长公布,鼓励家长通过电话与教师交流。要搞好家园合作,就必须了解家长的需求与希望、家长的性格类型、家长的教育观念和方法以及家长的职业、文化水平、待人接物的习惯等情况。所以,在访谈中,教师要做到既访家长又访幼儿,两者有效结合,力图对幼儿和家长都有基本的了解。

(二) 家园联系册、家长问卷、幼儿成长档案、家长园地与橱窗栏

每个幼儿园都应配有家园联系册,教师通过每周填写幼儿在园发展情况,与家长进行交流,家长也通过联系册反馈幼儿在家的情况,以达到家园教育同步。除此之外,还可以定期发放家长问卷,对幼儿园管理、教学、伙食、卫生保健、班级服务质量及孩子最喜欢的教师等进行调查。通过对问卷的分析,了解家长对班级及全园工作的意见和建议,以便及时调整计划,改进工作。同时,还可以将家长问卷结果作为教职工考核评价的依据之一,促进大家不断改进工作,提升教育质量。

幼儿成长档案袋是教师和家长在观察了解幼儿的基础上,精心记录孩子的精彩瞬间,反映了孩子发展的个性特征和水平层次。幼儿成长档案不仅记录了孩子的成长轨迹,更是家园沟通的桥梁和纽带。幼儿园可每月向家长发放一次成长档案,及时地向家长反映孩子进步和发展情况,再通过家长的反馈信息,彼此沟通、交流,达成教育的针对性和一致性。

家长园地是家长了解班级动态的窗口,具有容量大、易更换、便于家长接送孩子时观看、阅读等优点。教师可以向家长介绍保教内容、各类育儿知识和经验以及班级情况、通知等内容。在家长园地中的内容要简短、丰富,家长在这里可以及时了解、掌握幼儿园及班级的教育信息,有利于家长了解幼儿在园的一日活动安排,并有针对性地采取适宜的方式与教师共同教育孩子。家长园地不仅是家教宣传阵地,还是家长发表见解,提出建议的场所。

橱窗栏是家长了解幼儿园的有效渠道,也是幼儿园自我宣传的媒介。在靠近园所出口或入口的地方设置一个内容丰富形式多样的橱窗栏,包括幼儿园的办园目标、教育理念、教育方式、各年龄班的教学目标、幼儿活动照片以及相关规章制度,还可以刊登优秀的家教经验和家长参与幼儿园活动的信息、图片等,还有保健老师为家长准备的一些保健知识,如夏天的防暑降温、冬天的防寒保暖知识,尤其是那些季节性的传染病的预防知识以及一些简便的应急措施等内容。

(三) 家长助教

家长是幼儿园宝贵的教育资源。家长来自各个不同的行业,各种不同职业或者不同文化背景的家长可以带给幼儿园丰富的教育内容,并能为幼儿的教育需要提供多种支持和服务。因此,根据幼儿教育内容所需,针对家长的职业特点和特长优势,有选择性地将家长请入幼儿园,为幼儿园提供助教活动。利用家长的职业优势配

合幼儿园的教育活动能产生倍增效应,使活动生动有趣,大大提高幼儿参与活动的兴趣和积极性,也能够让家长运用各自的专业知识和技能拓宽教师的视野。同时,"家长助教"还会根据自己工作的特点和环境,为幼儿提供到一些机构部门参观、开展活动的便利条件,丰富了教育活动资源。

(四)家长开放日

幼儿园可以在节假日或定期举行家长开放日活动,凡对幼儿园感兴趣的父母或者外来参观者都受欢迎,经同意可随时进入幼儿园观摩所有活动。向家长开放教育教学活动,可以使家长具体、直观地了解到孩子在幼儿园的生活及表现,为家长如何配合幼儿园教育创造了条件。家长开放日活动要内容丰富、课程平衡,全方位地展示幼儿在园的学习、游戏和生活情况,通过观摩使家长不仅了解幼儿园的培养目标和活动内容,更重要的是可以了解自己的孩子在园的表现和发展情况,了解教师工作情况。家长通过观摩活动,不仅可以学到一些教育方法,同时也能增强与教师的相互理解,增进情感联系,有利于家园配合。活动过后,家长可以和教师交流,有针对性地共商育儿方法。

(五)家长学校、家长会

对家长进行教育指导是幼儿园工作不可分割的重要组成部分。家长学校可以系统地向家长传授科学育儿知识,咨询家庭教育问题。幼儿园可开设各种辅导班,教师利用周末、节假日,长期为周围居民家长办班上课,如幼儿教育班、英语班、美术班、舞蹈班等。接受过幼儿园专业技术培训的家长,可担任其他家长的专业技术培训教师。可以根据家长的要求举办各种专题讲座,也可组织家长就共同关心或感兴趣的问题进行专题交流、研讨,引导家长交流育儿经验,取长补短,共同进步。有条件的幼儿园还可以根据需要印发园报、家长教育指导手册等文字材料,引导家庭教育科学化。

家长会有全园性的,也有年级组或班级组织召开的,主要是向家长公布幼儿园近期的工作计划及主要活动,听取家长的意见,争取家长的配合。

(六)专家讲座与咨询

幼儿园可以聘请幼教专家来园做报告和讲座,进行现场咨询,为家长提供直接有效的服务。家长可以把自己平时在教育孩子方面存在的问题、困惑和对教师、幼儿园的意见和建议跟专家进行面对面的沟通与交流。此外,为了进一步让家长了解幼儿教育的方法,做到因材施教,专家还可以为家长推荐有关幼教刊物及家庭教育书籍或文章,家长可根据需要到幼儿园图书资料室借阅,这样既方便了家长,又实现了资源共享。同时,专家根据家长反映的情况,也会对幼儿园管理、教学、卫生保健、营养膳食等方面提出一些指导性的意见和建议,使幼儿园能够及时调整工作目标。

(七)亲子活动

亲子活动是一种有助于增强教师与家长、家长与幼儿情感交流的集体活动形式,它是幼儿园与家庭十分重要的沟通渠道。丰富多彩的亲子活动,让家长和孩子有更多的亲密合作的机会,培养了幼儿良好的个性、健康的心理,强化了家长的认同感和合作责任意识,从而达到了家园共育的理想境界。因此,幼儿园可以结合主题活动、节庆日等,创设条件开展形式多样、丰富多彩的亲子活动,邀请家长参与。

(八) 网络沟通

随着幼儿园现代化管理手段的丰富,与家长沟通的方式也越来越多,网络沟通方式快捷、便利、节省时间,成为一种家园合作的新型沟通方式。可充分利用互联网这一优势,创建幼儿园网站、班级家长 QQ 群、班级家长微信群,及时把教育信息在网上公布或通过 QQ、微信传递给家长,如每天教学内容、近期活动通知、幼儿活动照片、幼儿食谱、身体发展评价等。家长通过手机、电脑就可以了解到幼儿园一日活动的方方面面。同时,还可设留言板,将园长邮箱、班级邮箱向家长公开,家长对幼儿园的管理和班级工作的意见和建议,可直接通过电子邮箱进行反馈与交流。

三、家园沟通策略

新型的家园合作关系意味着让家长成为教师的合作伙伴,让幼儿园教育指导家庭教育,让家庭教育支持、强化幼儿园教育,使家长与教师,家庭教育与幼儿园教育互相接纳、融洽,从而实现家园共育,促进每一个幼儿的发展。家园共育离不开有效的家园沟通,需要教师掌握以下策略与技巧:

(一) 重视"第一印象"

"第一印象"的好坏与人际交往的成败有着极大的关系。从心理学上来讲,人都有一定的心理定势——印象一经形成,就很难改变。因此,教师要挖掘心理定势中积极的因素,和家长见面时:

1. 注意外在形象

一个风度翩翩、仪态大方、衣着整洁的老师无疑会引起家长的好感和尊重。

2. 礼节周到热情

亲切的微笑是打开对方心灵的窗户,获取信任的金钥匙。在接待家长来访时,应时刻面带微笑,保持良好的精神状态。从礼节上来说,起身欢迎、端椅递茶;家长离开时,要起身相送。谈话中注意使用文明用语,如"请坐""请喝茶"等,这样就向家长展现了你良好的个人修养。

3. 记住家长外貌

记住家长外貌,以便下次见面时能很快地认出来,这对家长来说是一种积极的心灵反应,能使其感觉到教师对家长的重视,从而产生相应好感,愿意配合教师的教育行动。

(二) 选择合适的时间和地点

选择合适的时间和地点是成功沟通的开始,一般教师可根据所沟通问题的性质灵活选择。

1. 利用家长接送孩子的时机,在走廊或活动室沟通

这类沟通三言两语就能解决,且不需要回避他人。例如,告诉家长孩子在某类活动中表现突出,孩子的头发和指甲该剪了,了解一下孩子为什么不爱喝白开水,等等。这类沟通能有效拉近与家长的距离,为进一步沟通打下良好基础。

2. 利用家长接送孩子的时机,在幼儿园走廊一角或某个地方沟通

这类沟通一般需要回避他人,家长一般不大愿意让别人知道,幼儿也不愿意教师向家长"告状",所以教师应单独与家长沟通,共同商量解决问题的方法。例如,告诉家长孩子拿了别人的东西,损坏了教玩具,午睡时经常尿床,等等。

3. 在班上所有幼儿离园后或利用节假日,在幼儿园办公室或幼儿家里等不受干扰的地方沟通

这类沟通内容往往较复杂,涉及的问题也较严重。如告诉家长,孩子近来一直不愿意跟同伴说话,对任何活动都不感兴趣,并有攻击、自伤行为。此时教师可委婉地让家长认识到孩子问题的严重性,并和家长一起分析、查找原因,提出解决问题的策略。

(三) 重视语言沟通

语言是人们在人际交往过程中表达情感的一种重要工具。教师在与家长交谈时,要讲究语言艺术,做到:

1. 态度谦和,语气诚恳

很多家长是带着"顾虑"送孩子去幼儿园的,还有不少家长怕得罪老师,有意见也不敢提。对此,教师要主动了解家长的顾虑,揣摩家长的心思,抓住需要沟通的问题,选择恰当的时机和方式,开诚布公地与家长交流看法,并以实际行动主动消除顾虑,取得家长的信任,让家长放心。教师要放下好为人师的架子,和家长推心置腹。谦和的态度能拉近彼此的距离,给人以亲近的感觉,赢得家长的信任。诚恳的语气容易让家长产生共鸣,觉得教师确实是在关注孩子的发展,关心幼儿的将来。

2. 说话要有准备、有重点

家长与教师沟通交流的主要目的是想了解幼儿的表现,作为教师,应主动介绍情况,搭建感情的桥梁。教师主动担负起建立相互信任关系的责任,主动向家长介绍幼儿园的情况、幼儿在园各个方面的表现以及幼儿园最近开展的活动及要求,包括教师为解决幼儿的问题而采取的一些措施等,使家长了解幼儿园,理解教师的意图和方法,让家长明白幼儿园教育与孩子的表现之间的内在关系。如果教师不了解这一点,面对家长泛泛而谈,就会产生以下两种不良后果:一是不能让家长了解幼儿详细情况,达不到沟通交流的目的;二是很容易让家长觉得教师不关心孩子,易造成心理隔阂。

教师在与家长进行沟通时,具体应做到:

(1) 在正式谈话开始前,为了避免紧张,可向家长关切地询问孩子的生活情况,

如孩子每天什么时候睡觉、起床,平时喜欢和什么人玩,遇到问题一般愿意跟谁说,等等。

(2)谈话内容要始终集中在孩子身上,尽量多介绍孩子在园表现,询问孩子在家里的情况。谈论时如果说"咱们的孩子如何如何,咱们班的孩子怎样怎样",会让家长觉得很亲切。

(3)要多倾听家长的意见和看法,不要随便打断家长说话,与此同时还要巧妙答复与引导。如果始终是以教师为主,家长可能会厌烦。教师越是乐于倾听,家长就越愿意交流。倾听时可多用开放式的提问,如"为什么""怎么样"等,尽量少用封闭式的提问,如"是不是""对不对"等。

(4)尽可能以第一人称"我"来表达要说的内容,而不要用"你"来提出要求。如"你的孩子最近经常迟到,我担心他会错过很多非常好的活动",而不是说"别让你的孩子再迟到了,他会错过很多非常好的活动"。

(5)交谈一段时间后可略做总结,如"您的意思是……""您刚才说的话我是这样理解的,您看对吗"等,以表示理解和认同。

(6)谈话侧重点要因人而异。对于较熟悉、性格直爽的家长,可直接进入正题,指出孩子近阶段的进步与存在的问题,并互相商量对策;对于不大熟悉的家长,开始时可拉拉家常,以了解家长的性格,以便有针对性地开展谈话;对于脾气急躁、虚荣心强的家长,应多提孩子的长处,并委婉地指出孩子的缺点;对于谦虚、诚恳的家长,可直接挑明孩子近阶段的问题并商量对策;对于一些不关心孩子的家长,应直接指出问题的严重性;对于宠爱、放任孩子的家长,应宣传科学的育儿知识,并详细分析孩子在集体生活中的表现,使其明白溺爱孩子的不良后果。

(四)掌握非言语技巧

研究表明,交往信息中面部表情占55%,声调占38%,语言占7%,因而与言语交流相配合的非言语交流特别重要。教师在与家长沟通的过程中,应巧妙使用以下非言语技巧:与家长保持平行的目光交流,避免仰视、俯视的眼光或游离的眼神。用微笑、点头等表示对家长的尊重,用身体前倾间或以"对"或"是"等短language回应来表示对话题饶有兴趣,最好能动笔记录家长谈话的要点。注意力集中,不要边谈边干其他事情,心不在焉。在和家长沟通前、沟通中,要注意观察家长的情绪。当家长情绪不好时,最好不要"追"着家长谈话,可等家长情绪好转时再沟通。

(五)尊重家长

1. 尊重家长的人格

平等地对待家长,和家长接触,不能带有世俗的功利色彩。不论家长的职业贵贱,职务高低,都要一视同仁。教师找家长谈话,多半是幼儿出了问题,家长到园后,应及时与其一起研究对幼儿的教育方式。对家长特别是文化层次较低的家长,要克服容易滋生的"我是专业教育工作者,我懂你不懂,我讲你听"的心理情绪。在谈到幼儿问题时也要就事论事,不要把幼儿的问题或不好的习惯,归结到家长或家庭方面,更不能训斥家长。尽量采取请教、商量的态度,把找出问题的主动权让给家长,耐心地听取家长的意见,使家长产生伙伴般的亲切感。

2. 尊重家长的情感

每位家长对自己的孩子都有一种天然的偏袒心理,是父母爱子女的一种必然反应。因此,当着家长的面,对幼儿的批评也要委婉一点,照顾家长的情绪。教师可根据家长的文化水平、道德修养、职业特点,选择恰如其分的语言,反映其子女的表现。教师可以选择单独交流,避免当众交流,伤害家长的感情,造成双方情绪上的对立。

3. 尊重家长的建议

家长们总是希望老师们在教育教学中,能够注重孩子良好的行为养成教育,培养健全的人格,使他们能学有所成。不过,具体到每一位家长,各有其侧重点。家长会根据自己的了解和幼儿介绍的情况,综合分析后,对老师的教育教学和学校管理提出诸多建议。这时,教师要认真耐心地听取家长倾述,同时要辅以眼神、动作,间或插以"是这样的"或"有这种情况"之类的短语呼应,最好是动笔记一下要点。对一些不合理或不可能实现的建议,教师应该保持冷静的心态,主动沟通情况,坦诚地说明自己的观点,耐心地做好解释工作,真诚交流看法,表现出对家长心情的理解。

(六) 客观评价幼儿

1. 坚持实事求是

很多教师在评价幼儿时,往往因为自己的好恶,表现出夸大其词,这样很容易失去家长的信任。对幼儿道德品质方面的评价,应多指出其闪光点,当然也不能回避孩子身上存在的不足。教师在跟家长沟通时,要先报喜,后报忧。不管是"对中有错,还是错中有对",幼儿点滴进步都要先告诉家长,报喜说明教师喜欢孩子,然后再耐心诚恳地指出问题所在,能提醒的就是不要批评,引起家长的重视后,再来商讨教育的方法。

2. 评价"一分为二"

教师在评价幼儿时,不能以偏概全,以点带面,对表现好的幼儿一味地说好,对调皮的幼儿一味地说不好,拿着放大镜看幼儿。要认识到每一位幼儿都是一个复杂的个体,都有自己的优缺点。给家长谈幼儿时,两方面都要谈到,目的是希望孩子获得进步和提高,这样家长才会信服。在指出存在的问题时,教师要把注意力集中在幼儿的具体行为和表现上,重点是如何改正,教师要多分析原因,提出具体的改进方法。

(七) 特殊情况处理

1. 当家长不满时

对待家长的不满、抱怨甚至愤怒,应真诚地与家长沟通,以得到家长的信任和理解。想一想自己是否真的错了,如果确实是自己不对,要诚恳地向家长道歉,做到始终尊重家长。如果家长的嗓门越大,自己讲话的声调就要越轻,速度要越慢。向家长询问一些可以自由回答的问题,如:"这是如何发生的?""如果您是我,应该怎样做才好呢?"尽量不要反问,否则会让家长反感。如:"为什么别的家长没意见?""为什么你要我这样做?"让家长将不满、抱怨甚至愤怒发泄出来,如果家长的言辞带有侮辱性,则暂时找个借口回避,以后再谈。一些教师听到家长的指责和抱怨,往往会本能地为自己辩护,这样只会激化矛盾。所以,教师应把"不可能""我绝对没有说过那种话"等辩解词换成"别着急,我查查看""让我们看看这件事该怎么解决""您放心,我一定给您满意的答复"等。不能因为家长的过激情绪而影响对他孩子的看法,应更加关爱他的孩子,这样做的效果远远胜于表白。

2. 当沟通无效时

遇到这种情况,教师首先要冷静分析沟通失败的原因,然后尝试采用迂回的沟通策略。绕开态度强硬、性格固执的家长,主动和家庭中较开明的家长进行沟通。在各种建议都无效时,可以说"您想怎么办"或"您有什么要求"等,让家长直接面对问题。推荐一些相关的育儿杂志、书籍给家长阅读,或建议、安排家长参加有关专家讲座,以丰富家长的育儿知识,提高家长的认识。安排家长参加开放日活动,用事实说话,让家长自己发现问题。在家长产生解决问题的愿望时,再与其进行沟通。

第三节 家庭生活指导

一、家庭生活与幼儿发展

家庭是儿童生命的摇篮,是幼儿的主要生活场所,家长通过家庭生活潜移默化地教育影响幼儿,良好的家庭生活对幼儿的身心健康成长起奠基性作用。在家庭生活中,幼儿在父母的指导下学习语言,认识周围世界,获得粗浅的知识,学习简单的生活技能,同时在情感、个性、品德、意志等各方面都得到发展。

(一) 保障了幼儿身体的健康成长

孩子的体质状况是家长普遍关心的头等大事,强健的身体是幼儿幸福的根源,也是家庭祥和的基础。人的体质状况是遗传素质和后天获得的物质营养、保健、锻炼、精神生活等条件综合作用的结果。遗传素质是子女获得健康体质的生物前提或物质条件,优化生育条件可为子女具备健康的体质提供保障。孩子出生以后,家长根据家庭经济情况和儿童生理需要,科学安排幼儿的家庭生活,为孩子提供了物质生活条件和精神生活条件,保证了均衡的营养、充足的睡眠、适宜的锻炼、基本的疾病防护和安全保健,保障了儿童身体的健康成长。通过家庭生活,家长教给幼儿基本的生活技能和基本的疾病防护和安全保健常识,培养基本的生活自理能力和自我防护意识,养成良好的生活卫生习惯;家长合理的膳食安排满足了儿童身体成长的全部营养需要,利于良好饮食习惯的养成;动静交替的作息起居规律可以培养幼儿良好的生活习惯,保证睡眠充足、劳逸结合;利用空气、日光和水等自然界的各种因素进行全面的体育活动,这样不仅锻炼身体、增强体质,使身体各部位器官、系统和机能获得全面发展,提高对自然环境的适应能力和增强抵抗力,减少疾病,保持健康;而且多样化的亲子游戏、郊游等活动也促进了家长与子女之间的情感交流,密切了亲子关系。

(二)有利于幼儿的智力发展

婴幼儿时期,儿童已经完全具备智力发展的生理基础,是儿童观察力、语言能力等智力因素发展的关键期。根据幼儿的智力发展特点,在这个时期给幼儿各种促进智力发展的刺激,将十分有助于孩子大脑的发育和智力的发展。在家庭生活中,父母教孩子学习语言和生活常识,发展儿童各种感觉器官的能力;带孩子接触社会和大自然,引导幼儿观察、思考,开阔他们的视野,激发儿童对周围事物的兴趣,丰富他们的感性知识;在日常生活和游戏中,发展儿童的观察力、注意力、想象力和创造力;通过看图画、唱儿歌、听故事,培养幼儿的早期阅读能力和良好的学习习惯,激发幼儿的学习兴趣,调动学习主动性和积极性,激发幼儿对学习生活的向往。值得注意的是,在组织家庭生活对幼儿进行智力教育时,必须遵循科学性和全面性原则,不能有任何偏废和片面性,不可进行过度开发、强制性开发或"掠夺性开发",以保护幼儿的学习兴趣和积极性,顺应幼儿的身心发展规律。家长既要传授知识,又要发展智力;既要发展智力,又要培养能力;既要开发智力,又要关注儿童道德品质养成和情感发展教育;既要发展智力因素,又要培养非智力因素。

(三)促进了幼儿的社会性发展

社会化是人们通过各种教育途径,学习社会知识、技能和基本行为规范,从而养成自觉遵守和维护社会秩序、价值观念和行为方式的过程。儿童的社会性是指影响幼儿今后参与社会集体生活的各种因素的总和,是儿童社会化的主要内容,包含了个性、品格、情感、劳动观念等。家庭生活在一定程度上是社会生活的缩影,家庭是儿童社会化的第一场所,也是儿童社会性发展的摇篮,民主和谐的家庭氛围有助于儿童形成积极、主动的生活态度和积极健康的情感,欢乐团结的家庭生活有利于幼儿交往技能的掌握、自我意识的发展以及健康人格的养成。成人是成熟的社会成员,具有丰富的社会生活经验,在与孩子的共同生活中,会不自觉地"寓教育于生活之中",用自己的知识经验、观念去影响孩子的发展,促进了儿童的社会化进程,为幼儿健康人格养成奠定了基础。儿童通过父母的言谈举止了解社会规则、行为规范和道德意识,通过家庭生活的折射,掌握基本的社会规则及社会技能,学会从他人的角度去理解他人,同情与关心他人,养成诚实、友爱等良好的品德及良好的交往能力和开朗活泼的性格,并学会正确地认识和评价自己,培养自我控制能力和初步的责任感,树立自信心、自尊心和进取心,初步形成独立克服困难的心理适应力和解决实际生活中简单问题的能力。

(四)提高了幼儿的审美能力

"美"分为现实美和艺术美两大类:现实美主要指大自然、生活环境的美和人的言行、品德的美;艺术美主要是指文学、音乐、舞蹈、戏剧、各种工艺美术等。爱"美"之心人皆有之,幼儿对美的感知源于父母、始于家庭。孩子模仿力强,辨别美丑的能力差,家长是幼儿的审美榜样。家长的举止言行、待人接物、穿着打扮、品德行为等都要体现家长应有的气质和风度,给孩子美的影响,促进幼儿审美能力的提高。父母通过与幼儿唱歌、跳舞、绘画、听故事、朗诵诗等活动来感受艺术作品的美,可增进幼儿的美感,培养欣赏美、表现美、创造美的能力,使孩子生活愉快,性格活泼开朗。丰富、美丽的大自然是取之不尽、用之不竭的美的源泉。家长带孩子接触大自然,不仅可以开阔眼界,丰富知识经验,还可以使孩子认识自然美,欣赏自然美,并以此陶情冶性,培养爱美、爱大自然的情感。家庭生活是家长向孩子进行审美教育的广阔天地,整洁化、绿化、美化、儿童化、有序化的家庭室内外环境,能够让儿童经常受到美的熏陶。家长通过和儿童共同创设、利用美的生活环境,引导孩子观察生活中的美好事物,教育幼儿从小注意仪表朴实端庄、衣着美观大方、语言文雅大方、举止文明礼貌、待人友好热情,培养幼儿生活美的感受力和鉴别力,促使孩子更加热爱生活。

二、家庭生活指导策略

良好的家庭生活有利于幼儿的发展,幼儿园在做好园内家长指导的同时,应"进入"家庭,指导家长组织良好的家庭生活,将幼儿园教育与家庭生活有机融合,实现家园共育。

(一)建立良好的家风

家风是指在家庭环境中家庭成员相互影响、相互制约而形成的心理情绪和环境气氛,它包括家庭心理氛围、生活方式、生活情趣、传统习惯、道德规范、为人处事等。家风是一种综合的教育力量,它是思想、生活习惯、情感、态度、精神、情趣及其他心理因素等多种成分的综合体。如语言环境、情感环境、人际环境、道德环境。家风通过日常生活影响孩子的心灵,塑造孩子的人格,是一种无言的教育、无字的典籍、无声的力量,是最基本、最直接、最经常的教育,它对孩子的影响是全方位的,孩子的世界观、人生观、性格特征、道德素养、为人处事及生活习惯等,每个方面都会打上家风的烙印。良好的家风是孩子健康成长的营养液,滋润着孩子的心灵,亮丽着孩子的人生,可以养成幼儿活泼开朗、大方、好学、诚实、谦逊、合群、求知好奇等人格特征。而不良的家风可使幼儿胆怯、多疑自私、妒忌、孤独、懒惰、放任、不懂礼貌等。良好的家风是家庭成员共同努力建构出来的,是良好家庭生活行为习惯化的结果,是在良好的家庭生活榜样引领下建立起来的。

家长是家庭生活的组织者,是家庭大厦的支柱,是子女生活的依靠,也是幼儿的生活榜样。父母是孩子的镜子,孩子是父母的影子。善于模仿是孩子最大的特点,孩子总是喜欢模仿父母,以期从父母身上学到更多东西。父母的政治表现、工作态度、兴趣爱好、言谈举止、待人接物、生活方式,甚至举手投足,都可能成为孩子模仿和学习的榜样,在儿童洁白无瑕的心灵上铭刻下难以泯灭的痕迹,对儿童思想、性格、品德、作风的形成会产生深远的影响。因此,家长要注重自身修养,慎于言,敏于行,以身作则,讲文明、有礼貌,用健康向上的精神风貌和脚踏实地的生活作风,追求高品位的精神生活,培养高雅文明的生活情趣,为幼儿树立生活的榜样,共同建立良好的家风。此外,家长要引导孩子树立乐观向上、健康积极的生活态度,不发表消极反动的言论,不把工作中的不满情绪带到家中;不沾染麻将、赌博、酗酒等生活恶习,以健康的生活态度和向上的精神追求,激励、鞭策、影响和感染孩子,有意识、有步骤地教给儿童应对进退、待人接物的礼仪,循循善诱,持之以恒,使儿童耳濡目染,从小就受到良好家风的陶冶与感化。

(二) 创设和谐的家庭环境

家庭是孩子健康成长的摇篮,是孩子心灵停靠的港湾,是父母与幼儿共同生活、实施教育影响的具体场所。家庭环境是儿童身心健康发展的根本保障,包括精神环境和物质环境。精神环境是指家庭成员之间的关系、思想品德、行为规范、兴趣、爱好等;物质环境是指除人之外的物质条件及其组织和安排,如书本、电视、家庭陈设的布置、家庭环境美化等。良好的家庭环境,似春日里和煦的暖风,冬日里温柔的阳光,滋润着孩子的心田。没有充足的阳光、水分、土壤、空气,植物将无法成活;没有良好的家庭环境,孩子的身心发展将会受到影响。良好的家庭环境是孩子健康成长所必需的"土壤",家长应为幼儿提供丰富、舒适的物质环境,保障幼儿家庭生活和发展的基本需求,为幼儿的成长提供物质保证。

此外,幼儿的身心和谐发展不仅需要有利的外部环境和条件,更重要的是需要健康和谐的精神环境。精神环境能使人在不知不觉中受到感染和熏陶。幼儿在良好的精神环境中生活,会感到自由、舒畅、温暖、幸福,有助于儿童积极向上、乐观、自信品质的培养;相反,不良的精神环境,只能使人感到处处受压抑,导致幼儿各种不良品质的形成。因此,家长应注重营造民主和谐的家庭气氛,稳定的家庭结构以及和睦平等的家庭成员关系,使家庭生活环境充满团结和善、尊重关爱和理解支持,为幼儿创设和谐的精神环境以促进幼儿的身心和谐发展。

(三) 组织科学的家庭生活

幼儿家庭生活的质量高低取决于父母的素质(文化素养、思想觉悟、道德品质、兴趣爱好)和教育孩子的艺术。父母的价值观念、文化素养、道德素养、心理素质、教育素质等因素都直接或间接地影响着幼儿的发展。因此,父母要注意树立正确的家庭生活观念,重视提高自身的文化素养,丰富有关教育学、心理学等知识技能,掌握先进的育儿观念和科学育儿方法,了解儿童的身心发展特点,增强自身的教育实力;发展有益的兴趣爱好,养成风趣幽默的个性,积累丰富的家庭生活经验,为幼儿的家庭生活提供观念储备、知识储备和能力储备。

家庭生活的内容丰富,包括精神生活和物质生活两个方面。物质生活主要指家庭成员的衣食住行,包括家庭的物质生活条件、物质生活的安排,诸如家庭经济收入的安排、使用,家庭陈设的布置,家庭环境的美化等。家庭的精神生活主要指家庭成员之间的交往、学习、娱乐活动等,包括家庭成员的思想品德、行为规范,家庭成员之间的关系,兴趣、爱好和追求等。父母既须处理好物质生活与精神生活之间的关系,又要注重建立文化型的家庭生活方式。一个家庭的文化氛围,是其家风的具体体现,取决于家长的兴趣、爱好、素质和修养,需要父母不断学习,及时更新观念,具有健康向上的生活态度和积极向上的生活追求。文化型的家庭生活方式书香气息浓厚,孩子会受到熏陶、感染,可以丰富孩子的精神生活,帮助幼儿开阔视野,促进孩子的身心健康发展。家长要建立整洁有序的家庭生活,家庭环境要整洁美观,家庭生活应有规律,并组织丰富多彩、健康活泼的家庭生活活动,如家庭书画赛、故事会、朗诵会、郊游等。在活动中,可以愉悦身心,享受亲情,体验乐趣,增长智慧。家长还要提升自身的生活品位,防止家庭生活低俗化、单调化,杜绝不健康的家庭生活对孩子造成的精神污染,以免窒息幼儿的成长。

(四)记录多彩的生活情景

家庭生活是健康、幸福儿童时代的一个重要写照,家长有责任为儿童一生的幸福积累精神"财富",帮助儿童留住美好的童年生活记忆,这就需要家长对幼儿的家庭生活进行记录,并在这些记录中细细回味家庭生活的快乐。家庭生活记录是家长通过持续、细心的观察,采用如笔记本、照相机、录音机、录像机等不同的工具,用绘画、拍照、摄像等形式记录下幼儿的生活情况,从不同的角度对幼儿的家庭生活进行原始材料的收集和记录。家长通过对儿童生活记录的点点滴滴,使儿童的成长可视化。成长可视化使得幼儿具体的所说所为得以珍藏,见证幼儿的发展,并以此作为儿童认知自我的媒介;同时,可视化记录也为家长提供了一个协助儿童保存童年记忆的重要工具;它更提供了教师、家长与他人认识幼儿的详细资讯。

家庭生活记录强调真实记录幼儿在家庭生活中的真实表现。对幼儿家庭生活的真实记录包括三方面的要求:一是真实记录。以幼儿在家庭生活中发生的真实事件和真实作品作为记录内容。不排除家长对幼儿作品和事件的评论,家长评论包含对当时情景和来龙去脉的说明,既是对儿童家庭生活的描述和把握,也是对真实性的进一步丰富。二是持续记录。幼儿的生活是连续的,幼儿的成长也是连续的,若要把握幼儿的生活和成长历程,就得坚持深入观察和了解幼儿,记录幼儿的点滴生活行为。不仅要关注幼儿一段时间内的家庭生活经历,更要体现儿童家庭生活经历的具体过程。那种在儿童家庭生活记录中的"虎头蛇尾",既不是有责任心的表现,也不符合生活记录的要求。三是全面记录。只要是能体现家庭生活中幼儿各方面发展变化的,都应记录。生活记录最好以生活发生的时间顺序为编辑逻辑,标明具体时间,有序编辑。在编辑和整理家庭生活记录的过程中,可以根据实际情况,让孩子参与整理,编辑成册或归档,使编辑整理过程成为幼儿回味家庭生活快乐体验和巩固记忆的过程。家庭生活记录的目的在于成为分享和复述记忆的交流媒介,而不是"束之高阁",生活记录为家长和儿童再次倾听、观看、回忆家庭生活过程提供了独特的机会。

第四节 家庭亲子游戏指导

亲子游戏是家庭内成人,主要是父母与孩子之间发生的游戏,是成人与儿童交往的重要方式。在儿童游戏的发展过程中，亲子游戏先于伙伴游戏、师幼游戏的发生，是儿童出生以后最早出现的游戏。亲子游戏既是儿童游戏的一种重要形式，也是亲子交往的一种重要方式，为亲子间沟通架起了桥梁，既是家庭氛围的良好"润滑剂"，也是促进幼儿健康成长的重要教育资源。家庭是孩子生活的第一驿站，也是儿童成长和活动的主要空间和场所；父母是家庭环境的塑造者，也是儿童的第一任教师。研究和开展亲子游戏，对于改善亲子关系，营造良好的家庭氛围，让儿童拥有幸福快乐的童年，提高亲子教育和家园共育质量具有特殊的意义。

一、亲子游戏的发生、发展

父母亲（或看护者）是儿童日常生活的主要照料者，还是儿童直接接触与交往的最早的对象，影响着儿童的生活与发展。当母亲给孩子喂奶、换尿布时，母亲往往跟孩子说话、微笑，甚至模仿孩子的一些动作（如吐舌头），在这种亲子接触与交往的过程中，发生了最早的亲子游戏。3个月左右，当母亲跟孩子说话的时候，孩子的小脸明显地有了表情，朝自己的妈妈微笑，并出现了回应性的模仿动作。孩子欢乐的表情与动作，激起了母亲与之交往嬉戏的更大热情。这种直接的交互模仿活动，正是最早的亲子游戏的迹象。早期的亲子游戏比较简单、短暂，但可以使孩子学习社会性交往的基本规则，如参与、等待、轮流、重复等。

再大一点的孩子，逐渐会主动逗引成人。到六七个月，孩子可以和成人玩极短时间的"藏猫儿"游戏。这种动作配合着声音的嬉戏使孩子感到惊奇和快乐。这种游戏虽然简单，但可以使孩子逐渐体会到即使看不见某个物体时该物体依然存在（即物体的恒常性），同时也有益于孩子追踪物体能力的形成。以后，这种由成人发起的游戏开始演变为由孩子发起的游戏。孩子模仿成人示范过的动作与声音，使"有趣的情景"再度发生。除了这种由视线交流、动作、表情和声音为媒介的直接的交互模仿活动之外，成人与儿童的游戏还往往借助于玩具和游戏材料来进行，如摇拨浪鼓、摇铃、皮鸭子等来逗引孩子。在这种游戏中，成人往往向孩子介绍玩具或物品的名称、颜色、形状等，并且向孩子示范动作方式。这种游戏带有较明显的"教导"性质。从这时起，可以把亲子游戏划分为两种性质不同的类型：

（一）嬉戏性游戏

如挠痒痒、举高、藏和找、追和跑等，这类游戏以触觉、肢体运动为中心，目的在于情感上的交流和情绪上的满足，带有浓厚的"亲情"性质。

（二）教导性游戏

如利用卡通玩偶教孩子认物体、认字、猜谜等，在这类游戏中，成人往往为儿童提供一些带有浓厚的社会文化特点的玩具和材料，如家事玩具、积木、彩笔、图书、磁带等，以教给孩子某种知识、技能或解决问题的策略等。这些玩具一方面丰富了儿童的活动内容，另一方面也改变着亲子游戏的性质。在游戏过程中，成人往往更多地借助于语言来引导儿童掌握玩具或材料中所凝聚的社会文化经验，可以说是一种带有社会文化内容的游戏。

亲子游戏的跨文化研究表明,亲子游戏的基本形式具有普遍性,亲子游戏中均包含有视觉、听觉和触觉刺激。弗纳尔德和奥尼尔(Fernald. A. & O'Neill. D.)对南非和日本儿童家庭的研究指出,尽管两国亲子之间的躲猫猫游戏在母亲的语言表达和声调上有所不同,但在游戏的节奏、机制以及共同分享快乐方面是基本相似的,如母亲在重复出现时,经常会有一些夸张的面部表情。

亲子游戏中,儿童游戏的主动性是逐渐增强的。首先,婴儿扮演被动的角色,而且当父母同他们玩耍时,表现出享乐和注意;大约八个月大时,婴儿开始扮演主动的角色;1岁前后,当儿童偶然发现了某种"好玩的"嬉戏性因素时,他(她)会立即主动地发起和构建游戏,对父母表现出"我要和你玩"的意愿;如故意把钥匙等小物品扔在地上,让成人捡回,再扔……到了2岁,父母在游戏中的角色从直接参与者逐渐转变为游戏的边缘人。2岁起,儿童更愿意与同伴游戏而不是与成人一起游戏,同伴游戏逐渐取代亲子游戏。但在独生子女占主体的中国家庭(尤其在城市),由于兄弟姊妹及同伴的缺乏,亲子游戏会一直占据儿童游戏的重要地位。

二、亲子游戏的特点

以亲情为基础的亲子游戏中,成人和儿童结成了两种关系,一种是横向的、对等的玩伴关系,一种是纵向的、不对等的应求关系。这样两种关系,使亲子游戏具有情感性和教育性两个特点。这两个特点,正是亲子游戏的价值所在。

(一) 情感性

亲子游戏中,成人与儿童是横向的、对等的玩伴关系,共同游戏和娱乐。由于这种玩伴关系以共同生活中积累起来的亲子感情作为基础,因此这种游戏带有明显的"亲情"性质,具体表现为游戏中有较多的身体接触与视线交流以及无拘束的欢笑。这一点使得亲子游戏不同于成人与儿童游戏的另一种类型——师幼游戏。

由于亲子游戏以亲子之间平等的玩伴关系为基础,因此,亲子游戏又能够促进亲子关系的发展,密切亲子之间的情感联系。亲子依恋是父母与子女之间形成的双向情感联系,亲子之间的感情虽然有先天的血缘关系作为基础,但是后天的共同生活是这种感情发展的土壤,母爱或父爱都需要在后天培育。当父母看到孩子能回应自己发出的游戏信号、和自己一起游戏时,会感到莫大的喜悦与安慰,忘却育儿的烦恼。子女对父母依恋的形成,不仅需要父母满足他们的生理需要(如食物、水、温暖舒适、解除痛苦),也需要感受父母的爱与关注,需要与父母的交往与交流。亲子游戏可以强化子女与父母之间的情感联系,是亲子交往的最好方式。

(二) 教育性

成人是成熟的社会成员,具有丰富的社会生活经验。事实上,他们不仅是孩子的玩伴,还是孩子的保护者、教育者。他们在和孩子游戏的过程中,自觉不自觉地会"寓教育于游戏之中",用自己的知识经验、观念去影响孩子的游戏。因此,除了对等的玩伴关系外,成人和儿童在游戏过程中还结成了纵向的、不对等的应求关系。由于这种关系的存在,亲子游戏在促进儿童发展,尤其是心理发展方面具有极其重要的价值,使得亲子游戏具有明显的教育性特点。这种教育性主要表现在以下几个方面:

1. 亲子游戏可以促进儿童认知能力的发展

成人能够敏感地觉察到儿童对游戏方式的情绪与体力反应,采取适合于儿童发展水平与能力的方式来构建和调整游戏,使游戏有利于儿童的安全、健康与发展,有助于孩子增长见识、拓宽视野。亲子游戏中,儿童在父母的参与(如安排游戏机会、监督儿童游戏中的互动行为)过程中所获得的知识、经验和技能往往比在独自游戏和伙伴游戏中获得的知识、经验和技能更丰富,更有益于认知发展。此外,亲子游戏还具有许多特殊的意义,如亲子间的假想游戏有利于儿童建构其对社会的认识;父母重视孩子的游戏并参与其中有助于孩子的创造力发展;3～5岁儿童的竞争能力和胜任能力会因母亲积极参与他们的游戏而有较大的提高。

2. 亲子游戏可以促进儿童社交能力的发展

经常与孩子一起游戏、生活愉快的父母在促进孩子的社会性发展方面起着重要作用;而那些缺乏与父母一起游戏的机会、生活不愉快的孩子在游戏活动中则不善于与他人交往。4岁以前,当儿童与同龄伙伴一起游戏时,往往是独自游戏和平行游戏。但在亲子游戏中,由于有成人的引导与帮助,儿童能够很好地承担游戏合作者的角色,因而社会性交往水平高于伙伴游戏中的交往水平。父亲积极发起并参与儿童游戏(尤其是体育游戏),母亲参与并指导儿童的游戏都与儿童的同伴交往能力呈正相关,这些儿童在幼儿园中普遍受到同伴的欢迎,并具有一定的交往技巧。

3. 亲子游戏有助于儿童的语言发展

在亲子游戏过程中,伴随着大量的言语交往。尤其在儿童出生后的第一年里,父母与婴儿之间的游戏中包含的丰富的语言结构因素,为婴儿语言的学习提供了有利环境。斯特恩(Stern,D.)对母婴游戏中母亲发音的音调、强度、速度、停顿等方面进行了细致的分析,指出母婴间的有声对话是一种超常对话,它更像是母亲在想象的对话形式中的独白,因为,虽然婴儿少有回声,母亲一般都当作他回答过了。正是在这种对话中,婴儿从母亲那里接触了"说话—停顿"的时间模式和成熟的时间结构,从而学到了怎样按正常对话交流所要求的那样去依次讲话,一般到婴儿三个月大时,婴儿与母亲就可以形成一种交替讲话的模式。

4. 亲子游戏可以促进儿童良好情绪情感的发展

婴幼儿与成人的社会游戏包含相互的参与、轮流和重复的动作,如来回推拉玩具、扮鬼脸等,这其实是一种社会互动,并以游戏的方式进行,不论是语言表达还是非语言表达都处在一种愉快、欢笑的气氛中,因此有一种不带期望、夸张的或异于寻常的正向情感的交流,有助于婴幼儿良好情感的发展。早期的亲子游戏蕴含一种情感调整的过程——即如何跟他人一起玩并分享快乐,这种情感调整过程对婴儿来说是充满乐趣的。大量研究已证实,愉快的、相互参与的互动正是良好的亲子关系的特征,亲子游戏有助于婴儿形成积极的安全依恋。母亲在面对面亲子游戏中的愉悦和积极表达使婴儿表现出微笑和跳跃行为,到了九个月大时,婴儿就基本上形成了安全依恋。安全依恋与游戏中获得的快乐体验,有助于儿童人际交往兴趣的形成与发展,有助于儿童活泼开朗性格的形成。

亲子游戏不仅有益于亲子之间的情感交流,密切亲子关系,有益于儿童的发展;而且对于儿童的实物游戏和伙伴游戏也具有重要的促进和影响作用。儿童在亲子游戏中获得的对待物体的态度、方式、方法以及人际交往的态度、方式、方法会迁移到儿童的实物游戏和伙伴游戏中去。反过来,儿童在实物游戏和伙伴游戏中获得的经验又会进一步丰富亲子游戏的内容。

三、亲子游戏的影响因素

儿童的游戏行为受其内部性格特征的影响,但家庭生活的气氛、家长自身的素质、家长对儿童的抚养方式以及家庭的结构和居住环境等对亲子游戏的影响作用也是巨大的。

(一) 亲子关系

在亲子互动中,通过嬉戏性的交流活动,父母为孩子提供了游戏的安全感及其强化的作用。孩子从父母那里不仅获得食物和照料,同时也获得精神上的安抚,体验到爱的温暖。疼爱孩子是父母的天性,依恋父母也是孩子的特点。在亲密的亲子关系中,儿童初步建立起信任的情感。安全感是亲子游戏必不可少的心理背景,儿童具有了安全感就可以更加积极地尝试以不同的方式来行动,以不同的方式来玩弄物体,儿童相信父母的积极回应。在具备安全型亲子依恋关系的家庭中,其亲子游戏数量和质量都远远高于非安全型亲子关系家庭中的亲子游戏。

(二) 家庭结构与气氛

父母与儿童组成了家庭的基本结构,完整的家庭结构和家庭成员间的和谐关系所构建的良好气氛是儿童成长也是亲子游戏发展的根本保障。相反,家庭结构的不完全或由于离婚等造成的家庭成员关系的不正常,会阻碍和制约亲子游戏和儿童身心的健康发展。父母在婚姻问题上的纠纷而造成的家庭关系紧张和对孩子关爱的缺失,会使孩子感到焦躁不安、胆怯、孤僻等,这会对儿童游戏产生不利的影响,表现为游戏发展迟缓、异常。研究表明,来自核心家庭的儿童比单亲家庭的儿童开展象征性游戏的能力更强,他们更趋向于以物代物,亲子游戏的内容也更丰富。此外,来自大家庭的男孩和晚出生的男孩较好玩,较具游戏性,更能积极寻求与父母进行的亲子游戏。同时,没有姊妹的情形降低了男孩的游戏性,而没有姊妹的女孩较具游戏性。

(三) 父母与儿童的性别

父母的作用会对儿童游戏的性质产生影响,父亲往往倾向于与孩子玩嬉戏性游戏,选择与触觉有关、直接用肢体运动的体育游戏,如打闹、弹跳、举高等较粗犷、独特、激烈且带有刺激性的游戏活动,幼儿更喜欢与父亲一起玩亲子游戏。而母亲往往倾向于和孩子玩较传统的、利用玩具和物体刺激幼儿且带有言语或教导性的非剧烈性的游戏,如躲猫猫。霍恩(Hoorn,V.)对中国、墨西哥、菲律宾、美国等不同文化背景国家中的母婴游戏的研究表明,尽管文化背景不同,但80%的母婴游戏都源于传统的游戏形式或者稍加改变,而且游戏的方式方法均有相同之处,如都包含有身体接触、视线交流、谈话、简单重复的歌谣、仪式化的重复动作(如拍打、摇摆、抓痒等)、微笑,动作速度适中并有节奏感等。

父母给儿童提供形式各异的刺激形成不同的游戏类型,影响了有性别区分的游戏活动。父亲将女儿看成是柔弱、小巧、可爱,而将儿子描述成好动与调皮。男孩的卧室内有更多的玩具汽车和体育器材及战争玩具,而女孩的卧室内有更多的洋娃娃和家用玩具,还装饰着花边和印花墙纸,色彩多为粉色系列。男孩更喜欢体育游戏,尤其是剧烈运动的游戏,如摔跤和球类游戏;而女孩较喜欢非剧烈性、安静的游戏,如娃娃家等。

(四) 父母的游戏性

父母的游戏性越高,在亲子游戏中的情感表达和游戏刺激越积极,儿童对父母的反应及游戏行为就会越积极。富有游戏性的成人通常也是具有高度创造力,甚至十分聪明的个体,能对儿童游戏技能的变化做出敏锐的反应。因此,乐于游戏的儿童都有一个乐于游戏的父母。研究发现,母亲的积极游戏行为可以激发婴幼儿与母亲进行更多的视线交流和微笑,当母亲与孩子一起玩游戏时,孩子玩的时间要比他单独玩的时间长,而且大部分2~3岁孩子的想象游戏是由母亲诱导出来的,并对孩子以后的社会戏剧游戏有很大帮助。塔米斯-莱蒙达和博恩斯坦的研究表明,父母对亲子游戏的影响最重要的因素是其示范行为和发起活动行为,例如母亲用玩具电话假装拨打电话,然后把玩具电话放到婴儿面前,示意婴儿去拨打电话。母亲的这种行为具有很重大的意义,它为婴儿的游戏行为提供了范例,可以激发婴儿积极地与母亲发生游戏行为,尤其是在象征游戏中,母亲自身的游戏行为(如手势、语言及对游戏活动的解释)越积极,婴儿也就越喜欢象征游戏。

(五) 父母的年龄、社会经济地位和文化程度

父母的年龄与亲子体育游戏的发生频率呈负相关,即父母的年龄越大,其与儿童开展的体育游戏越少,这可能是因为年龄大的父母不愿意或者没有能力参与需要耗费较多体能的游戏类型,同时亲子体育游戏发生的频率和水平在儿童1岁以前表现较低,在儿童1~4岁时达到高峰,在儿童10岁以后又呈下降趋势。同样,父母的社会经济地位和文化程度对亲子游戏也具有一定的影响,中产阶级的父母比低收入家庭的父母参与更多的儿童游戏,高学历的父母比低学历的父母更支持大人参与孩子的游戏。此外,父母社会经济地位低,亲子游戏的发生频率和水平也较低。

四、家庭亲子游戏现状

亲子教育是指以亲子关系为纽带的父母与子女一起参与、共同提高的一种科学

育儿的教育形式,具有双向互动和情感交融的特点。亲子教育包含亲职教育和亲情教育两个主要部分:一为"怎样做父母"的尽职教育;二为父母"如何与子女建立正向的亲子关系"的情感教育。它将亲子游戏活动作为主要教育手段,提高家长的科学育儿水平,实现幼儿学习、家长培训的指导思想,形成了教师、家长与幼儿进行互动游戏的教学模式,目的是通过亲子间的互动游戏帮助父母建立科学的教育理念,使家长成为合格的教育者,为孩子创建安全、自由、富有教育意义的成长环境,促进孩子的身心和谐发展。

家庭是孩子最早接触的社会环境,是儿童生活的第一驿站;父母是幼儿的第一位启蒙老师,其教育行为对幼儿今后的成长起着至关重要的作用。儿童的人格特质、态度观念、社会行为以及情绪发展,均是在家庭环境中,借着与父母的互动,逐渐被熏陶与社会化的。教养儿童是父母的自然权利和义务,实施科学的亲子教育无疑是父母担当教育责任的最好体现。随着社会的发展,人民生活水平的提高,以及家庭结构的变化,中国的家长越来越重视对子女的教育。但由于现代父母并没有获得足够的机会和条件来接受如何教养子女的训练,缺乏科学的育儿观念和知识,使得家庭教育现状不容乐观:

(一)重视知识、技能的学习和训练,忽视儿童的游戏与交往(包括与成人、同伴的交往)

中国城乡家庭都很重视幼儿的早期学习,经常提供某种知识、技能的学习机会,普遍把读、写、算看作儿童应得到发展与培养的最重要的技能,很少关注儿童交往技能的培养。家长对于自己同孩子的交往接触虽然也给予了一定的注意,但交往频率最高的活动往往是教孩子学数学、音乐、识字和户外活动等。家长普遍把识字、念书或读写算的技能训练看作"学习",而不认为幼儿游戏也是学习,还不能正确看待游戏与学习的关系,没有充分认识到游戏对于幼儿发展的价值。

(二)对亲子游戏的价值认识不足

一方面,家庭教育中成人化、课堂化的现象严重。另一方面,亲子游戏的重要性没有被人们真正认识与接受。家长的亲子游戏观念、态度以及游戏水平等有待改变,三成以上的家长对亲子游戏的认识存在误区,把儿童当作玩具,儿童成为成人游戏的媒介,家长设计的游戏有主要用来取悦或娱乐儿童的现象,有些游戏甚至会使孩子觉得无聊或产生挫折。虽然有家长重视亲子游戏,但参与率、积极性受工作、家庭关系等因素的影响而不高,没有正确认识成人在幼儿游戏中的价值。多数家庭中,亲子游戏中婴儿的游戏伙伴以"妈妈"为主,"爸爸"的参与率低于祖辈。家长普遍认为亲子游戏的组织为家长和孩子提供了娱乐机会,但忽视了其中的亲子教育价值。

由于婴幼儿年龄小,所以亲子游戏是亲子教育的关键途径,许多教育内容都应该"寓教于乐",通过游戏让孩子对所要学习的内容产生强烈的好奇心和兴趣,从而达到教育孩子的目的。亲子游戏可以提升亲子教育质量,丰富家庭生活,密切亲子关系,促进儿童发展,既有益于成人,也有益于儿童。因此,改变幼儿家庭教育中成人化、课堂化的现象,把游戏引进家庭,进行科学的亲子游戏指导是实施完满亲子教育的关键。

五、家庭亲子游戏指导

(一) 树立正确的游戏观念

引导家长参与和观摩亲子游戏活动,感受、体验亲子游戏带给孩子的快乐情绪和积极的促进作用,可以让家长认识到亲子游戏的意义,走出亲子游戏的认识误区。此外,还可组织专家讲座,实施父母教育,向家长宣传和说明游戏的重要性,提供一系列合理、有效并具有针对性的方法,协助父母教养他们的子女,破除"游戏不是学习"的传统观念,树立正确的亲子游戏观念,使他们科学认识亲子教育、亲子游戏,真正重视并参与游戏,提高家庭亲子游戏的频率及质量,提升亲子教育质量。

(二) 选择多样化的游戏材料

合适的玩具是亲子游戏的媒介,可刺激儿童游戏的乐趣,增进游戏的价值。家长为婴幼儿选择玩具时,要考虑到其教育意义与艺术性,注意物美价廉、经济适用和卫生安全,并要注意游戏材料的多样化、新颖性和多变性,以满足身体游戏、社会性游戏、建构性游戏、戏剧性游戏和规则性游戏的需要。在提供游戏材料和玩具时,应符合孩子的年龄特点,给年幼的孩子以提供成型玩具为主,适当提供一些半成品玩具;随着年龄的增长,逐步增加玩具的种类和半成品玩具的数量。家长还可以引导孩子自制玩具和自找玩具,慧眼发现、利用大自然的材料和家用物品的游戏价值,将一些自然物(如树枝、卵石、沙子、小草、树叶等)和简单的家用物品(如塑料瓶、空盒子、靠垫等)纳为游戏材料,这样不仅丰富了游戏的内容,而且有助于发展婴幼儿的智力和想象力,并养成勤俭节约的好习惯。

(三) 创设良好的游戏环境

游戏环境是指为儿童游戏活动所提供的条件,包括物质环境和心理环境。物质环境必须具有安全性和丰富的刺激性,可参与性高,并且教育性与可控性相结合,把教育意图渗透在游戏环境中,创设一个自由自在、充满有趣事物的高适宜性游戏环境和游戏舞台。但要避免过于繁杂、无序,造成刺激因素过多,影响儿童的专注力。家长可在室内创设较稳定的游戏区、游戏角,并配备多样化的适合婴幼儿身心发展特点的游戏材料和设备,注意在一定时期内进行变更,使儿童感到新鲜有趣,提高儿童的游戏兴趣。同时,家长还要充分利用社区的户外游戏资源,选择游戏场、邻里以及自然的游戏环境,为儿童提供充分的户外游戏机会。

健康、活泼、生动的亲子游戏的开展,不仅有赖于良好的物质环境,更需要一个和谐、温馨、民主、平等的心理环境。儿童只有在轻松、愉快的精神状态下,才能积极、主动地参与游戏中去,全身心地投入游戏的想象和创造中。良好的亲子关系和温和、安全、放松的心理氛围不仅是亲子游戏开展的条件,也是儿童健康发展的保证。家长应当营造和谐快乐的家庭氛围,建立安全的亲子依恋关系,民主、平等地对待子女,在游戏中和孩子结成平等的玩伴关系,尊重孩子的需要和兴趣,让孩子喜欢游戏,积极、投入地参与游戏中,并从中获得收益。家长应避免在游戏中对孩子提过高的要求,把游戏变成是由家长陪同的"学习",并应杜绝恐吓、责罚、强迫孩子"游戏"或把孩子当玩具逗玩的不理智行为。

（四）丰富适宜的游戏内容

亲子游戏的内容要适合儿童的年龄发展水平、兴趣倾向,但家长缺乏亲子游戏资源和对游戏的自主创编、生成能力。可为家长介绍与孩子年龄相适宜的亲子游戏内容,提供游戏资源,让家长了解亲子游戏内容丰富、形式多样,能够根据幼儿的年龄特点选择不同的游戏。指导家长对游戏内容的创编和生成,引导家长设计一些生动有趣而又便于实施的亲子游戏,从儿童的生活中挖掘游戏,将游戏和婴幼儿一日生活的各个环节紧密结合,把游戏活动要素渗入其中,使生活游戏化,使儿童在活动中获得游戏性体验,在亲子游戏中感受到生活的快乐。

（五）实施科学的游戏互动

亲子游戏中,父母不仅充当着导演、参与者的角色,还应当是一位细致的观察者。观察是成人接近游戏的起点,是理解儿童游戏行为的关键。家长成功地进行亲子游戏完全依赖于其仔细观察,观察不仅使成人了解应当在什么时候提供时间、材料、空间或适当的经验,也提示了成人参与和协助的适当时间,并为确定最有益的参与类型提供了线索和依据。成人通过对儿童游戏的仔细观察,可以了解游戏的内容和儿童的兴趣、习惯、能力等,并选择适合于儿童的游戏互动方式。家长需要掌握必要的游戏观察技能,具备一双"慧眼",能够发现儿童游戏行为中的真实天性,并依此采取积极性回应。

家长进行支持性和回应性地参与亲子游戏时,能大大丰富儿童的游戏经历和体验,而以太间接或控制性、太干涉性地参与游戏时,则会严重破坏游戏,对游戏产生副作用。研究发现,最有效的亲子游戏互动策略就是家长适宜地参与游戏,担当支持性角色,做"舞台管理者"和"共同游戏者",帮助儿童为游戏做准备,成为儿童的游戏伙伴,并以不影响游戏进程为前提,在游戏进行过程中充分运用暗示原理,以游戏角色给予隐蔽的间接指导和支持,启发幼儿模仿和思考。

第五节　幼儿园亲子游戏的开展

教师与家长都是幼儿教育的主体,共同承担着教育幼儿的责任。幼儿园亲子游戏以其生动、活泼、有效、实用的教育形式促进了幼儿的全面发展,是幼儿园亲子教育的主要实施途径,也是家园共育的重要途径和组织形式。在幼儿园开展亲子游戏,可以帮助家长了解幼儿园的教育理念,充分开发利用教师与家长两方面教育资源,激发家长积极合作的态度,促进家园合作,最大限度地形成教育合力,从而为幼儿创造最佳的教育环境。

一、幼儿园亲子游戏的特殊性

与家庭中的亲子游戏相比,幼儿园亲子游戏具有以下特殊性:

(一) 指导性

幼儿园亲子游戏是具有幼儿教育专业知识的教师有目的、有计划地组织家长与幼儿共同进行的游戏,具有较强的指导性。幼儿教师掌握着专业化的幼教知识,其针对性的组织指导,使家长在活动中获得了正确的育儿观念和育儿方法,逐步了解培养、教育孩子的重要性,并反思自己的家庭教育内容和方法,将观念和方法融入与孩子相处的每一刻,提高家长的教育水平,使家长能理解、支持和配合幼儿园的教育,从而最终实现孩子的健康和谐发展。

(二) 多向互动性

幼儿园亲子游戏面向全体幼儿和家长,充分发挥幼儿的主动性和家长的参与性,以促进每个幼儿获得身心的全面发展。其中,教师、家长、幼儿都积极参与活动,呈现了幼儿园亲子游戏活动的多向互动性(见图9-1),为幼儿与家长、教师与家长、家长与家长、幼儿与幼儿之间搭起一座沟通、交流的桥梁,增进了家长之间、幼儿之间、家长与幼儿之间、家长与教师之间的全面了解与合作,密切了彼此的情感。

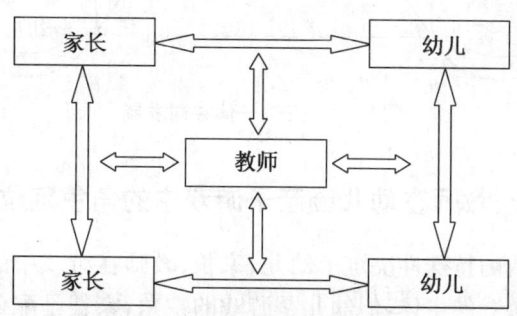

图9-1 幼儿园亲子游戏互动图

(三) 共同发展性

多向互动性提升了幼儿园亲子游戏的全面教育价值,使得教师、家长以及儿童均从中获益匪浅,体现了幼儿园亲子游戏三位一体的共同发展性(见图9-2)。教师通过对亲子互动的观察,更清楚地了解到幼儿的个体发展特点和个体需要,及时了解到家长的儿童观、教育观及对孩子的指导方式方法,用自己的幼儿教育专业知识影响家长,使家长对幼儿园教育及幼儿教育的目标、内容、方式方法有更准确的把握,促进家长的幼儿教育理念的提升及方法的更新。家长也以所获得的有针对性的育儿经验影响着教师,使教师更全面地了解幼儿,及时调整自己的教育理念与方法,更好地做到因材施教。教师与家长双方积极互动、合作,缩短了教师与家长的距离,进一步密切了教师与家长的关系,实现家园同步教育。

亲子游戏中,家长能更直接地了解到自己的孩子在集体中的表现,帮助家长了解孩子的情况,正确评价孩子的发展水平,从而确定合理的期望值,做好家庭教育。同时,幼儿园亲子游戏为家长之间相互交流、相互学习提供了平台,使家长能够有机会交流成功的教育经验,共同探讨"育儿经"。

家长的参与,可以满足幼儿依恋父母的情感需要,增进亲子间的感情交流及合作,让孩子感受到幼儿园如家庭般温暖,会产生更强的安全感和大胆探索的勇气。由于教师与家长的共同关注,让幼儿产生较强的成就动机,积极参与游戏并乐于与同伴互动,进行联合学习或合作学习。教师、家长、同伴之间的积极互动及自身主动的参与,使幼儿身心获得最大限度的发展。

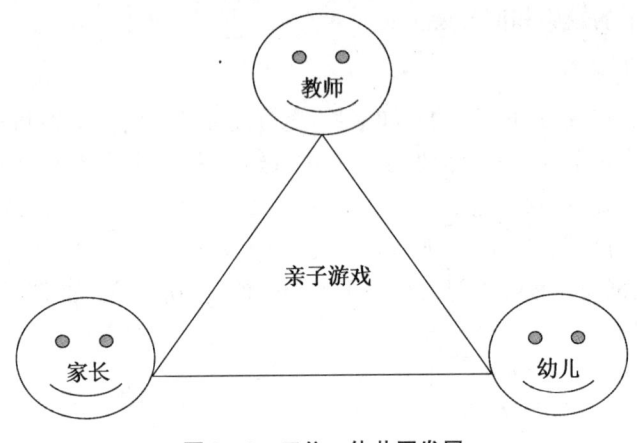

图9-2 三位一体共同发展

二、幼儿、家长、教师在幼儿园亲子游戏中的角色定位

幼儿园亲子游戏的特殊性决定了幼儿、家长、教师在游戏中的角色扮演,虽然三者都是幼儿园亲子游戏的主体,但幼儿是游戏的主角,家长是配角,教师是主要的发起者与组织者,是游戏活动的导演。对幼儿、家长、教师在游戏中的角色进行准确定位,是幼儿园亲子游戏成功开展的关键。

(一)幼儿是主角

幼儿是幼儿园亲子游戏的主人,幼儿的发展需要是引发亲子游戏开展的重要原因,教师与家长沟通交流,了解幼儿的发展需要,根据幼儿的发展需要决定是否开展幼儿园亲子游戏、开展怎样的亲子游戏和怎样开展亲子游戏。幼儿园亲子游戏的开展是以幼儿为核心展开的,幼儿应是游戏的主角,让幼儿在游戏中主动、积极地感受快乐,获得发展。然而,现实中却存在幼儿主体缺失现象,游戏中家长成为游戏的主角,家长处于中心、主导、控制地位,幼儿则处于边缘、被动、依赖地位,形成不对等的两极,甚至出现完全的包办代替,致使幼儿失去了锻炼的机会,影响了幼儿自主的活动,亲子游戏变成了成人的娱乐,其教育价值大打折扣。

(二) 家长是配角

亲子游戏中的主角只能是幼儿，家长是游戏的配角，担当支持者、观察者、合作者的责任。

首先，家长要提供精神支持，对幼儿园开展的亲子游戏活动给予关心，积极参加游戏活动。家长用自己的参与热情感染孩子，尽可能低要求、多赞许，给予孩子信心，避免未达意愿就严厉指责、批评幼儿，避免盲目横向比较，不要一味地追求游戏尤其是竞赛性游戏的输赢结果。

其次，在亲子游戏中，家长要善于观察、了解孩子在集体活动中的表现，发现孩子的特点、发展优势和可能存在的问题，然后和教师多一些沟通，以利于今后采取有效的教育措施。如有的幼儿交往能力比较弱，当家长在活动中发现这一问题后，家长就可以有意识地去引导孩子与同伴交往。而且家长还可以观察其他孩子的发展，能够理性地与自己的孩子比较；可以观察其他家长对孩子的态度、方法，通过思考分析，调整自己的教养方式和方法等。

再次，家长是玩伴，是和幼儿一起游戏的合作者。在亲子游戏中，家长应摆正自己在活动中的地位，须跟幼儿平等相处，不能以长者自居，应尊重幼儿，与幼儿相互配合，相互商量，共同合作，要尽可能多地给幼儿提供获得锻炼的能力，不包办代替，培养幼儿的独立性和坚持性，以玩伴的身份跟幼儿一起完成游戏活动，做幼儿成功的合作者。

同时，家长还应是教师的协作者，协助教师组织游戏活动，达成游戏中促进幼儿发展的教育目标。

(三) 教师是"导演"

在幼儿园亲子游戏中，教师是游戏的组织者，是导演，全程规划、引导家长与幼儿参与亲子游戏，宏观调控着游戏的开展。教师要创造性设计或选择适宜的亲子游戏，选择适宜的时间和地点、有效地组织亲子游戏。

同时，教师利用家长来园开展活动的大好机会，可巧妙地搭建幼儿与家长、家长与家长、家长与教师互动交流的平台。教师通过游戏中的沟通与交流，收集有关家长的个性特点、家庭教育方式、亲子关系等信息，鼓励和欢迎家长及时提出合理的建议，更好地了解和把握幼儿的情况，及时调整教育策略，以便双方开展更具针对性的教育活动，共同担负起养育孩子的职责。

三、幼儿园亲子游戏的内容与形式

幼儿园亲子游戏是幼儿园教育的组成部分，幼儿园通常依据教育要求，结合节日活动(如植树节、元宵节、母亲节、端午节、儿童节、中秋节等)、迎新活动、毕业欢送活动、家长开放日等开展亲子游戏。此外，还可以根据家长的不同需求开展亲子郊游、亲子体育游戏会等专题性的亲子游戏，但要选择最有代表性的内容，让所有的家长和幼儿都能参与。幼儿园亲子游戏一般以班级为单位进行，全园性大型集体形式的亲子游戏不能太频繁,一学期2~3次为宜,以免过多牵扯教师和家长的精力。

常见的幼儿园亲子游戏有以下几种:

(一)亲子郊游

此项活动意在让幼儿走出幼儿园,与父母一起到大自然中去观察,去尽情享受大自然的美,在大自然中组织游戏,体验欢快的情绪,增进亲子间的感情。如春天的放风筝,秋天的农家乐等活动,这些亲子郊游活动,既让家长和幼儿亲近了大自然,感受了游戏的快乐,还分享了大家自备的特色美食,体验了"大家庭"的温暖。

(二)亲子体育游戏

亲子体育游戏通常要求家长和孩子通过共同努力来完成某项任务,这种游戏适合于不同年龄的孩子,如"传递孩子""三人四足走""运小猪""踩报纸""划小船""走大鞋"等,需要家长与孩子密切配合相互协调,才能完成游戏。此项活动意在让家长与幼儿一起通过运动项目的竞赛,锻炼身体,增强体质,培养亲子间的协作意识,让幼儿感受在幼儿园与父母一同游戏的乐趣。

(三)节日庆典活动中的亲子游戏

在大型节日庆祝活动中,幼儿园可以结合节日组织家长和幼儿开展一些具有民俗和节庆特色的亲子游戏,既可以增加节日的喜乐氛围,了解中国博大精深的民俗风情;又可以让幼儿充分享受和小伙伴、和家人一起游戏的节日快乐。如元宵夜的民俗游戏"放烧火"、端午节的"家庭赛龙舟"、中秋节的湖边"荷花灯"活动、重阳节的"全家敬老总动员"等。

(四)结合主题开展的亲子游戏

结合主题教育开展的亲子游戏是根据教育内容而专门设计的教学亲子游戏。在这些亲子游戏活动中,教师都将教育内容和指导要求融合在快乐的游戏活动中,向家长提供了互相学习、交流、教育的机会,促使家长提高教养素质和能力,也为孩子和家长提供共同游戏、共同成长的环境和氛围,增进亲子间的感情。如在大班主题活动"有趣的植物"中开展"买菜"的亲子游戏,由家长扮演各种自带的蔬菜进行表演,讲出各种蔬菜的名称、特征、用途,幼儿去"买菜",然后家长和幼儿共同进行蔬菜工艺制作,并请幼儿评奖,既丰富了孩子们的生活经验,又帮助了家长解决孩子偏食、挑食的问题。

四、幼儿园亲子游戏的开展

幼儿园面向全体幼儿,开展多种形式的亲子游戏,充分发挥幼儿的主动性和家长的参与性,邀请家长和孩子一起参与,创设家长参与游戏的机会,使其在游戏中感受孩子的积极表现,体会游戏带来的乐趣。

(一)游戏准备

教师要制订活动计划,设计活动方案,进行周密的游戏筹备工作。幼儿园亲子游戏的组织要根据幼儿的年龄特点和发展水平,确定符合儿童发展需要的具有指导性和可操作性的游戏目标,同时兼顾家长的需求,主要体现在幼儿的发展、亲子的情感交流和家长的科学育儿三个方面。适宜的目标应依据幼儿的"最近发展区",既考虑孩子某一方面发展的需要,又要着眼于孩子整体发展的需要;既要考虑儿童群体的水平,又要兼顾幼儿的个体差异。教师要仔细观察幼儿,对家长与幼儿要有比较全面的了解,针对幼儿成长的需要设计游戏主题、确定活动目标、选择适宜的内容和方法。

教师还可以鼓励家长参与设计园所的亲子游戏方案,发动家长和孩子共同设计游戏的内容、形式、规则和要求,准备活动材料,布置活动场地,体现家长的参与性,发挥家长的能动性,充分开发和利用家长的教育资源。但要以自愿为原则,而不是加重家长的负担,节假日、周末以及晚间亲子游戏可避免家长在时间和精力上承受过重的压力。在设计亲子游戏时,可以根据季节不同适当安排在室内或室外,根据儿童年龄的不同确定活动时间的长短。活动要注意动静交替,集体活动与分散活动相结合,时间不宜过长,防止过度疲劳。根据家长和孩子的具体情况适当注意调整活动内容和活动节奏,既要防止内容单一、形式单调,又要防止花样繁多、任务过重。应根据亲子游戏需要选择适宜的活动场地,充分利用生活中的各种废旧材料和自然物(如各种物品包装盒、包装袋、树的落叶、水果核等),提供符合孩子的年龄特点的设施和玩具材料,保证游戏的顺利进行。

教师提前给家长发放通知,预告游戏活动的地点、内容、目标、程序、注意事项等,在需要家长提供帮助的方面提请家长协助,以便于家长安排相关事宜。

(二) 游戏进行

在游戏的开始,利用事先准备好的材料或身边的游戏环境吸引家长和幼儿,激发其参与游戏的兴趣。教师可先告诉幼儿游戏的名称,再用简洁的语言向家长说明游戏的主要内容、操作方法、注意事项和此游戏的价值,提出要求并进行必要的示范和讲解。教师要让每个家长明白亲子游戏的目的、要求及使孩子获得主动发展的方法和手段,对家长提出的要求应具体可操作,并能举一反三,创造更好的经验和方法。只有这样,家长才能通过亲子游戏提高教育水平。

游戏可以面向全体,也可以分成小组进行或单独进行,形成动静交替、集体和自由活动相结合,灵活地将身体的、智能的内容相穿插,且环节安排合理有序。教师要注意引导家长观察孩子的活动过程,多让孩子发表意见,多动手,鼓励孩子创新,充分调动孩子的积极性和主动性。复杂的活动可以以家长为主,孩子协助;简单的活动,以孩子为主,家长协助,避免包办代替,防止急躁情绪。引导家长积极鼓励孩子完成任务,尊重孩子的差异,体验指导孩子游戏的过程和方法。教师可介绍一些教育观念及方法,比如注意保护孩子的创造思路、激发孩子的创作兴趣及如何使用恰当的指导语言等,或让家长直接观摩教师的游戏指导方法。亲子游戏中教师的指导应自然、流畅,指导中既要满足多数家长的需求,又要考虑对个别家长的具体指导;既要考虑对家长的现场指导,又要考虑对家长家庭育儿的指导,鼓励家长提出问题,开展有针对性的指导,使每个家长都有所收获。

(三) 游戏结束

教师要将本次活动加以归纳,引导家长、幼儿一起对活动进行总结、反思和评价。亲子游戏可采用父母评孩子、孩子评父母、教师评家长和孩子的多元化方式,尽量从知识、能力、情感、态度、意志、合作、创新等角度进行评价,互相发现对方的闪光点和进步,指导家长理解游戏的目标与内容,积累游戏经验,找出本次活动存在的问题。同时,还可以有效开发和利用家长资源,教师可将活动中观察到的家长指导幼儿的一些好的例子介绍给大家,让家长现身说法,进一步激发大家探讨和积累亲子游戏经验的积极性。然后分析其中一些科学的观念及方法,以供借鉴和启发,提高亲子游戏互动的科学性和有效性。引导家长关注孩子的成长变化,适当安排家长之间的交流,让他们对自己充满信心,对孩子的发展有更充分的认识和理解。引导家长转变观念,客观地看待孩子的发展,注重从自身做起,为孩子树立学习的榜样。

幼儿园亲子游戏增进了家长之间、幼儿之间、家长与幼儿之间、家长与教师之间的合作与交流,提高了家长的教育水平,使家长能理解、支持和配合幼儿园的教育,促进每个幼儿获得身心全面发展。但幼儿园亲子游戏不可能解决幼儿发展的所有问题,也不可能替代家庭教育的全部,教师要考虑游戏的指导向家庭延伸,将幼儿园教育延伸到家庭,对家庭教育提出相关要求,实现家园共育。

要 点 回 顾

家庭是幼儿园重要的合作伙伴,教师应本着尊重、平等、合作的原则,争取家长的理解、支持和主动参与,并积极支持、帮助家长提高教育能力。家庭生活的特点有:关系的亲缘性、教育的弥散性、影响的个别性、全程的连续性。影响家庭生活的因素分为客观因素和主观因素,其中主观因素的影响更大,且科学的、适宜的、正向积极的因素能促进幼儿的健康快乐发展。父母或者其他监护人应当创造良好、和睦的家庭环境,依法履行对儿童的监护职责和教育抚养义务。家园共育是家庭与幼儿园共同努力,密切配合,教师与家长形成共识,协同一致,实现科学育儿目标的教育过程。家园共育的途径包括:(1)面谈、家访、电访。(2)家园联系册、家长问卷、幼儿成长档案、家长园地与橱窗栏。(3)家长参与教学活动。(4)家长开放日。(5)家长学校、家长会。(6)专家讲座与咨询。(7)亲子活动。(8)网络沟通。幼儿园在做好园内家长指导的同时,应"进入"家庭,指导家长组织良好的家庭生活:(1)家庭生活指导策略。(2)创设和谐的家庭环境。(3)组织科学的家庭生活。(4)记录多彩的生活情景。家庭亲子游戏指导策略有:(1)树立正确的游戏观念。(2)选择多样化的游戏材料。(3)创设良好的游戏环境。(4)丰富适宜的游戏内容。(5)实施科学的游戏互动。幼儿园亲子游戏的特殊性:指导性、多向互动性、共同发展性。常见的幼儿园亲子游戏有以下几种:亲子郊游、亲子体育游戏、节日庆典活动中的亲子游戏、结合主题开展的亲子游戏。幼儿园面向全体幼儿,开展多种形式的亲子游戏,充分发挥幼儿的主动性和家长的参与性,邀请家长和孩子一起参与,创设家长参与游戏的机会,使其在游戏中感受孩子的积极表现,体会游戏带来的乐趣。

思考练习

1. 家庭生活的特点有哪些？
2. 家园共育的途径有哪些？请模拟召开一次新生家长会。
3. 结合自身成长经历，谈谈家庭生活对儿童发展的影响。
4. 分组模拟幼儿园亲子游戏指导。

拓展阅读

幼儿园家长工作计划[①]

（2017—2018年度）

一、指导思想

以《3—6岁儿童学习与发展指南》和《幼儿园教育指导纲要（试行）》为工作指针，严格遵循、贯彻《纲要》所提出的"幼儿园应与家庭、社区密切合作，与小学相互衔接，综合利用各种教育资源，共同为幼儿的发展创造良好的条件"这一精神，倡导三方共建，教师、父母与孩子共同生活、共同阅读、共同运动、共同表演、共同旅行、共同游戏、共同实践，通过共同生活让父母走进孩子的心灵，尊重、理解、呵护儿童的心灵，为他们的幸福童年奠基。

二、工作目标

1. 努力营造家园合作的教育环境，提高家园共育的实效。
2. 规范家长学校管理，健全家长学校制度，为家长学校的正常开展提供保障。
3. 增强教师为家长服务的意识和与家长沟通的艺术性，构建民主、和谐的家园关系。
4. 指导家长树立正确的教育观念，学习和掌握科学的家庭教育知识和有效的教育方法，为幼儿健康成长营造良好的家庭教育环境。
5. 开展形式丰富的家长参与活动，让家长近距离了解幼儿教育，参与幼儿园活动，从而提高幼儿教育质量。
6. 加强家委员会工作，发挥家委会成员督促作用，充分挖掘与利用家庭、社区教育资源，提高家长的指导意识和能力。

三、措施与策略

1. 更新观念，营造家园合力的教育环境

新教育新使命，根据我园年轻班主任比例偏多的实际情况，我们采取两月一次的家长工作培训，以十九大精神为思想总指导，以《指南》和《纲要》的理念为依托，用专题和案例分析的形式，提升年轻班主任和年轻教师的服务观念。

---

① 资料来源于海门市海南幼儿园。

2. 规范制度，保障家长工作的有效落实

建立健全幼儿园家长工作制度，真正把家长工作放在幼儿园工作的重要位置，高度重视，抓好落实。学期末将家长工作列入教师考核的内容，真正使家长工作做到规范化、制度化、经常化。

3. 多种渠道，提高家长科学的育儿理念

优秀的家长具有尊重孩子本性的理念，懂得如何和孩子沟通的技巧。本学期，幼儿园将采用邀请专家来园讲座、教师定期指导、优秀育儿文章网络推荐、家长沙龙探讨等多种渠道，转变家长的育儿理念，使他们明白，幼儿的教育不只是幼儿园老师的事情，从思想上把家长和教师作为共同促进幼儿发展的主体来看待。在共同教育幼儿的问题上，双方要互相尊重、互相信任、平等合作、真诚沟通，同心同德完成育儿的使命。

4. 丰富活动，激发家长对教育的参与积极性

利用家长和社区教育资源，开展丰富多彩的"走出去、请进来"的活动，取得家长支持，注重家长参与积极性，从而提高家长在教育中的参与实效。如：请家长来园助教，邀请家长担当志愿者组织幼儿到园外活动，亲子活动，亲子阅读，家长志愿者参与活动筹备等。让家长的身影展现在我们丰富的活动中，让他们的资源服务于我们的教育，让他们的陪伴真正渗透到孩子的成长中来，开辟平等合作、家园共育新天地。

5. 民主管理，调动家长委员会的主人翁意识

各班推荐3~5名家长组成班级家委会，在此基础上，各推荐3名家长成立幼儿园家长委员会，鼓励家长积极参与幼儿园的民主管理。园部定期组织召开幼儿园家委会会议，建家委会微信群，进一步加强与委员们的联系，充分发挥家委会的领导和桥梁作用，以点带面带动其他家长按各自能力提供教育资源与幼儿分享，支持园、班开展各项活动，使其真正成为幼儿园与家长间的纽带，增强教育合力。

家长工作的优劣直接影响幼儿教育的质量，本学期将充分利用多种渠道的家长活动，切实提高家长工作的实效性，为我们的幼儿教育服务。

四、逐月工作安排

二三月份：

1. 特殊生家访及未报到幼儿家访工作
2. 检查各班家长园地创设情况
3. 家长志愿活动"感恩妈妈"（中班）
4. 红手印志愿活动"我给大地添绿意"（大班）
5. 家委会集中，商讨策划幼儿园家长活动内容

四月份：

1. 亲子远足活动"参观书城"（小中班）
2. 亲子表演"我爱的绘本故事"（小中班）
3. 红手印志愿活动"卫生小护卫"（小班）
4. 家委会督查幼儿园伙食情况

五月份：
1. 红手印志愿活动"劳动真快乐"(中班)
2. 家长半日活动开放(全园)
3. 家委会协助督查幼儿园安全工作

六月份：
1. 亲子活动"六一庆祝活动"(全园)
2. 家长讲座"幼小衔接"(大班)
3. 家长助教活动"端午节"(中班)
4. 亲子活动"大班毕业典礼"(大班)
5. 家委会参与了解幼儿园大事记活动

完善与建议

反思、建议：
_____
_____
_____

工作案例与材料(粘贴)：

参考文献

1. Barbara Denny, *The Playmaster of Blankenburg: the Friedrich Froebel*, London: Autolycus Publications, 1982.

2. Emile Michaels, *Autobiography of Friedrich Froebel*, New York: C. W. Bardeen Publisher, 1915.

3. Alexander B. Hanschman, *The Kindergarten System*, London: Swansonneoschein, 1897.

4. H. Courthope Bowen, *Froebel and education through Self-Activity*, New York: Seribner, 1897.

5. S. S. F. Fletcher and J. Welton (ed.), *Froebel's Chief Writings on Education*, London: Edward Arnold & Co., 1912.

6. R. H. Ouick, *Essays on Educational Reformers*, New York: Macmillan, 1924.

7. Robert Downs, *Friedrich Froebel*, Boton, Twayne Publishers, 1978.

8. M. Lilley, *Friedrich Froebel*, *a selection from his writings*, Cambridge: Cambridge University Press, 1976.

9. Friedrich Froebel, *Pedagogics of the Kindergarten*, by Wichard Lange (ed.), New York: D. Appletonard Company, 1895.

10. Friedrich Froebel, *Mother-Play and Nursery Songs*, Boston: Lee and Shepard Publishers, 1894, "American Edition Preface".

11. Arnold H. Heinemann, *Froebel Letters*, Boston: Lee and Shepard Publishers, 1893.

12. B. von Marenholz-Bülow, *Reminiscences of Froebel*, Boston, Lee and Shepard, 1877.

13. cited Jessie White, *The educational Ideas of Friedrich Froebel*, London: University Tutorial Press, 1907.

14. [意]蒙台梭利. 童年的秘密[M]. 江雪编译. 天津:天津人民出版社,2003.

15. [意]蒙台梭利. 蒙台梭利幼儿教育科学方法[M]. 任代文主译. 北京:人民教育出版社,1993.

16. [德]福禄倍尔. 人的教育[M]. 孙祖复译. 北京:人民教育出版社,1991.

17. [德]福禄倍尔. 人的教育[M]. 孙祖复译. 北京:人民教育出版社,2001.

18. [德]第斯多惠. 德国教师培养指南[M]. 袁一安译. 北京:人民教育出版社,

2003.

19. [瑞]裴斯泰洛齐. 裴斯泰洛齐教育论著选[M]. 夏之莲等译. 北京:人民教育出版社,1992.

20. [爱尔兰]弗兰克·M. 弗拉纳根. 最伟大的教育家:从苏格拉底到杜威[M]. 卢立涛,安传达译. 上海:华东师范大学出版社,2009.

21. [英]欧文. 欧文选集(第1卷)[M]. 柯象峰,何光来,秦果显译. 北京:商务印书馆,1984.

22. [美]Patricia F. Hearron, Verna Hildebrand. 幼儿园管理:儿童发展中心管理学(第五版)[M]. 严冷等译. 上海:华东师范大学出版社,2007.

23. [古希腊]柏拉图. 理想国[M]. 郭斌,张竹明译. 北京:商务印书馆,1986.

24. [捷]夸美纽斯. 大教学论[M]. 傅任敢译. 北京:人民教育出版社,1984.

25. 日本世界教育史研究会. 世界幼儿教育史[M]. 刘翠荣等译. 长春:吉林人民出版社,1986.

26. [法]雅克·德洛尔. 教育——财富蕴藏其中[M]. 联合国教科文组织总部中文科译. 北京:教育科学出版社,1996.

27. [法]卢梭. 爱弥儿[M]. 李平沤译. 北京:商务印书馆,2001.

28. [法]卢梭. 爱弥儿·论教育[M]. 李平沤译. 北京:人民教育出版社,2005.

29. [英]洛克. 教育漫话[M]. 杨汉麟译. 北京:人民教育出版社,2006.

30. [美]杜威. 民主主义与教育[M]. 王承绪译. 北京:人民教育出版社,1990.

31. [美]哈罗德·孔茨,海因茨·韦里克. 管理学[M]. 张晓君等译. 北京:经济科学出版社,1998.

32. [美]丹尼尔·A. 雷恩. 管理思想的演变[M]. 李柱流等译. 北京:中国社会科学出版社,1997.

33. [美]杜威. 民主主义与教育[M]. 王承绪译. 北京:人民教育出版社,2001.

34. [美]杜威. 我们怎样思维·经验与教育[M]. 姜文闵译. 北京:人民教育出版社,2005.

35. [美]菲利斯·M. 科里克. 托幼机构管理[M]. 韦小冰等译. 北京:北京师范大学出版社,2007.

36. [澳]罗伯特希斯. 危机管理[M]. 王成等译. 北京:中信出版社,2004.

37. [美]诺曼R奥古斯丁. 危机管理[M]. 北京新华信商业风险管理有限责任公司校译. 北京:人民大学出版社,2001.

38. [英]洛克. 教育漫话[M]. 傅任敢译. 北京:教育科学出版社1999.

39. [捷]夸美纽斯. 夸美纽斯教育论著选[M]. 任钟印选编. 北京:人民教育出版社,1990.

40. [捷]夸美纽斯. 夸美纽斯教育论著选[M]. 任钟印选编. 北京:人民教育出版社,2005.

41. V. R. 塔尼加,S. 塔尼加. 教育思想家[M]. 新德里:大西洋出版发行公司,

1980.

42. [美]杜威.我的教育信条载于杜威教育文集(第三卷)[M].吕达等编.北京：人民教育出版社,2008.

43. 单中惠.让我们与儿童一起生活吧[M].上海：华东师范大学出版社,2008.

44. 杨汉麟,周采.外国幼儿教育史[M].南宁：广西教育出版社,2005.

45. 刘晓东,卢乐珍等.学前教育学[M].南京：江苏教育出版社,2004.

46. 周采.比较学前教育[M].北京：人民教育出版社,2010.

47. 周采.外国教育史[M].上海：华东师范大学出版社,2008.

48. 周采,杨汉麟.外国学前教育史[M].北京：北京师范大学出版社,1999.

49. 刘文英.幼儿园安全教育常识[M].保定：河北大学出版社,2012.

50. 史秋琴.儿童权益保护和社会责任[M].上海：上海文艺出版社,2008.

51. 吴志尧.裴斯泰洛齐[M].上海：商务印书馆,1948.

52. 陶金玲.做中学与幼儿教育[M].合肥：安徽少儿出版社,2011.

53. 陶金玲.民办幼儿园管理概论[M].天津：天津教育出版社,2010.

54. 吴元训.中世纪教育文选[M].北京：人民教育出版社,2005.

55. 唐淑,钟昭华.中国学前教育史[M].北京：人民教育出版社,2006.

56. 唐淑,钟昭华.中国学前教育史[M].北京：人民教育出版社,1993.

57. 李定开.中国学前教育[M].重庆：西南师范大学出版社,1990.

58. 虞永平.学前教育[M].苏州：苏州大学出版社,2001.

59. 邢利娅,张燕.幼儿园教育管理理论与实践[M].北京：北京师范大学出版社,2002.

60. 张燕,邢利娅.幼儿园管理案例及分析[M].北京：北京师范大学出版社,2002.

61. 吴元训.中世纪教育文选[M].北京：人民教育出版社,2005.

62. 张焕庭.西方资产阶级教育论著选[M].北京：人民教育出版社,1979.

63. 中国学前教育研究会.百年中国幼教(1903—2003)[M].北京：教育科学出版社,2003.

64. 中国学前教育史编写组.中国学前教育史资料选[M].北京：人民教育出版社,1989.

65. 中国学前教育研究会.中华人民共和国幼儿教育重要文献汇编[M].北京：北京师范大学出版社,1999.

66. 教育部基础教育司.幼儿园教育指导纲要(试行)解读[M].南京：江苏教育出版社,2002.

67. 王炳照.中国私学·私立学校·民办教育研究[M].济南：山东教育出版社,2002.

68. 王静珠.幼稚园行政[M].中国台北：中国台湾五南图书出版公司印行,1992.

69. 霍力岩.比较幼儿教育[M].中国台北:中国台湾五南图书出版公司印行,2002.

70. 简明忠.学前教育制度比较研究[M].中国台北:中国台湾复文图书出版社,1987.

71. 周三多,陈传明,鲁明泓.管理学——原理与方法[M].上海:复旦大学出版社,2009.

72. 张新平.教育行政组织的发展与创新[M].南京:南京师范大学出版社,2003.

73. 周在人,魏所康著.教育行政学[M].南京:南京师范大学出版社,1996.

74. 孙培青著.中国教育史[M].上海:华东师范大学出版社,1992.

75. 何似龙,施祖留.转型时代管理学导论[M].南京:河海大学出版社,2001.

76. 李生兰.比较学前教育[M].上海:华东师范大学出版社,2000.

77. 张燕.幼儿园管理[M].北京:人民教育出版社,2008.

78. 单中惠.现代教育的探索[M].北京:人民教育出版社,2002.

79. 郑三元.幼儿园班级制度化生活[M].北京:北京师范大学出版社,2004.

80. 苏伟伦.危机管理——现代企业实务管理手册[M].北京:中国纺织出版社,2000.

81. 傅建明.学前教育学[M].北京:中央广播电视大学出版社,2007.

82. 汝茵佳.幼儿园环境与创设[M].北京:高等教育出版社,2006.

83. 李季梅.幼儿教育学基础[M].北京:北京师范大学出版社,1999.

84. 李莉.幼儿园班级环境创设[J].学前教育研究,2008(8).

85. 顾荣芳.学前健康教育论[M].南京:江苏教育出版社,2003.

86. 欧新明.学前儿童健康教育[M].北京:教育科学出版社,2003.

87. 王大伟.平安成长比成功更重要[M].北京:中央编译出版社,2009.

88. 张维平,石连海.教育法学[M].北京:人民教育出版社,2008.

89. 雷思明.校园安全制度手册[M].上海:华东师范大学出版社,2011.

90. 谢卫国,王美舟.中小学生在校伤害预防与处理[M].广州:广东人民出版社,2003.

91. 周彬.学校法制理论与案例[M].上海:华东师范大学出版社,2012.

92. 劳凯声.中小学学生伤害事故及责任归结问题研究[J].北京师范大学学报(社会科学版),2004(2).

93. 刘馨,李淑芳.我国部分地区幼儿园安全状况与安全教育调查[J].学前教育研究,2005(12).

94. 朱良.幼儿园的安全管理与安全教育[J].学前教育研究,2003(12).

95. 曾国.入园幼儿人身伤害事故现状调查与对策思考[J].学前教育研究,2007(5).

96. 欧阳静.浅谈现代幼儿园危机管理[J].当代学前教育,2008(4).

97. 张淑燕.幼儿园伤害事故的责任分析[J].家庭教育,2009(4).

98. 王志成.幼儿园危机管理刍议[J].内江科技,2009(5).

99. 张克勤.国内七市幼稚园教育今昔比较观[J].中华教育界,1935(1).

100. 顾荣芳.对幼儿园安全教育的思考[J].幼儿教育,2006(11).

101. 朱良.幼儿园的安全管理与安全教育[J].学前教育研究,2003(12).

102. 刘萱.国外幼儿园安全教育评述[J].幼教园地,2004(9).

103. 翟晓蔚.上海市嘉定区托幼机构儿童伤害事故调查[J].上海预防医学杂志,2007(3).

104. 《重庆市幼儿园一日活动保教常规行为细则》.

105. 《幼儿园工作规程》.

106. 《幼儿园管理条例》.

107. 《幼儿园教育指导纲要》.

108. 《3—6岁儿童学习和发展指南》.

109. 《未成年人保护法》.

110. 《教育法》.

111. 《教师法》.

112. 《中小学幼儿园安全管理办法》.

113. 《中小学公共安全教育指导纲要》.

114. 《幼儿园管理条例》.

115. 《学生伤害事故处理办法》.

116. 《学校和托幼机构传染病疫情报告工作规范》.

117. 《学校卫生工作条例》.

118. 《幼儿教师专业标准》.

119. 《最高人民法院关于贯彻执行〈民法通则〉意见(试行)》.